PROF. DR. ALEXANDER BUGGE

DIE WIKINGER

Wiking mit kräftigem Stiernacken, geschnitzt aus einem Elchgeweih; Sigtuna, Uppland

PROF. DR. ALEXANDER BUGGE

DIE WIKINGER

BILDER AUS DER NORDISCHEN VERGANGENHEIT

AUTORISIERTE ÜBERTRAGUNG
AUS DEM NORWEGISCHEN VON
DR. PHIL. HEINZ HUNGERLAND

AKADEMISCHE VERLAGSGESELLSCHAFT

Unveränderte Neuauflage der Erstausgabe Lund 1904

Gesamtherstellung : Millium Media Management
Printed in Germany

ISBN 3-88851-228-X

Inhaltsverzeichnis.

Meinem Lehrer

dem

Geh. Regierungsrate Herrn Dr. Hugo Gering,

o. Professor der nordischen Philologie an der Universität zu Kiel,

dem

Dichter-Übersetzer der Edda,

ist diese Übersetzung

als vorläufiges geringes Zeichen inniger Verehrung
und Dankbarkeit

zugeeignet.

Dr. Heinz Hungerland.

I.

Das erste Hervortreten der nordischen Völker.

In den folgenden Blättern will ich von den Völkern des
Nordens in uralter Zeit reden. Vieles von dem, was ich erwähne,
wird vielleicht auf den ersten Blick überflüssig erscheinen.
Was für ein Interesse kann es für unsere Zeit bieten, wird
mancher sagen, zu wissen, was die Griechen und Römer vor
nahezu zweitausend Jahren von unseren nordischen Vorfahren
wuſsten, oder Namen von Völkern und Stämmen zu erfahren, die
längst verschwunden und vergessen sind? — Es ist jedoch für
das Verständnis der Wesenheit, der Stellung eines modernen
Volkes von unabweisbarer Notwendigkeit, die Geschichte seiner
Vergangenheit, insbesondere jener Zeit kennen zu lernen, da es
ein Volk, eine Nation wurde, da äuſsere und innere Verhältnisse es zu einer Einheit sammelten. Dies gilt ganz besonders
von uns Nordbewohnern. Wie können wir ohne historische
Voraussetzungen alle die verwickelten, die nordischen Stämme
betreffenden Fragen verstehen? Wie können wir sonst die
Bedeutung der mannigfachen Bande verstehen, die Norweger,
Schweden und Dänen verknüpfen? Welche Stellung wir auch
dem skandinavischen Gedanken gegenüber einnehmen mögen,
ob wir „Spracheiferer" sind[1]) oder ob wir uns der sprach-

NB. Die mit Sternchen versehenen Anmerkungen rühren vom Ver-
fasser, die mit Ziffern versehenen vom Übersetzer her!

[1]) Die Partei der Maalstrævere (Sprachreiniger) in Norwegen ist be-
strebt, die seit dem 16. Jahrhundert dort herrschende dänische Schriftsprache,
deren sich die Gebildeten auch im mündlichen Verkehr bedienen, durch
eine neue norwegische, auf die altes Sprachgut konservierenden Dialekte
gegründete Sprache zu ersetzen. Vgl. u. a. Konrad Maurer, Die Sprachbewegung in Norwegen, Germania XXV; Joh. Storm, Det nynorske Lands-
maal, Kopenhagen 1888.

lichen Gemeinschaft mit Dänemark erfreuen, wir fühlen doch, daſs die nordischen Völker — von Island im Norden bis nach Schleswig im Süden — sich untereinander weit näher stehen, als etwa ihren nächsten Verwandten im Auslande, z. B. den Engländern, Holländern und Deutschen. Jedem Norweger geht das Schicksal Nordschleswigs und Finnlands nahe, wenn auch nur wenige des heute lebenden Geschlechtes die skandinavistischen Sympathien der fünfziger Jahre teilen.

Wollen wir diese Fragen verstehen, so genügt es nicht zu wissen, daſs die nordischen Sprachen miteinander verwandt sind, oder daſs Norwegen nun mit Schweden vereinigt ist*) und früher mit Dänemark vereinigt war. Wir müssen unsere Blicke in die graue Vorzeit zurückwenden und versuchen, die nordischen Völker kennen zu lernen gerade in jener Epoche, wo sie sich zuerst zu Nationen und Staaten zusammenschlossen. Dann wird uns, wie mich dünkt, vieles, das nun dunkel erscheint, klar und verständlich werden.

Die nordischen Völker sind, wie wir alle wissen, ein Zweig des groſsen germanischen Stammes. Die Germanen zeigen bereits bei ihrem ersten Auftreten in der Geschichte eine stark ausgeprägte Eigenart, die sie scharf von anderen Indogermanen, wie etwa von Römern, Griechen, Slaven und Kelten scheidet. Tacitus' fast zwei Jahrtausende alte Schilderung der Germanen in seiner „Germania" hat noch heute ihre Gültigkeit. Eigenschaften, die sie damals auszeichneten, verleihen ihnen hinfort vor allem ihr Sondergepräge: Ihr stark hervortretendes Freiheits- und Selbständigkeitsgefühl, ihre Liebe zu Gesetz und Recht, zu einer sittlichen Rechtsordnung. Das Volk wird von Königen aus edlem Geschlecht regiert; aber es hat auch selbst teil an der Verwaltung. Nicht ungebunden und unumschränkt ist des Königs Macht, wie die des römischen Imperators; „das Zutrauen des Volkes zu seinem weisen Rat bedeutet mehr als sein Machtgebot" [1] oder, wie Adam von Bremen ungefähr 1000 Jahre später von den Schweden sagt: „Sie haben Könige von altem Geschlecht, deren Machtbefugnis jedoch vom Willen des Volkes abhängig ist." Beim Thing

---

*) Dies ist im Jahre 1903 geschrieben.
[1] Germania Kap. 11.

kommen alle freien wehrhaften Männer des Stammes zusammen und beschliefsen über Krieg oder Frieden, führen neue Gesetze ein und sitzen zu Gericht. Ja das Thing der Schweden zu Uppsala und das der Dänen zu Isøre hat zuzeiten Ähnlichkeit mit einer Nationalversammlung, wo die Männer des ganzen Reiches zusammenströmen.

Gründung einer freien selbstregierenden Gemeinschaft, die das ganze Volk teil an der Verwaltung haben läfst, das ist der grofse Einsatz der Germanen in die Geschichte, das was sie vor den Griechen und Römern, die politisch nie über die Stadtgemeinschaft ($\pi\acute{o}\lambda\iota\varsigma$, *urbs*) hinausgelangt sind, voraus haben. Die Römer, bei denen die von Mauern umgebene Stadt den Mittelpunkt des Staates bildete, vermochten, da Rom ein Weltreich geworden war, keine Verfassung zu schaffen, die allen freien Bürgern, auch denen die aufserhalb Roms wohnten, gleichen Anteil an der Verwaltung gewährleistet hätte. Nur in den Provinzen, vor allem in Gallien, sind schwache Ansätze zu einer repräsentativen Verfassung zu bemerken. Daher wurde auch in Rom, als die Zeit sich erfüllt hatte, die Republik vom Kaisertum abgelöst. Der römische Staat ging zu Grunde gerade deswegen, weil das Volk keinen Teil an der Verwaltung hatte, und weil daher keine Fortschritte gemacht werden konnten, sondern nur Stillstand und somit Rückgang zu verzeichnen war. Die Barbaren, die Rom überfielen und seine Macht brachen, hatten etwas, was Rom in all seiner Gröfse und Herrlichkeit nicht besafs: Freiheit und Selbstregierung. Die Germanen hatten ursprünglich keine Städte, sondern lebten wie Bauern auf dem Lande zerstreut. Daher erhielten alle freien Männer des Stammes und später des ganzen Volkes gleichen Anteil an der Regierung. Es ist kein Zufall, dafs das repräsentative System bei den Germanen seine Entstehung und Entwickelung gefunden hat.*)

Was gibt nun den Germanen ihr eigenartiges Gepräge? Liebe zu Recht und Freiheit zeigt die ganze indogermanische

---

*) Ich vergesse nicht, dafs es im Mittelalter aufser in England auch unter anderem in Spanien und auf Sizilien Parlamente gab, die aber doch wohl westgotischem und normannischem Einflusse zuzuschreiben sind, und dafs die mittelalterlichen Parlamente dem Lehnswesen ihre Entwickelung verdanken.

Völkergruppe, sofern nicht die Sonne des Orients despotische Staatsverhältnisse geschaffen hat. Das Eigenartige bei den Germanen dürften innere und äufsere Verhältnisse zur Entwickelung gebracht haben. Ich möchte da nennen: Ackerbau und Viehzucht, die wichtigsten Nahrungszweige des Volkes, Fahrten auf das offene Meer hinaus, wodurch die Germanen sich von alters her vor den meisten indogermanischen Stämmen ausgezeichnet haben, der Mangel an Städten, das kalte Klima, das Leib und Seele abhärtete, die hohen Gebirge und die grofsen Wälder, die den Völkern natürliche Scheidegrenzen setzten. Zudem haben sich die Germanen nach meiner Ansicht in alter Zeit mehr unvermischt gehalten als die übrigen Indogermanen. In den Adern der Römer, der Griechen und der Slaven mag bereits früh nichtarisches Blut geflossen sein. Bei den Kelten scheinen sowohl Sprache wie Gemeinwesen von uralter Verbindung mit dem Orient zu zeugen. In mehreren Gegenden der germanischen Lande scheint dagegen eine fast unvermischte germanische Bevölkerung zu wohnen, z. B. im gröfsten Teile von Norwegen, Schweden, Dänemark und in Friesland. Jedenfalls haben hier, soweit Geschichte und Bodenfunde zurückweisen, germanische Stämme gewohnt. Fernerhin möchte ich als ein Moment von grofser Bedeutung erwähnen, wie oben bereits bemerkt, dafs die italischen und griechischen Stämme von den ältesten Zeiten an vornehmlich in mauerumgebenen Städten wohnten. Noch heutigen Tages kann man überall in Italien diese Plätze stark und uneinnehmbar an den Bergabhängen liegen sehen, von Mauern bewehrt, die von den Riesen der Vorzeit aufgeführt zu sein scheinen. Die Folge war, dafs Griechen und Römer früh Stadtleute, Bürger, wurden, während die Germanen, die nicht in Städten lebten, Bauern blieben. In derselben Weise könnte man auch die Unterschiede zwischen Germanen, Kelten und Slaven erklären, aus uralten Rassenmischungen, aus der Natur des Landes und den Lebensgewohnheiten des Volkes. Aber die Germanen, wie sie uns Tacitus ungefähr 100 Jahre nach Chr. schildert, bilden bis auf wenige Ausnahmen — z. B. die Goten — noch keine wirklichen Völker oder Nationen. Sie sind nur eine Reihe von Stämmen, die sich kaum durch etwas anderes als den Namen von einander unterscheiden. Als

Tacitus schrieb, war jene Zeit für die Germanen noch nicht gekommen, da die Umwandlung vor sich geht, jene Zeit, da die Stämme sich zu Völkern und Nationen auswachsen und zwar jeder scheinbar unter Bewahrung seiner fast unveränderten körperlichen und geistigen Eigenart.

Wir können die Spaltung der Menschheit in Rassen und Völkerstämme vergleichen mit der Entwickelung von Tierrassen und Pflanzengruppen von gemeinsamen Stammeltern zu Arten und Familien. Nehmen wir z. B. das Pferd, dessen Stammbaum man zurückverfolgen kann bis in jene Zeit, da es sich von den übrigen Huftieren: Zebra, Esel usw. schied. Im Laufe der Zeit haben sich, wie bekannt, eine Menge Pferderassen, jede mit ausgeprägter Eigenart, entwickelt. Diese Rassen sind durch Kreuzung und rationelle Pflege gezogen worden auf Grund der natürlichen Verhältnisse des Landes u. a. Umstände; so sind entstanden der Araber, der Pony, der dänische Hengst, der Gudbrandsdalshengst und das englische Vollblut. Des letzteren Stammbaum kann man bekanntlich fast ganz vom Ursprung der Rasse im 17. Jahrhundert, der Zeit der Einfuhr arabischer Vollbluttiere, herleiten; älter ist die englische Vollblutrasse nämlich nicht. — In gleicher Weise haben sich auch wohl die verschiedenen Menschenrassen gespalten: erst in Volksstämme und dann in Völker und Nationen. In unseren Tagen können wir an den Vereinigten Staaten von Nord-Amerika sehen, wie eine neue Menschenrasse sich zu entwickeln beginnt.

„Familie" und „Stamm" nennt man die ersten und untersten Zusammenschliefsungen von Menschen. Auf dieser Stufe ist der Mensch noch nicht zu bestimmten Zielen und politischen Aufgaben fortgeschritten. Eine höhere Entwickelungsstufe bezeichnen die Wörter „Volk" und „Nation". Der Begriff „Nation" hat einen engeren Sinn, als der ist, den wir gewöhnlich mit „Volk" verbinden. Die Mitglieder einer Nation sprechen dieselbe Sprache und gehören demselben Stamme an. Aber um eine Nation zu bilden ist für die Mitglieder aufserdem ein lebendiges Gefühl der Zusammengehörigkeit erforderlich, ein lebendiges Bewufstsein gemeinsamer Ziele, gemeinsamer Traditionen, gemeinsamer Kultur. Unter „Volk" dagegen verstehen wir die Bewohner eines politisch abgegrenzten Gebietes, das oft verschiedene Nationen umschliefst. Doch schwanken beide Begriffe immerhin etwas. Soll man z. B. die Schweizer ein Volk oder eine Nation nennen? Die Bewohner der Schweiz sprechen vier verschiedene Sprachen: Deutsch, Französisch, Italienisch und Ladinisch.[1]) Sie sind nicht allein durch politische Bande eng verknüpft, sondern auch durch gemeinsame Geschichte, durch Erinnerungen an gemeinsame Gefahr. Meistens fallen jedoch beide Begriffe zusammen, und im folgenden werde ich keinen Unterschied unter ihnen machen.[2])

Die Nationen entwickeln sich fast stets allmählich. Viele kleine, der Sprache und Herkunft nach verwandte Stämme sammeln sich zu einer Einheit, die wir „Staat" nennen. — Die Entwickelung des Staates ist wie die eines Baumes, der da sprofst und knospet in der Stille, um plötzlich eines Tages in voller Blätter- und Blütenpracht dazustehen. — Doch erst nachdem die politische Einheit gewonnen ist, wird in der Regel das Gefühl der Zusammengehörigkeit geweckt, erhält das Volk sein Sondergepräge und wird sich dessen bewufst. Meistens geschieht das in grofsen Zeiten rühmlicher Taten, in schweren Zeiten, wo äufsere Feinde das Volk bedrohen und es zwingen, sich zu gemeinsamer Abwehr der Gefahr zu sammeln, oder wenn das Volk andere hohe Ziele vor sich sieht und sich, um diese zu erreichen, enger zusammenschliefst. Karl der Grofse hatte die germanischen Stämme in Deutschland gesammelt; aber erst lange nach seiner Zeit, unter den Kämpfen mit den Magyaren und Normannen und während der grofsen Italienzüge ersteht die deutsche Nation; erst dann lernen Sachsen, Franken, Alemannen und Bayern sich als eine Einheit fühlen. Die Eigenart der Angelsachsen bildet sich auf britannischer Erde, verschieden von den übrigen nord-

---

[1]) Ein romanisches Idiom, das in Graubünden, Tirol und Friaul in geringer Ausdehnung gesprochen wird und auch Rhätoromanisch, Rhätisch oder Churwelsch genannt wird.

[2]) Für die deutsche Rechtssprache ist ebenfalls „Nation" ein ethnologischer, „Volk" ein staatsrechtlich-politischer Begriff, während die volkstümliche Auffassung umgekehrt ist, wenn nicht beide Begriffe sich decken. Der französische und englische Sprachgebrauch hat „nation" im Sinne von „Volk" und „peuple", „people" im Sinne von „Nation".

deutschen Stämmen aus, vor allem unter der Einwirkung der Natur der neuen Heimat, der Rassenmischung und der Kultur-einflüsse von Römern, Kelten und Franzosen.

Aber erst unter Alfred dem Grofsen und im Kampfe mit den Wikingerscharen des Nordens schmelzen Anglen und Sachsen, die Bewohner von Wessex, Ostangeln, Northumber-land und Mercia zu einer Nation, der angelsächsischen, zu-sammen. Aus der neueren Zeit könnte ich die holländische Nation nennen, die unter den Unabhängigkeitskämpfen der Niederlande herangewachsen ist, und die nordamerikanische, die noch nicht anderthalb Jahrhunderte alt ist, aber gleich-wohl bereits ihr eigenartiges geistiges und anthropologisches Gepräge aufweist.

Eine Sonderstellung nehmen in mancher Hinsicht die nordischen Nationen ein. Es ist nicht leichter für einen Bayern und Mecklenburger sich einander zu verstehen, als für einen Norweger, Schweden und Dänen; der Bayer ist Katholik und der Mecklenburger Protestant; Lebensbedingungen und Staatsverhältnisse sind gleichfalls verschieden. Dennoch gehören beide derselben, der deutschen Nation an, während wir Norweger, Schweden und Dänen drei Völker und drei Nationen ausmachen. Trotzdem haben wir aber auch das Gefühl gegenseitiger Verwandtschaft und Zusammengehörig-keit, ein Gefühl, das nicht nur in äufseren politischen Ver-hältnissen seinen Grund hat. Auf diese Fragen will ich im folgenden ein Streiflicht zu werfen suchen.

Die Völker des Nordens gehörten, wie schon die alten Römer und Griechen wufsten, dem germanischen Volksstamme oder richtiger einem seiner Zweige, dem nordgermanischen, an. Ist heutzutage der Unterschied zwischen der norwegischen, schwedischen und dänischen Sprache so gering, dafs wir uns ohne Schwierigkeit verständigen können, so war er in früheren Tagen noch unwesentlicher.

Die ältesten nordischen Sprachdenkmäler, die in den so-genannten älteren Runen geschrieben sind, die etwa in den Jahren von 400—750 im Gebrauche waren, zeigen, dafs zu jener Zeit über den ganzen Norden, von Schleswig im Süden bis Hálogaland im Norden und von Uppland im Osten bis zum Sognefjord im Westen, fast eine und dieselbe Sprache geredet wurde. Mundartliche Verschiedenheiten hat es doch wohl bereits damals im Norden gegeben. Die Runenmeister zogen oft von Ort zu Ort, und wir können nicht mit voller Sicherheit von den Inschriften auf Mundart und Aussprache gerade jener Gegend schliessen, wo sie gefunden worden sind. Erst in der Wikingerzeit spaltet sich das Nordische in drei Zweige, das Norwegische, Schwedische und Dänische, um vom 11. Jahrhundert an klar und deutlich als drei Sprachen aufzutreten. Zu jener Zeit, wo wir zuerst von ihnen vernehmen, bilden die nordischen Völker noch keine Einheit. Sie waren wie alle Germanen in der ältesten Zeit in eine Menge voneinander unabhängige Stämme eingeteilt, deren Namen wir gröfstenteils in späteren Landschaftsnamen wiederfinden. Zuerst hören wir über den Norden von dem griechischen Reisenden Pytheas von Massilia (ca. 330 v. Chr.). Pytheas kam auf seinen Fahrten nach Britannien und von dort gelangte er in etwa 6 Tagen nach der Insel Thule. Hier ist, so berichtet er, die Nacht sehr kurz; die Dunkelheit dauert nur zwei bis drei Stunden. Die Forscher scheinen der Ansicht zu sein, dafs das Land Thule,[1] das Pytheas[2] besuchte, an der norwegischen Westküste belegen sein mufs, wo die Dunkelheit im Sommer allerdings nicht von langer Dauer ist. Pytheas erzählt, dafs die Bewohner von Thule Korn bauten und in ihre Scheunen sammelten, dafs sie Bienenzucht trieben und ein Getränk aus Getreide und Honig bereiteten. Dagegen berichtet Pytheas nichts von dem Namen der Thule bewohnenden Stämme, nichts von ihren sozialen Verhältnissen, von ihrer Regierung usw. Die ersten nordischen Völkerstämme, die in der Geschichte auftreten, sind die Cimbern und Teutonen. Sie waren mit Weib und Kind und all ihrer Habe aus der Heimat fortgezogen um südlichere Lande aufzusuchen, um fruchtbareren Boden und gröfsere Reichtümer

---

[1] Vgl. Th. Thoroddsen, Geschichte der isländischen Geographie (Leipzig 1897) Bd. I, S. 2 ff.

[2] Die Fragmente der Werke des Pytheas sind gesammelt herausgegeben von Arwedson (Upsala 1824) und von Schmekel (Merseburg 1848).

zu finden. Aber zuletzt mufsten sie der Ubermacht der römischen Legionen erliegen. Marius überwandt die Teutonen im Jahre 102 v. Chr. bei Aquae Sextiae (Aix) und im darauffolgenden Jahre vernichtete er die Cimbern in der Poebene auf den Raudischen Feldern.[1]) Der Zug der Cimbern und Teutonen war eine Völkerwanderung wie die eigentliche „Völkerwanderung" oder wie die Wikingerzüge; sie war die erste germanische Völkerwanderung, die wir kennen. Zu allen Zeiten sind Stämme, die auf einer verhältnismäfsig niedrigen Kulturstufe standen, die noch nicht völlig sefshaft geworden sind, nach reicheren, sonnenwärmeren Gegenden ausgewandert, besonders wenn Hungersnot drohte oder das Land übervölkert war. So hatten die Kelten — kurz nach der Zeit Alexanders des Grofsen — ihre Völkerwanderung nach der Balkanhalbinsel und nach Kleinasien. Überschwemmung, berichtet die Sage, veranlafste die Cimbern und Teutonen ihre jütische Heimat zu verlassen. Wir dürfen daraus schliefsen, dafs die Nordseewogen wie später so oft verheerend über das Land hereingebrochen sind. Dafs die Cimbern sowohl wie die Teutonen Germanen gewesen sind, darüber besteht schwerlich ein Zweifel, wenn die Römer sie auch bei ihren unvollkommenen ethnographischen Kenntnissen zu Kelten machten. Doch haben beide Völker sicherlich bei ihren Wanderungen durch die keltischen Länder manche keltischen Elemente in sich aufgenommen und manchen Einflufs von keltischer Kultur erfahren. Die Römer nannten Jütland die cimbrische Halbinsel und kamen dort während der Kaiserzeit in Berührung mit einem Stamme, den sie Cimbern nannten. Einige Forscher sind der Ansicht, dafs der Name Cimbern in Himmerland bewahrt sei, dem Gebiete, das dem Limfjord südlich vorgelagert ist. In der Landschaft Ty, nordwestlich vom Limfjorde, dürften wir vielleicht eine Erinnerung an die alten Teutonen finden.

Erst zur Zeit des Kaisers Augustus — durch die Eroberungen der Römer in Germanien — war es jedoch, dafs das zivilisierte Europa etwas eingehendere Kenntnis über die nordischen Länder erhielt. Eine römische Flotte umsegelte

---

[1]) Unterhalb Vercellä, unweit der Mündung der Sesia in den Po.

im Jahre 5 n. Chr. das „Cimbrische Vorgebirge" und
gelangte so nach den dänischen Inseln. Auf einer Tempel-
wand in der kleinasiatischen Stadt Ancyra (heute Angora)
lesen wir über diesen Zug. Ancyra war die Hauptstadt der
Provinz Galatien. Die keltischen Galater, die ständig mit
ihren Nachbarn in Fehde lagen, schlossen sich von Anfang
an nahe an die Römer. Sie erbauten zu Ehren des Augustus
und Roms einen Tempel, in dessen Wände sie einen vom
Kaiser selbstverfaſsten Rechenschaftsbericht über seine Taten
eingruben. [1]). Hier heiſst es u. a: „Die Flotte segelte auf
meinen Befehl von der Mündung des Rheinstromes nach Osten
bis zur skythischen Küste (d. h. Ostseeküste), wohin bis auf
jene Zeit kein Römer weder zu Lande noch zu Wasser gekommen war. Cimbern, Charuden und Semnonen warben durch
Gesandte um meine und des römischen Volkes Freundschaft."
Die Cimbern, die hier genannt werden, sind augenscheinlich
stammverwandt mit denen gewesen, die ein Jahrhundert früher
nach südlicheren Gegenden gewandert waren. Sie haben in
der alten Heimat des Stammes gewohnt. Der griechische
Geograph Ptolomaeus (1. Jh. n. Chr.) kennt gleichfalls die
Cimbern aber versetzt sie weiter nach dem Norden (nach Jütland). Auch die Charuden sind ihm bekannt, deren Heimat
südlich vom Limfjord gelegen zu haben scheint, und deren
Name sich in Hardesyssel erhalten hat. Ptolomaeus nennt
im ganzen sieben verschiedene Stämme in Jütland; ob aber
alle diese Nordleute gewesen sind, oder ob sie mit den Germanen in Deutschland näher verwandt gewesen sind, das
können wir nun nicht mehr entscheiden.

Im ersten Jahrhundert unserer Zeitrechnung beginnen
wir dann auch bei griechischen und römischen Schriftstellern
Näheres zu hören von der Skandinavischen Halbinsel.
Der Name Skandinavien oder richtiger Skadinavien (*Scadinavia*) findet sich am frühesten bei dem römischen Geographen
Pomponius Mela. Er erzählt: „In der Meeresbucht, die wir
die kodanische*) nennen (d. i. Ostsee), die mit kleinen und

---

[1]) Über diese 1554 wieder entdeckten Inschriften, das *Monumentum
Ancyranum*, vgl. Th. Mommsen, Res gestae divi Augusti (Berlin 1883) und
K. Willings Erklärungen (Halle 1897).

*) *Sinus Codanus.*

grofsen Inseln angefüllt ist, liegt Skadinavien, das von Teutonen
bewohnt wird und sowohl an Größe wie an Fruchtbarkeit
alle andern Inseln übertrifft." Ursprünglich ist Skandinavien
sicherlich der Name für den südlichen Teil der Halbinsel, für
das jetzige Schonen[1]) gewesen, dessen Namen nur eine spätere
Form dafür ist. „Skandinavien" bedeutet möglicherweise, wie
einige meinen, eine vorspringende Landzunge,[2]) norwegisch
einen *Skage*, und würde da mit dem Namen Skagen verwandt
sein. Nicht unmöglich ist es auch, dafs der Name mit er-
wähntem *Codanus* zusammenzustellen ist. In einer Handschrift des Pomponius Mela steht nämlich *Scadinavia* neben
Codanovia. Dieser römische Autor weifs jedoch nur sehr wenig
über den Norden. Er glaubt z. B. Thule sei eine besondere
Insel, die von Skandinavia getrennt liege; allzusehr darf man
sich auf Pomponius Mela nicht verlassen. Etwas mehr weifs
der römische Naturforscher Plinius über die nordischen Länder.

Er berichtet — wie Mela —, dafs jenseits des Cimbrischen
Vorgebirges der Kodanische Busen, der mit Inseln angefüllt
sei, liegt. Von diesen ist *Scadinavia* die bekannteste; auf
dieser Insel wohnen „in 500 Dörfern die Hillevionen."[3])
Einzelne Forscher sind der Ansicht, dafs Hillevionen eine
gemeinsame Bezeichnung für die Bevölkerung der ganzen
Halbinsel sei. Ich möchte doch eher glauben, dafs es ein
einzelner Stamm gewesen ist, der im mittleren Schweden gewohnt hat. Plinius kann gehört haben, dafs die Hillevionen
in 5 *Hundred* (d. i. *herað, harde*) oder Hundertschaften[4]) eingeteilt gewesen sind, und hat dieses mifsverstanden als „fünf-
hundert Dörfer". Mehr noch weifs der Grieche Ptolomaeus
zu berichten, der berühmteste Geograph des Altertums. Nördlich von der Cimbrischen Halbinsel, sagt er, liegen vier
skandische Inseln. Drei sind klein — hierbei denkt er wohl
an die dänischen Inseln —; „die vierte, die am weitesten nach
Norden liegt, ist die größte, sie ist gerade der Weichselmündung gegenüber belegen." Die letzte Bemerkung ist

---

[1]) Schwedisch *Skåne*.
[2]) Anord. *skagi* m.
[3]) Plinius, N. H. IV, 96.
[4]) Die einzige Gattung von Bezirken, die der germanische Kleinstaat
kannte.

wichtig; sie zeigt uns, auf welchem Wege Ptolomaeus seine Kunde vom Norden erhalten hat. Die Handelswege nach Nordeuropa folgten dem Laufe der Flüsse, und besonders führte da nach Gotland und Schweden vom Schwarzen Meer ein wichtiger Handelsweg die Weichsel entlang. Kaufleute, die diesen Weg gezogen sind, haben nach Griechenland die Kunde vom Norden getragen. Ptolomaeus[1]) kennt auch mehrere Stämme auf der skandinavischen Halbinsel; aufser einigen Stämmen, deren Namen wir nun nicht mehr identifizieren können, nennt er die Kvenonen, die Gauten (die Bewohner von Götaland) und die Chaideinoi oder Heiner,[2]) die Bewohner von Hedemarken.

So waren die Verhältnisse im Norden während des ersten Jahrhunderts unserer Zeitrechnung; aber noch im 6. Jh., als Jordanes seine Gotengeschichte schrieb, waren sie gröfstenteils dieselben.[3]) In Norwegen wie in Schweden wohnten damals eine Reihe voneinander unabhängiger Stämme: Die Egden, Rugen, Horden, Sveen,[4]) Gauten, Ostgauten, die Bewohner von Tjust, Finnveden,[5]) Halland usw. Fast gleichzeitig mit Jordanes lebt der Grieche Prokop, der die Geschichte der Gotenkriege geschrieben hat. Er weifs zu berichten, dafs in Thule, worunter er die skandinavische Halbinsel versteht, 13 Stämme wohnen, von denen jeder seinen eigenen König hat. Der Stamm der Gauten ist am zahlreichsten. Nach und nach begannen die Stämme im Norden aber doch zu Völkern und Staaten zusammenzuschmelzen, zu dem was unsere Vorfahren *Þjóð* und *Þjóðland* nannten im Gegensatze zu den kleineren Einheiten *folk, fylki* und *Hundred* oder *herað* (*Herred*). Der älteste Staat im Norden ist in den weiten Gebieten, die die Gestade des Mälar umgeben, erwachsen, der Sveen-Staat.[6]) Der Mälar schneidet ja mit seinen vielen

---

[1]) Ptolomaeus II, 11, 35.

[2]) Aus *Heiðnir.*

[3]) Jordanes' Werk „De origine actibusque Getarum" ist am besten zugänglich in Th. Mommsens „Jordanis Romana et Getica" Mon. hist. auct. antiquissimi Bd. 5, 1 (Berlin 1882). Übersetzung von Martens (Leipzig 1884).

[4]) *Svear,* d. i. Altschweden im östl. Mittelschweden.

[5]) Aisl. *Finneiði.*

[6]) Die alten Schweden (*Svear*) safsen ursprünglich im östlichen Teile des heutigen Mittelschweden (*Svearike*); diesem Gebiete kommt also eigent-

Buchten tief in das Land ein; viele teilweise schiffbare Flüsse
münden in ihn hinein: von Uppland, Västmanland, Närike und
Södermanland; er sammelt sozusagen in sich alle Wasserwege
des alten Svenlands. Wir hören zuerst von den alten Sveen
bei dem grofsen römischen Geschichtsschreiber Tacitus (am
Ende des 1. Jhs. n. Chr), der uns in seinem meisterhaften
Werke „Germania" eine geistvolle, von tiefer Kenntnis zeugende
Schilderung der alten Germanen gibt. Nachdem Tacitus die
Goten und andere nahe verwandte Stämme erwähnt hat, spricht
er vom Staate der Sveen, den derselbe Ozean bespült, „der
seine Macht nicht nur auf eine wohlbewaffnete Mannschaft,
sondern auch auf eine Flotte stützt."[1]) Im Gegensatz zu den
Germanen auf dem Festlande werden die Sveen wie die Goten
durch Könige beherrscht. Ihr König ist aber nicht mehr ein
Stammhäuptling; die Kleinkönige in Svealand erkennen die
Oberhoheit des Königs von Uppsala an. Der Sveenherrscher
ist ein wirklicher „König über eine Nation", ein *þjóðkonungr*,
das was die Goten *þiudans* und neuere deutsche Rechts-
historiker „Grofskönig" genannt haben.

Die Umstände, die die Sveen zu einer Nation gesammelt
haben, liegen im Dunkel der Vorzeit verborgen. Wir dürfen
jedoch annehmen, dafs die Lage an der Ostsee und die Nachbarschaft der Goten dabei eine Rolle gespielt haben. Früher als
alle übrigen Germanen treten nämlich die Goten als eine geschlossene Nation unter einem *þiudans* oder „Grofskönig" auf,
und von den Goten ist das Königtum oder richtiger das Grofs-
königtum etwa um Christi Zeit zu den Westgermanen gekommen. Die Goten wohnten aber zu jener Zeit noch an
dem südlichen Gestade der Ostsee, und zwischen ihnen und
den verwandten Schweden herrschte ein lebhafter Verkehr.
Einzelne Forscher sind jedoch der Ansicht, dafs die Insel
Gotland ursprünglich von Goten bewohnt gewesen sei. Aufserdem hat sicherlich auch von alters her das berühmte Heiligtum von Uppsala[2]) dazu beigetragen, die Sveen zu sammeln.

---

lich nur der Name Schweden zu, der später (1250) auch auf das südlicher
gelegene Götarike ausgedehnt wurde.

[1]) Kap. 44.
[2]) Vgl. über den Tempel zu Uppsala, wo Thors, Óðins und Freys
Bilder standen, Adam von Bremen (IV, Kap. 26 u. 27).

Svíþióð umfafst ursprünglich nur die Gebiete, die um den Mälar herum liegen. Aber nach und nach überwand das Königsgeschlecht der Upp-Svíar[1]) die einzelnen Stammhäuptlinge und brachte ganz Svealand unter seine Botmäfsigkeit. Der Zeitpunkt, wann dies geschehen ist, läfst sich nicht mehr mit Sicherheit bestimmen. Snorri berichtet, dafs zu Ingjalds des Tyrannen Zeit viele Heraðkönige in Svíþióð gewesen seien, aber dieser habe sie alle verbrennen lassen und sich zum Alleinherrscher aufgeworfen. Ist etwas Wahres an der Erzählung Snorris, so kann man daraus entnehmen, dafs Ingjald die Kleinkönige im eigentlichen Svealand ausrottete, denn nur hier nennt er Heraðkönige. Im Anfange der Wikingerzeit und sicherlich auch früher schon bildete Schweden ein Reich. Selbst Blekinge gehörte damals zu Schweden; erst um die Mitte des 11. Jhs. kam es an Dänemark. Die Gauten bewahrten ihre Selbständigkeit am längsten. Auch sie hatten wie die Sveen ihre Wohnsitze an einem Binnensee am Väner und Vätter. Die Geschichte zeigt uns, dafs sich in Ebenen mit breiten, schiffbaren Strömen, die tief aus dem Lande kommen, oder an den Ufern grofser Seen die Menschen frühzeitig zu Völkern und Nationen zusammenschliefsen. Die ältesten Nationen des Altertums sind an den grofsen Strömen: Nil, Euphrat und Tigris, Indus, Hoangho und Jangtsekiang entstanden. Ebenso war es im Norden. Die ältesten Völker im Norden sind die Sveen und Gauten. Denn auch die Gauten waren, wie ich vermute, in alter Zeit mehr als ein Stamm, nämlich ein Volk. Schon im ersten Jahrhundert n. Chr. war ja ihr Name den Römern und Griechen bekannt, und die Gauten mögen wie die Sveen im Laufe der Zeit ihr Gebiet erweitert haben. Prokop nennt ja die Gauten einen volkreichen Stamm in Thule, und in dem Gebiete, das nun Götaland genannt wird, wohnten ursprünglich, wie wir sicher wissen, mehrere verschiedene Stämme. Aus diesem Grunde standen die Sveen und Gauten im 11. und 12. Jahrhundert meistens unter verschiedenen Königen, wenn auch andere Gegensätze, z. B. die von Heidentum und Christentum hinzukommen.

---

[1]) Die Bewohner von Uppland (Tíundaland, Attundaland, Fiaþrundaland, Siáland), vgl. Snorri, Heimskr. II, 137, 141.

Noch ein anderer grofser Binnensee befindet sich im Norden, an dessen Ufern die Menschen sich bereits in uralter Zeit zu Gemeinschaften zu sammeln begonnen haben, die die Alten mit *þjóð* bezeichneten, das ist der Mjösen, der gröfste See Norwegens. Es ist kein Zufall, dafs Ptolomaeus keinen anderen norwegischen Stamm als die Heiner (Heiðnir) kennt. Denn von den Gegenden um die grofsen Seen herum sollte ja die Zusammenschliefsung in Norwegen, wie wir hören werden, ihren Ausgang nehmen. Auch in dem ebenen und fruchtbaren Dänemark, wo die schmalen Meeresstrafsen wie Sund und Belte in alter Zeit mehr verbanden als schieden, müssen bereits vor Beginn unserer Zeitrechnung Volksverbindungen und Ansätze zur Sammlung bestanden haben. Aber das, was hier verknüpfte, war die gemeinsame Götterverehrung, nicht der Staat. Die Bewohner der dänischen Inseln, ja möglicherweise auch die der südlichen Ostseeküste verehrten gemeinsam die Göttin Nerthus, die „Erdmutter"; ihr Name ist verwandt mit dem des Wanengottes Njǫrðr,[1] Freys Vaters. Der Gott Freyr wird auch mit anderem Namen Yngvi-Freyr genannt, und von Freys Namen ist der abgeleitet, womit Tacitus in seiner Germania die Stämme benennt, die die Nerthus verehrten, nämlich *Ingaevones*. Es liegt eine Insel im Ozean, berichtet Tacitus,[2] — wahrscheinlich Seeland[3] — wo sich ein der Göttin Nerthus geweihter heiliger Hain befindet; an Festtagen wird das Bild der Göttin auf einem von Kühen gezogenen Wagen von Ort zu Ort gefahren, tiefer Friede herrschte dann im Lande, und die Verehrer der Göttin, alle Ingaevonenstämme, sammelten sich von allen Seiten. Das Reich der Dänen ist doch jünger als das der Schweden. Die Dänen selbst sind freilich ein uralter Stamm, dessen ursprüngliche Heimat Schonen gewesen zu sein scheint. Zum Volke und zur Nation haben sich jedoch die Dänen erst voll ausgewachsen während der Völkerwanderung; so nennen wir die

---

[1] Vgl. A. Kock, ZfdPhil. XXVIII, S. 289, der annimmt, dafs durch Absterben der fem. *u*-Stämme an die Stelle der weibl. *Nerthus* ein männl. *Njǫrðr* getreten sei.

[2] Kap. 40.

[3] Much, P. B. B. XVII, S. 195 ff.; A. Kock, Sv. hist. Tidskr. 1895, S. 161 ff.

Neubildungszeit, da die Völker in die Ferne nach östlichen und südlichen, von römischer und griechischer Kultur beeinflußten Ländern zogen. Stämme schließen sich zu einem Volke zusammen, neue Reiche entstehen, blühen und verschwinden. Die germanischen Stämme schmelzen zu größeren Volksverbänden, wie Sachsen und Franken, zusammen. In dieser Zeit entsteht auch das dänische Reich, das dänische Volk. Die älteste sichere Nachricht über die Dänen findet sich bei Jordanes und stammt höchstwahrscheinlich von dem norwegischen Stammkönige Rodulv, der vor 525 zu Theoderich dem Großen nach Italien kam und in seine Dienste trat. Nach Jordanes sind die Dänen von der Skandinavischen Halbinsel ausgegangen und haben die Heruler aus ihren Wohnsitzen vertrieben.[1]) Die Heruler, deren Namen in der Völkerwanderungszeit überall in Europa widerhallte, waren ein nordischer Stamm, der möglicherweise im südlichen Schweden gewohnt hat und vielleicht zu gleicher Zeit auf den dänischen Inseln. Aus ihrer Heimat vertrieben, zogen die Heruler südwärts und ließen sich im heutigen Ungarn nieder. Hier wurden sie von den Römern unterworfen. Ein Teil von ihnen zog es aber vor, wieder nordwärts in die alte Heimat zu ziehen.[2]) Der griechische Geschichtsschreiber Prokop, der wahrscheinlich durch herulische Krieger vom Norden gehört hatte, erzählt, daß die Heruler kurz nach 512 an den Ozean — wohl an die Ostsee — kamen und „durch das Gebiet der dänischen Volksstämme wanderten". Von hier setzten sie nach Thule über. „Unter den Bewohnern von Thule sind die Gauten der zahlreichste Volksstamm, in ihrer Nachbarschaft ließen die Heruler sich nieder." Die Forscher sind der Ansicht, daß die Heruler hier ihre ursprünglichen Wohnsitze gehabt haben. Das ist jedoch nicht sicher; vieles scheint dafür zu sprechen, daß „Heruler" eine gemeinsame Benennung für die verschiedenen nordischen Volksstämme war, die an der Völkerwanderung teilnahmen. Ich glaube daher, daß möglicherweise der norwegische König Rodulv, von dem Jordanes spricht, derselbe ist wie der bei Prokop erwähnte

---

[1]) Get. III, 23.

[2]) Otto Bremer (Grundr. d. germ. Phil. III², S. 834) nimmt an, daß sie sich dann in Småland angesiedelt haben.

Herulerkönig desselben Namens. Ein anderer Herulerhäuptling heifst *Aruth*, ein Name, der mit *Hǫrðar* verwandt ist. Der Name Heruler (oder Eruler) ist nämlich dasselbe Wort wie das nordische „Jarl" und bedeutet eigentlich „Kriegshäuptling".[1]) Ein solcher Name passt natürlich nicht für ein Volk, das friedlich in der Heimat lebt, sondern nur für solche Stämme, die auf kriegerische Abenteuer ausziehen. Die Heruler waren ein in jeder Hinsicht merkwürdiges Volk. Sie töten ihren eigenen König Ochon, wie Prokop berichtet, lediglich aus dem Grunde um einmal probeweise ohne König zu sein. Sie bereuen es jedoch und senden Boten zu ihren heimgewanderten Stammesbrüdern nach Thule, um einen neuen König zu bekommen. Um das Jahr 565 hören wir zuletzt von ihnen; seitdem verschwinden sie aus der Geschichte.

An den Kämpfen der Völkerwanderung, jener Zeit der Neuschöpfungen, die die Germanen zum ersten Male die sonnenwarmen Lande des Südens und ihre blühende Kultur schauen liefs, an jenem wildbewegten Leben haben auch die Nordleute kräftig und erfolgreich teil genommen. Heruler sind bei der Begründung der germanischen Herrschaft in Italien[2]) beteiligt, und bringen Keime griechischer und römischer Kultur mit heim nach dem Norden. Nicht nur Dänen und Schweden nehmen teil an der Völkerwanderung; ein norwegischer König wird sogar Dienstmann bei Theoderich dem Grofsen, wie wir gehört haben. Das bedeutungsvollste und zugleich bleibende Ergebnis der Völkerwanderungszeit für den Norden ist aber das **Dänenreich**.

Die Dänen, nach der Vertreibung der Heruler zusammengeschlossen, gehen nun etwa von der Mitte des ersten Jahrtausends an einer Blüteperiode entgegen. Auch nach aufsen hin mufs das junge Volk seine Kräfte erproben in Wikingerzügen nach fernen Ländern, gegen Friesen und Franken. Im Jahre 516 fällt ihr König Hugleik auf einem Zuge nach dem Lande der Chattuarier an der Mündung des Rheins gegen den

---

[1]) In den Runeninschriften des 5. und 6. Jhs. heifst das Wort noch *erila*ʀ, in solchen des 7. Jhs. *eirila*ʀ. Der Name wird richtiger Eruler geschrieben.

[2]) Nachdem sie mit den Gepiden der Hunnenherrschaft ein Ende gemacht, zog ein Teil von ihnen 476 mit Odoaker nach Italien.

fränkischen Königssohn Theodebert; so berichtet der fränkische Chronist Gregor von Tours. Doch auch in der Heimat wurde Hugleiks noch lange in den Liedern der Skalden gedacht. Das alte auf nordische Quellen gegründete angelsächsische Heldengedicht „Beowulf" [1]) besingt seinen heldenmütigen Kampf und Tod.*) Hier heifst es, nachdem von Beowulfs Fall die Rede gewesen ist:

Gefafst das Volk   auf Fehden sich mache,
Wenn kundbar wird   des Königs Fall
Den Friesen und Franken   im fernen Lande.
Der harte Hader   mit den Hugen begann,
Als Hygelacs Flotte   in Friesland heerte
Da die Hetware [2]) im Kampfe   dem Helden begegneten,
Mit Übermacht   den Edlen schlugen,
Dafs der Brünnbewehrte   beugen mufste
Das Haupt im Tode,   der herrliche Fürst,
Nie der Helden Schar   Schmuck er nun spendete.
Nie Freundschaft erfuhren   von den Franken wir seither;
Die Merowinger   nichts Mildes sinnen! [3])

Von derartigen Wikingerzügen war jene Zeit voll. 50 Jahre nach Hugleiks Tode (565) unternahmen z. B. die Dänen einen ähnlichen Zug in die westlichen Gewässer, und keines Volkes Namen ist so wohlbekannt in fremden Landen wie der ihrige. In ihrer Heimat auf Seeland ragt Leires strahlende Königsburg *Heorot* oder „Hirsch" empor, deren Preis der Beowulfdichter singt. Ihren Namen hatte die berühmte Halle wohl empfangen, weil sie am Giebel als Zierde ein Hirschgeweih trug. — Der Könige von Leire, des Skjǫldungengeschlechtes hoher Ruhm drang weit über die Lande. Es ist das berühmteste Herrschergeschlecht im Norden und leitet ebenso wie die Könige der Sveen seinen Ursprung von den Göttern selbst her. Im „Beowulf" wird der Skjǫldungenkönig

---

    *) Hugleik (oder Hygelâc) wird im „Beowulf" König der Geaten genannt; einige Forscher halten diese Geaten für Jüten, andere für Gauten. (Das letztere ist unzweifelhaft richtig. D. Übers.).
    [1]) Aus dem 7. Jh.
    [2]) D. i. die Chattuarier.
    [3]) Vgl. Holder, Beowulf v. 2910 ff.; die Übersetzungen der poetischen Zitate rühren, wenn nichts anderes bemerkt ist, gleichfalls vom Übersetzer her.

Halfdan als das Muster eines edlen und hochsinnigen Königs hingestellt, und in Rolf kraki erhielt der ganze nordische Stamm sein Herrscherideal. Auch in der Heimat gibt es Kampf mit Feinden und nicht minder Verwandtenfehde. Ihren härtesten Kampf haben die Dänen zu bestehen mit dem Stamm der Hadobarden, der am südlichen Gestade der Ostsee wohnte und möglicherweise, wie einige Forscher meinen, vom selben Geschlechte war wie die berühmten Langobarden der Völkerwanderung. Die Hadobarden dringen auf Seeland bis zur Halle „Hirsch" vor, wo Halfdans Sohn Roar und dessen Brudersohn Rolf (Kraki) sie in einem blutigen Kampfe aufs Haupt schlagen. Hiervon erzählt das altenglische Gedicht „Wîðsîð", das Lied des Sängers „Weitfahrt", das fast ein Verzeichnis über die in der Zeit der Völkerwanderung berühmtesten germanischen Völker und Könige darstellt. Das Gedicht sagt: „Hrodulv (d. i. Rolf) und Hrodgar (d. i. Roar) hielten lange Freundschaft miteinander, Onkel und Brudersohn, nachdem sie die Wikinger vertrieben . . . und bei der Halle „Hirsch" die Macht der Hadobarden gebrochen hatten." Späterhin aber kommt das Unheil auch über die Skjǫldungenburg und Rolf fällt mit seinen Mannen.

Auch die Sveen sind zur Zeit der Völkerwanderung ein mächtiges Volk. Grofsartige archäologische Funde in Uppland zeugen von der Macht und dem Reichtum ihrer Könige zu jener Zeit. Besonders merkwürdig ist der Vendel-Fund, der nach der Meinung der Forscher alte Königsgräber darstellt. Vendel liegt nördlich von Uppsala an einem Flusse, der in alter Zeit als Oberlauf der Fyriså angesehen wurde. Hier hat man aufser Waffen und prächtigem Schmucke Helme mit kunstfertigen Bildern und Menschendarstellungen geziert gefunden. Das Königsgeschlecht der Sveen, die *Skilfinger*, wie der „Beowulf" sie nennt, oder die *Ynglinger*, wie das norwegische „Ynglingatal"[1]) sie nennt, sind neben den Skjǫldungen das berühmteste Königsgeschlecht im Norden. Sie führen Krieg mit den Dänen und heeren in den Ostländern u. a. in Estland, wo König Yngvar fällt und wo sein Sohn Braut-Anund

---

[1]) Genealogisches Gedicht des Skalden Þjóðólfr ór Hvini (das heutige Kvinesdal in Südnorwegen) aus dem Beginne des 10. Jhs.

den Tod des Vaters rächt; ja selbst mit Königen im nördlichsten Norwegen, in Hálogaland, stehen sie in Verbindung.
Gewaltig ist vor allem der Kampf der Sveen mit den Geaten.
Aus Übermut fallen die Geaten unter ihrem Könige Hædkyn,
Hredels Sohn, in das Land der Sveen ein. Aber der König
schlägt sie am „Rabenwalde", macht Hædkyn nieder und ge-
lobt, dafs er am nächsten Morgen manchen Mann den Vögeln
zur Freude an den Galgen hängen lassen will. Aber das
Glück wendet sich. Am andern Morgen kommt Hædkyns
jüngerer Bruder Hugleik mit einer frischen Kriegerschar zur
Hilfe. Die Heerhörner ertönen; die Krieger stürmen vor;
Anganty mufs Schutz suchen hinter den Wällen seiner eigenen
Burg zu Vendel in Uppland. Doch selbst dorthin dringt der
Feind. Anganty mufs sein Leben lassen und findet am Galgen
das Schicksal, das er den Geaten*) zugedacht hatte. Auch
im Königshause der Sveen gab es Verwandtenzwist. Åle,
Angantys Sohn, vertreibt seinen Brudersohn Adils. Dieser
jedoch kehrt, nachdem er lange landsflüchtig gewesen ist,
zurück und tötet Åle. Von alters her ist Verwandtenzwist
in den Königsgeschlechtern des Nordens gewesen.

So sehen wir in der Zeit der Völkerwanderung Dänen
und Schweden als zwei lebenstüchtige Nationen, voll Stärke
und Übermut, die nicht nur ihr Reich im Innern festigen, nach
innenzu mehr und mehr zusammenschliefsen, sondern die auch
das Glück in harten Kämpfen und auf gefahrvollen Zügen
nach fernen Ländern versuchten.

Damals gab es noch kein Reich Norwegen und keine
Nation von Norwegern. Ja diese Namen existierten damals
wahrscheinlich noch nicht einmal. Die Wikingerzeit ist eine
Zeit der Neubildungen für die nordgermanischen Volksstämme,
die wie in einer neuen Völkerwanderung Züge nach fremden

---

*) Der Anganty der Beowulfdichtung (Ongenþéow) entspricht dem
König Egil des Ynglingatal. Dessen Sohn heifst Ottar, der beiden Dichtungen bekannt ist. Angantys Taten entsprechen dagegen denen des Ottar
im Ynglingatal; er hat hier den Beinamen *Vendilkráka*, weil er zu Vendel
in Jütland getötet worden ist, wo seine Leiche eine Speise der Vögel und
wilden Tiere wurde, während zum Spott ein Galgen (*trékráka*) heim nach
Schweden gesandt wurde. Aber wie ein schwedischer Forscher, Knut
Stjerna, uns neulich aufgeklärt hat, ist Vendel in Jütland sicherlich für
Vendel in Uppland, das dem Dichter nicht bekannt war, eingesetzt worden.

Ländern unternehmen. Reiche werden erobert und gegründet, im Osten wie im Westen; eine rege Kolonisationstätigkeit beginnt. Die Nordleute kommen mit der westeuropäischen, höheren, von Rom stammenden Kultur in innige Berührung; selbst nach Griechenland führt ihr Weg. Die innere Gärung, die grofsen Ziele, die die Völker sammelten, Kulturströmungen von aufsen her, alles das wirkt zusammen, dafs die Wikingerzeit eine Epoche völliger Umwandlung für die nordischen Völker bedeutet. In diese Zeit fällt auch der Ursprung der norwegischen Nation.

Anfangs bildeten die Norweger — wie die Dänen und Schweden — eine Reihe verschiedener von einander unabhängiger Stämme, von denen jeder in seinem *fylki* (Volksgebiet), so hiefsen die kleinen Bezirke, in die Norwegen ursprünglich eingeteilt war, wohnte. Die hohen Fjelde, die die Täler scheiden, die einzelnen Landschaften voneinander abschliefsen, und die grofsen Wälder, die in alter Zeit noch eine weit stärkere Trennungsgrenze wie heute ausmachten, hatten eine verhältnismäfsig späte Sammlung der einzelnen Stämme zu einer Volkseinheit zur Folge. Wahrscheinlich ist Norwegen auch ursprünglich von verschiedenen Stämmen bevölkert gewesen. Der Name scheint so z. B. darauf hinzudeuten, dafs die *Rygir* in Rogaland demselben Stamme angehört haben wie die ostgermanischen *Rugii* an der Weichselmündung. Dieses Volk wird in den gotischen Stammessagen bei Jordanes [1]) auch als *Ulmerugi* bezeichnet; ganz derselbe Name findet sich aber bei den Skalden [2]) für einen Teil der norwegischen Rygir, nämlich *Hólmrygir,**) in der Tat eine merkwürdige Übereinstimmung. Der Stammname Hǫrðar ist sicherlich derselbe wie der jütische *Charudes* oder Harder im Hardesyssel oder wie der der H a r u d e s, die im Heere Ariovists auftreten. [3]) Die am Schlusse des 12. Jahrhunderts niedergeschriebene, *Historia Norvegiae* genannte norwegische Chronik berichtet, dafs

---

[1]) Get. IV, 25.
[2]) Vgl. Haraldskvæði des Þorbjǫrn Hornklofi(?) und Hákonarmál des Eyvindr Skáldaspillir, Dichtungen des 9. bezw. 10. Jhs.
*) Die auf den Inseln wohnenden Rygir.
[3]) Nach den Mon. Anc. und nach Ptolomaeus (II, 11, 7) haben Charydes (Χαροῦδες) in Jütland gewohnt.

Trøndelagen [1]) von Schweden aus besiedelt worden sei. Doch werden wohl erst eingehendere sprachliche und anthropologische Untersuchungen imstande sein völlig klärende Antworten auf diese Fragen zu erteilen. Soviel steht jedenfalls fest, dafs Norwegen vor Harald Hárfagris (Schönhaars) Zeit von einer Menge allerdings voneinander unabhängiger Stämme, die doch durch gemeinsame Sprache und Stammesverwandtschaft einander nahe standen, bevölkert war.

Das Einigungswerk Haralds kam nicht wie der Blitz aus heiterem Himmel. Schon lange vor seiner Zeit hatten sich die Stämme an mehreren Stellen unseres Landes zu gröfseren Verbänden zusammen geschlossen. So im südlichen Teile, der von der Völkerwanderung her in Verbindung mit den Ländern jenseits der Nordsee stand, und wo die Bevölkerung verhältnismäfsig sehr dicht war. Wir haben bereits von König Rodulf vernommen, der zu Theoderich nach Italien kam. Jordanes' Angabe, die dunkel und verworren erscheint, dürfte vielleicht darauf hinweisen, dafs Rodulf König über eine Anzahl von Stämmen im südwestlichen Norwegen gewesen ist, worunter die Bewohner von Grenland (des südlichsten Teiles von Telemarken), die Egdir, Rygir und Hǫrðar zu rechnen sind. Der Rökstein in Östergötland, das merkwürdigste Denkmal der Wikingerzeit, nennt uns Dichtungen über die Helden der Vorzeit, z. B. über Theoderich, den Gotenkönig, und aufserdem über zwanzig Könige, die vier Jahre lang auf Seeland unter einem gemeinsamen Oberkönige gesessen haben und schliefslich in einem blutigen Kampfe gefallen sind. Diese Könige waren norwegischen Stammes: Rygir, Hǫrðar, Heiðnir.*) Ihr Oberkönig trug den Namen Raadulv. War er vielleicht derselbe Rodulf, der in Theoderichs Dienste trat?

Während der Wikingerzeit finden wir dasselbe Gefühl der Zusammengehörigkeit zwischen den einzelnen Stämmen im südwestlichen Norwegen. Die ersten Wikinger, die im Jahre 793 an Englands Küste landeten, sagten aus, sie seien von *Hærethaland* d. i. von Hǫrðaland gekommen, und der älteste Name, den irische Schriften für die Heimat der Wikinger kennen, ist *Hiruath,* der auch Hǫrðaland zu be-

---

[1]) D. i. die Gegend um Trondhjem; die Bewohner heifsen Trønder.
*) Heiðnir, d. i. die Einwohner von Hedemarken am Mjösen.

zeichnen scheint. Als Harald Hárfagri später die einzelnen
Stämme zu einer politischen Einheit zusammenschmelzen
wollte, begegnete er bekanntlich dem trotzigsten Widerstande
im Hafrsfjord.[1]) Dieselben Stämme, die schon in der Völkerwanderungszeit zusammengestanden hatten, waren hier
wiederum vereint: Rygir, Hǫrðar, Egdir und Telemarkens
Bewohner.

Die Zusammenschmelzung der norwegischen Stämme zu
einem Reiche sollte doch nicht von diesen Gegenden ausgehen.
Die einzelnen Landschaften liegen hier zu weit zerstreut, die
Fjelde sind zu hoch und unzugänglich. In ausgedehnten
flachen Gebieten, vor allem an den Ufern eines Fjord, eines
Binnensees oder eines breiten Stromes ist es ja am leichtesten
für ein Volk, sich enger zusammenzuschließen.

Sowohl im nördlichen wie im südlichen Norwegen liegen
solche Landschaften. Die Fylkir, die um den Trondhjems-
fjord herum saßen: Inderö, Sparbu, Verdal, Stjørdal, Strind,
Guldal und Orkedal, waren lange vor Haralds Zeit zu einer Art
von Bund vereinigt, *Þrándheimr* „Heimat der Trönder" mit
Namen. Ein und dasselbe Gesetz und Recht herrschte hier
in den *Trøndelag,* wie von alters her der Trønder Rechts-
bezirk genannt wurde; hier hatten Abgesandte aller trønder-
schen Fylkir ihr gemeinsames Thing auf Frosten oder Øren
bei Nidaros.[2]) Von Harald Hárfagris Zeit an ist Norwegen
in Fylkir (sg. fylki) eingeteilt, ein Begriff, der ungefähr dem
deutschen Gau, dem lateinischen *civitas* entspricht. Vor dieser
Zeit jedoch gab es freilich nur in den Trøndelag Fylkir, wo
diese Einteilung uralt gewesen zu sein scheint, und woher
Harald die Idee zu seiner Reichseinteilung holte. Die trønder-
schen Fylkir umfassen nämlich einen wesentlich kleineren
Bezirk als die übrigen norwegischen; sprachlich und formell
entsprechen sie etwa den drei *Folkland* in Uppland. An
mehreren Stellen des südlichen Norwegen scheint die Fylki-
einteilung nicht ordentlich durchgeführt gewesen zu sein.

---

[1]) Hier fand die Entscheidungsschlacht im Jahre 872 statt; die einzelnen
Stammeshäupter unterwarfen sich dem Sieger bis auf wenige, die nach
Island auswanderten.

[2]) Bis um die Mitte des 16. Jhs. hieß Trondhjem Nidarōs, d. h. an
der „Mündung der Nid".

Bereits im „Wîdsîð" scheinen die Stämme der Trønder genannt zu werden.*) Die Trøndelag hatten keinen gemeinsamen König; sie bildeten etwa eine föderative Republik. Das einzige Häuptlingsgeschlecht, das wir hier kennen, war das der Ladejarle. Vor allen anderen war es gewiſs dieser Grund, der im Wege stand, daſs des Reiches Einigung nicht von den Trøndelag ihren Ausgang nahm, obwohl hier in alter Zeit der Schwerpunkt norwegischer Stärke und Macht lag.

Der ausgedehnteste Komplex weiter zusammenhängender Gebiete in Norwegen erstreckt sich vom Kristianiafjord bis zum Tyrifjord, Randsfjord und Mjösensee. Von hier aus sollte die Einigung Norwegens beginnen. Die Sage erzählt, daſs Haralds Geschlecht von den Ynglingerkönigen in Uppsala herstamme. Wir haben ein sicheres historisches Zeugnis, daſs Vestfold und Jütland um das Jahr 800 zu demselben Reiche gehörten. Gewiſs waren es schwedische und wohl noch in höherem Grade dänische Vorbilder, die Harald und sein Geschlecht beeinfluſsten und auf den Gedanken der Einigung Norwegens verfallen lieſsen. Bereits Halfdan Hvitbein, der erste des Geschlechtes, der sich ein Reich in Norwegen gewann, herrschte sowohl in den Oplanden wie in Vestfold. In dem alten Gedicht „Ynglingatal" wird er *þjóðkonungr* genannt, „König über eine Nation". Schlieſslich umfaſste das Ynglingerreich fast das ganze südöstliche Norwegen. Haralds Vater, Halfdan der Schwarze, aber dehnte seine Macht bis über den Westen aus und wurde König über Sogn.

So wurde auf mannigfache Weise der Weg für Harald Hárfagri und sein groſses Werk gebahnt. Die Norweger begannen sich allmählich als eine Nation verschieden von den Schweden und Dänen zu fühlen. Das war das Werk der Wikingerzeit. Männer von Lindesnæs und oben von Hálogaland segelten zusammen westwärts, eroberten Land und legten Kolonien an. Das Bedürfnis eines gemeinsamen Führers, eines Königs, der den Oberbefehl über die Kriegerschar in Händen hatte, macht sich rasch geltend. Um das Jahr 840 erhielten

---

*) Wie der norwegische Historiker Reichsarchivar E. Hertsberg vermutet. Der Sänger Weitfahrt scheint die Trønder zu meinen, wenn er erzählt: „Ich war bei den þrowendum".

die Norweger in Irland ihren ersten König *Turgeis,* d. i. wohl „Torgest" (*Þorgestr,* nicht, wie andere meinen *Þorgisl**). Zehn Jahre später sehen wir Dänen und Norweger im heifsen Kampfe liegen um die Herrschaft in Irland. Es ist das erste Mal, dafs wir die beiden Völker sich als verschiedene Nationen entgegentreten sehen, das erste Mal überhaupt, dafs die Norweger als eine Nation auftreten.

Zu dieser Zeit kommt auch der Name *Nor(v)egr* und *Norð-maðr* zuerst in Aufnahme.

Norge oder *Noregr* „der nördliche Weg", *Norðmaðr* „ein Mann aus dem Norden" und *norrøn* oder *norsk* — diese Namen sind rein sprachlich genommen auch viel jünger als die Namen „Danir" und „Svear", deren Bedeutung noch strittig ist.[1]) Wahrscheinlich sind es Dänen und Schweden, die die Norweger zuerst *Norðmenn* genannt haben, gerade so wie die Bewohner des Nordens vorzeiten die Deutschen als *Suðrmenn* „Südleute" und die Iren als *Vestmenn* „Westleute" zu bezeichnen pflegten.

Schon der hálogische Häuptling und Polarfahrer Ottar,[2]) der wahrscheinlich wegen Harald Hárfagris Alleinherrschaft landsflüchtig wurde, an den Hof Alfreds des Grofsen kam und ihm von seinen Reisen erzählte, bedient sich ebenso wie Alfred selbst der Benennung *Norðmenn* für alle Bewohner des heutigen Norwegen im Gegensatze zu den Danir und Svear, während *Norðweg* auch bei ihnen der Name für das Land ist.**)

---

[1]) Adolf Noréen erklärt den Namen Dänemark als „Wald auf festem ebenen Boden" und stellt die ersten Silben des Wortes mit dem deutschen „Tenne" zusammen; im Namen der Schweden will er eine der vielen mit *sv-* beginnenden Verwandtschaftsbezeichnungen sehen und erklärt ihn als „die sich selbst eigenen". Die erste Erklärung halte ich für richtig, die andere für sehr gewagt. [Der Name „Svear" bedeutet vielleicht „Tempelwärter" und hängt mit *vé* „Heiligtum, Tempel" zusammen; der Verf.]

[2]) Ottar war der erste, der ca. 890 zuerst das Nordkap umfuhr und bis in die Gegend des Weifsen Meeres (Bjarmaland) vordrang; über seine Expedition vgl. Alfreds „Orosius".

*) Schon der isländische Geschichtsschreiber Snorre Sturlason hat Turgeis mit *Þorgisl,* einem angeblichen Sohne Harald Hárfagris verwechselt.

**) Adolf Noréen erklärt den Namen *Norge* in anderer Weise, nämlich als zusammengesetzt aus *nórr* „eng, schmal" und *vegr* „Weg". Aber das

Die Verschiedenheit zwischen den drei nordischen Nationen erstreckt also, wie wir gewahren, ihre Wurzeln weit zurück in die Vorzeit. In Volkscharakter, Götterglauben, Dichtung und sozialen Verhältnissen fällt er schon sehr früh in die Augen. Die Norweger, die am frühesten in Stämme auseinandergefallen sind, haben einen stark ausgeprägten aristokratischen Zug und eine fast übermächtige Häuptlingsklasse, während ihr Zusammengehörigkeitsgefühl nur gering ist. Harte, wilde und trotzige Naturen mit einem Schimmer des Riesenhaften über sich, mit einem Anfluge von unbändigen düsteren Naturkräften wie Egil Skallagrimsson[1]) und seine Sippe. Stolz und übermütig, doch auch edelsinnig, aber kantig wie das Fjeld selbst, eifrige Verehrer Thors des ungeschlachten Gottes der Kraft.

Die Dänen stehen gleichsam Europa näher, sind geschliffener und gesitteter, aber weisen nicht so eigenartige Gestalten auf. Nicht umsonst ist der milde und beinahe unkriegerische König von Leire Rolf Krake der vornehmste und edelste Fürst des Nordens in heidnischer Zeit.

In der Dichtung tritt bei den Dänen das rein menschliche stärker hervor als die rohe Kraft. Typisch dänisch ist das Bjarkamǫl[2]) genannte Gedicht, das edler treuer Mannen Kampf um ihren trefflichen König besingt, und die Dichtung von Hagbard und Signe, die schönste und zartsinnigste nordische Liebesgeschichte aus der Heidenzeit, wo man fast die zarte, schmachtende Liebesweise der Ballade zu vernehmen wähnt. Man denke nur an den Schluſs der Hagbardsdichtung bei Saxo Grammaticus oder der Balladenfassung, in

---

Wort *Nordmand* (Norweger), das in alter Zeit stets *Norðmaðr* geschrieben ist, bedeutet sicherlich „ein Mann aus dem Norden" und entspricht dem *Suðrmenn* „Deutsche", *Vestmenn* oder „Iren". Ich glaube nicht, daſs *Norge* und *Nordmœnd* von verschiedener Herkunft sind.

[1]) Ca. 904—990; geistig und körperlich der Idealtyp eines alten Germanen, einer der gröſsten Dichter der Weltliteratur. Was wäre dieser Skalde geworden, wenn er an den Herdfeuern südlicher Kultur hätte leben dürfen, fragen wir uns erstaunt bei der Lektüre seiner genialen Schöpfungen.

[2]) Von einem unbekannten Dichter des 10. Jhs. Am Morgen der Schlacht bei Stiklastaðir (1030) weckte der Skalde Þormóðr Bersason Kolbrúnarskáld das Heer Ólafs des Heiligen mit diesem Lied, das bei dieser Gelegenheit *Huskarla hvǫt* „Kriegers Weckruf" benannt wurde.

der sie uns heute vor allem vertraut ist.[1]) Hagbard ist gefangen und soll an den Galgen gehängt werden, aber er will
sehen, ob Signe ihr Gelübde wirklich hält und sich mitsamt
ihren Jungfrauen im Hause verbrennt, darum läfst er erst
seinen roten Mantel am Galgen aufhängen.

> Lange stand Hagbard der Königssohn,
> Sagt', er wollte die Welt nochmal sehen,
> Bis er sah der edlen Signe Haus
> In lichter Lohe vergehen.[2])

Von Norwegen dagegen haben wir Sigurd Fafnisbanis
und Brynhilds tragische Liebe, des Schmiedes Wölund (Wieland)
wilde Leidenschaft und blutige Rache. In der ältesten
dänischen Dichtung vernehmen wir schon, wie mich bedünken
will, den mildernden Einflufs von Dänemarks lächelnden Gefilden, dem Lande der freundlichen Buchen, der Laubwälder,
wo die Natur gleichsam die Sinne mehr sänftigt als in Norwegen mit seinen beengenden starren Fjelden, mit seinen einsamen schwermütig stimmenden Talsenkungen und düsteren
Tannen- und Föhrenwäldern. Bezeichnend ist es auch, dafs
nicht Thor, sondern Odin der Gott der Kriegskunst und
geistigen Überlegenheit bei den Dänen die höchste Verehrung
genofs.

Die Schweden, von denen wir in diesen alten Zeiten nur
wenig hören, scheinen, was sowohl Charakteranlage als soziale
Verhältnisse anbelangt, mehr den Norwegern als den Dänen
geglichen zu haben.

Sie sind — wie noch in unseren Tagen — eine ausgeprägt stolze und aristokratische Nation, bei der die hoch-
geborenen Geschlechter grofse Macht ausüben, wo aber gleichwohl ein reges Freiheitsgefühl lebt. Norweger und Dänen
können wohl ihre Könige töten, aber die Sveen ertränken sie
im Beisein der Thingversammlung, sodafs es fast einer staatlich
sanktionierten Handlung gleichkommt.

Bewunderung für das Grofse und Phantastische, für die
fernen Ziele scheint zu allen Zeiten ein Sondermerkmal der
Schweden gewesen zu sein: Abenteuerliche Züge nach fernen

---

[1]) Die dänische Kæmpevise von Havbor og Signelil.
[2]) Vgl. Anmerkung 4 (Schlufs) auf Seite 18.

Gegenden, nach Karelien, Estland und Rußland unternehmen
sie, stolz sind sie über ihre große ruhmreiche Vergangenheit:
Olaf Schoßkönig brüstet sich damit, daß sein Geschlecht von
den Göttern selbst abstamme; der Meister, der die Runen des
Röksteins[1]) ritzte, redet in dunklen Worten und noch dunkleren
Zeichen von der Größe der Vorzeit, er bildet mit seiner Gelehrsamkeit und Gemütsanlage, vor allem mit seiner formlosen
Phantasie ein Seitenstück zu Rudbeck,[2]) der in seinem gewaltigen Werke „Atlantica" Schweden zur Heimat Noahs, zur
Urheimat der Menschheit macht. Doch sind die Schweden
auch zu allen Zeiten, trotz dieser phantastischen Züge, praktische Leute mit sicherem Blick und festem Griff für des
Lebens Wirklichkeiten gewesen. Wenige Gestalten des Mittelalters haben eine Glut der Phantasie wie die hl. Birgitta[3])
und nicht nur das, sie treibt auch praktische Politik, weist
selbst den Papst zurecht und hat weitgehenden Einfluß wie nur
wenige Männer ihrer Zeit. Oder man denke an den Mystiker und
Geisterseher Emanuel Svedenborg, der zugleich einer der ersten
Ingenieure seiner Zeit war. So war es auch in alter Zeit.
Damals war Gotland ein Mittelpunkt für Kunst sowohl wie
für Handel, und in Uppland erinnern noch heutigestags
Runensteine an den Häuptling Jarlebanke, der Brücken und
Wege baute für Menschen.

———

Auch die Alten haben bereits einen Unterschied gefunden
im Fühlen und Denken der drei nordischen Nationen. Aber
gerade da, wo sie ihn zum Ausdruck bringen wollen, bemerken
wir mehr von der Prahlerei und dem Übermut der Norweger
und Isländer als von der Verschiedenheit. Es ist Snorris bekannte Schilderung der Schlacht bei Svolder,[4]) die ich im

---

[1]) Aus dem 10. Jh. bei der Kirche von Rök in Östergötland.

[2]) Olof Rudbeck der Ältere († 1702) suchte unter anderem auch nachzuweisen, daß Schweden als das erstkultivierte Land der Erde Platos
Atlantis gewesen sei.

[3]) Diese schwedische Mystikerin († 1373) wird als Stifterin des
Birgittenordens (auch Brigitten- oder Salvatororden genannt) oft mit der
irischen Heiligen Brigida († 523), der die Stiftung des älteren Brigitten-
ordens zugeschrieben wird, verwechselt.

[4]) Im Jahre 1000; hier fiel Olaf Trygvesson. Die wendische Insel
Svolder (*Svǫlð*) ist nicht mehr zu identifizieren, sie muß südöstlich von

Auge habe. Vor dem Kampfe sucht Olaf Trygvesson sich einen Überblick über die feindliche Flotte zu verschaffen und fragt: „Wer ist der Anführer jener Schar, die uns gerade gegenüber steht?" Man antwortete ihm, daſs es der König Svend Gabelbart mit dem Dänenheere sei, worauf der König versetzte: „Vor den erbärmlichen Kerlen sind wir nicht bange, die Dänen haben ja keinen Mut, aber wem gehören jene Feldzeichen dort weiter rechts im Hintergrunde?" Es wurde ihm gesagt, daſs es König Olof Schofskönig mit dem schwedischen Heere sei, da meinte er spöttisch: „Die Schweden hätten besser daran getan, wenn sie daheim geblieben wären und aus ihren Opserschalen geschleckt hätten, anstatt daſs sie sich wider mein Drachenschiff und eure Waffen wenden, doch wessen sind die grofsen Schiffe dort auf Backbord von den Dänen?" Als man ihm erwiderte, daſs sie dem Jarl Erik Håkonsson gehörten, sagte er: „Er wird wahrscheinlich guten Grund haben uns zu begegnen, mit den Seinen können wir uns auf den schärfsten Straufs gefaſst machen, denn sie sind Norweger wie wir."

Schon von den ältesten Zeiten an haben die Nordleute oft gegen einander im Kampfe gestanden, das eine Volk heerte im Lande des anderen und gewann Gebiet von ihm. Zugleich aber haben sie auch das Verständnis dafür gezeigt, daſs sie als Verwandte zusammen gehörten.

Fränkische Autoren des 9., 10. und 11. Jahrhunderts benennen die Wikinger gern mit dem gemeinsamen Namen „Normannen", ebenso die Angelsachsen, die sie vielleicht noch häufiger „Dänen" nennen. Die Iren legten den Nordleuten den Namen *Lochlannaigh*[1]) oder „Männer von Lochlann" bei. Dies Wort *Lochlann* war, vermute ich, ursprünglich ein Name

---

Rügen gelegen haben, vielleicht ist das heutige Ruden darunter verstanden. Vielleicht war der Ort auf jener Landstrecke gelegen, die früher Mönchgut mit Ruden verband und am 1. XI. 1304 vom Meere verschlungen wurde. Soviel mir bekannt, ist noch niemand vor mir auf diesen Gedanken gekommen. In neuerer Zeit hat man Svǫlð bei Kopenhagen suchen wollen.

[1]) Vgl. die Abhandlungen von A. Bugge: „Contributions to the History of the Norsemen in Ireland" in Videnskabsselskabets Schrifter II, Hist.-filosofisk Klasse No. 4, Kristiania 1900, und Joh. Steenstrup: Normannerne I Danske og norske Riger paa de brittiske Øer, København 1879.

für die Fjorde des westlichen Norwegen. Die Etymologie des Namens ist doch bis jetzt unaufgeklärt.

Die Wikingerzüge selbst, die des Nordens erstes und vielleicht bedeutendstes Eingreifen in die Weltgeschichte darstellen, sind zum gröfsten Teil nicht jeder für sich von je einem der drei Völker unternommen worden, vielmehr überwiegend von ihnen gemeinsam. In dem grofsen Normannenheer, das in der zweiten Hälfte des 9. Jahrhunderts in Frankreich und England Grofstaten vollbrachte, das Paris belagerte und sogar Ostangeln und Northumberland eroberte, in diesem Wikingerheer standen sowohl Dänen wie Norweger. Schwedische Wikinger fuhren häufig westwärts, doch stets wie es den Anschein hat in Begleitung von Dänen und Norwegern. In der Normandie waren die meisten Ansiedler von dänischer Herkunft, aber der erste Herzog, Rollo oder Gangerrolf war, wie ich vermute, ein Norweger. In Northumberland in den sogenannten „Fünf Burgen", Derby, Nottingham, Lincoln, Leicester und Stamford mit den umliegenden Gebieten, safsen Dänen und Norweger friedlich nebeneinander. In Northumberland war das Königsgeschlecht anfangs dänisch, späterhin wurde es jedoch norwegisch durch das Geschlecht der Könige von Dublin. Nach Island zogen zusammen mit den ersten norwegischen Kolonisten (den Landnámsleuten) Schweden von edler Geburt; aber niemand hatte das Gefühl, dafs sie Fremde seien und mehrere von ihnen haben in den Westlanden Seite an Seite mit Norwegern und Dänen gefochten.

Als Wäringer[1]) in Konstantinopel dienen Schweden, Dänen und Norweger Seite an Seite und bilden ein geschlossenes Korps.[2]) Ein schwedischer Königssohn, Styrbjörn, wird Häuptling in der Feste Jomsburg[3]) (auf der Insel Wollin).

---

[1]) Auch *Waranger* oder *Waräger* (die Fremden oder Schützlinge) eine Bezeichnung der Skandinavier in Rufsland und am byzantinischen Hofe, die die ältere *Rhos* oder *Rus* (= griech. ῥούσιος rothaarig) ablöst. Vgl. J. Steenstrup, Normannerne, 4 Bde., Kopenhagen 1876—82; V. Thomsen, Der Ursprung des russischen Staates, Gotha 1879.

[2]) Seit dem 11. Jh. finden wir viele Angelsachsen darunter.

[3]) In der Nähe der Stadt Julin (Vineta) wurde im 10. Jh. der Seeräuberstaat der Jomsvikinger von dem sagenberühmten Palnatoke, dem nordischen Tell, gegründet und im Jahre 1043 von Magnus dem Guten,

Norweger erhalten Grundbesitz, werden Häuptlinge und tun Kriegsdienste sowohl in Dänemark als auch in Schweden. Ich nenne nur Eyvind Skreya, in dessen Hand zu Harald Blauzahns[1]) Zeit die Landesverteidigung gegen die Wikinger gelegt wurde, oder einen Finn Arnesson, den man zum Jarl in Halland machte.

In den Stunden der Gefahr erwies sich das Gefühl der Zusammengehörigkeit am mächtigsten, so bei Brunanburh[2]) 937, als Äthelstan die Macht der Nordleute im nördlichen England brach; so in der Normandie, wo die Normannen, als ihre Macht nach Rollos Tode bedroht schien, Hilfe von Harald Blauzahn,[1]) dem König der Dänen erhielten; so während der Kämpfe in England gegen Ausgang des 10. Jahrhunderts, als der Norweger Olaf Tryggvesson und der Däne Svend Gabelbart die Wikinger anführten und sie ständig Hilfe und Rückhalt bei ihren Stammverwandten in der Normandie fanden. Doch vor allem in der Schlacht bei Clontarf am Nordufer der Dublinbai im Jahre 1014. Diese Schlacht stellt das große Völkerringen der Wikingerzeit dar, da die Könige von Dublin Hilfe von der ganzen nordischen Welt erhielten: Von den Shetlandsinseln und den Orkneys, von den Hebriden, von Man und Cumberland, von Northumberland, Wales und Cornwall, ja selbst von der Normandie und von Flandern, von Norwegen (*tír an t-snechta* „Land des Schnees" genannt), von Island und den Färöer und vielleicht auch vom fernen Gotland strömten kriegslustige Scharen herbei. „Fremde (d. h. Nordleute) aus der ganzen Welt, alle, die sich fanden von Lochlann im Ost nach West hinüber, versammelten sich wider Brian", vermeldet eine irische Chronik. Brian Borumha, König von Munster und nun Oberkönig über ganz Irland war der bedeutendste Widersacher der Nordleute. Die ganze nordische Welt, von Nowgorod im Osten bis nach Dublin im Westen, von Hálogaland im Norden bis nach Schleswig im Süden, fühlte sich einig, verknüpft durch Sprache und Stammes-

---

König von Norwegen und Dänemark zerstört. Eine isländische Saga berichtet eingehend darüber.

[1]) König von Dänemark 935—85, Sohn Gorms des Alten, lag mit Otto I. und II. in Fehde.

[2]) Wahrscheinlich in Northumbrien.

verwandtschaft, durch Heirat unter den Fürstenhäusern, durch gemeinsame Überlieferungen, durch gemeinsame Ziele. Der nordische Volksstamm war wie ein Leib, der es in allen Gliedern spürt, wenn eines verwundet wird.

Und nun im Norden selbst! Da herrscht allerdings Selbständigkeitsgefühl sowohl bei den Dänen wie bei den Schweden und ebenfalls bei den Norwegern. Die Herrschaft der Dänen in Norwegen — unter Knut dem Grofsen und Svend Alfivason — vermochte sich gegen das wachsende Nationalgefühl der Bewohner nicht zu behaupten. Aber trotz Streit und Zwietracht war gleichwohl eine gewisse Einigkeit im Norden, ein Gefühl für die Notwendigkeit des Zusammenhaltens der stammverwandten Nationen. Als Krieg zwischen Olaf dem Heiligen und Olaf Schofskönig auszubrechen drohte, stiefsen die Herrscher in Norwegen wie in Schweden bei dem gemeinen Mann auf Widerstand. Die Bauern in Vik[1]) murrten und wollten, dafs die Könige Frieden schliefsen sollten, und brachten Björn Stallare dazu ihre Sache mit Glück zu führen. In Schweden war es ebenso; insbesondere die Westgöten, deren Land ja zwischen dem Gebiete der Norweger und dem der Sveen lag, waren mit ihrem Jarl Rǫgnvaldr an der Spitze eifrige Friedensfreunde. Doch auch unter den Sveen waren die Verständigeren unbedingt für den Frieden mit Norwegen gestimmt. Man erinnere sich an Snorris meisterhafte Schilderung der Verhandlungen beim Thing zu Upsala und der stolzen Rede des Gesetzsprechers[2]) Thorgny, als Olaf Schofskönig Fehde mit Olaf Haraldsson beginnen wollte. Olaf Schofskönig war Grofsschwede. Er wollte Norwegen, nachdem noch kein Sveenherrscher seine Hand auszustrecken gewagt hatte, unter seine Botmäfsigkeit bringen, heeren wollte er dort mit Feuer und Schwert. Aber das war nicht nach dem Sinne seiner Bauern. „Nun ist es unser, der Bauern, Wille“, sprach Thorgny, „dafs du, König Olaf, Frieden

---

[1]) Die Landschaften um den Kristianiafjord.

[2]) Schwedisch *lagmaþer*, isländisch *lǫgsǫgumaðr* „Rechtsmann“ oder „Rechtsprecher“, herkömmlich durch „Gesetzsprecher“ verdeutlicht, ein Beamter, der das Weistum über das gesamte Landrecht in periodischem Vortrag zu erteilen hatte. Vgl. Karl von Amira im Grundr. für germ. Phil. III², s. 101.

schliefsest mit Olaf, Norwegs König und ihm deine Tochter Ingigerd zur Gemahlin gibst." Thorgny und seine Vorfahren waren Mannen der früheren Sveenkönige gewesen, jener die sich Finnland, Karelien, Estland und Kurland unterworfen und weitumher in den östlichen Ländern geheert hatten, wo man ihre Erdburgen und andere gewaltige Werke noch sehen konnte. „Willst du", sagte Thorgny weiter, „die Reiche im Osten zurückgewinnen, die deine Sippe, deine Ahnen dort vorzeiten besessen, so wollen wir dir alle folgen zu diesem Zwecke. Aber willst du nicht nach unserem Willen handeln, so werden wir über dich kommen und dich töten; Ungesetzlichkeit und Unfrieden wollen wir von dir nicht dulden." Der Wille der Bauern trug zuletzt den Sieg davon. An keiner anderen Stelle in den alten Schriften bekommen wir ein klareres Bild von den Gefühlen der Norweger und Schweden für einander als gerade hier in diesen Schilderungen. Beide Völker — mit den Königen an der Spitze — waren stolz und voller Selbstgefühl. Niemals konnte es dem Sveenkönige einfallen auch nur um eines Haares Breite von seinem guten Rechte zu weichen, er, dessen Geschlecht das vornehmste im Norden war, der von den Göttern selbst herstammte. Aber ebenso sehr fühlten die Sveen damals, dafs die Norweger eine selbstherrliche Nation waren, die keiner das Recht hatte zu unterwerfen und zu knechten. Anderseits war es ihnen klar, dafs die Völker im Norden als Brüder und Stammverwandte Frieden halten mufsten, wenn es sich darum handeln sollte in fremden Landen Grofstaten zu verrichten.

Ganz gleich verhielt es sich mit Norwegen und Dänemark. Es ist kein Zufall, dafs es gerade Norwegen ist, das im Laufe der Zeiten bald mit Dänemark bald mit Schweden verbunden war. Norwegen wurde ja erst später als diese beiden Länder zu einem Reiche vereinigt und die natürliche Folge war, dafs das Nationalgefühl in Norwegen später als in den Nachbarländern zum Leben erwachte. Dieser Umstand war aber zugleich die Ursache, dafs Norwegen gleichsam zu einem natürlichen Bindeglied zwischen den Ländern des Nordens wurde.

Ungeachtet dessen, dafs die Schweden und Dänen sich ursprünglich vielleicht der Abstammung nach näher standen,

so fühlten sich gleichwohl beide Völker in historischer Zeit
mehr den Norwegern als untereinander verwandt. In Norwegen, wo die Zersplitterung, wie wir wissen, sehr lange
währte, fühlte das Volk sich mit Dänen sowohl wie mit
Schweden in gleicher Weise verwandt. Westfold und Jütland
bildeten um das Jahr 800 herum Teile ein- und desselben
Reiches. Harald Gormsson, Svend Gabelbart und Knut der
Grofse hatten alle für eine Zeit Gewalt in Norwegen. Der
Grund kann kaum ein anderer sein als der, dafs die Norweger
zu jener Zeit eben noch kein richtiges Gefühl dafür hatten,
dafs die Dänen eigentlich eine fremde Nation ausmachten.
Norwegische Häuptlinge sahen es noch nicht als Landesverrat
an, in den Dienst des Dänenkönigs zu treten. Die Dänen
hatten dasselbe Gefühl den Norwegern gegenüber. Als Knut
der Grofse Macht und Einflufs in Norwegen und wie wir annehmen können auch in Schweden zu gewinnen suchte, da
entsprang dieser Plan sicherlich seiner Ansicht von der Verwandtschaft und Zusammengehörigkeit der nordischen Völker.
Gerade so war es, als die Machthaber in Dänemark und Norwegen, die jungen Könige Hardeknut und Magnus Frieden
schliefsen, Blutsbrüderschaft[1]) schwören und geloben liefsen,
dafs der am längsten lebende König den andern beerben
sollte oder wie Saxo Grammaticus sagt: „Hardeknut tat es
aus dem Grunde, weil es sein Wunsch war, dafs Norwegen
und Dänemark zusammen regiert werden sollten und weil er
lieber das eine Reich dem andern untertan als beide von einander getrennt wissen wollte." Als dann Magnus den Hardeknut beerbte, wurde er, wie man weifs, geradeso beliebt in
Dänemark wie in Norwegen und bekam, wie Saxo berichtet,
„mit Zustimmung aller den Beinamen der Gute."

---

[1]) Fóstbródralag bedeutet ursprünglich das lebenslängliche Freund-
schaftsverhältnis zwischen gemeinsam erzogenen Kindern dann aber die
zwischen zwei oder mehreren Männern abgeschlossene Blutsbrüderschaft,
ein Schutz- und Trutzbündnis auf Lebenszeit, das besonders auch jedem
Kontrahenten die Rächung des anderen zur Pflicht machte. Es wurde
unter einem abgelösten Rasenstreifen der zu beiden Seiten noch mit dem
Erdboden zusammenhing, so den Mutterleib symbolisierend, abgeschlossen,
indem die Kontrahenten ihr Blut zusammen in die Erde rinnen liefsen und
mit feierlichen Eiden gelobten sich Brüder zu sein.

Viele andere Zeugnisse könnte man beibringen, um zu beweisen, dafs Norweger, Schweden und Dänen in diesem ersten Abschnitt nordischer Geschichte, über den wir zuverlässige Nachrichten haben, sich als nahe Verwandte fühlten im Gegensatz zu Franken, Angelsachsen, Wenden und Iren. Niemals ereignete es sich z. B., dafs Norweger auf einem Wikingerzuge längs der dänischen oder schwedischen Küste die Bewohner zu Sklaven machten, wie es mit den Wenden und Iren der Fall war. Sie konnten dort sengen und plündern; — doch auch dieses war in der Wikingerzeit nicht häufig und galt als ungehörig — aber Stammesbrüder knechten — niemals.

Es gibt ein anderes Zeugnis, das noch beredter ist: Als Norwegen in Olaf Haraldsson seinen ersten Heiligen erhalten hatte, des ganzen Nordens ersten Heiligen und Blutzeugen, da wurde dieser nicht nur Norwegens, sondern des ganzen Nordens Nationalheiliger, wie man mit Bestimmtheit behaupten kann. Zu seinem Schrein in Nidaros wallfahrteten Dänen und Schweden ebensowohl wie Norweger. St. Olafstag, Olsok[1]), wurde überall gefeiert, wo Nordleute angesiedelt waren. Kirchen wurden ihm zu Ehren erbaut ringsum im Norden und seinen Kolonien. Von Nowgorod und Gottland im Osten bis nach London und Dublin im Westen gab es Kirchen und Kapellen, die dem heiligen Olaf geweiht waren. Die Olafsverehrung, können wir sagen, war es gerade, die den nordischen Kirchen in der ersten Zeit ihr nationales Gepräge aufdrückte.

Am bestimmtesten reden jedoch die Zeugnisse der Sprache und der Skalden. Die isländischen Skalden, die im 10. Jahrhundert auszogen um Gold und Ruhm zu gewinnen, fühlten sich noch vollkommen als Norweger. In Norwegen hatte ihr Geschlecht gelebt, hier hatte es seinen von den Vätern ererbten Grundbesitz gehabt, den sie oft — wie etwa Egil Skallagrimsson — zurück zu erwerben suchten; und doch finden wir isländische Skalden überall im ganzen Norden und wo sonst nur Nordländer sich niedergelassen hatten. Bei Olaf Kvåran in Dublin, bei den Orkneyjarlen, in Olaf Tryggvessons und Olaf Haraldssons Hird[2]) ebensowohl wie an den

---

[1]) 29. Juli.
[2]) Das königliche Dienstgefolge.

Höfen der Dänen- und Sveenkönige, vor Knut dem Grofsen wie vor Olaf Schofskönig erklang ihr kunstvolles Lied. Selbst ein Sighvat Thordason, Olafs des Heiligen getreuester Mann, besucht König Knut auf einer Auslandsreise und dichtet später eine Drapa auf ihn. Überall fühlte der Skalde sich daheim, überall wurde er gleich ehrenvoll empfangen. Ebenso war es mit den isländischen Sagaschreibern; der Gedanke eines Kaisers oder des englischen Königs Saga zu schreiben konnte ihnen nicht kommen; die Verhältnisse im Norden dagegen, nicht nur in Norwegen, sondern auch in Schweden und Dänemark, interessieren sie lebhaft, fast ebenso stark wie die ihrer eigenen Insel. Ein Isländer schreibt die Knytlinga Saga und Snorris Sagawerk gibt oft Aufklärungen über dänische und schwedische Verhältnisse. Auch Saxo ist hier zu nennen: Er beginnt seine dänische Chronik mit einer Beschreibung der nordischen Lande und erhält zu seinem grofsen Werke wichtige Beiträge von isländischen Skalden und Sagaschreibern auch er macht häufig Abschweifungen und berichtet über die beiden Nachbarländer Dänemarks. Die Sprache war ja auch im ganzen Norden im wesentlichen dieselbe; mit einem gemeinsamen Namen wurde sie *dǫnsk tunga* „dänische Zunge" genannt, so von den Skalden, sogar von Olafs des Heiligen Skalden Sighvat, so in den Sagas und überall im Norden.

Wir dürfen doch aus all diesem nicht schliefsen, dafs das Volk sich des Unterschiedes nicht bewufst war. Die Bezeichnung *norrǿnt mál* für die norwegische Sprache kommt gleichfalls, wenn auch erst spät, in der isländischen Literatur vor.[1]) In Dänemark oder Schweden ansässige Norweger nannten sich seit uralter Zeit *norrǿne* Leute. Ich kann die Runenschrift des dänischen Egaasteines als Zeugnis anführen; hier nennt ein Mann sich „Gutsverwalter Ketils des Norrønen".

Alle diese Zeugnisse führen zu einem Schlufssatze, der wohlbekannt und allgemein als richtig angenommen ist: Norweger, Schweden und Dänen bilden vom Beginn der historischen

---

[1]) Vom 11. Jahrhundert an kann man von vier Literatursprachen im Norden reden, von denen Altisländisch und Altnorwegisch (die westnordische Gruppe) sowie Altdänisch und Altschwedisch (die ostnordische Gruppe) sich untereinander näher stehen.

Zeit, d. h. von der Wikingerzeit an, drei verschiedene Nationen, jede mit ausgeprägten sondertümlichen Charakterzügen.

Von alters her herrschte Streit und Kampf im Norden, von Rolf Krake angefangen bis herab auf Knut den Grofsen, da Norweger und Schweden vereint gegen die Dänen standen, um nicht von späteren Zeiten zu reden. Aber zu gleicher Zeit war auch stets ein solidarisches Fühlen, ein Hand-in-Hand-gehen zu bemerken. Überall wo die „dänische Zunge" erklang, erhoben sich die Völker, um in der Clontarfschlacht für Dublins Macht zu kämpfen; zu ihnen allen kam der Kult des heiligen Olaf. In Kungahälla einigten sich im Jahre 1100 über Frieden und Vergleich König Magnus Barfufs von Norwegen, der Sveen König Inge und der dänische König Erik Eiegod, und als Friedenspfand erhielt Magnus Inges Tochter zur Ehe, sie, der nun der Name Fredkolla beigelegt wurde. So ist es zu allen Zeiten im Norden gewesen: Verschiedenheit und Sondertum und trotzdem Solidaritätsgefühl und Zusammenhalt.

Und nun zum Schlusse eine Frage: Woher kommt es, dafs Bayern, Mecklenburger und Preufsen eine Nation ausmachen, die deutsche, während die Nordleute, zwischen denen der Unterschied in Sprache und Lebensart keineswegs gröfser ist, drei Nationen, die der Norweger, Schweden und Dänen bilden?

Zunächst müssen wir uns daran erinnern, dafs in Deutschland allerdings nach aufsen hin Einigkeit herrscht, im Innern gibt es aber noch Verschiedenheit und Sondertum genug. Die sozialen Verhältnisse der Germanen in ihrer ursprünglichen Entwicklung widerstrebten der Bildung grofser Staatswesen. Die Volksstämme bildeten jeder für sich eine natürliche Einheit, jeder hatte seine eigene Rechts- und Thingsordnung, jeder seinen Häuptling für Kriegs- und Friedenszeit. Dann aber kam die Völkerwanderung und zugleich die Berührung mit den Römern und ihrer hochentwickelten Kultur. Die ersten grofsen germanischen Reiche, die geschaffen wurden, waren alle Eroberungsreiche: die der Goten, der Franken und Vandalen. Die ersten fränkischen Könige fühlten sich als Nachfolger der römischen Imperatoren und nicht lediglich als germanische Stammkönige.

Mit Karl dem Grofsen erwacht aufs neue der Traum von einer Weltherrschaft. Aber dieser Traum stammt aus der Stadt Rom, nicht aus den Dörfern und Bauernhöfen der Germanen. Kaisergedanke und Römername sind es, die im Mittelalter Deutschland und die deutsche Nation schufen und gesammelt hielten und nicht ein von Germanen ausgehender Gedanke der Sammlung und des Zusammenschlusses. Das andere grofse germanische Sammelreich, das noch besteht, ist das englische, doch dieses ist auf fremdem Boden begründet. Vor der Eroberung durch die Angelsachsen bildete das heutige England eine Einheit, war eine römische Provinz, und von der ersten Zeit an machten römische Kultur und das Frankenreich ihren Einflufs geltend. Darum trug auch hier der Gedanke der Sammlung und Einigung zuerst Frucht. Die westsächsischen Könige, die England einigten, fühlten sich nicht als Stammhäuptlinge, sondern als Imperatoren. Ihr offizieller Titel ist nicht das germanische *cyning,* sondern das griechische *basileus* oder das lateinische *rex totius Britanniae.*

Im Norden ist trotz der Verwandtschaft in sprachlicher und sozialer Hinsicht der Unterschied zwischen den Nationen uralt, älter als bei den Germanen in Deutschland und bei den Angelsachsen. Aufserdem machte sich der Einflufs vom Römerreiche im Norden erst spät und nur mittelbar geltend. Die nordischen Könige waren zu Karls des Grofsen und Alfreds des Grofsen Zeit im Hinblick auf Würde und Macht im Grunde nichts anderes als Stammhäuptlinge. Tacitus' Wort von den Germanenfürsten zu Beginn unserer Zeitrechnung, dafs „das Zutrauen des Volkes zu ihrem weisen Rat mehr bedeute, denn ihre Machtbefugnis", ist im Grunde genommen nichts anderes als dasselbe, was Adam von Bremen in der zweiten Hälfte des 11. Jahrhunderts von den schwedischen Königen sagt: „Sie haben Könige von altem Geschlecht, deren Machtbefugnis jedoch vom Willen des Volkes abhängig ist."

Knut der Grofse träumte gewifs auch von einem skandinavischen Reiche. Aber seine Absichten scheiterten an dem Widerstande, den sie in Schweden und Norwegen fanden. Jedesmal, wenn der Versuch wiederholt wurde, mufste er immer wieder scheitern: Das Nationalitätsgefühl hat zu tiefe Wurzeln bei den nordischen Völkern geschlagen.

Gerade so alt wie das Gefühl der Selbständigkeit und der Verschiedenheit von einander ist das Gefühl, dafs die Völker des Nordens Verwandte und Brüder und darauf angewiesen sind, in Lust und Leid ein gemeinsames Schicksal zu tragen. Wenn dies Gefühl einmal siegend durchgebrochen ist, war es stets ein Glück für den Norden; so damals, als die Sveen Olaf Schofskönig zum Frieden mit Olaf Haraldsson nötigten, als Magnus der Gute und Hardeknut ein Bündnis schlossen, als Magnus Barfufs, Inge und Erik Eimuni in friedlichem Einvernehmen von Kungahälla schieden.

Dann aber kam die Zeit, wo die Völker des Nordens die Lehren der Geschichte vergafsen. Als die Königin Margareta die nordischen Reiche unter ihrem Szepter vereinigt hatte in der sogenannten Kalmarischen Union (1397), glaubte sie sowohl wie ihr Nachfolger Erik von Pommern mitsamt dem dänischen Volke, dafs Ziel und Zweck der Union ein Zusammenschlufs der nordischen Völker unter der Oberhoheit der Dänen sei. Sie verstanden nicht, dafs völlige Selbständigkeit für jedes der Reiche unter einem gemeinsamen Herrscher eine notwendige Vorbedingung für das glückliche Fortbestehen der Union war. Die falsche Richtung, in der sich die Politik der ersten Unionsregenten bewegte, bewirkte die baldige Sprengung der Union, und anstatt, dafs diese zu innerem Frieden und gemeinsamer Verteidigung führte, wurde sie Jahrhunderte hindurch eine Quelle des Haders, ja des Nationalhasses, so dafs die Völker des Nordens von ihrer Höhe herabsanken zu Mächten dritten Ranges und die Herrschaft über die Ostsee verloren, die sie sonst noch besessen haben würden.

Die nordischen Völker sind nicht e i n e Nation und werden es niemals sein, — soviel wir sehen können — niemals werden sie zu einem Volke zusammenschmelzen. Aber als freie Völker und selbständige Individualitäten können sie zusammen wirken und dadurch Grofses im Dienste des Friedens und Fortschritts vollbringen; niemals aber werden sie dieses vermögen, wenn sie gegen einander stehen.

II.

Das Weib in der Wikingerzeit.

Um das Kulturniveau eines Volkes bestimmen zu können, ist nichts so wichtig als die Stellung des Weibes im Gemeinwesen kennen zu lernen. Schon auf Grund dieser Erwägung dürfte die Schilderung des Weibes der Wikingerzeit ihr nicht unbedeutendes Interesse haben. Aber die Frauen jenes bewegten Zeitalters umgibt auch ein ganz eigener Glanz und Schimmer. Nicht nur in der Welt des Götterglaubens und der Phantasie, wo Walküren in der Gestalt strahlender Frauen auf dem Walplatze den gefallenen Krieger erkiesen um ihn nach Walhall zu führen, damit er dort in der Einherier Schar kämpfen könne, und wo Fylgjen [1]) in Weibesgestalt dem Manne auf seiner Wanderung durchs Leben folgen und seinen Tod und Untergang vorhersagen, sondern auch in den Eddaliedern, in den Sagas, ja zuweilen auch in den kurzen Zeilen der Runeninschriften, werden eine Reihe großzügiger Frauengestalten gezeichnet, von denen das nordische Mittelalter nur einen schwachen Nachhall in den Schilderungen der Folkeviser besitzt. Besonders in den Sagas haben wir eine Gallerie von Frauengestalten, deren Seitenstück wir in der norwegischen Literatur nur bei den Dichtern unserer Tage erblicken können: Eine Hallgerd, eine Bergthora in der Njáls Saga, eine Aud oder eine Gudrun in der Laxdöla Saga, die schöne Helga in der Saga von Gunnlaug Schlangenzunge.*) Frauen so eigentüm-

---

[1]) Folgerinnen, Folgegeister. Vgl. Mogk: Mythologie im Grundrifs für germ. Philologie III[2], S. 271 f. und E. H. Meyer: Germanische Mythologie, S. 262 ff.

*) Es ist ein deutlicher literarischer Zusammenhang zwischen den Frauengestalten der Dramen von Ibsen und Björnson und denen der isländischen Saga.

lich und stark ausgeprägt sowohl nach der guten wie nach der üblen Seite hin, daß sie zuweilen mit der Kunst eines Shakespeare gezeichnet zu sein scheinen. Welche Literatur besitzt wohl einen interessanteren Weibertypus, als die schöne aber böse, ränkesüchtige und rachgierige Hallgerd ihn repräsentiert, jenes Weib, das mit unwiderstehlicher Macht die Männer, selbst die besten, an sich zieht, obwohl sie selbst aller moralischen Eigenschaften bar ist und für das Vorhandensein des Unterschiedes von Gut und Böse, von Ehrenhaft und Unehrenhaft nicht das geringste Gefühl besitzt. Als sie noch ein halberwachsenes Mädchen ist, sieht ihr Oheim Rut sie einmal spielen und sagt zu ihrem Vater Hoskuld, daß er nicht begreifen könne wie die Diebesaugen in die Sippe gekommen seien. Diese Worte bewahrheiteten sich späterhin. Sie entblödet sich nicht zu stehlen und verursacht aller derer Tod, die sie lieben. Ihr Gegensatz ist Njáls Weib, die hochsinnige aber stolze und heftige Bergthora. Wo finden wir wohl eine ebenso dramatische Szene wie die zwischen Hallgerd und Bergthora? Hallgerd ärgerlich darüber, daß sie, Gunnars Weib, den Platz vor einer von Bergthoras Schwiegertöchtern hatte räumen müssen, ergreift Bergthoras Hand mit den Worten: „Du und Njál paßst gut zueinander; denn du hast mißgestaltete Nägel an jedem Finger und Njál ist bartlos". „Allerdings", entgegnet Bergthora, „aber obwohl dein erster Gatte Thorvald nicht bartlos war, brachtest du ihm doch den Tod". Schließlich gelingt es der Hallgerd dann doch durch ihre Ränke Unfrieden zwischen den Männern zu stiften und die Geschichte endet damit, daß Gunnar im Kampfe fällt und Njál in seinem Hause verbrannt wird. — Oder nehmen wir die schöne Gudrun der Laxdöla Saga. Auch sie ist rachegierig, eitel und eifersüchtig. Sie duldet nicht, nachdem sie selbst Bollis Braut geworden ist, daß ihr früherer Geliebter Kjartan mit einer anderen glücklich wird und weiß ihren Mann aufzuwiegeln gegen seinen Pflegebruder und unzertrennlichen Freund. Als Bolli nach dem Morde heimkehrt, beglückwünscht Gudrun ihn zu seiner Tat. „Wir haben beide", spricht sie, „ein gutes Tagewerk vollbracht; ich habe 12 Ellen Garn gesponnen und du hast Kjartan getötet".

Frauentypen wie Hallgerd und Grudrun mit ihrer maßs-

losen Eitelkeit und Ränkesucht, mit ihrem Hafs und ihrer
Rachgier sind aufserhalb Islands im Norden beinahe unbekannt.
Selbst eine Sigrid hin Storráða*) ist eine ganz andere viel grofs-
artiger veranlagte und ansprechendere Natur als diese Frauen,
in deren kleinlicher Ehrbegier und Hoffart man unmöglich
den versöhnenden Zug höheren Strebens entdecken kann.

Dagegen finden wir Frauen dieser Art in keltischen
Landen, in Schottland und Irland, wo die Menschenbrust für
das höchste und edelste Streben sowohl wie für unzähmbare
Wildheit und zügellosen Hafs zugleich Raum gehabt zu haben
scheint. Die älteste Geschichte dieser Länder zeigt uns das
Bild von einer Reihe dämonischer Frauengestalten, die mit
Menschenschicksalen, mit Tod und Verderben ebenso unbe-
kümmert spielen wie ein junges Mädchen im Ballsale mit
ihrem Fächer, Frauen gerade von der Art der Hallgerd und
Gudrun. In Lady Macbeth hat Shakespeare mit genialem
Griff dieses keltische Weib gezeichnet, dessen Natur gewifs
nicht „too full of the milk of human kindness" ist, und dessen
Ehrbegier die treibende Kraft im Drama ist, die Tod und
Untergang bringt. Ein Seitenstück zur Lady Macbeth im
wirklichen Leben haben wir in der ersten Hälfte des 12. Jahrhunderts in Frakark, der Tante des Orkneyjarls Harald.
Listig, rachegierig und ränkesüchtig, war sie lange Zeit
hindurch der böse Geist der Orkneyjarle. Durch ein vergiftetes
Kleidungsstück bewirkt sie des Jarls Harald Tod, während
sie es eigentlich auf Jarl Páll, seinen Halbbruder, abgesehen
hatte. Nach einem langen Leben voll von Boshaftigkeit und
Ränkespiel ereilt sie endlich der wohlverdiente Tod.

Zu Hallgerds und Gudruns Zeit lebt in Irland die Königin
Gormflaith, die Kormlod der Sagas. Ich kenne keine Frauen-
gestalt aus der alten Geschichte, die eine solche Wirkung
ausübt wie sie. In ihr haben Lady Macbeths Ehrbegierde
und Hallgerds Eitelkeit und Rachsucht gleichsam gigantische
Dimensionen angenommen. „Sie war", so berichtet Njáls Saga,
„die schönste von allen Frauen und die am besten ausgerüstete

---

*) Sigrid Storráða war zuerst des schwedischen Königs Olaf Schofs-
könig und nachher des dänischen Königs Svend Gabelbart Gemahlin. Von
dem norwegischen König Olaf Trygvesson zurückgewiesen, veranlafste sie
den Tod des letzteren.

in alle dem, worüber sie selbst keine Macht hatte", d. h. in
allen den Gaben, womit die Natur sie ausgestattet hatte.
„Aber sie handelte böse in allen Dingen, worüber sie selbst
Einfluſs hatte". Sie war mit drei Männern verheiratet gewesen, aber von allen dreien geschieden, mit dem Könige von
Dublin Olaf Kváran (981), mit dem früheren Oberkönige von
Irland Maelsechlainn und mit dem Könige von Munster, dem
späteren Oberkönige über ganz Irland Brian Borumha. Auch
nach der Scheidung wohnt sie in Brians Königsburg Kinncora
am Shannon. Aber sie haſst ihren früheren Ehegenossen und
um Rache an ihm zu üben weiſs sie den gröſsten Kampf zu
erregen, den Irland vor der Eroberung durch die Engländer
gesehen hat. Friede und Ruhe herrschte in Irland wie es
seit Jahrhunderten nicht der Fall gewesen war. Die ganze
Insel, auch der Dublinkönig Sigtrygg, Gormflaiths eigener
Sohn, erkannten von ungefähr dem Jahre 1000 her Brians
Oberherrschaft an. Nur Gormflaith dürstete nach Rache.

Gelegenheit dazu fand sich nur zu bald. Gormflaiths
Bruder, Maelmorda, König von Leinster, sollte einst drei
Föhrenstämme als Tribut zu Brian bringen. Der Weg war
schlecht und führte durch Wald und Moor. Da geschah es,
daſs Maelmorda einen Silberknopf von einem prächtigen Seiden-
mantel verlor, den ihm Brian einst verehrt hatte. Als er
nach Kinncora kam, bat er seine Schwester ihm einen neuen
Knopf anzunähen. Sie aber nahm den Mantel und warf ihn
ins Feuer und machte ihrem Bruder heftige Vorwürfe, daſs
er Knechtschaft erdulden und eine Steuer bezahlen wolle, die
weder sein Vater noch sein Groſsvater dem Könige gegeben
hätten. Mit solchen Worten wiegelt sie Maelmorda auf, so
daſs er mit Brian bricht. Ihren Sohn, König Sigtrygg von
Dublin, vermag sie gleichfalls dazu sich wider Brian zu erheben, und von allen Enden der nordischen Welt wird Hilfe
geworben zum Kampfe gegen den Oberkönig. Gormflaith ist
die Seele des Ganzen. Durch das Versprechen ihrer Hand
wird der Orkneyjarl Sigurd Lodvesson und der Wikingerhäuptling Brodir gewonnen. Um die Ehrbegierde und den
wilden Haſs dieses Weibes zu stillen, wird am Charfreitage
des Jahres 1014, am 23. April, die Schlacht bei Clontarf nördlich von Dublin geschlagen, die den gewaltigsten Völkerkampf

der Wikingerzeit darstellt, die im Andenken der Völker, in
ihrer Sage und Dichtung fortlebte. Eine Erinnerung an den
Kampf ist das *Darraðarljóð*,[1]) das von zwölf webenden Wal-
küren erzählt. Einschlag und Kette ihres grausen Gewebes
bilden Menschengedärme, die Gewichte sind Menschenhäupter,
Schwerter dienen als Kämme und Pfeile als Weberschiffchen.
Sie weben Streit und Kampf, Tod und Unheil. Ein solches
Weib ist Gormflaith; sie versucht selbst Menschenschicksale
zu weben und webt Tod und Verderben für Freund und Feind.
Ihr eigenes Leben hat jedoch nicht den tragischen Abschlufs,
den man erwarten sollte; sie stirbt in hohem Alter erst im
Jahre 1030.

Ist diese Ahnlichkeit zwischen den isländischen und
keltischen Frauen zufällig? Haben nicht das keltische Blut,
das in vieler Irländer unter anderem auch in Hallgerds Adern
flofs, und der starke Einflufs irischer Kultur durch die zahlreichen ersten Ansiedler oder Landnámsleute, die von den
Hebriden (den Süderinseln) und Irland kamen, dem Charakter
der Irländer ihr Gepräge aufgedrückt? Wir sehen die Ahnlichkeit im Äufseren, am dunklen Haar und den kleinen
schwarzen Augen. Aber mag diese nicht auch seelische Eigenschaften umfafst haben, rühren daher nicht vielleicht die wilden
Leidenschaften, der starke Hafs, aber auch die brennende Liebe,
die wir sonst nirgendwo im Norden finden? Allmählich
schwindet diese Ähnlichkeit mehr und mehr — aber müssen
wir sie nicht etwa immer vor Augen haben, wenn wir die
älteste Geschichte Islands verstehen wollen?

Von edlerem Schlag sind andere Frauengestalten in den
Sagas, so die schöne Helga des Skalden Gunnlaug Schlangenzunge Geliebte. Enttäuschung und Trauer darüber, dafs sie
den Geliebten nicht gewonnen hat, machen sich bei ihr nicht
Luft in heimtückischen Ränken und gehässiger Rede. Gegen
ihren Willen treibt sie Gatten und Geliebten in Kampf und

---

[1]) Dieses „Lied des Dǫrruðr", das richtiger „Walkürenlied" genannt
wird, ist uns in der Njáls Saga aus der zweiten Hälfte des 13. Jahrhunderts,
der grofsartigsten isländischen Saga, die zugleich die nordische Hauptquelle
für die Clontarfschlacht bildet, bewahrt. Eine deutsche Übersetzung findet
sich bei Konrad Maurer: Die Bekehrung des norwegischen Stammes zum
Christentume I, S. 556 f.

Tod. Ihre Liebe währt das ganze Leben hindurch. Erst im hohen Alter trifft sie der Tod. Mit dem Mantel vor sich ausgebreitet, den Gunnar einst von König Äthelred empfangen hat, die Blicke starr darauf gerichtet verscheidet sie. — Nur wenige Frauen spielen aber in den Sagas eine solche Rolle wie die Männer und kaum eine aufser der Landnámsfrau Aud, des Olaf Pái Grofsmutter, gehört zu den Gebietenden im Lande, ragt selbst unter den Häuptlingen hervor.

In der nun folgenden Schilderung werde ich jedoch nicht das Hauptgewicht auf die Sagas legen, wenn diese auch zu keineswegs unwesentlichen Beiträgen herangezogen werden. Denn schulden nicht etwa die Frauengestalten der Sagas, mag auch ihr Name und ihr Leben wenigstens in den Hauptzügen historisch sein, der Kunst des Sagaerzählers mehr als sie der Welt der Wirklichkeit zu verdanken haben? Aufserdem berichten die Sagas nur von der Frau auf Island, wo ihre Stellung in mancher Hinsicht anders und vor allem freier war als in Dänemark, Schweden und Norwegen. Um ein getreues und zuverlässiges Bild von den Frauen der Wikingerzeit zu erhalten, müssen wir auch zu anderen Quellen zurückgehen und uns auf die gleichzeitigen Skaldenverse und Eddalieder, besonders auf die Schilderungen des „Liedes von Rig" (*Rígsþula*) stützen, in Betracht kommen dann auch und nicht minder wichtig sind die mannigfachen Aufschlüsse über soziale Verhältnisse, die die Gesetze jener Zeit bieten, und aufser acht lassen darf man fernerhin nicht die knappen Zeilen der Runensteine.

Schon zu jener Zeit, wo wir zuerst von den Germanen in der Geschichte hören, hat das Weib bei ihnen eine hohe Stellung eingenommen und war in weit höherem Grade geachtet und geehrt als z. B. bei den Kelten und Slaven, mögen wir auch bei den Kelten in Britannien und Irland in alter Zeit von einzelnen Frauen hören, die über die Menge emporragen, das Volk leiten und des Vaterlandes Unabhängigkeit gegen fremde Gewaltherrschaft verteidigen. Die Weiber der Cimbern und Teutonen folgen ihren Männern auf deren Zügen und streiten wie Löwinnen an ihrer Seite in den Kämpfen gegen die Römer. Des germanischen Freiheitshelden, des Siegers in der Teutoburger Schlacht, Armins Gattin, Thusnelda,

ist ihres Mannes gleichwertige Kameradin, die selbst in der
Gefangenschaft der Römer ihren Stolz und ihre Würde bewahrt. Tacitus in seiner berühmten Schilderung der Germanen
aus dem ersten Jahrhunderte unserer Zeitrechnung erzählt
auch von dem Mute und der Todesverachtung ihrer Weiber.
Sie pflegen die Verwundeten, bringen Speise und Trank zu
den Kämpfenden und entflammen deren Mut.

Als Priesterinnen, oder richtiger als weise Frauen, die
in die Zukunft zu schauen vermögen, haben Frauen schon in
uralter Zeit eine Rolle im Gemeinwesen spielen können. Bei
den meisten heidnischen Völkern in alter wie in neuer Zeit
hat es Priesterinnen gegeben, bei den Griechen und Römern
und bei den slavischen Völkern wie bei den Malayen und
afrikanischen Stämmen. Aber die Germanen hatten nicht wie
die Kelten, deren Götterverehrung in alter Zeit der ihrigen
doch nicht so unähnlich gewesen sein kann, einen wirklichen
Priesterstand. Der Häuptling vereinigte mit seiner Stellung
die Würde eines Tempelpriesters, eines Goden, und leitete
selbst die heiligen Opfer. Daher hat es auch nicht viele wirkliche Priesterinnen gegeben.

Tacitus und spätere römische Autoren berichten dagegen
von berühmten Wahrsagerinnen bei den Germanen, von Albruna,
die sich während der Feldzüge unter Drusus und Tiberius
einen Namen machte, von Veleda, die weithin Verehrung genofs,
nachdem sie vorausgesagt, dafs die Bataver die römischen
Legionen vernichten würden. Auch im Norden kannte man
solche Frauen; sie wurden *vǫlvur* (Stabträgerinnen) oder *seiðkonur* (Zauberweiber) genannt. Sicherlich sah man mit grofser
Ehrfurcht zu ihnen empor; aber nach der Einführung des
Christentums wurden sie als Trollweiber (Zauberinnen) betrachtet und nach und nach ausgerottet. Doch auch bei den
Germanen hat es weibliche Goden oder Tempelpriesterinnen
gegeben. Von den Westgoten wird berichtet, dafs sie bei
ihrem Einfall ins Römerreich ihre Heiligtümer samt Priestern
und Priesterinnen mit sich führten. So haben auch die Nordleute ihre weiblichen Goden (altnord. *gyðjur*) gehabt, die doch
kaum immer Tempelvorsteherinnen gewesen sind. Im Eddaliede von der Riesin Hyndla (Hyndluljóð) wird erzählt, dafs
die Mutter des Helden Ottar „Hleðis gyðja" war.

Von mehreren solchen Pristerinnen auf Island haben wir
Kunde. In der *Landnámabók,* der wichtigsten Quelle zur
isländischen Besiedelungsgeschichte werden zwei Frauen mit
Namen „Þuriðr Gyðja" erwähnt und in der Vatnsdöla Saga
wird sogar von einer Frau mit Namen Steinvor berichtet,
„die Tempelpriesterin (hofgyðja) war und dem Haupttempel
vorstand".[1]) Auch von Priesterinnen in den Wikingerdistrikten
auf den britischen Inseln hören wir. Eine alte irische Saga,
genannt „Der Iren Krieg mit den Fremden" erzählt von dem
Norweger Turgeis (oder Þorgestr), der um das Jahr 840 im
nördlichen Irland ein Reich zu begründen und dort die Asa-
lehre einzuführen suchte. Turgeis, der selbst Gode war, setzte
sich fest in Irlands berühmtestem Heiligtum Armagh in Ulster.
Er machte sich selbst zum Abte dort, sagt die Chronik. Turgeis'
Weib hiefs Otta, sie liefs sich im anderen Heiligtume der
Insel, zu Clonmacnois im Herzen von Irland nieder. Die
Domkirche wurde zu einem heidnischen Göttertempel umgebildet; sie selbst safs auf dem Hochaltare und erteilte von
dort, wie überliefert wird, ihre „Orakelantworten". Otta ist
also eine Volva gewesen, mit dieser Eigenschaft hat sie aber
auch die Würde eines weiblichen Goden, einer Gydja, vereinigt.

Gab es somit bereits bei den alten Germanen einzelne
allerdings nur sehr wenige Gebiete, wo eine Frau selbständig
wirken und auftreten konnte, so war sie doch damals noch
mehr als späterhin an das Haus gebunden. Die Ehe ist bei
den Germanen ein heiliges Band, das selten gebrochen wird,
berichtet Tacitus. Die jungen Mädchen wie die jungen Männer
sind keusch und enthaltsam. Die Gattin ist des Mannes „treue
Genossin in Mühsalen und Gefahren"; sie folgt ihm im Frieden
wie im Kampfe und sieht Kriege und andere öffentliche
Begebenheiten keineswegs als Dinge an, die sie nicht an-
gehen. Der Gatte achtet sie als Kameradin, die Kinder lieben
und ehren sie. „Es ist ehrenvoll über Frauen zu trauern;
der Männer soll man gedenken", sagt Tacitus. Was vor
allem die angesehene Stellung der Frau bedingte, war sicher-

---

[1]) Die Snorra Edda berichtet, dafs die Götter selbst den Tempel (*hǫrgr*)
für die Priesterinnen erbauten.

lich der Umstand, dafs die Germanen von den ältesten Zeiten an fast ausschliefslich in der Einehe lebten, während bei den Kelten und Slaven Vielweiberei im Schwange war. Tacitus sagt von den Germanen: „Als fast die einzigen von allen Barbaren begnügen sie sich mit einer Frau; nur wenige gibt es, die — nicht aus Wollust, sondern wegen ihrer hohen Geburt — mehrere Ehen eingehen". Tacitus' Schilderung ist doch, wie allgemein angenommen wird, idealisiert und aufgeputzt. Er wollte warnend die unverderbten Germanen den degenerierten und verkommenen Römern gegenüberstellen.

Mehrere Umstände zeugen nämlich davon, dafs die Stellung der Frau zuzeiten eine andere und schlechtere gewesen ist, als der Eindruck der Taciteischen Schilderung vermuten läfst.

Alte Stammessagen sowohl, wie z. B. die römische vom Raub der Sabinerinnen, als auch Hochzeitsbräuche von heutzutage in mehreren europäischen Ländern, so in Lithauen und bei den Esten zeigen uns, dafs es einmal eine Zeit gegeben hat, wo die Völker Europas — wie so manche andere wilde Stämme — sich ihre Weiber zu rauben pflegten.

Wahrscheinlich ist es nun auch, dafs es in ferner Vorzeit gleichfalls für die Germanen eine solche Zeit gegeben hat, wenn es richtig ist, das altgermanische Wort für Hochzeit,[1]) das sich im Skandinavischen erhalten hat, isländisch *brúðhlaup*, (dänisch-norwegisch *bryllup*, schwedisch *bröllop*) aus dieser Sitte zu erklären. Andere meinen doch, dafs das Wort eigentlich den „Brautaufzug" bezeichne. Doch könnten möglicherweise auch nordische Hochzeitsgebräuche, z. B. dafs die Braut sich vor dem Bräutigam, der sich gewaltsam Zugang zu ihrer Wohnung verschaffen mufs, verbirgt, eine Erinnerung an den Brautraub der Vorzeit darstellen. In Thelemarken pflegte der Bräutigam noch im 18. Jahrhunderte unter Lärm und Geschrei und dem Abfeuern von Schüssen die Braut abzuholen, die bitterlich weinen mufste, sowohl wenn ihr der Brautstaat angelegt werden sollte, als auch beim Verlassen des Elternhauses. Obwohl das Gesetz bei Todesstrafe den Brautraub

---

[1]) Das Wort ist gleichfalls im Angelsächsischen belegt, ebenso im Alt- und Mittelhochdeutschen (brûtlouft). Vgl. auch Schiller: Wilhelm Tell IV, 3 der Brautlauf.

verbot, kam er doch im Mittelalter noch häufig vor. Ein Birger Jarl suchte z. B. durch ein Gesetz über Frauenfrieden dieser Unsitte zu steuern. Das Verbot mußte aber mehrere Male wiederholt werden, ehe es wirkte.

Der Brautlauf als Institution gehört aber jedenfalls einer fernen vor aller Geschichte liegenden Vorzeit an.[1]) Der historischen Zeit näher liegt dagegen die Periode, wo das Weib durch Kauf bei der Eheschließung in das Eigentum des Mannes überging, ebenso wie es zuvor das Eigentum des Vaters oder der Familie gewesen war. Das männliche Oberhaupt der Familie war in uralter Zeit stets des Weibes Herr, sei es ihr Vater, ihr Gatte, ihr Bruder oder sogar — nach des Gatten Tode — ihr Sohn. Ohne seine Zustimmung konnte es keine Ehe eingehen. Ja die Sagas zeigen sogar manche Fälle, wo der älteste Sohn seine Einwilligung geben muß, ehe die Witwe nach dem Tode ihres Mannes eine neue Ehe schließen darf. In alter Zeit war es jedoch einer Witwe nicht gestattet, sich aufs neue zu verheiraten, so berichtet u. a. auch Tacitus. Daß die Frau des Mannes Eigentum war, zeigt sich doch in allererster Linie darin, daß eine der wichtigsten Bestimmungen des Ehevertrages den sogenannten *mundr* betraf, d. h. „den Preis, für welchen der Bräutigam seine Frau von ihrem Familienoberhaupt kaufte". Freilich wurde die Summe, die der Mann für die Frau erlegte, in späterer Zeit deren Eigentum und der Brautkauf wurde zu einer symbolischen Handlung, wodurch die Rechte u. a., die sich auf Vermögen und Erbe beziehenden, die mit der Vormundschaft über das Weib verbunden waren, auf den Ehemann übertragen wurden. Aber noch lange Zeit hindurch hielt man die Frau, für die kein *mundr* bezahlt worden war, nicht für rechtsgültig verheiratet; ihre Söhne galten für unehelich und wurden in der norwegischen Gulaþingsbók[2]) mit dem Schimpfwort *hornungr* („Sohn einer Kebse") belegt. Die Sprache selbst legt indessen Zeugnis da-

---

[1]) Eine Remeniscenz an die Raubehe dürfte gleichfalls darin zu suchen sein, daß Kinder aus raublicher Verbindung (*brutsbarn*) nach ostnordischem Rechte als ehelich galten. Vgl. Amira im Grundr. d. germ. Phil III, 2, 65.

[2]) Die älteste Redaktion dieses Rechtsbuches stammt aus dem Beginne des 12. Jahrhunderts und stellt also eines der ältesten nordischen Literaturdenkmäler dar.

für ab, daſs es wirklich eine Zeit gegeben hat, wo es die
Person der Braut war, die der Freier käuflich erwarb. Im
Eddagedichte „Lokasenna"[1]) sagt Loki, daſs Freyr sein Weib
Gerd, Gymirs Tochter, „mit Gold gekauft habe". Die Ehe
eingehen wird in den Sagas und in den alten Gesetzen „sich
eine Frau kaufen" (*kaupa sér konu*) genannt, und ebenso wird
das Wort „Brautkauf" (*brúðkaup*) oft in derselben Bedeutung
wie „Hochzeit" (*brúðhlaup*) gebraucht.

Die Zeit, wo der Mann sein Weib wie ein anderes Eigentum kaufte, liegt weit hinter uns im Dämmerdunkel der Vorzeit, in der es für die Geschichtsforschung niemals völlig Licht
werden kann. Die Heirat war nach meiner Ansicht noch zu
Beginn der Wikingerzeit ein wirklicher Kauf, verlor jedoch im
Laufe des 9. Jhs. ihren ursprünglichen Charakter. Ein Beispiel
kenne ich, das mir gerade dies wahrscheinlich zu machen scheint.
In der Wikingerkolonie von Dublin ist um das Jahr 867 ein
entsetzlicher Streit zwischen den drei herrschenden Brüdern
Olaf, Ivar und Háisl (Oisle) entbrannt. Ein Weib war die
Ursache des Zwistes. Háisl sagte da zu seinem Bruder Olaf:
„Bruder, wenn du dein Weib, Cinaedhs Tochter, nicht liebst,
warum trittst du sie nicht an mich ab; was du für sie bezahlt
hast, will ich dir zurückgeben".*) Diese Worte scheinen zu
beweisen, daſs der König von Dublin, Olaf der Weiſe, wirklich Brautgeld für seine Frau nicht an sie selbst, sondern an
ihren Vater, den Schottenkönig Cinaedh, gezahlt hatte. Auch
der bekannte schwedische Archäologe Oscar Montelius ist der
Meinung, daſs das nordische Weib ziemlich lange Zeit hindurch erst des Vaters Eigentum war und dann durch Kauf
das des Mannes wurde. Wenn einzelne Forscher die Ansicht
vertreten haben, daſs Brautkauf ursprünglich kein Personen-
kauf war, sondern mehr eine symbolische Handlung, ein Rechts-
kauf, wodurch das Weib von dem Rechtsverhältnisse frei
wurde, in dem es zu seiner Familie stand, so glaube ich, daſs

---

[1]) „Der Wortstreit Lokis"; vgl. die einzig in Betracht kommende
mustergültige hochpoetische Eddaübersetzung von Hugo Gering (Leipzig
u. Wien, Bibliogr. Institut, 1892), die wie die Schlegel-Tiecksche Shakespeare-
übersetzung für immer zum Bestande der deutschen Literatur gehören wird.

*) Diese Erzählung findet sich in einer alten irischen Chronik, genannt
„Three Fragments". Es ist möglich, daſs Oisle nicht das nordische Háisl,
sondern Audgisl wiedergibt.

sie mit ihrer Auffassung unrecht haben. Auch aus Tacitus'
Worten kann man nichts schliefsen, wenn er sagt: „Die Frau
bringt dem Manne keine Mitgift, sondern der Mann der Frau".
Möglicherweise hat der Brautkauf bei den Germanen in
Deutschland schon zu Tacitus' Zeit seinen ursprünglichen
Charakter eingebüfst. Aber bestimmend für unsere Auf-
fassung der Verhältnisse möge die Tatsache sein, dafs sich
noch heutigentages das Seitenstück dazu bei den wilden
Völkern findet, geradeso wie in alter Zeit die Babylonier und
Griechen ihre Frauen zu kaufen pflegten. Ein bekannter
Forscher Ratzel sagt in seiner Völkerkunde: „Ein Entgelt
der einen oder andern Art, das der Begründer der neuen
Familie seinem Schwiegervater darbringt, stempelt die Ehe-
schliefsung bei fast allen Naturvölkern zu einem Kauf."*)

Auch auf andere Weise als durch direkten Kauf konnte
der Mann bei unseren Vorfahren seine Ehefrau gewinnen.
Er konnte durch Arbeit auf dem Hofe seines Schwiegervaters,
die Arbeitskraft ersetzen, die die Tochter für das Elternhaus
repräsentierte, oder mit anderen Worten, er konnte seine Frau
durch Arbeitsleistung kaufen. Wir erinnern uns bei dieser
Gelegenheit alle der Erzählung von Jakob, der in Labans Haus
erst sieben Jahre um Lea, dann sieben Jahre um Rahel dient.
Und wenn das Märchen von allen Mühsalen und Widerwärtig-
keiten erzählt, die der König den jungen Bauernsohn ausstehen
läfst, ehe dieser die Königstochter gewinnt, so haben wir hier
vielleicht auch eine Erinnerung an jene vorzeiten über die ganze
Erde verbreitete Sitte. Aber auch die Sagas berichten von
dem Manne, der sich seine Frau erarbeitet. In der „Eyrbyggja
Saga" (Kap. 28) sagt Víga-Styrr zu dem Berserker Halli, der
ihn um seiner Tochter Ásdis Hand bittet: „So geht des Volkes
Rede, dafs du nicht reich an Gütern seist. Aber was willst
du statt dessen tun, dafs du nicht mit Geld und Gut auf-
warten kannst?" Halli versetzt: „Ich werde tun, was in
meinen Kräften steht; doch kann ich kein Geld hernehmen,
wo keins ist." Víga-Styrr erwidert darauf: „Ich sehe, dafs
es dir nicht angenehm sein wird, wenn ich dir meine Tochter
nicht zum Weibe gebe. Ich will daher tun wie die Alten

---

*) Ratzel, Völkerkunde, I (Einleitung), S. 79.

pflegten, und dich deine Braut durch harte Arbeiten verdienen lassen."

Heirat als Kaufakt wurde in der Wikingerzeit bei den Nordleuten abgelöst durch Heirat als Schenkungsakt.*) Der Vater verkaufte nicht länger mehr seine Tochter, er gab sie dem Manne. [1]) Aber um ihre Einwilligung wurde sie nicht gefragt, und die isländischen Sagas wissen von vielen unglücklichen Ehen zu erzählen, die ohne Neigung von seiten der Frau geschlossen worden sind. Erst in späterer Zeit und unter dem Einflusse des Christentums wurde der Frau in einzelnen Fällen das Recht zugestanden, selbst ihren Gatten zu wählen; doch mufste sie immer ihre Verwandten um Rat fragen, bevor sie sich verheiratete.

Eine Folge dieser ursprünglich rechtlosen Stellung der Frau war, dafs es für sie ausgeschlossen war, Grund und Boden oder sonstiges unbewegliches Eigentum zu besitzen und dafs sie nicht erbberechtigt war. Auf dem bekannten norwegischen Runensteine von Tune in Smaalenenes Amt, dessen Inschrift vor dem Jahre 500 eingegraben ist, liest Professor Sophus Bugge in seiner Ausgabe von Norges Indskrifter med de ældre Runer:

"Ich Wiw machte [diese] Runen nach Wodurid [meinem] Gefolgschaftskameraden";

und auf der anderen Seite des Steines liefst er:

"[Ich] verfertigte die Runen und setze nach Wodurid den Stein. *Drei Töchter teilten das Erbe,* die Nächstverwandten der Erben."

Ist diese Erklärung der Runeninschrift des Tunesteines richtig,[2]) müssen also Wodurids Töchter sich in diesem Falle in die Erbschaft ihres Vaters geteilt haben, allerdings aus

---

*) Siehe O. Montelius: „Huru länge har kvinnan betraktats som mannens egendom?" (Wie lange ist das Weib als Eigentum des Mannes betrachtet worden?) Nordisk Tidskrift för vetenskap, konst och industri, 1898.

[1]) Vgl. anord. gipta (schwed. gifta) = verheiraten (ursprünglich vergeben, schenken).

[2]) Lesung umstritten; vor allem die Deutung der zweiten Seite ist sehr unsicher! Vgl. Hugo Gering: ZfdPh. XXVIII, S. 242 und Adolf Noreen: Altisländische und altnorwegische Grammatik, 2. Aufl., S. 265, 3 Aufl., S. 345, wo sich auch die wichtigste Literatur angegeben findet.

ganz besonderen Gründen und wohl nicht nur deswegen, weil keine männlichen Verwandten vorhanden waren. Daher hat die Erklärung auch Zweifel bei den Rechtshistorikern hervorgerufen, da sie im Widerspruche zu sonst bekannten altgermanischen Rechtsgebräuchen steht. Noch Jahrhunderte sollten dahingehen, ehe das Weib bei unseren Vorfahren mit dem Manne zusammen erben durfte.

Erst im 13. Jahrhunderte begannen die Frauen in Norwegen und Schweden den halben Anteil zusammen mit den Männern bei der Beerbung naher Verwandter zu „nehmen".

In Dänemark hingegen, wo die Rechtsauffassung in dieser Hinsicht vermutlich auf höherer Stufe gestanden hat, scheint die Frau bereits in der Wikingerzeit Erbrecht besessen zu haben. Die Sage schreibt Svend Gabelbart das Verdienst zu, den Weibern dazu verholfen zu haben. Als Harald Gormsson, Blauzahn zubenannt, gestorben war (985), wurde sein Sohn Svend von Jarl Sigvald gefangen genommen und nach Jomsburg geführt. Anstatt zum Kriege zu rüsten und ihren König zu rächen, zogen die Dänen es vor, ihn frei zu kaufen. Aber Sigvald verlangte eine so grofse Geldsumme, dafs das Land sie nicht leicht erschwingen konnte. Da pflogen alle Frauen und Jungfrauen Dänemarks Rat miteinander, wie Saxo erzählt, und legten aus Mitleid mit ihrem gefangenen Herrn und König alle ihre Schmuckstücke und Kleinodien zusammen, bis sie eine ausreichende Summe hatten, um ihn aus der Gefangenschaft loskaufen zu können. König Svend lohnte den Frauen ihren Opfermut nach seiner Rückkehr und bestimmte, dafs sie von da an gemeinsam mit Brüdern und anderen nahen Verwandten erben könnten. So berichtet die Sage und ebenfalls die dänischen Landschaftsrechte vom 13. Jh. scheinen zu bezeugen, dafs das Erbrecht der Frau schon zu jener Zeit in Dänemark alt war.

Doch hat sicherlich in besonderen Einzelfällen das Weib der Wikingerzeit nicht nur in Dänemark, sondern auch sonst im Norden Erbnehmerin sein können. Sigríðr Tóstadóttir (en stórráða = die Mächtige), die sich nach dem Tode ihres ersten Gatten, Eriks des Siegreichen, mit Svend Gabelbart, dem Könige von Dänemark, verheiratete, hinterliefs so nach ihrem Tode viel Eigentum an Grund und Boden, das ihre Nach-

kommen lange Zeit hindurch besafsen, die sogenannte „Hinter-
lassenschaft der Sigrid" (Sigridlev), Gebiet, das sie wohl von
ihrem Vater, dem mächtigen schwedischen Häuptling Skǫglar-
Tósti, geerbt hatte. Rimbert erzählt in seiner Lebensbeschreibung des heiligen Ansgar von einer Frau in Birka in Schweden
(ca. 850), die ihrer Tochter Catha ihr Geld unter der Bedingung
hinterliefs, dafs sie nach Duerstede in Holland gehen sollte,
um es unter die Armen dort zu verteilen.

Auf Island sehen wir bereits am Schlusse des 9. Jhs.
Frauen als erste Kolonistinnen (Landnámskonur), die natürlich
auch Erbrechte haben mufsten. Wichtiger ist es jedoch noch,
dafs schwedische Runeninschriften aus dem 11. Jh. erhalten
sind, wahrscheinlich aus heidnischer Zeit, deren Inhalt nach
derselben Richtung deutet wie der Stein von Tune und der
davon zu zeugen scheint, dafs die Frau in Schweden lange
vor Birger Jarls Gesetzgebung in gewissen Fällen erbberechtigt war.

Auf einem Stein aus dem Härad Färentuna in Uppland,
lesen wir einen langen Bericht über Erbschaftsteilung. Es
wird da erzählt, wie das Elternpaar Geirmund und Geirlaug
erst einen Sohn bekam, der ertrank. Das einzige Kind, das
am Leben blieb, war eine Tochter. „Sie hiefs Inga, sie verheiratete sich mit Ragnfast von Snutastader. Dann starb er
und dann (starb Ingas) Sohn. Inga beerbte darauf den Sohn.
Dann heiratete sie Erik. Dann starb sie. Da trat Geirlaug
die Erbschaft ihrer Tochter Inga an." Auf einem anderen
Steine an selbiger Stelle lesen wir: „Inga errichtete Stab und
Steine nach ihrem Ehemanne Ragnfast. Sie beerbte ihr Kind."
Noch ein anderer Stein in Uppland scheint aufserdem von
einer Frau als Erbin zu berichten. Aber gerade der Umstand,
dafs die Frau auf dem Steine ausdrücklich hervorhebt, dafs
sie Erbin gewesen ist, dünkt mich zu beweisen, dafs wir es
mit einer Ausnahme von der geltenden Regel zu tun haben.

Da die Ehefrau ursprünglich des Mannes Eigentum war,
so hatte dieser Recht, sie ganz nach Belieben jemandem zu
verkaufen, zu vertauschen oder über sie im Testament zu
verfügen. Dafs ein Sterbender seine Gattin einem anderen
vermacht, wird oft sowohl in den Eddaliedern, als auch in
den Sagas erwähnt.

In der Flóamanna Saga wird erzählt, wie der Isländer Thorgils, der eine längere Zeit mit seiner Frau in Norwegen zugebracht hatte, nach Island zurückkehren will. Vor der Abreise verschenkt er seine Frau an seinen Freund Thorstein. Dieser dankte für die Gabe und das Volk deuchte es ein gutes Geschenk zu sein. Es fiel niemandem ein, dieses für eine unehrenhafte Handlung zu halten. Wenn der Mann seine Gattin verkauft, empfindet sie es dagegen als eine Kränkung. Der Isländer Illugi Svarti verkaufte seinen Hof mit all seiner Fahrnis und seine Gattin an Holm-Starri. Doch Frau Sigrid wollte diesen Schimpf nicht überleben und erhängte sich im Tempel. Weibertausch war gleichfalls bei unseren Vorfahren nichts Ungewöhnliches und noch in Papstbreves des 11. Jhs. wird über diese Unsitte der Nordleute in Island geklagt.

Der Mann hatte auch von alters her Hals- und Hand-recht über seine Gattin. Dieses Recht bewahrte er noch bis in jüngere Zeit. Noch in Waldemars des Siegers *Jydske Lov*,[1] das aus dem Jahre 1241 stammt, heifst es: „Wer seine Ehe-frau und seine Kinder schlägt, solange diese in Hausgenossen-schaft mit ihm leben, ist straflos, insofern es mit dem Stocke oder der Peitsche geschieht und nicht mit einer Waffe und sofern kein Glied gebrochen wird. Die Frau aber darf eben-sowenig ihre Hand gegen ihren Mann erheben wie die Kinder gegen ihre Eltern.“ Nur auf Island, wo die Frau im ganzen früh eine weit gröfsere Freiheit erreichte als sonst irgendwie im Norden, war das Recht des Mannes die Frau zu strafen eingeschränkt, und Schläge werden mehrere Male in den Sagas als Scheidungsgrund angeführt.

Bei manchen Völkern, wie z. B. bei den Hindu, ist es noch in unseren Tagen Sitte, dafs die Gattin ihrem Manne in den Tod folgt und an seiner Seite verbrannt oder beerdigt wird.[2] Auch bei unseren Vorvätern mufs dieser Brauch ein-mal herrschend gewesen sein.

Der Grieche Prokop, der die Geschichte der Gotenkriege geschrieben hat, erzählt von den Erulern, die, wie wir zuvor

---

[1] Das Gesetzbuch für Jütland, das berühmteste und wertvollste Werk der dänischen Landschaftsgesetzgebung.

[2] Die Satí (Suttee), eigentlich die Gute, die Treue (Gattin), dann auf den Akt der Witwenopferung übertragen, seit 1829 in Indien verboten und als Mord geahndet, dürfte heute nicht mehr vorkommen.

gehört haben, ein nordischer Stamm waren, dafs die Frau, die
ihren Mann verloren hatte, gezwungen war ihrem Leben mit
dem Strange ein Ende zu machen und zusammen mit ihm im
Grabhügel bestattet wurde. Dies wurde ihr zur Ehre an-
gerechnet; tut sie es nicht, so mufs sie in ewiger Schande
leben. Im kurzen Sigurdsliede der älteren Edda läfst Brynhild
sich nach Art der Witwen zusammen mit ihrem geliebten
Sigurd verbrennen. In einer alten Saga von Olaf Trygvesson
wird berichtet, dafs es zur Zeit Hákon Jarls in Norwegen
und Schweden Sitte gewesen sei, dafs die Frau lebend ihrem
abgeschiedenen Manne in den Grabhügel folgte. Von den
Nordleuten in Rufsland hören wir auch etwas Ähnliches. Allgemein kann doch dieser Brauch, der seinem ganzen Charakter nach so wenig nordisch ist, niemals gewesen sein. Die
Zeit, wo er herrschte, liegt nach meiner Ansicht vor der
Wikingerzeit.

So war also die rechtliche Stellung der Frau bei unseren
Vorfahren. Erst nach und nach ist sie im Laufe der Wikingerzeit und besonders auf Grund des mildernden und kultur-
bringenden Einflusses des christlichen Europa zur Gleich-
stellung mit dem Manne herangewachsen. Trotz alledem war
doch, wie ich bereits erwähnt habe, die Stellung der Frau bei den
Germanen von alters her frei und geachtet. Hierzu trug wohl ganz
besonders bei, dafs die Einehe in alter Zeit die geltende Regel
bei ihnen war. Strahlende Frauengestalten ragen bereits in
in den Tagen der Völkerwanderung unter den Männern hervor.

In dem alten angelsächsischen Heldengedicht „Beowulf“,
das sich auf nordische Quellen gründet, wird erzählt, wie
Königstöchter an fremde Fürsten verheiratet werden um
Frieden zwischen den Völkern zu stiften, und wie die Frau
selbst den ehrenden Beinamen „Friedensweberin“ (freoðu-webbe)
erhält. Edle Frauen wirken nach dem „Beowulf“ in der
Königshalle der Dänen und Geaten, wenn wir auch annehmen
müssen, dafs der Einflufs angelsächsischer Verhältnisse die
Schilderung teilweise umgestaltet und gemildert hat. Eine
der hervorragendsten Gestalten in der dänischen Königshalle
„Heorot“ (Hirsch) zu Leire ist Roars Gemahlin Wealþéow.
Sanft und freudebringend geht sie unter der Schar der Männer
einher. Geschmückt mit Gold und Ringen, begrüfst sie die

Gäste in der Halle und trägt den Willkommsbecher von Mann zu Mann. Noch ein anderes Weib spielt im „Beowulf" eine Rolle, nämlich *Hygd*, die mit Hygelâc (Hugleik), dem Könige der Geaten,[1]) vermählt ist. „Sie ist noch sehr jung, doch weise und würdevoll, obschon sie erst wenige Winter in der Burg geweilt, Häreds Tochter; auch liefs sie sich weder zu sehr herab, noch kargte sie mit den Gaben, den Kleinodien des Schatzes, vor den geatischen Mannen."[2]) Auch sie bewegt sich unter den Mannen in der Halle. „Liebreich wartete sie den Mannen auf; die Kannen mit Met trug sie den Helden zu", wie es im Gedichte heifst.

Hochsinnig und edel, mild und friedenbringend war das Frauenideal unserer Ahnen zu jener Zeit, wo sie zuerst in die Geschichte eintreten. Getreulich haben sie dieses Ideal im Laufe der Zeiten bewahrt. Magnus Barfufs' Königin, die schwedische Königstochter Margareta, die zwischen Norwegen Schweden Frieden stiftete, erhielt im Gedenken des Volkes den schönen Beinamen „Fredkulla". Die lichte, strahlende Frau, die den Männern Frieden und Sanftmut bringt, ist das weibliche Ideal der Germanen; vor allen anderen europäischen Volksstämmen haben sie dieses voraus.

Die Frauennamen der Heidenzeit zeigen uns aber doch auch ein anderes weibliches Ideal, die kämpfende Frau. Die überwiegende Mehrzahl der altnordischen Frauennamen ist zusammengetzt aus oder mit Wörtern, die „Kampf" bedeuten, wie -*gunn* und -*hild*, so die Namen Gunnhild, Brynhild, Ragnhild, Svanhild, Thorgunn u. a. m. Nur selten findet sich ein Frauenname, der ein Verhältnis zu friedlichen Beschäftigungen andeutet. Auch auf die Schönheit des Weibes nehmen die alten Namen keineswegs oft Bezug, man könnte *Alfsol* und vielleicht die Namenformen auf -*frid* nennen. Manche Frauennamen bezeichnen dagegen das Weib als Trägerin magischer Kräfte, so die Namen auf -*rún*, z. B. Sigrun d. h. „ein Weib, das durch Zauberzeichen und Zauberformeln Sieg zu verleihen vermag". Aufserdem ist zu bemerken, dafs einer ganzen Reihe von Frauennamen entsprechende Mannesnamen gegenüberstehen.

---

[1]) Vgl. Anmerkung 2 auf S. 18.
[2]) Vgl. Holder, Beowulf v. 1926 ff.

Schon aus der ältesten Zeit der nordischen Völker weifs die Sage nicht allein von guten und edeln, sondern auch von wilden und dämonischen Weibern, voll von bösen und verderblichen Eigenschaften, zu berichten: Skuld, die den Tod ihres Bruders Rolf Kraki verursacht, oder Thrydo, die Gemahlin des mythischen Angelnkönigs Offa, die doch vielleicht nicht dem nordischen Sagenkreis angehört. Sie wird im „Beowulf" als Kontrastfigur der Hygd gegenübergestellt; schon von Angesicht und Gestalt ist sie hochmütig, wild und blutdürstig; „handfeste Todesfesseln" wurden der Schar der Mannen von ihr, wie es im „Beowulf" heifst.

Grabfunde aus der Zeit der Völkerwanderung scheinen auch zu bezeugen, dafs die Frau schon damals als dem Manne gleichgestellt geehrt wurde. Man hat aus dieser Zeit im Norden eine Reihe von Frauengräbern aufgefunden und ebenfalls Gräber, in denen Männer und Frauen gemeinsam bestattet sind. Nur die Königs- und Häuptlingsgräber, worin der Sohn viele Geschlechtsglieder hindurch an der Seite des Vaters bestattet wurde, sind ausschliefslich Mannsgräber, hier findet man keine Reste von Frauen- und Kinderleichen. Frauen — und auch Männer — sind zu jener Zeit oft in Schiffsgräbern bestattet, weil der Tote nach dem Glauben des Volkes eines Schiffes bedurfte, um in die Unterwelt zu gelangen. Die Frau ist in der Regel in ihrer täglichen Tracht, geziert mit Schmuck, bestattet und bisweilen sind ihr häusliche Gerätschaften beigegeben, wie in dem neulich gefundenen Osebergschiff. Sogar kleine Frauenbilder, die als Amulette gedient zu haben scheinen, hat man in den Gräbern aus jener Zeit gefunden. Auf den berühmten goldenen Hörnern, die gleichfalls aus der Völkerwanderungszeit stammen, sehen wir Frauenbilder mit Trinkhörnern in den Händen ganz ebenso wie auf gottländischen Bildsteinen. An beiden Stellen haben wir Darstellungen von Walküren, die in Walhall Met schenken, vor uns.[1])

---

[1]) Bei Gallehus und Tondern wurden 1639 und 1734 zwei goldene Hörner, wahrscheinlich Weihgeschenke darstellend, gefunden, 1802 aber aus der Kopenhagener Kunstkammer geraubt und eingeschmolzen, ein Ereignis, das Adam Oehlenschläger in seinem berühmten Gedichte „Guldhornene" ein Jahr darauf symbolisch behandelte.

Dieser Umstand beweist uns, dafs die Nordleute bereits in der Zeit der Völkerwanderung dem Weibe ein Leben nach dem Tode zuschrieben. In der Wikingerzeit herrschte auf Island der Glaube, dafs verheiratete Frauen zu Freyja und unverheiratete zu Gefjon kämen. Wenn zuweilen berichtet wird, dafs Freyja den halben Wal[1]) mit Odin habe, so haben einige Forscher daraus gefolgert, dafs Ehefrauen in einzelnen Fällen mit ihren Gatten wieder vereinigt werden konnten. Im grofsen und ganzen scheint alles, was wir über den Götterglauben unserer Altvorderen in der Heidenzeit wissen, davon zu zeugen, dafs sie in Anbetracht der Zeitverhältnisse eine hohe und ideale Anschauung von der Frau hatten.

Die ältesten nordischen Runeninschriften, die in den sogenannten älteren Runen geschrieben sind, lassen dasselbe vermuten. Doch ihre Entzifferung ist schwierig, ihre Deutung oft sehr unsicher, die Zahl der Worte knapp. Dennoch lassen sie uns, wie mich dünkt, einen Blick in die Zeit selbst tun, in ihre Verhältnisse, in ihr Gefühlsleben.

Das Verwandtschaftsgefühl gewinnt oft einen rührenden Ausdruck, des Vaters Trauer über seine Tochter, des Bruders Liebe zu seiner Schwester. Auf einem Stein von By im Amte Buskerud, dessen Deutung jedoch sehr unsicher ist, hat Professor Sophus Bugge in seinem Werke über die norwegischen Runeninschriften zu lesen geglaubt: „Der Kriegshäuptling Hror, Hrors Sohn, machte diese Steinplatte nach (d. h. zum Andenken an) seiner Tochter. Tochter mein, ruhe darinnen (d. h. im Grabe)." Ist die Deutung richtig, so haben wir eine Erinnerung an einen Vater, der auf seiner Tochter Grab eine Inschrift setzen liefs, worin er ihr Frieden und Ruhe im Grabe wünscht. Vielleicht ist der Vater, dessen Zuname *erilaR* aufser Kriegshäuptling (das spätere „Jarl") auch „Eruler" bedeuten kann, von erulischer Herkunft gewesen. Seine Vorfahren gehörten möglicherweise zu den Erulern, die an der Völkerwanderung teilnahmen, es jedoch später vorzogen nach dem Norden zurückzukehren, als dafs sie sich der Herrschaft der Römer unterworfen hätten. Dort unten in den südlichen Ländern, im Verkehr mit den Griechen und Römern,

---

[1]) Altnord. valr (ags. wæl), d. i. die Gesamtheit der Gefallenen auf der Walstatt.

können Hrors Ahnen den innigeren sanfteren Glauben der
Christen kennen gelernt haben und daher setzt er seiner
Tochter diese Inschrift, die so unnordisch lautet, so wenig an
das Bild erinnert, das die meisten von uns sich von unseren
Altvorderen zur Heidenzeit gemacht haben.

Noch bemerkenswerter ist eine Inschrift von Opedal im
Amte Søndre Bergenhus, die man so deutet: „Birging, wohne
in Ruhe (d. h. weile in Frieden), meine Schwester, mir lieb,
Wag!" — In dieser Inschrift, die aus der Mitte des 6. Jhts.
zu stammen scheint, ist besonders das Wort *liubu* „lieb" ins
Auge zu fassen. „In keiner anderen urnordischen Inschrift",
sagt Professor Sophus Bugge, „finden wir etwas Entsprechendes,
auch nicht in den nordischen Gedenkinschriften auf Steinen
vom Schlusse des heidnischen Zeitalters. Aber zu Beginn der
christlichen Zeit kommt es, wenn auch selten, vor, daſs ein
Gefühlsverhältnis, das den Verstorbenen mit dem Überlebenden,
der die Inschrift ausführen läſst, verknüpfte, in dieser Weise
zum Ausdrucke gebracht wird. In römischen Inschriften dagegen sind solche Ausdrücke, die uns nun so natürlich erscheinen, ganz gewöhnlich."

Dürfen wir vielleicht annehmen, daſs sich auch hier
christlicher Einfluſs aus weiter Ferne her geltend gemacht
hat, der entweder durch die Verbindung der Eruler und
Goten mit Südeuropa oder durch den Verkehr der Norweger
mit den britischen Inseln übertragen wurde. Hier haben jedenfalls die Gefühle die harte Schale der Vorurteile und des Her-
kommens durchbrochen und die Liebe zur Schwester hat in
einer Zeit, wo die Frauen noch in mancher Hinsicht des
Mannes Eigentum waren, einen gemeingültigen ergreifenden
Ausdruck gefunden.

Vom Morgen der Zeiten an haben die Menschen einander
geliebt und gehaſst, um den Besitz des Weibes gekämpft und
um seinetwillen über einander Leid gebracht. Schon in die
Geschichte des Skjǫldungengeschlechtes greift unheilschwangre
Liebe ein. Aber erst in der Dichtung der Wikingerzeit, in
den Eddaliedern, schildern die Dichter, wie gewaltige Leidenschaften bisweilen die Menschen befallen und schwächen
können. In den „Skirnismǫl" wird die verzehrende Liebe des

Gottes Freyr geschildert. Freyr sieht von Hlidskjalf[1]) herab auf die Behausungen der Riesen und seine Augen gewahren eine Jungfrau,

> „vom Glanz ihrer Arme,   erglühte der Himmel
> und all das ewige Meer".[2])

Die Leidenschaft kommt über ihn —

> „inniger hat niemals   seit der Urzeit Tagen
> ein Mann ein Mädchen geliebt".[2]) —

er sitzt einsam und schweigsam und vermag nichts zu unternehmen bevor ihm die Geliebte gewonnen ist.

Ich kann auch Saxos Erzählung[2]) von Balder, Odins Sohne, erwähnen, der aus Liebessehnsucht nach der holden Nanna, deren strahlende Schönheit er im Bade erschaut, dahinschwindet und nicht einmal zu gehen vermag. „So überwältigend war die Leidenschaft, sie seine Brust erfüllte, dafs sie ihm beinahe hoffnungslos tödliches Siechtum brachte."

In Brynhilds Liebe zu Sigurd Fafnisbani sehen wir die elementaren Naturtriebe der Menschen erwachen, eine Leidenschaft, die allen Hindernissen Trotz bietet und schliefslich einen tragischen Abschlufs findet. Wie ergreifend versteht nicht der Dichter des kurzen Sigurdliedes Brynhilds Hafs und Eifersucht zu schildern, wenn sie Sigurd glücklich mit Gudrun vermählt sieht, ihn, den Helden, der ihr selbst hätte zu eigen sein sollen:

> „Oftmals schritt sie   Unheil brütend,
> auf die eisigen Gletscher   am Abend hinaus,
> wenn dem Liebsten Gudrun   zum Lager folgte,
> und Sigurd sie hüllte   mit seidner Decke."[3])

Leidenschaft für Brynhild führt Sigurds und der Gjukunge Untergang herbei.

Das Weib war jedoch für die alten Nordleute nicht vornehmlich das Wesen, das geliebt wird und Leidenschaft in Männerherzen weckt. Es war in erster Linie Gattin, des Hauses weibliches Oberhaupt, die Mutter der Kinder. Die Eheschliefsung ist, wie wir ersehen können, bereits in der Wikinger-

---

[1]) Odins Sitz, von dem er über alle Welten schaut.
[2]) Hugo Gerings Übersetzung in Meyers Klassikerausgaben, Leipzig und Wien 1892. Vgl. S. 49 Anm. 3!
[3]) III. Buch.

zeit eine heilige Handlung. Die Braut „geht unter das Braut-
tuch"[1] (*lín*) und wird dem Manne „geweiht"[2]) unter Ab-
legung feierlicher Gelübde und unter Anrufung der *Vǫr,* der
Schirmgöttin der Verträge.*) — Nur der Knecht und das un-
freie Weib leben miteinander und zeugen Kinder ohne Zere-
monien. — Als Sinnbild ihrer Wirksamkeit hat die Hausfrau
Schlüssel an ihrer Seite hängen; sie wird in der Rígþula
hanginlukla genannt, d. h. „die Frau mit den herabhangenden
Schlüsseln". Sie waltet im Hause, rüstet Mahl und Trunk
für den wegmüde einkehrenden Wanderer und hilft dem Manne
ihn zu unterhalten. Wenn ihre Zeit gekommen ist, gebiert
sie ihren Sohn, wickelt ihn in Windeln, übergiefst ihn gemeinsam mit dem Vater mit Wasser und gibt ihm einen
Namen.**) Dies war Stellung und Aufgabe des Weibes bei
den alten Nordleuten. Von älteren unverheirateten Frauen
ist fast nie die Rede in den Sagas, wohl besonders aus dem
Grunde nicht, weil Mädchen fast unmittelbar nach der Geburt
ausgesetzt wurden. Einige wenige konnten vielleicht Beschäftigung finden als Wahrsagerinnen (*spákonur*) oder Wundärztinnen oder ihr Leben fristen, indem sie Klatsch und Neuig-
keiten berichtend von Hof zu Hof zogen, so wie sie verächtlich
in der Njáls Saga geschildert werden. Aufser der Ehe hatte
im Grunde genommen ein Frauenleben in den Augen der alten
Nordleute weder Zweck noch Sinn.

Wie man aus den vorhergehenden Zeilen entnehmen kann,
spielte die Liebe nur eine untergeordnete Rolle bei der Ver-
heiratung, wie es ja noch in den meisten südlichen Ländern
und ebenso bei den skandinavischen Bauern der Fall ist. Erst
am Ende der Wikingerzeit hören wir davon, dafs der Mann
seine Auserwählte vor der Verlobung liebt. Ja auf Island wurde,
wie bekannt, das Dichten von Liebesliedern (*mansǫngsvísor*)
auf ein Weib als *niðingsverk* betrachtet und mit der Acht
bestraft.

---

[1]) D. h. ihr Haar, das sie als Unvermählte offen getragen, wird mit
dem „lín" bedeckt; „Schmücke dich, Freyja, mit dem Schleier (*lín*) der
Braut", heifst es im Eddaliede von Thrym („Þrymskviða").

[2]) Dän.-norw. *vie,* schwed. *viga.*

*) So wird die Eheschliefsung in den Eddagedichten „Þrymskviða" und
„Rígsþula" geschildert.

**) Siehe die Schilderung in der Rígsþula.

Was für den jungen Mann, der sich eine Braut erwählen sollte, vor allem begehrenswert am Weibe erschien, war keineswegs Schönheit. Nur von wenigen Frauen berichten die Sagas, daſs sie schön sind, und ihre Liebe bringt fast immer Unheil und Verderben, man denke nur an die schöne Helga, an die Gudrun der Laxdöla Saga, an Hallgerd in der Njáls Saga. Wichtiger ist es, daſs die Frau energisch, tüchtig und hochsinnig ist, das, was man *kvennskǫrungr* nannte. Aber in aller erster Linie lockte den jungen Mann, der heiraten wollte, Reichtum und vornehme Geburt. Oft liest man in den Sagas: „Sie schien die beste Partie zu sein, sowohl ihrer Familie als auch ihres Reichtums wegen."

Die Liebe lag, möchte ich fast sagen, auſserhalb des Gesichtskreises des gewöhnlichen Mannes, und wenn sie dennoch über ihn kam, so empfand er sie als eine Qual, als ein Hindernis. Schwerlich konnte es einem Nordländer der Heidenzeit passieren, sich zu verlieben, wie wir zu sagen pflegen, oder einfallen zu anderen von seiner Neigung zu sprechen. Charakteristisch für Zeit und Auffassung ist eine Erzählung der Egils Saga. Der Skalde Egil Skallagrimsson, diese wunderliche Mischung von Gut und Böse, von Hochsinn und engherziger Kargheit, hatte auf einer Heerfahrt in England seinen Bruder Thorolf verloren. Dessen Witwe Ásgerd saſs nun verlassen mit ihrer kleinen Tochter bei ihrem Verwandten Arinbjörn, der Herse[1]) in Sogn war; hier hielt auch Egil sich auf. „Als es Herbst wurde", berichtet die Saga, „wurde Egil von groſser Verstimmung befallen, er trank wenig und saſs oft das Haupt nieder in die Felldecken geduckt." Einst ging Arinbjörn zu ihm hinein und fragte nach dem Grunde seiner Übellaunigkeit, nur zur Aussprache in dunklen, an Rätsel gemahnenden Versen konnte er Egil bewegen. Schlieſslich aber bekommt Arinbjörn soviel aus ihm heraus, daſs er den Wunsch hegte, sich mit seiner Schwägerin Ásgerd zu verheiraten, und mit Arinbjörns Hilfe kommt es nun zur Verlobung und ehelichen Verbindung. Waren Egils Gefühle Liebe oder lebte in ihm nur der Wunsch, Asgerds Reichtum

---

[1]) Ein wahrscheinlich ursprünglich unabhängiger Häuptling, der mit seiner weltlichen auch eine priesterliche Macht vereint zu haben scheint, und der in späterer Zeit nächst dem Jarl kommt.

seinem Geschlechte zu bewahren? Am ehesten war wohl eine Mischung von beiden bestimmend für ihn. Aber nach der Hochzeit hören wir nichts darüber, dafs Ásgerd für ihn etwas anderes oder mehr sei, denn seiner Kinder Mutter und des Hauses Oberhaupt. Er selbst unternimmt viele und lange Reisen nach fernen Ländern; sie aber sitzt daheim und sieht nach dem Rechten in Haus und Hof. So waren die meisten Ehen der Heidenzeit beschaffen. Die Frau hatte das Geschlecht fortzupflanzen; konnte sie keine Kinder gebären, ja oft auch trotzdem, mufste sie Kebsweiber neben sich dulden, wenn auch die wenigsten so friedfertig waren wie Erik Ejegods Gemahlin Bodil, die selbst die Geliebten ihres Mannes schmückte, damit sie dem Könige gefielen.

Bald aber bricht ein Frühling an für den Norden, das Eis lockert und löst sich, der Schnee schmilzt, die Bäche erbrausen, die Ströme schwellen an, frei und blank liegen die Fjorde da, die Schiffe werden in die See gerollt. Im „Beowulf" heifst es:

> „In Fesseln von Eis   die Fluten zwängte
> Der harte Winter,   bis dem Wohnsitz der Menschen
> Der Frühling nahte,   der Freudenbringer,
> Lieblich schmückend   den Schofs der Erde
> Herrlich wie heute;   aus Halle und Hof
> Fort trieb's den Recken,   den reisigen Gast."[1]

Die Wikingerzeit beginnt; die Nordleute begeben sich auf weite Heerfahrten, kommen mit den Völkern des Ostens und Westens zusammen, gewinnen Reiche und gründen Kolonieen. Bis nach Grönlands Gletschern geht ihre Fahrt, und Amerikas Gestade betreten sie lange vor Columbus. Ihre Gesandten und Kaufleute haben die Pracht des goldenen Byzanz erschaut, und die mutigsten unter ihnen haben mit ihren Drachenschiffen die Säulen des Herkules umsegelt. Es war eine Zeit, wo die wiegende Woge des Meeres dem Manne einen festeren Grund bot als das Land mit seinem ewigen Kampf und Streit und Überfall. In solchen Zeiten werden vor allem die Sinne gestählt und starke, sondertümlich ausgeprägte Charaktere geschaffen. So in allen grofsen Zeiten, wo neue Gedanken, neue Ziele die Sinne bewegen, wie zur

---

[1] Vgl. Holder, Beowulf v. 1132 ff. und S. 18, Anmerk. 4.

Zeit der Kreuzzüge, der Renaissance, der französischen Re-
volution, so wachsen in der Wikingerzeit an allen Enden im
Norden strahlende Heldengestalten auf, die länger in der
Erinnerung der Völker leben als die Männer der darauf
folgenden friedlichen Zeitläufte, Staatsmänner und Herrscher
schaffen die Gemeinwesen nach dem Gesetze ihres Willens
um, Dichter finden neue Ausdrücke für die Gedanken der Zeit.

Aber in dieser wunderlichen Zeit, wo alles sprofst und
blüht, ist auch die Frau rege. Sie sprengt die Bande, mit
denen von den Urvätern überkommene, Jahrtausende alte Sitte
sie an Haus und Heim gebunden. Ihre Stellung wird freier,
sie kann selbständig in das Leben der Zeit eingreifen, ja sogar das eine oder andere Mal ihm den Stempel ihrer Persönlichkeit aufdrücken. Sie wird vollends vom Manne als gleichgestellt anerkannt.

Erst in der Wikingerzeit beginnt das Weib um seiner
selbst willen geliebt zu werden. Die Männer kämpfen nicht
allein um die Geliebte, sondern suchen auch ihre Liebe zu
gewinnen und nicht nur durch Geschenke, sondern ebenfalls
durch die Anziehungskraft ihrer Persönlichkeit. Auf Island
umwirbt der Skalde Kormak[1]) sein ganzes Leben hindurch
die schöne Steingerd mit seinen Liebesgedichten, deren Glut
noch heute das Herz wärmt. Thormod,[2]) der übrigens wie
die meisten Isländer etwas schwankend in seinen zärtlichen
Gefühlen war, verfafst ein Gedicht zu Ehren der Thorbjorg
Glumsdatter, mit dem Zunamen Kolbrun; seit jener Zeit wird
er gern Thormod Kolbrunarskald genannt. Auch andere
Liebesweisen werden in den Sagas erwähnt. Aufserhalb
Islands hören wir von der Sitte, Liebeslieder zu verfassen,
in alter Zeit nichts und dort selbst erst im 10. Jh.

Die Lyrik, die der Denkungsart unserer Altvorderen so
fern lag und niemals zu frischem Leben in der alten Skaldendichtung heranblühte, ist vermutlich eine aus Irland importierte
Ware und ursprünglich bei den Griechen und Römern heimats-
berechtigt. Halb satirische Verse hingegen, worin der Mann
seinen aus Hafs und Liebe gemischten Gefühlen einer Frau

---

¹) Um die Mitte des 10. Jahrhunderts.
²) Gefallen in der Schlacht bei Stiklastaðir 1030.

gegenüber Ausdruck gibt, stimmen jedenfalls besser mit den Charaktereigentümlichkeiten der alten Nordleute überein. Einen solchen Vers in Runenschrift auf einem Knochenstücke, der aus dem 11. Jh. zu stammen scheint, hat man zu Trondhjem gefunden. Wir lesen hier:

> „Ich liebte die Maid,
> Ich will nicht lästig fallen
> Erlends häfslicher Frau;
> Als Witib würde sie mir gerade recht sein."

Auch aus Dänemark und Schweden sind uns Zeugnisse überliefert von der höheren Auffassung, die das Zeitalter der Wikinger von der Frau hatte. Der Mann errichtet Runensteine zum Andenken an seine Gattin und gedenkt ihrer in Liebe. So auf einem Runensteine von Capellansvretan im Kirchspiel Häckebo in Västmanland, wo das Wort „húsfrú" (Hausfrau im Sinne von Ehefrau, Gattin) zum ersten Male vorkommt. Die Inschrift lautet folgendermafsen:

„Der gute Hausvater Holmgöt liefs [diesen Stein] nach (d. h. zum Andenken an) Odendisa errichten, seiner guten Frau, Gud . . . s Schwester.

> Nie wird als Hausfrau
> Nach Hafsmyra
> Ein besser Eheweib kommen
> Als Odendisa.
> Baler der Rote ritzte
> Diese Runen.
> Sie war von Sigmunds Stamm,
> Dem das Dorf zu eigen."*)

Der Sohn errichtet Mutter und Schwester einen Stein und findet einen schönen und tiefempfundenen Ausdruck für die Trauer über den Verlust seiner Lieben, wie auf dem Steine von Rimsø im Amte Randers; dort lesen wir:

„Thore, Enraades Bruder, errichtete diesen Stein nach seiner Mutter und Schwester, [zwei] guten Frauen.

Der Tod (d. h. der Mutter Tod) ist das schlimmste Unglück für den Sohn."

Doch auch die Liebe des Mannes hat besonders in Dänemark — mehr als in Schweden — bereits in der Wikinger-

---

*) E. Brate und S. Bugge, Runverser, S. 225.

zeit ihren schönsten Ausdruck gefunden. Ich will nur an die Dichtung von Hagbard und Signe erinnern, wo Liebe und Treue bis in den Tod so innig und ergreifend besungen werden wie in keiner anderen altnordischen Dichtung. Nur schade, daſs die Dichtung nicht in ihrer ursprünglichen Form auf uns gekommen ist, sondern lediglich in einer mittelalterlichen Ballade und in Saxos lateinischer Wiedergabe. Auch die Dichtung von Helgi Hundingsbani und Sigrun, die mehr als irgend ein anderes Eddalied von zärtlicher, treuer, wehmütiger Liebe handelt, stammt ursprünglich von Dänemark. Hier ist nichts von der trutzigen Wildheit zu verspüren, die in anderen Eddagedichten zum Ausdruck kommt, und die wir bei manchem isländischen Skalden in seinem Verhalten zur geliebten Frau wiederfinden, sondern hier treffen wir Zärtlichkeit und Ritterlichkeit an, von Süden kommende, vom Rittertume gepflegte Tugenden. Dieselben Saiten, die in den Dichtungen von Hagbard und Signe und von Helgi und Sigrun ertönen, vernehmen wir, dünkt mich, auch von einem altdänischen Runenstein, von dem groſsen Stein von Rygbjerg im Amte Vejle, worauf wir folgendes lesen:

„Tove Bryde (d. h. Gutsvogt) errichtete diesen Stein nach Brydes Gespielin Torgunn.
> Diese Runenstäbe
> Mögen lange leben."

Welch ein schöner Ausdruck ist nicht „Brydes Gespielin"; er erinnert an das Sprichwort, worin das Kind „der beste Spielkamerad der Mutter" genannt wird. „Ein schönerer Ausdruck", sagt Professor Wimmer in seiner ausgezeichneten Ausgabe der dänischen Runendenkmäler,[1] „konnte ja nicht gewählt werden, um das Verhältnis zwischen dem jungen Manne und dem jungen Mädchen zu bezeichnen, und wir können uns nicht darüber wundern, daſs Tove auch auf dem Runenstein, den er zu ihrem Gedächtnisse errichtete, seiner früh vollendeten Freundin den Namen ‚Spielgenossin' beilegte".

Die Runensteine bezeugen auch auf manche andere Art die veränderte Stellung der Frau in der Gesellschaft. Während Frauennamen in Inschriften mit den älteren Runen (ca. 400

---

[1] „De danske Runemindermærker" II, S. 110.

bis 750 n. Chr.) nur äufserst selten vorkommen, begegnen sie uns nun sehr häufig. Frauen treten nach dem Tode des Mannes als Familienoberhäupter auf und errichten, wenn die Söhne noch unmündig sind, selbst das Denkmal über seinem Grabe. Schon im 9. Jh. begegnen uns in Dänemark Frauen von hoher Geburt, die zum Andenken an ihre Männer Runensteine errichten, der Inschrift ihren eigenen Namen beifügen und mit Stolz den Namen ihres eigenen Geschlechtes ins Gedächtnis rufen. *Ragnhild,* die den Stein von Glavendrup auf Fünen setzte „nach Alle, dem Goden von Saalve, des Heiligtums hochehrwürdigem Hüter." Ihre Söhne sind noch klein und unmündig, und so nennt sie nur sich selbst mit Namen. Nach ihres ersten Mannes Tod heiratet sie, wie Wimmer uns gezeigt hat, einen seeländischen Häuptling namens Gunnulv, der nach seinem Beinamen „der Beredte" zu urteilen möglicherweise auch Gode oder Tempelpriester gewesen ist; mit ihm lebt sie in kurzer kinderloser Ehe. Zum Andenken an ihren zweiten Gatten errichtet sie den Stein von Tryggevælde auf Seeland, auf dem wir unter anderem lesen: „Ragnhild, Ulvs Schwester, setzte diesen Stein und machte diesen Hügel und dieses Schiffsgrab[1]) nach Gunnulv, ihrem Ehegenossen, dem beredten Manne, Nærves Sohn."

In Schweden finden wir ganz dasselbe. Auf einem Stein von Ramsta in Södermanland lesen wir: „Auda und Inga und Erindis die dritte, Mutter und Töchter, haben diesen Stein nach Männern aus ihrem Geschlechte gemacht, nach Svein, ihrem Vater und nach Gudfart, ihrem Bruder, er war Audas Sohn." Auch auf einem anderen Stein von Södermanland vom Anfange der christlichen Zeit lesen wir, dafs Mutter und Tochter den Stein errichtet haben. Dafs die Frau allein ihrem dahingegangenen Ehemann das Denkmal setzt, kommt ebenfalls oft vor.

Auf Runensteinen in Västergötland begegnen uns Frauennamen verhältnismäfsig häufiger als in Inschriften vom östlichen Schweden. Västergötland stand ja auch in lebhafterer

---

[1]) Wie die Leiche auf einem oft in Brand gesetzten Schiffe dem Meere übergeben oder auf einem Schiffe in einem Hügel beigesetzt wurde, so pflegte man diese Bestattungsart oft nur anzudeuten durch Steinsetzungen in Form eines Schiffes. Vgl. Weinhold, Altnordisches Leben, S. 483 ff.

Verbindung mit dem christlichen Westeuropa als irgend ein
anderer Teil des schwedischen Festlandes. Die Bandgeflechte
und die Bilder auf den Runensteinen legen Zeugnis ab von
diesen Verbindungen und deuten wahrscheinlich auch darauf
hin, daſs Männer von Västergötland und dem südöstlichen
Norwegen u. a. von Ringerike gemeinsam Wikingerzüge unternahmen.

Das Christentum fand auch früher Eingang in Västergötland als in irgend einem anderen Teil Schwedens.*) Eine
Folge hiervon war natürlich, daſs die Frau in Västergötland früher eine freiere Stellung bekam als in Svealand,
wo das Volk fester an den alten Sitten hing. Wir sehen
auf den westgötischen Runensteinen Frauen das Andenken
ihrer Männer und diese das ihrer Frauen ehren. Schon in
heidnischer Zeit errichten Mann und Frau zusammen einen
Grabhügel (kumbl) mit einem Gedenkstein über ihre verstorbenen Söhne.**) Eines der gröſsten und prächtigsten
schwedischen Denkmäler ist der Runenstein von Saleby bei
Dagsnäs in Västergötland. Er ist nicht jünger als das 10. Jh.
und von einem Manne mit Namen Freystein zur Erinnerung
an seine Ehefrau Thora errichtet. „Sie ist", sagt die Inschrift, „eines Königs Tochter", dessen Name jedoch nicht
mehr zu entziffern ist, „der das Feldzeichen an der Spitze
der tapferen Schar der Gefolgschaftsleute fällte"; und voll
Stolzes über die hohe Herkunft seiner Gattin hat der Mann
noch hinzugefügt: „Keine tatenlosen Männer weist ihre
Familie auf."

Die Runensteine zeigen uns die Frau als Errichterin von
Runensteinen und als solche, zu deren Andenken ein derartiges
Mal gesetzt wird. Ein einziges Mal nur begegnet uns auch,
wie ich anzunehmen geneigt bin, ein Weib, das den in alter
Zeit sehr ehrenvollen Beruf eines Runenritzers ausübte, der
sonst nur einer kleinen, fast möchte man sagen Zunft von
Männern vorbehalten blieb, bei denen sich die Fertigkeit oft
vom Vater auf den Sohn vererbte. Auf der Insel Man, mitten
in der Irischen See, wo die nordischen Kolonisten im 11. Jh.

---

*) Ich sehe natürlich ab von den Missionsversuchen Ansgars.
**) Torin, Vestergötlands Runinskrifter, Nr. 108.

eine hohe und eigenartige, halb nordische halb irische Kultur entwickelten, sind besonders die mit Bildern und Bandverschlingungen gezierten Steine merkwürdig. Auf einem von diesen, auf dem von Conchan scheint zu stehen: Þuriþ raist runer „Thurid ritzte die Runen".

Auch in Norwegen sind beim Ausgange der Wikingerzeit Frauen beim Setzen von Runenmalen beteiligt. Merkwürdig sind diese Steine vor allem, weil sie zu bezeugen scheinen, daſs die Frauen fast mehr als die Männer in der Vergangenheit unseres Volkes Sinn für Kunst und Schönheit an den Tag legten. Norwegen besitzt nur eine beschränkte Zahl von Bildsteinen, aber die beiden prächtigsten von diesen, der Stein von Alstad auf Thoten und der von Dynna auf Hadeland, sind beide von Frauen errichtet, die mit Mühe und Last den schönen roten Sandstein den weiten Weg von Hole nach Ringerike hatten herschaffen lassen um ihn behauen sowie mit Bildern und Ornamenten schmücken zu lassen, so wie sie wohl vernommen hatten, daſs es in England, Schottland und Irland Gepflogenheit sei.

Auf dem Stein von Alstad, der aus dem 10. Jh. zu stammen scheint, sehen wir die bildliche Darstellung einer Falkenjagd, wie sie im christlichen Europa veranstaltet wurden und als Ornament die aus der antiken Kunst stammenden, in der karolingischen Kunst wieder auferstandenen, buchtig gespaltenen und gezackten Akanthusblätter. Die Inschrift, deren Deutung jedoch unsicher ist, lautet etwa: „Jórun errichtete diesen Stein nach ..., der sie besaſs (d. h. mit ihr verheiratet war, und führte (den Stein) von Ringerike her, von Hole ... und sie lieſs den Stein mit Bildern versehen."*)

Der Stein von Dynne stammt aus der Mitte des 11. Jhs. Er ist von einer Mutter für die Tochter errichtet worden. Die Mutter hat auf dem Steine die Bilder von den heiligen drei Königen, vom Sterne und der Krippe zu Bethlehem einhauen lassen und nach christlichem Brauche hatte sie eine Brücke (wohl über ein Moor) gebaut um ein Gott wohlgefälliges Werk zu verrichten, das ihrer Tochter Seele vielleicht aus dem Fegefeuer erlösen könnte. In der Inschrift selbst hat

---

*) Nach Professor Sophus Bugges Erklärung.

die Liebe der Mutter zur Tochter, der Zierde des Hauses, einen schönen Ausdruck gefunden:

„Gunvor, die Tochter Tririks baute eine Brücke zum Andenken an ihre Tochter Astrid.
        Sie war die handfertigste Maid
        In Hadeland.“

Hier endigt die Inschrift also in einen Vers, was in Norwegen sehr selten, in Schweden aber ganz allgemein ist.

Diese beiden Frauen Jórun von Thoten und Gunvor von Hadeland verdienen, dafs man ihrer gedenkt, wenn Norwegens Kulturgeschichte einst geschrieben werden soll. Sie haben zu einer Zeit, wo nur die Blicke weniger über die Bergrücken ihrer Landschaft hinausdrangen, die Augen offen gehabt für das Geschmackvolle, Künstlerische und Schöne, und so gut es in ihrer Macht stand ihre Heimat zu schmücken gesucht zur Erinnerung an die teuren Dahingeschiedenen.

Noch mehr bezeugen uns die Runensteine! Sie reden davon, wie bereits erwähnt, dafs Frauen des Nordens auch aufserhalb Dänemarks, wenn keine männlichen Erben vorhanden waren, erbberechtigt sein konnten. Die dänischen Runensteine lehren uns sogar Frauen als mächtige Gutsbesitzerinnen kennen, zu deren Andenken Männer, die in ihren Diensten standen, Steinmale setzen.

Einer der reichsten und mächtigsten Männer des 10. Jhs. in Dänemark war Gisl der Kluge, zu dessen Andenken sich ein merkwürdiger Runenstein im Kirchspiel Skivum, im Herred (Gerichtsbezirk = Harde) Aars des Amtes Aalborg befindet. Auf diesem lesen wir die stolzen Worte: „Die Mutter Thyre und die Söhne Odinkar und Gudmund, die drei errichteten dieses Denkmal nach Gisl dem Klugen, er war der beste und erste unter den Gutsherren in Dänemark.“ Sein Grundbesitz erstreckte sich über grofse Teile von Jütland bis hinab in die Gegend von Læborg im Amte Ribe, und nach ihm hat wahrscheinlich, wie Wimmer zu erweisen sucht, das an das Herred Aars grenzende Herred *Gislum* seinen Namen erhalten. Doch nicht weniger merkwürdig als Gisl ist sein Weib Thyre gewesen. Nach dem Tode ihres Mannes hat sie mit glücklichem Erfolg das von ihm überkommene grofse Eigentum

verwaltet und das Ansehen des Geschlechtes bewahrt und
gemehrt. Eine machtvolle und gebieterische Erscheinung ist
sie gewesen, zu der die ganze Gegend als zu ihrer Herrscherin
emporblickte. Sie liegt begraben zu Læborg und über ihrem
Grabe erhebt sich ein gewaltiger Runenstein, dessen Thors-
hämmer davon zeugen, daſs sie zu einer Zeit lebte, wo
Dänemark noch heidnisch war. Die Inschrift hat folgende
Worte: „Ravnunge-Thove hieb diese Runen ein nach Thyre
seiner Gebieterin". Auf Thyres Hügel hat noch ein anderer
ansehnlicher Runenstein gestanden, dessen Inschrift erzählte:
„Ravnunge-Thove und Funden und Gnyble, die drei warfen
Thyres Grabhügel auf". Eine solche Frau, über der runen-
kundige Männer Hügel und Mal errichten, kann kein unbedeutendes Weib gewesen sein, dessen Wirken nur innerhalb der Grenzen von Haus und Hof von Einfluſs war. Sie
muſs eine von den Mächtigen im Lande gewesen sein. Ihres
Sohnes seltener Name Odinkar bezeugt auch, daſs ihr Gatte
oder sie selbst dem gröſsten und ruhmvollsten Geschlechte
Jütlands angehörten. Sie ist ein würdiges Seitenstück zu
ihrer groſsen Namensschwester, der Königin Tyre, mit der
mehrere Forscher sie verwechselt haben. Aber sie war keineswegs die einzige selbständige und mächtige Frau Dänemarks.
Auf einem Stein im Kirchspiel Ravnkilde im Amte Aalborg
ist zu lesen: „Asser, der Gutsverwalter, Fogges Sohn, ritzte
diese Runen nach Gryd, seiner Herrin."

Ebenso erwähnen die isländischen Sagas ähnliche Frauengestalten, die um eines Hauptes Länge alles Volk überragen,
geborene Führer- und Herrschernaturen. Ich kann da die
Landnámsfrau Aud (Auðr) nennen, die mit Olaf dem Weiſsen,
dem Könige von Dublin, verheiratet gewesen war. Eine echte
Häuptlingsgestalt, wie die unsicheren, stets wechselnden Geschicke in den Kolonien des Westens sie schufen. Sie versteht zu handeln und zu herrschen und mit männlich mutiger
Umsicht sich und die Ihrigen, selbst in gröſster Not und
Fährlichkeit, zu retten. Nach Thorsteins des Roten, ihres
Sohnes, Fall ist sie selbst das anerkannte Haupt ihrer Sippe.
Sie bestimmt selbst ihrer Töchter Gatten, und keiner ihrer
zahlreichen Nachkommen darf ohne ihren Rat etwas unter-
nehmen. In ihren alten Tagen kommt sie nach Island, wo

sie selbst wie andere Häuptlinge Land in Besitz nimmt und es an ihre Angehörigen und Untergebenen austeilt. Im ersten Winter, den sie auf Island zubringen, lädt der eine ihrer Brüder sie mit zehn Mann zu sich ein, aber zornig antwortet sie, dafs sie nicht gewufst hätte, das er so arm sei. Sie zieht dann zu einem anderen Bruder, der sie bittet mit all ihren Leuten bei ihm zu Gaste zu sein, „denn er kannte seiner Schwester Sinn", fügt die Laxdöla Saga hinzu. Später rüstet sie für ihren Enkel mit grofsem Gepränge die Hochzeit. Sie ist gebeugt vom Alter, ihre Kraft ist fast gebrochen; doch niemand darf es merken. Sie schläft lange in den Tag hinein und wird böse wenn man sie weckt. Dann erhebt sie sich vom Lager und tritt in die Festhalle, so stolz und rank und schlank wie vordem. Die Leute sprechen davon, welch stattliches Weib sie noch sei. Am Tage nach der Hochzeitsfeier findet man sie tot in ihrem Bette.

Aufserdem werden noch andere Frauen genannt, die selbst Land·auf Island in Besitz nahmen und eine nicht geringe Rolle in der Zeit der ersten Besiedelung der Insel spielen. Da wäre zu nennen Thurid Sundafyller von Hálogaland, die nach Bolungavik zuäufserst am Isafjord kam und sich dort mit ihrem Sohne niederliefs. Ihren Beinamen soll sie erhalten haben, weil sie einst in einem Mifsjahr jeden Sund Hálogalands durch Zauberei mit Fischen füllte. Natürlich hatte sie damals ihre Landsleute eine rationellere Art den Fischfang zu betreiben gelehrt; denn ebenfalls nach ihrer Niederlassung auf Island machte sie sich verdient um die Fischerei im Isafjord, indem sie Marken, um die Fischgründe zu bezeichnen, errichtete. Zum Lohn dafür erhielt sie von jedem Bauern am Fjord ein Lamm.*) Wie viele Frauen sich unter den ersten isländischen Kolonisten befanden, können wir aus einer Bestimmung schliefsen, die getroffen wurde, nämlich, dafs eine Frau sich nicht mehr Land sollte aneignen können, als sie an einem Frühlingstage zwischen Aufgang und Niedergang der Sonne mit einer zweijährigen Färse oder einem halberwachsenen Rinde begehen könne.

---

*) So berichtet die Landnámabók, die wichtigste Quelle der Kolonisationsgeschichte Islands, II, Kap. 29; vgl. Munch, Det norske Folks Historie I, 545.

Auch auf anderen Gebieten des menschlichen Lebens
ragten in der Wikingerzeit Frauen hervor als selbständige
eigenartige Persönlichkeiten. Die Skaldenkunst ist wohl ein
Gebiet, so werden die meisten anzunehmen geneigt sein, das
ausschliefslich dem Manne vorbehalten ist; doch Dichterinnen
finden wir auch bei den alten Nordleuten. Mehrere Verse
werden in den Sagas Frauen zugeschrieben, von Hildr, der
Mutter Gangerrolfs, ist ein Vers bewahrt, den sie vor Harald
Schönhaar vergebens hergesagt haben soll, um ihren Sohn von
der Friedlosigkeit zu befreien. Doch auch unter den grofsen
Skalden finden wir ein Weib, Jórunn Skaldmær. Sie lebte
auch zu Harald Schönhaars Zeit und hat ein Gedicht verfafst, das *Sendibítr* genannt wird und von Haralds Kriegs-
zügen nach den Westlanden gehandelt zu haben scheint. Auch
als Wundärztinnen haben die Frauen und sicherlich seit un-
vordenklichen Zeiten gewirkt. Tacitus erzählt ja, dafs die
Germanen ihre Verwundeten während des Kampfes zu den
Weibern bringen, und der göttliche Repräsentant der Heilkunst ist bei unseren Altvorderen ein Weib, Eir. Oft hören
wir in den Sagas von Frauen, die es verstehen, Wunden zu
verbinden, doch auch von wirklichen weiblichen Wundärzten.
Nach der Schlacht bei Stiklastaðir (1030) kam Thormod
Kolbrunarskald schwer verwundet in eine Hütte, wo auch
andere Verwundete lagen. Ein Weib war dabei, die Wunden
mit warmem Wasser zu reinigen und zu verbinden. In einem
Steinkessel kochte sie Lauch und andere Kräuter, die sie den
Männern zu essen gab. Am Geruche erkannte sie, ob die
Wunden tief waren. Als Thormod die mit Widerhaken ver-
sehene Pfeilspitze aus seiner Brust selbst mit einer Zange
herausrifs, da der Schaft abgebrochen war, blieben rote und
weifse Herzfasern daran sitzen. Als der Skalde dieses sah,
sagte er: „Gut hat der König (Ólaf der Heilige) uns genährt,
fett bin ich um die Herzwurzeln." Darauf fiel er zurück und
war tot.

Eine primitive Heilkunst war es gewifs, aber sie zeigt
doch, dafs die Frau schon in jenen fernen Zeiten heilend und
segenbringend tätig war. Am meisten hat sie wohl als
Krankenpflegerin gewirkt und zwar war sie wohl nicht lediglich auf den engen Kreis ihrer Familie beschränkt, sondern

brachte vielleicht auch aufserhalb dieser den Leidenden Hilfe. Wenn in einem isländischen Abenteuerroman erzählt wird, dafs Ingegerd, des Russenkönigs Ingvar Tochter, ein Krankenhaus gestiftet und Pflege und Wartung sanfthändigen Frauen anvertraut habe, so dürfen wir daraus keine Schlüsse für die Wikingerzeit ziehen, aber wohl für das Mittelalter in Norwegen und auf Island.

Sogar auf einem Gebiete, das zu allen Zeiten mehr den Männern überlassen gewesen ist, treffen wir die Frau an, selbst am harten Handwerke des Krieges ist sie beteiligt. Das ist jedoch nichts Neues für die Wikingerzeit, sondern im Gegenteil ein Überbleibsel von den roheren und primitiveren Verhältnissen einer älteren Periode. Bei allen Naturvölkern der Erde sind sowohl in der Vorzeit als auch in unseren Tagen Frauen gewesen, die als Krieger gekämpft haben. Wir alle kennen die Sage von den Amazonen. Auch bei den Kelten nahmen die Frauen von alters her am Kriege teil. Noch im 6. Jh. unserer Zeitrechnung mufsten die irischen Frauen Kriegsdienste leisten. Mit Peitschenhieben wurden sie, so erzählt man, von den Männern vorangetrieben, bis es dem heiligen Adamnán gelang, die grausame Sitte abzuschaffen. Die Kelten kannten auch sogar weibliche Heerführer. Einer der letzten Vorkämpfer für Britanniens Freiheit war ein Weib — Boudicea, die Königin der Icener. Von ihrem Streitwagen herab — gleichwie die Helden Homers — kämpft sie tapfer gegen die Legionen der Römer. Zuletzt aber mufs sie sich der Übermacht beugen, und um nicht in die Hände der Feinde zu fallen, leert sie den Giftbecher.

Bei manchen afrikanischen Völkern, z. B. in Dahomey, hat es weibliche Truppen gegeben, die stärker gewesen sind und mit gröfserem Mute gekämpft haben als die Männer. Despoten, wie die Könige von Siam, haben weibliche Leibgarden gebildet, da sie glaubten sich besser auf diese verlassen zu können als auf männliche Sklaven.

Es ist deshalb nicht zu verwundern, wenn wir auch bei den Germanen, insbesondere bei den Nordleuten, kämpfende und kriegführende Frauen finden. Wir haben gehört, dafs die Weiber der Cimbern und Teutonen ihren Männern auf ihren Zügen folgten und mit ihnen gegen die Römer kämpften

und ebenfalls, dafs die Weiber der Germanen in der Zeit der
Völkerwanderung am Kampfe teilnahmen und ihren Tod bei
den Wagenburgen fanden.

Aber hoch über dieses Gros der kämpfenden Weiber
ragen die Schildmädchen empor, die Schlachtenjungfrauen,[1])
die brünnenbekleidet an der Seite der Männer fechten. In
der Heldensage spielen diese menschlichen Walküren eine
grofse Rolle, eine Sigrun, eine Sváva, eine Brynhild, die
strahlendsten Frauengestalten der Eddalieder gehören zu
ihnen. Die in der „Hervarar Saga" bewahrten alten Sagen und
Lieder vom Kampfe der Goten mit den Hunnen berichten
von der Schildmaid Hervor und von des Gotenkönigs Schwester,
die eine Burg gegen die anstürmenden Feinde verteidigen und
selbst im Kampfe fallen. Im Gedichte von der Bravalla-
schlacht führen Schildmädchen ganze Heeresabteilungen an.[2])
Die alten Nordleute scheinen auch ganze Regimenter von
Schildmädchen gehabt zu haben, nachdem zu urteilen, was
die „Atlakviða" (Str. 18) vom Hunnenkönig Atli (d. h. Attila)
erzählt wird, und als Gudrun den Feuerbrand in Atlis Halle
schleudert, sterben auch sie in der heifsen Lohe. Aber diese
Frauen gehören nicht nur der Sage und Dichtung an, sie
haben wirklich existiert. Besonders scheint die Wikingerzeit
diesen Schildmädchentypus in mannigfacher Weise entwickelt
und, wir können so sagen, idealisiert zu haben.

In einem nordischen Grabe hat man die Leiche einer
Frau und Waffen ihr zur Seite liegend vorgefunden. Daraus
haben die Forscher, und gewifs mit Recht, geschlossen, dafs
sie zu Lebzeiten eine Schildmaid gewesen sei. Aber auch
Erzählungen von fremden Ländern, die von unseren heimischen
Quellen unabhängig sind, wissen von Kriegsjungfrauen unter
unseren Vorvätern in der Wikingerzeit zu vermelden. In
mehreren irischen Chroniken wird unter den Wikingerhäuptlingen des 10. Jhs. eine Frau mit dem Beinamen „das
rote Mädchen" erwähnt; an einer Stelle wird angegeben, dafs
sie in Ulster, im nordöstlichen Irland, heerte. Dafs ein Weib
die wilden Wikinger anführte, hat einen tiefen Eindruck auf

---

[1]) Steenstrup, Normannerne I, S. 351 ff. etc.; Worsaae, Vorgeschichte
des Nordens S. 61, 72.

[2]) Axel Olrik, Kilderne til Sakses Oldhistorie I, S. 52 ff.

die leicht erregbare Phantasie der Iren gemacht. Die Sage hat sich ihrer Person bemächtigt, sie ist sozusagen eine Verkörperung der Wildheit und Grausamkeit der ganzen Wikingerzeit geworden. In einem irischen Gedichte des 14. Jhs., wo verschiedene Wikingerhäuptlinge aufgezählt sind, heifst es von ihr:*)

> „Eine grofse Flotte kam unter ‚dem roten Weibe‘;
> Sie war schlimmer, denn irgend ein feindlich Heer,
> Das je über das weite Meer kam.
> Mit lieblichen Jungfrauen trieb sie rohes Spiel.
> Wilde Tat vollbrachte sie:
> Rings um deren Leib pflegte sie Kerzen anzuzünden.
> Von ihrem Sidh[1]) das Licht von den schönen Mädchen
> Warf seinen Schein nach jedem Land.
>
> Als die Iren sahen die mächtige Flamme,
> Vermochten sie nicht zu kämpfen.
> Brian**) kam von dem schönen Eachtga,
> Mit vier Heeresabteilungen in seinem Gefolge,
> Nach der Stätte, wo das Weib sein Lager hatte.
>
> Die Dämonen rückten an:
> Aber Murchadh***) tötete das rote Weib
> — besser dieser Sieg, denn irgend ein anderer —
> Einen Pfahl trieb er durch ihr Haupt
> Im Beisein der Männer von Erin."

Hier in diesem Gedichte hat „das rote Mädchen" übermenschliche Dimensionen angenommen. Es ist zu einem Zauberwesen mit Dämonen in ihrem Dienste geworden, durch dessen Haupt ein Pfahl gerammt werden mufs, damit es nicht wiedergeht und auch nach dem Tode noch Unheil anrichtet. Aber die Tatsache, dafs sie einst gelebt und in Irland eine Wikingerschar angeführt hat, dürfen wir kaum bezweifeln. Indessen

---

*) Das Gedicht ist verfafst von Muiredach Albanach O'Daly († 1240) und befindet sich in einer Handschrift der Kgl. Akademie zu Dublin $\left(\frac{23}{C.\ 18}\right)$.

[1]) Irisch Sidh „Wohnung der Elfen", „Hügel"; sidhe (spr. schī), „Zauberwesen", „Fee", „Elfe" (ursprüngl. wohl „Seele der Abgeschiedenen"). Vgl. dazu meine Ausführungen Ark. f. nord. Fil. XXI. S. 387.

**) Der hier genannte Brian ist Brian Borumha, König von Munster, der spätere Oberkönig von ganz Irland; er fiel in sehr hohem Alter 1014 in der grofsen Schlacht bei Clontarf.

***) Murchadh war Brians Sohn; auch er fiel in der Schlacht bei Clontarf.

war die rote Jungfrau nicht die einzige Schildmaid, die
Wikingerfahrten nach fremden Landen unternahm. Ein
griechischer Autor des 10. Jhs. Kedrenos erzählt vom Kampfe
der Griechen gegen die Russen (d. h. gegen die in Rußland
angesiedelten Nordleute) in der zweiten Hälfte des 10. Jhs.
und hebt hervor, daß die Griechen bei der Plünderung der
gefallenen Barbaren nach der Schlacht unter den Getöteten
Frauen in Mannskleidern gefunden hätten, die an der Seite
ihrer Männer gegen die Griechen gefochten hatten. Von den
Weibern der Normannen wird gleichfalls berichtet, daß sie
die kriegerischen Eigenschaften ihrer nordischen Stammväter
geerbt hätten. Der Normanne Robert Burdet erhielt zu Anfang des 12. Jhs. vom Erzbischofe von Tarragona in Spanien
den Auftrag diese Stadt zu verteidigen. Während er nach
Hause gereist war, um mehr Krieger zu holen, führte seine
normannische Frau den Oberbefehl. Ein alter Chronist sagt
von ihr: „Mut und ein männlich Herz zierten sie in eben so
hohem Maße wie Schönheit. Während der Abwesenheit ihres
Mannes wachte sie mit den Wachen, legte in jeder Nacht
eine Rüstung wie ein Ritter an, bestieg mit einem Stabe in
der Hand die Mauern, ging in der Stadt umher, ermunterte
die Wächter und wies sie an, sich schlau vor dem Hinterhalt
der Feinde zu hüten." *)

Solche Frauen waren nach dem Sinne unserer Altvordern.
Ihr Andenken verherrlichen die Eddalieder — wenn auch
dichterisch idealisiert und mit göttlichem Wesen verquickt —
in den Walkürengestalten, schönen Weibern, die in glänzender
Rüstung und hoch zu Roß in den Kampf ziehen und selbst
wie Svava und Sigrun ihren Gatten erkiesen, wie es in dem
alten Wolsungenliede[1]) heißt:

> „Es fand Sigrun   den frohen Helden
> Und eilte, Helgis   Hand zu fassen,
> Den König im Helm   mit Küssen begrüßend —
> Da wandte sein Herz dem Weibe sich zu.

---

*) Siehe Joh. Steenstrup, Normannerne I, S. 271 ff.

[1]) Siehe Helgakviða Hundingsbana II, Str. 13—15, die Übersetzung
stammt von Hugo Gering.

Nicht hehlte die Wünsche   Hognis Tochter:
‚Helgi‘, sprach sie, ‚mufs   hold mir werden;
Schon lange trug ich   in liebendem Herzen
Sigmunds Erben,   eh’ ich selbst ihn schaute.‘

‚Dem Hoddbrodd ward ich   verheifsen beim Thinge,
Doch herrlichern Gatten   begehrte mein Herz;
Doch sorg’ ich, Fürst,   ob der Sippe Zoru,
Weil ich Widerstand bot   den Wünschen des Vaters.“

Diese Strophen rücken die Bilder der Walküren mehr herab und der Welt der Wirklichkeit näher. Denn aus den Berichten mehrerer alter Schriftsteller, z. B. Saxos, über die für die Wikingerheere im Auslande geltenden Satzungen geht hervor, dafs, wenn ein Weib auf einem Wikingerzuge im fremden Lande einen Mann geheiratet hatte, der Vater die Ehe späterhin nicht umstofsen konnte. Das widerstreitet ja freilich der nachdrücklichen Forderung der väterlichen Einwilligung für die Eheschliefsung der Tochter in jener Zeit, wie sie auch in den letzten beiden Versen der eben zitierten Stelle des alten Wolsungenliedes zum Ausdruck kommt. Aber man kann mit Professor Johannes Steenstrup, dem bekannten dänischen Forscher, der die Geschichte der Wikingerzeit schrieb, füglich sagen: „Indessen mag jene Regel wohl nicht für die abnormen Verhältnisse der Wikingerzeit passen, wo das Weib nicht minder als der Mann reichlich Gelegenheit hatte Selbständigkeit zu entwickeln, wo der Einflufs der Sippe notwendig in den Hintergrund gedrängt werden mufste bei der Losreifsung der Familien von ihrem eigentlichen Angel- und Sammelpunkt, dem gemeinsamen Grundeigentum des Geschlechts und der häuslichen Niederlassung darauf“.*)

Die Schildjungfrauen der Wikingerzeit waren damals, um einen modernen Ausdruck zu gebrauchen, emanzipierte Frauen, die die Schranken der Familie überschritten und sich selbst einen Weg durchs Leben bahnten. Unsere Vorväter aber beugten sich vor allem Starken und Selbständigen, sie beugten sich auch vor diesen Frauen und erwiesen ihnen die gröfste Huldigung, die ein Mann einer Frau erzeigen kann, sie erachteten sie für gleich mit sich selbst, gestanden ihnen die Freiheit und Selbständigkeit des Mannes zu.

---

*) Siehe Steenstrup, Normannerne I, S. 318 f.

Selbst an den höchsten Stellen des Gemeinwesens standen im Norden Frauen, Frauen, die die Geschicke des Landes gelenkt haben, deren Namen die Nachwelt in dankbarer Erinnerung bewahrt. Ich habe zuvor Turgeis' (Thorgests) Eheweib, die Priesterin Otta, genannt, die in der ersten Hälfte des 9. Jahrhunderts eine grofse Rolle in Irland spielt. In der ersten Hälfte des 10. Jhs. stehen sich in Dänemark zwei merkwürdige Frauen einander gegenüber, die eine für eine sterbende, die andere für eine siegende Sache streitend; beide gleich stolz, willensstark und tatkräftig. Die eine ist Asfrid, Odinkars Tochter, die Herrscherin von Hedeby. Selbst gehörte sie Jütlands mächtigstem Geschlechte an, das Dänemark einen Jarl und zwei Bischöfe mit Namen Odinkar gegeben hat. Hedeby (Heiðabyr), das am Haddebyer Nor (Strandsee) südlich von der Stadt Schleswig lag, hatte in der zweiten Hälfte des 9. Jhs. angefangen ein besuchter Handelsplatz zu werden, wohin norwegische, schwedische, friesische und sächsische Kaufleute mit ihren Waren kamen. Hier setzte sich im Beginne des 10. Jhs. ein schwedischer Häuptling Olaf fest und begründete eine selbständige Herrschaft, die sein Geschlecht bis zur Mitte des Jahrhunderts inne hatte. Nach seinem Tode folgte ihm sein Sohn Gnupa, eben der Gatte jener vorgenannten Asfrid. Er dehnt seine Macht nach Norden und Süden hin aus, erleidet aber im Jahre 934 eine Niederlage im Kampfe mit Heinrich dem Vogler, der ihn zwingt sich taufen zu lassen und ihn tributpflichtig macht. Gnupa fällt dann im Kampfe gegen den dänischen König Gorm den Alten. Seine Witwe Asfrid errichtet über seinem Grabe ein heidnisches Denkmal und regiert das Reich gemeinsam mit ihrem Sohne Sigtrygg, einem grofsen Wikingerhäuptling, dessen Flotte bis nach den Gestaden der Normandie fuhr. Kurz vor 950 fällt Sigtrygg.[1]) Doch noch eine geraume Zeit nachher war seine Mutter im Besitze der Herrschaft in

---

[1]) Nach der Darstellung Professor Hugo Gerings im Kolleg über die Runenschrift W. S. 1901/2 ist Sigtrygg 943 im Kampfe gegen den westfränkischen König Ludwig, in dessen Land er eingebrochen war, nach der Ansicht anderer Forscher im Kampfe gegen Harald Blauzahn gefallen. Die Ansicht Gerings hat die gröfsere Wahrscheinlichkeit für sich. Vgl. Gerings Referat Zfdph. XXVIII. 236 ff.

Hedeby, das ihr Geschlecht zu einer starken Festung gemacht hatte. Bei Vedelspang, genau südlich vom alten Hedeby, errichtet sie auf Gnupas Grabhügel zwei Gedenksteine für den gefallenen Sohn. Des einen Inschrift ist von einem Schweden eingehauen und bezeugt Sigtryggs schwedische Abkunft. Auf diesem lesen wir: „Asfrid machte (liefs herstellen) dieses Grabdenkmal nach Sigtrygg, ihrem Sohne, auf Gnupas geweihter Grabstätte." Auf dem anderen, einem dänischen Stein, lesen wir: „Gefriedetes Grabheiligtum, Asfrid machte dieses Grabdenkmal, Odinkars Tochter, nach König Sigtrygg, ihrem und Gnupas Sohne." Die schwedische Herrschaft konnte sich doch auf die Dauer nicht gegen die dänische Übermacht behaupten. Nicht lange nachher, als Asfrid die beiden Steine zum Andenken an ihren Sohn errichtet hatte, nahm Harald Blauzahn Hedeby ein, und mit Asfrids Macht war es zu Ende. Aber fortan, nachdem Ludw. F. A. Wimmers Runen-Untersuchungen*) und Sophus Müllers Ausgrabungen**) beim Danewerk (dän. Danevirke) uns über die alte schwedische Herrschaft in Hedeby aufgeklärt haben, wird Asfrid, Odinkars Tochter, stets als eine der merkwürdigsten Frauengestalten des nordischen Altertums vor uns stehen, als eine Frau, die selbst Land und Volk regiert, die trotz der ihr aufgezwungenen Taufe ein heidnisches Grabmal über Gatten und Sohn errichtet, eine Frau, die als letzte auf den Mauern weilt, als der Feind eingebrochen ist und die Macht vernichtet, die ihr Schwiegervater, Mann und Sohn begründet hatten.

Einen glänzenderen Namen in der Geschichte hat Asfrids Gegnerin Thyre Danebot,[1]) Gorms des Alten Gemahlin. Gorm wird in der Sage dargestellt als schwacher untätiger Fürst; die leitende Seele aller seiner Unternehmungen ist Königin Thyre. Sie ist es auch, dürfen wir annehmen, die ihn zum Zuge gegen König Gnupa und Hedeby anspornt. Vielleicht stammte sie selbst aus dieser Gegend. Einige Quellen berichten, dafs sie die Tochter des holsteinschen Jarls Harald gewesen sei. In Verbindung hiermit, als ein Glied in

---

*) De danske Runemindesniærker I.

**) Nordiske Fortidsminder, udg. af det kgl. nordiske Oldskriftsselskab I., S. 240 ff.

[1]) Danebot = Zierde oder Heil der Dänen.

der Kette von Arbeiten, die bestimmt waren, Hedebys Macht zu Falle zu bringen, steht ihre eigentliche Grofstat, die Erneuerung des Danewerks. Die Volkssage hat freilich Thyre zur eigentlichen Erbauerin des Danewerks gemacht. Das ist aber nicht der Fall; das Danewerk ist mehr denn hundert Jahre älter und rührt von Karls des Grofsen Gegner, König Godfred, her. Doch gleichwohl ist das Wirken der Königin Thyre bedeutungsvoll genug gewesen und hat ihr mit Recht einen würdigen Platz in der Erinnerung des Volkes gesichert, als der ersten in der Reihe von Dänemarks grofsen Königinnen. Es war eine Zeit des Bauens, in der Thyre lebte. Ringsumher in Europa, in Deutschland, Frankreich und England bauten Fürsten und Bürger, Festungen und Burgen und umgaben die Städte mit ragenden Mauern. In Deutschland wirkte Heinrich I., der Vogler, und errichtete Wehren und Wälle gegen Magyaren und Nordleute.

In England herrschte damals König Alfred der Grofse und sein Geschlecht. Besonders zeichnet sich seine Tochter Ethelfled, Mercias Herrin, in ihrer Sippe aus. Während des langjährigen Siechtums ihres Gatten Ethelred, des Ealdorman[1]) von Mercia, ergreift sie mit kräftiger Hand das Steuer der Regierung: „Von ihrer Weisheit geleitet“, sagt eine alte Chronik, schliefst sie einen Vertrag mit den Bewohnern von Schottland und Wales zur gemeinsamen Abwehr der Nordleute. Durch Klugheit und Beharrlichkeit wehrt sie einen heftigen Angriff auf die Stadt Chester ab. Durch friedliche Unterhandlungen weifs sie die Burg Leicester, die lange im Besitz der Nordleute gewesen war, in ihre Hände zu bringen. Sie gibt Anregung zum Bau von Festungen und Burgen und beginnt auch auf das eifrigste selbst damit, kräftig von ihrem Bruder, dem Könige Eadward, unterstützt.*)

Ein Weib vom Schlag der Lady Äthelfled war Königin Thyre und es darf wohl kaum in Zweifel gezogen werden, dafs Ethelfled, die im Jahre 918 starb, in manchen Stücken Thyres Vorbild gewesen ist bei der Wiedererrichtung oder,

---

[1]) Alderman (= Ältester) in der angelsächsischen Verfassung Oberhaupt einer Grafschaft und Anführer des Heeraufgebots dieser im Kriege; später wurde diese Benennung durch das nordische Jarl (earl) abgelöst.

*) Vgl. Steenstrup, Normannerne III, S. 21—23 u. a. m.

richtiger gesagt, bei der Ausbesserung des Danewerks. Die Mittelpartie des Danewerks von Danevirkesø bis nach dem westlich gelegenen Kurborg war ein besonders ausgesetztes Stück des Walles. An dieser Stelle baute Thyre König Godfreds altem Werke einen neuen Wall aus Erde, Holzwerk und Granitsteinen vor. Das granitne Fundament ist bis auf den heutigen Tag erhalten. Auf der Mauer befanden sich, wenn wir Olaf Trygvessons Saga Glauben schenken dürfen, Kastelle von Holz, und aufsen vor dem Werke zog sich ein Graben hin. „In einer Entfernung von je 100 Klaftern waren Burgtore angebracht und darüber ragte jedesmal ein Kastell zur Verteidigung des Werkes empor; denn es führte zu jedem Tore eine Brücke über den Graben." *) Alles das war Thyres Arbeit.

Eine grofse Frau war Thyre, gleich ausgezeichnet durch ihre Tatkraft wie durch ihre Klugheit und Geschicklichkeit. Saxo und sein Zeitgenosse und Vorgänger, der Lunder Kanonikus Svend Aageson¹), erzählen, wie Thyre Männer aus ganz Dänemark zur Arbeit am gewaltigen Grenzwall warb. Das ganze Volk mit dem Könige an der Spitze sah zu ihr auf wie zu einer Führerin, davon zeugt auch das Denkmal, das Gorm ihr bei Jællinge setzte: „Gorm machte dieses Denkmal nach Thyre seinem Weibe, Dänemarks Heil (oder Zierde)." Dies *TanmarkaR but* des Runensteins lebte im Volke fort, Thyre Danebod heifst die Königin noch heute.

So sehen wir auf allen möglichen Gebieten des Lebens eine Reihe selbständiger und eigenartiger, ja oft grofszügiger Frauengestalten an unserem geistigen Auge vorüberziehen: Frauen, die Runensteine errichten und Sinn für Kunst und Schönheit verbreiten, Besitzerinnen ausgedehnter Güter, Kolonistinnen, Ärztinnen, Dichterinnen, Schildjungfrauen und Wikingeranführerinnen, Königinnen und Staatslenkerinnen. Die Stellung der Frau wurde freier und selbständiger. Sie wird nicht länger mehr als das Eigentum des Mannes angesehen und kann in gewissen Fällen mit ihm zusammen

---

*) Vergl. Sophus Müllers grundlegende Untersuchungen in „Nordiske Fortidsminder".

¹) Verfafste die „Compendiosa historia regum Daniae", die erste Schilderung dänischer Geschichte im Zusammenhang.

erben. Auf Island sehen wir die jungen Männer und Mädchen frei und unbehindert Umgang miteinander pflegen. Ganz besonders haben sicherlich die jährlichen Zusammenkünfte beim Althing, und das Zusammentreffen auf dem Spielplatze Veranlassung zu manchem Flirt und manchem Liebesabenteuer unter der Jugend gegeben. Die isländische Frau tritt frei und selbständig auf. Mag sie sich auch bei der Eheschließung dem Willen des Vaters beugen müssen, später ist sie doch völlig ihre eigene Herrin. Sie tyrannisiert eher den Mann, als daß sie sich von ihm knechten läßt, und oft, manchmal fast ohne Grund, läßt sie sich scheiden und verläßt Haus und Herd. Auch anderswo im Norden sprengen Frauen die Schranken, die Jahrtausende alte Rechtsgewohnheit ihnen gezogen hatte; sie beginnen auf eigene Hand in das Leben hinauszutreten und sich selbst Bahn zu brechen.

Dänemark geht hierbei voran, es folgen erst Norwegen, dann Västergötland und schließlich Uppland.

Diese nun einsetzende allmähliche Befreiung des Weibes ist eine Folge der Wikingerzeit, die auf mannigfache Art das gesellschaftliche Leben in seinen Grundfesten erschüttert und mit uralter überkommener Sitte bricht.

Die Verbindungen mit dem Frankenreiche und England, wo die Stellung der Frau ja eine ganz andere als im Norden war, wirkte dabei nicht unwesentlich mit, besonders aber machte sich daneben auch der Einfluß des Christentums geltend, das sich ja stets der Schwachen und Wehrlosen angenommen hat. Nach der Einführung des Christentumes im Norden wird die Stellung der Frau in mancher Hinsicht besser und sicherer als sie während der Wikingerzeit gewesen ist. Aber das Christentum fesselte das Weib wieder an Haus und Herd. Wollte das Weib fortan selbständig wirken oder seine eigenen Wege gehen, so mußte es im Dienste der Religion sein. Aus diesem Grunde begegnen wir auch nur selten im Verlaufe des späteren Mittelalters im Norden Frauen, die so selbständig sind oder dem Gemeinwesen den Stempel ihres Sondertums aufprägen, wie es in der Wikingerzeit der Fall gewesen ist.

Aber man darf nicht vergessen, das Bild auch von der anderen Seite zu betrachten. Die Züge nach fernen Ländern, die Ansiedelungen in Westeuropa wie in Rufsland hatten anfangs nicht nur gute Wirkungen, sondern waren im Gegenteil in mancher Hinsicht wenig erspriefslich und glückverheifsend für die Stellung der Frau.

Die Vielweiberei begann viel allgemeiner zu werden als zuvor, nicht allein bei den Häuptlingen, sondern auch unter der Kriegerklasse. Auf ihren Zügen führten die Wikinger anfangs selten Weiber mit sich. Aber Weiber mufsten sie trotzdem haben. — Zum Lobe der Dänen im Gegensatze zu den Norwegern sagt ein alter irischer Chronist: „Sie konnten sich doch jedenfalls für eine Zeit des Schmausens und der Weiber enthalten." — Hatten sie keine Frauen bei sich, so raubten sie sie ganz einfach im Auslande, wie die fremden Annalen so oft aus der ersten Zeit der Wikingerzüge zu berichten wissen. Aber eine Frau daheim, eine in England, eine in Irland oder Frankreich, das wurde bald zu viel für einen Mann und nach und nach wurde die Vielweiberei allgemein in den Wikingerdistrikten des Ostens und des Westens. In Rufsland scheinen die Nordleute bereits sehr frühzeitig begonnen zu haben in fast orientalischen Verhältnissen zu leben. Der arabische Schriftsteller Achmed Ibn Fadhlan, der russischen Sklavenhändlern an der Wolga begegnete[1]), gibt uns ein entsetzliches, allerdings wohl übertrieben grell gemaltes Bild von ihrem Leben in Üppigkeit und Wollust mit vielen Weibern, die nach dem Tode des Mannes mit ihm auf den Scheiterhaufen gelegt werden.

Der alte russische Chronist Nestor erzählt vom Grofsfürsten Wladimir (gest. 1015), dem Enkel Ruriks (oder Røriks) des schwedischen Begründers des russischen Staates: „Wladimir war bis zur Tollheit in die Weiber vernarrt und liefs sie aus allen Gegenden zu sich führen. Er siedelte die Rognjed in Lybed an, mit ihr hatte er vier Söhne und zwei Töchter, und mit der Griechin hatte er den Swjatopolk und mit einer tschechischen Frau Wysjeslaw, mit einer anderen Swjatoslaw und Stanislaw, mit einer Bulgarin Boris und Gleb und an Kebsweibern besafs er dreihundert in Wysjegrad, dreihundert in Belgrad und zweihundert in Berestow." Wenn diese Schil-

[1]) In den Jahren 921—922.

derungen auch übertrieben sind, dürfen wir doch daraus schließen, daß bei den in Rußland ansässigen Nordleuten schon früh Vielweiberei herrschte, und daß sie die Frauen nach morgenländischer Sitte in Harems einzuschließen pflegten.

Ebenso waren die Verhältnisse am anderen Ende der nordischen Welt in der Wikingerzeit, auf den britischen Inseln und besonders in Irland.

In den großen Städten Westeuropas, wie in London und York, begegneten auch die Nordleute zum ersten Male der legalisierten Unzucht. Die Prostitution war vom Oriente zu den Römern gekommen und wanderte mit diesen nach Gallien und Britannien. Die öffentlichen Dirnen mußten von alters her wie es aus der Erzählung von Samson und der Hure in Gaza hervorgeht, in einem abgesonderten Teile der Stadt wohnen, unmittelbar bei der Mauer oder dem Tore der Stadt. In London wohnten sie jedenfalls im 13. Jahrhunderte unten in Southwark. Sie sollten sich durch ihre Tracht von den ehrbaren Frauen unterscheiden, sie durften kein Pelzwerk, keine kostbaren Zeuge und Schmucksachen tragen und waren auch sonst manchen Zwangsmaßregeln unterworfen.

Daß die Nordleute die Prostitution in England kennen lernten, das bezeugt das altnordische und altdänische Wort für „Hure" *portkona,* das dem Angelsächsischen entlehnt ist (*portcwên* von *port* „Hafen, Hafenstadt", das vom lateinischen *portus* stammt, und von *cwên* „Frau"). Unsere Altvorderen selbst glaubten allerdings wohl, daß das Wort „ein am Tore (altnord. *port*) wohnendes Weib" bezeichne.

Bereits in der Wikingerzeit müssen die Nordleute nicht nur die Prostitution kennen gelernt haben, sie müssen sie auch in ihre irischen Niederlassungen eingeführt haben. Aus dem Nordischen — nicht aus dem Angelsächsischen — ist nämlich das Wort *portkona* ins Altirische übergegangen. Es findet sich in einem Glossar, das der irische König Cormac von Munster um das Jahr 900 schrieb, und zwar in der Form *partchuine*; auch im Irischen bedeutet das Wort „Hure".

Wir ersehen aus dem Vorhergehenden, daß Laster und Untugenden von Land zu Land wandern, nicht weniger geschwind als Kultur, Bildung und nützliche Erfindungen. Das Gute aber wirkt doch am tiefsten und nachhaltigsten. Das

Schlechte, das unsere Vorfahren von den Westlanden lernten, gilt im Laufe der langen Zeit nichts gegen alle die herrlichen Kulturkeime, die sie von Frankreich, England und Irland mit heimbrachten.

Bei den Nordleuten in Irland wurde die Vielweiberei bald zur Regel, auch hier begann man gerade so wie in Rußland förmliche Harems zu halten. Mehrere von den norwegischen Königen in Dublin scheinen, wenigstens im 9. Jahrhundert, mehr als eine Frau gehabt zu haben, und von den Nordleuten, die im südwestlichen Irland in Munster angesiedelt waren, wird an mehreren Stellen berichtet, daß sie ihre Weiber und Kinder an einer Stätte versammelten, wo sich keine Männer aufhielten. Im Jahre 977 plünderten so die Iren die Inseln im Shannon draußen vor der Stadt Limerick, „nämlich jeden Ort, wo sich Weiber, Kinder und Harems der Nordleute befanden".*)

Auch in der skandinavischen Heimat wurde die Vielweiberei viel allgemeiner als es zuvor der Fall gewesen war, und zwar nicht nur bei den Häuptlingen, sondern gleichfalls unter den Vornehmeren und Reichen. Adam von Bremen, der in der zweiten Hälfte des 11. Jahrhunderts schrieb, berichtet von den Schweden, daß sie sich selten mit einem Weibe begnügten. „Jeder hat nach seinem Belieben zwei oder drei oder mehrere Frauen; aber die Reichen und Häuptlinge haben Frauen ohne Zahl." In Dänemark war es gleichfalls ganz gewöhnlich, daß Könige und Häuptlinge viele Frauen und Kebsen hatten, deren Kinder geradeso wie in Schweden und Norwegen für erbberechtigt galten. Wir wissen, welche Mengen von Kebsweibern Svend Estridsson hatte, und welche Wirren seine vielen Kinder dem Lande verursachten. Schuld daran war, meint Adam von Bremen, nicht so sehr des Königs eigene Begehrlichkeit als die unsittlichen Gewohnheiten seiner Nation. — Dieselben Verhältnisse herrschen in Norwegen. So heißt es von Harald Schönhaar, als er sich mit der dänischen Königstochter vermählte:

---

*) Das von mir mit „Harem" übersetzte Wort bedeutet eigentlich „eine Vereinigung oder Ansammlung von Frauen". Die Erzählung stammt aus einer alten irischen Saga, genannt „War of the Gaedhil with the Gaill", d. h. „Der Kampf der Iren gegen die Fremden" (die Nordleute).

> „Er verschmähte der Horden
> Und Holmrygen Töchter,
> Die Mädchen von Hedemarken
> Und Hálogaland,
> Als der edle Fürst
> Freite die Dänin." [1])

Auf Island, wo die Häuptlinge doch nicht mehr als eine rechtmäſsige Frau gehabt zu haben scheinen, war es jedenfalls allgemein, daſs selbst der Beste — ein Njál z. B. — Kebsweiber hatte. Noch im christlichen Mittelalter durfte ja ein Isländer eine Ehefrau in Norwegen, eine andere auf Island haben. Aber dies verfehlte die Wirkung nicht auf die ganze Auffassung, die die Zeit von der Frau hatte. Die Männer, die auf Wikingerfahrten nach fremden Landen ausgezogen waren, dort geliebt und das Leben genossen hatten, verloren ihren Glauben an das Weib. Im Eddaliede von Harbard (Hárbarðsljóð), wo Odin als der Repräsentant der höheren von den Westlanden beeinfluſsten Kultur der Wikingerzeit dargestellt wird, im Gegensatze zu dem bäurischen Thor, erzählt Odin von seinen Taten. Am stolzesten ist er über seine Talente als Verführer. Er war in Walland (d. h. im nördlichen Frankreich), hetzte Könige gegeneinander und versöhnte sie nie wieder. Viele Weiber umarmte er und gewann ihre Liebe, doch alle betrog er zuletzt. In den Hǫvamǫl der Edda, d. h. in den Sprüchen des Erhabenen (Odins), von denen man sagen kann, daſs sie uns in vieler Hinsicht die Summe der Lebensanschauung der alten Nordleute bieten, so wie sie sich auf den Wikingerzügen und durch den Verkehr mit Westeuropa entwickelt hatte, sehen wir die blasierte und zynische Auffassung von der Frau noch deutlicher hervortreten. Durch schöne Reden, Gold und Versprechungen gewinnt man das Weib, und zu flüchtiger Lust ist es geschaffen:

> „Schmeichelnd rede   und Schätze biete
>   Wer die Gunst einer Maid begehrt;
> Er lobe die Schönheit   der leuchtenden Jungfrau,
>   Dann trägt die Liebe ihm Lohn." [2])

---

[1]) Aus dem Haraldskvæði Þorbjǫrn Hornklofis, des Hirdskalden König Haralds.

[2]) Hugo Gerings Übersetzung.

In vielen Variationen wird auch bei unseren Vorvätern das alte Wort von der Unbeständigkeit des Weibes
wiederholt:

> „Vertrauen auf falscher   Frauen Liebe,
> Der Eisfahrt gleicht's   mit unbeschlagenem Roſs,
> Zweijährigem, wildem,   wenig gezähmtem,
> Oder steuerlosem Segeln   im stürmischen Meer,
> Des Hinkenden Jagd,   der zu haschen versucht
> Das scheue Renntier   auf schlüpfrigem Fels." [1]

Männern soll man nicht trauen — sogar dein Freund
kann dich hintergehen —, doch noch weniger soll man sein
Vertrauen auf Weiber setzen:

> „Nicht traue der Mann   eines Mädchens Reden
> Noch der Weiber Wort;
> Ihr Herz ward auf rollendem Rade geschaffen,
> Drum wohnt der Wankelmut drin." [1]

Immerhin stehen die zuletzt berührten Verhältnisse nur
zeitweilig mehr im Vordergrunde, sie bilden nur eine Seite der
Stellung des Weibes während jener wildbewegten Zeit und
keineswegs die wichtigste. Haremswirtschaft und Vielweiberei
waren nur episodisch im Leben der Nordleute. Dauerhafte
Folgen dagegen hatte die beginnende Emanzipation des Weibes
während der Wikingerzeit infolge der weitgehenden Einflüsse
vom christlichen Westeuropa.

---

[1] Hugo Gerings Übersetzung.

III.
Das Leben in einer Wikingeransiedlung.

Norweger und Dänen in Irland.

In der Wikingerzeit kommen, wie bekannt, die Völker des Nordens zum ersten Mal in dauernde Verbindung mit Europas christlichen Nationen, vor allem mit den Angelsachsen, Iren und den Bewohnern von Frankreich.

Es ist eine Zeit, wo das meiste von dem, das später für Jahrhunderte die Grundlage des Lebens in Dänemark und Schweden, in Norwegen und Island bilden sollte, sproſs und knospete. Erst durch die Wikingerzüge, kann man sagen, gehören die nordischen Völker zu den zivilisierten Nationen Europas. Aber die Wikingerzüge haben keineswegs Bedeutung für die nordischen Völker allein. Es ist eine Zeit, wo Kolonien gegründet, Reiche gestiftet und gewonnen werden, eine Zeit, wo die Völker des Nordens sich über Europa ausbreiten wie niemals zuvor, wie niemals seither. Schweden begründen in der zweiten Hälfte des 9. Jahrhunderts das gewaltige russische Reich; sie dringen bis an das Kaspische und Schwarze Meer vor und diktieren selbst dem Kaiser von Konstantinopel den Frieden. Als Wäringer stehen sie gemeinsam mit Norwegern, Dänen und Isländern im Solde des Kaisers in Miklagard. Noch heutigestags erinnert der groſse in jenen alten Zeiten gehauene Marmorlöwe vom Piräus, der jetzt vor dem Arsenale zu Venedig eine Stelle gefunden hat, mit seiner Runeninschrift und seinen vielfach verschlungenen Drachen, wie sie in Uppland und Södermanland gebräuchlich waren, an die Züge schwedischer Mannen in die griechischen Gewässer.

Die Dänen sind Herren am südlichen Ostseegestade und gründen auf der Insel Wollin das uneinnehmbare Jomsborg. Bedeutender und merkwürdiger vor allem aber sind ihre Züge

nach England, wo sie in Ostangeln, im „Fünfburgendistrikt",
im Herzen Englands und in Northumberland eine nordische
Herrschaft begründen; hier wohnten Norweger und Dänen
Seite an Seite und vom Beginne des 10. Jahrhunderts an
ist das Königsgeschlecht von Northumberland norwegisch; es
stammt von Dublin her. Svend Gabelbart und Knut der
Mächtige, dänische Könige, unterwerfen ganz England. Dänische
Mannen, aber wahrscheinlich unter einem norwegischen Führer,
Rollo oder Gangerrolf, gewinnen die Normandie, von wo Wilhelm der Eroberer und die normannischen Herrschergeschlechter
in Süditalien, die glänzendsten Heldengestalten der Kreuzzüge und der Ritterzeit ausgehen sollten.

Auch die Norweger nehmen eifrig an den Wikingerzügen
teil und begründen Kolonien, wo noch vor zwei bis drei
Menschenaltern die norwegische Sprache gesprochen wurde —
wie auf den Shetlandinseln, oder wo die Verfassung noch heutzutage ihr norwegisches Gepräge nicht verloren hat — wie
auf der Insel Man. Von der Ausdehnung der altnorwegischen
Herrschaft können wir in der Egils Saga stolze Worte lesen;
über Harald Schönhaars Zeit heiſst es da:

„Damals wurden viele unbebaute Gegenden in weiter
Ferne besiedelt, sowohl im Osten in Jämtland und Helsing-
land, als auch in den Westlanden, die Südinseln (die Hebriden),
Dublinshire in Irland, die Normandie in Walland (Frankreich),
Katanes (Caithness) in Schottland, die Orkneys, Hjaltland (die
Shetlandinseln) und die Färöer und zu jener Zeit wurde Island
entdeckt" — und, könnten wir hinzufügen, Ottar umsegelte als
erster Norweger das Nordkap und fand den Weg nach dem
Weiſsen Meere und ein Jahrhundert später wurden Grönland
und Nordamerika entdeckt.

Aber die Wikinger kommen nicht nur und heeren mit
Feuer und Schwert; sie verleihen den Ländern auch das Gepräge ihrer physischen und geistigen Persönlichkeit. Nicht
nur dadurch, daſs z. B. eine Menge von Ortsnamen in der
Normandie und fast die Hälfte aller Ortsnamen in Nordengland
nordischer Herkunft sind, sondern die Nordleute drücken auch
dem Rechtswesen und der Gesetzgebung, besonders in England, ihren Stempel auf. Sie gründen Städte und bringen
Handel und Schiffahrt zu hoher Blüte. Viele Städte in Eng-

land, vor allem in Wales, sind von den Wikingern gegründet oder tragen nordische Namen, wie Swansea, Grimsby und Derby. Sicherlich ist es kein Zufall, daſs mehrere der wichtigsten Handels- und Fabriksstädte Englands einst Brennpunkte der nordischen Herrschaft gewesen sind, so wie etwa der Fünfburgendistrikt (Derby, Nottingham, Lincoln, Leicester und Stamford), oder daſs sie wie Bristol in alter Zeit eine norwegische Handelskolonie beherbergt haben.

In kaum einem der Länder, die die Nordleute auf ihren Zügen besuchten und wo sie Kolonien anlegten, waren die Verhältnisse so verschieden von dem, was sie daheim gewohnt waren an Sitten und Gebräuchen, in sprachlicher und sozialer Hinsicht, als in Irland. Aber gerade dadurch konnte auch das Leben, das unsere Altvordern auf Erins grünem Eiland lebten, sich so reich und so eigenartig entfalten und sich gewissermaſsen zum Merkwürdigsten gestalten, was die buntbewegte Wikingerzeit aufzuweisen hat. An diesem Leben nahmen nicht nur Norweger teil, sondern auch Dänen, ja vielleicht selbst Schweden. Im folgenden werde ich nachzuweisen suchen, daſs sich auſser norwegischen auch dänische Ansiedler in Irland niedergelassen hatten. Die Schweden waren wohl nicht so zahlreich, aber einzelne müssen immerhin dort gewesen sein. Einige der vornehmen isländischen Landnamsmänner, so z. B. ein Helgi enn magri, waren von schwedischer oder götischer Herkunft und hatten vor ihrer Übersiedelung nach Island auf den Hebriden oder in Irland gewohnt. Auf der Insel Man befindet sich ein einziger Runenstein mit einer Inschrift in schwedischer Sprache. Die starke Einwirkung, die gottländische Schmuckkunst von der keltischen erfahren hat, scheint mir von der Teilnahme gutnischer und ostschwedischer Mannen an den Wikingerzügen nach Schottland und Irland lebendig zu zeugen.

Um das Leben in keltischen Landen zur Wikingerzeit dem Verständnis näher zu bringen, ist es unumgänglich notwendig, eine kurze Schilderung der Kultur und der sozialen Verhältnisse der Iren voraufzuschicken. Die Iren gehören bekanntlich dem keltischen Volksstamme an.

In unseren Tagen scheinen die Kelten fast überall im Rückgang und ihre Sprache im Aussterben begriffen zu sein, vom Englischen und Französischen mehr und mehr verdrängt in Schottland, in Irland, auf der Insel Man und in der Bretagne. In Cornwall wird Keltisch seit mehr als hundert Jahren überhaupt nicht mehr gesprochen. Nur in Wales führen keltische Nationalität und keltische Sprache, das Kymrische, wie es dort genannt wird, noch ein lebenskräftiges Dasein. Dort wird noch heutigestags eine reiche und vielseitige Literatur auf kymrisch verfaſst und die jährlichen Sänger- und Dichterversammlungen, deren Ursprung im Mittelalter zu suchen ist, tragen dazu bei, der Sprache und dem Nationalgefühl das frische Leben zu bewahren. Auch in Irland ist im Laufe der jüngstverflossenen Jahre, nachdem die schlimmsten Stürme des Homerulekampfes sich gelegt haben, eine ähnliche Sprachbewegung zum Leben erwacht; welche Früchte sie zeitigen wird, darüber zu urteilen ist noch zu früh.

Doch einst war es anders. Zwei bis drei Jahrhunderte vor unserer Zeitrechnung waren die Kelten vielleicht der zahlreichste Volksstamm in Europa. Sie saſsen von Irland im Westen bis zur Donaumündung im Osten, auf den britischen Inseln, in Frankreich, im nördlichen Spanien, in der Rheingegend, in Norditalien und den Alpenländern. Ja selbst in Kleinasien gab es eine keltische Kolonie, Galatien, wo die keltische Sprache noch zur Zeit des Kirchenvaters Hieronymus im vierten Jahrhunderte n. Chr. gesprochen wurde. Im Jahre 390 v. Chr. dringt ein keltischer Stamm nach Mittelitalien vor und nimmt Rom selbst ein, und ungefähr hundert Jahre später bedrohen sie Griechenland mit Untergang. Aber nach dieser Zeit geht es mit den Kelten allmählich zurück.

Nach dem zweiten punischen Kriege machen sich die Römer zu Herren über Norditalien; ungefähr 120 v. Chr. setzen sie sich im südlichen Teil von Gallien jenseits der Alpen fest, wo die Stadt Marseille schon Jahrhunderte hindurch eine griechische Kolonie gewesen war. Dann folgt Galliens Eroberung durch Cäsar. Cäsar ist es auch, der Britanniens Unterwerfung beginnt, die unter den Kaisern im ersten Jahrhunderte unserer Zeitrechnung fortgesetzt wird. Das jetzige England und das südliche Schottland werden zur römischen Provinz Britannien. Doch die Gebiete nördlich vom Firth of Forth sowie Irland behaupten sich frei und selbständig. In Irland erreichte vom 5. bis zum 8. Jahrhunderte unserer Zeitrechnung die keltische Kultur ihre höchste Blüte.

Eines der reichsten jener Lande, wo keltische Völker gewohnt haben, ist Irland. Der Golfstrom, der gerade an Irlands
Küsten vorüberfliefst, sendet Feuchtigkeit und Wärme über
das Land und bewirkt, dafs das Klima das ganze Jahr rund
milde ist, ohne Frost und Schneefall. Selbst mitten im Winter
sind die Fluren grün und grast das Vieh auf den Weiden.
Im Südwesten der Insel, besonders in der wundersam schönen
Grafschaft Kerry, wachsen ewig grüne Bäume und Pflanzen,
die sonst nur unter der wärmenden Sonne der Mittelmeer-
länder gedeihen, wie Myrten und Erdbeerbäume (arbutus).
Das milde feuchte Klima läfst merkwürdige Arten von Farn-
kräutern gedeihen, die sich erst im südlichen Spanien und auf
den Azoren wiederfinden. Die Fuchsia, die bei uns zu Hause
eine Stubenpflanze ist, wächst dort zu 30—40 Fufs hohen
Bäumen auf. Mit ihren weifsen und roten Blüten stehen sie
in langen Alleen und versetzen uns gleichsam in die Gärten
der Märchenreiche. Aber auch sonst überall in Irland, besonders an der Sohle der tiefen Täler, die auf irisch wie auf
englisch *Glens* genannt werden, ist die Vegetation wunderbar
üppig, fast treibhausartig, so wie man es auch bei uns zuweilen finden kann an einem Bachlaufe, wohin die Sonnenstrahlen glühend fallen und wo das Wasser feuchte Dämpfe
entwickelt. Dort gibt es gewaltige Buchenbäume, um deren
Stämme sich der Efeu schlingt; dort findet sich die gemeine
europäische Eiche und die irische Eiche, die feiner und
schlanker ist und nicht so gezackte Blätter wie die vor-
genannte hat, dort sind hochstämmige Platanen zu sehen und
mitten aus dem Düster leuchten glänzende weifsstämmige
Birken hervor, hohe Föhrenbäume gewahrt das Auge, deren
Nadeln eine silbergraue Farbe zeigen, und lichtgrüne Lärchen-
tannen und hier und dort taucht eine Blutbuche oder ver-
einzelte Weifsbuche auf. Ein üppiges Unterholz von Gebüschen
und kleinen Bäumen fehlt nicht; unter anderem ist die ernste
Eibe (Taxus) und der Christdorn (Ilex) mit seinen tiefdunklen
glänzenden Blättern vertreten. Längs des Wegrandes wachsen
goldgelbe Ginstersträuche und Hecken von Rotdorn, Weifsdorn
und Liguster, aus denen des Geifsblatts duftende Blütentrauben
hervorlugen. Dann und wann öffnet sich das enge Tal dort,
wo der Flufs rinnt schwarz und düster unter schattenspen-

dendem Gezweig und Laubwerk. Das Tal weitet sich und gibt Raum für eine kleine Ebene oder einen Waldsee, in dessen schwarzbraunen Wassern sich Buche und Lärche widerspiegeln. Je mehr die Landschaft ansteigt, je mehr verschwindet der Wald, und die Bergseiten bekleiden sich mit Heidekraut, das in den lieblichsten Farben rosenrot und weifs blüht.

Draufsen an der Küste, im Osten des Landes, droben in Ulster schneiden enge Fjorde tief ins Land ein, und die Natur erinnert an das westliche Norwegen. Weiter südlich gibt es prächtige Vorgebirge mit weiter Aussicht über Land und Meer und edel geformte an Italien erinnernde Buchten und Fjorde. Im Norden und im Westen, besonders in Donegal und in Galway findet man wilde zerrissene, phantastisch geformte Klippen, die lotrecht zum Meere abfallen, auf die kein Mensch den Fufs setzen kann.

Es finden sich dort fruchtbare Gefilde, wo das Pflugeisen tiefe Furchen zieht; es finden sich dort öde unwirtliche, unbewohnte Höhenrücken und Moore (bogs) und auch im Innern des Landes gibt es wilde, fast unzugängliche Gebirgspartien. Aber alles in allem genommen ist Irland ein von der Natur reich gesegnetes Land, wo die Menschen selbst und nicht die Natur das Land verwüstet und Unglück und Not gebracht haben. Wie in unseren Tagen war auch das Aussehen Irlands in alter Zeit; nur erstreckten sich die Wälder über einen weit gröfseren Teil der Insel als heutzutage.

Aber das, was besonders dem irischen Volkscharakter seine wilden phantastischen Züge gegeben hat, seinen Hang zu Träumereien, ist, möchte ich annehmen, neben den uralten Rassenmischungen und Verbindungen mit den Landen des Ostens, das eigenartig träumerische Gepräge der Natur selbst, des Himmels ständig wechselnde Töne und buntes Farbenspiel. Als Europas äufserster Vorposten gegen das Weltmeer ist Irland mehr als irgend ein anderes Land Sturm und Regen ausgesetzt. Vom Atlantischen Ozean her wälzen sich die Wolken in schweren niederhängenden Massen über das Land, und die Luft wird mit Nebel und Feuchtigkeit gesättigt. Der Himmel ist bald düster und drohend, bald bricht die Sonne sieghaft durch die Wolkenschichten und verbrämt die Ränder rot, violenfarbig und golden, die Landschaft wie mit einem Zauberschein übergießend, ihr etwas Unwirkliches und Phantastisches verleihend. Wild und romantisch, halb südländisch, halb nordisch ist Irland, und doch wieder so fremdartig verschieden in seinem Charakter von den Ländern der Germanen wie von denen des Südens.

Gerade so ungleich geartet und in mancher Hinsicht gerade so schwierig zu verstehen ist das irische Volk und seine Geschichte. In manchen Beziehungen gehörten die Iren vom Beginn der Wikingerzeit zu den am höchsten kultivierten Nationen Europas. In anderer Hinsicht aber waren die irischen Gemeinwesen wunderlich unentwickelt, ja erinnerten sogar in einzelnen Zügen an ferne asiatische Völker. Das Staatsgebäude war, wie bei allen keltischen Stämmen, merkwürdig locker und primitiv. Bei ihnen allen war das Klanwesen vorherrschend. Der Stammverband oder Klan, dessen Mitglieder von einem gemeinsamen Stammvater abzustammen glaubten, bildete den Kern, ja war, kann man sagen, das einzige bindende Element im irischen Gemeinwesen. In diesem hatte jedermann seinen festen Platz, vom Niedrigsten angefangen bis hinauf zum Häuptling. Für seinen Klan kämpfte und starb der Irländer; über ihn hinaus gingen aber auch selten seine Gedanken. Die verschiedenen Klans bildeten Teile von größeren Reichen. Ganz Irland war eingeteilt in fünf Provinzen: Ulster, Munster, Leinster, Connought und Meath. Jede dieser Provinzen hatte ihren Oberkönig, war aber selbst wieder in Königreiche und Stämme eingeteilt. Über ganz Irland war der König von Meath oder Tara*) gesetzt, „Erins Hochkönig". Der Oberkönige und des Hochkönigs Macht bestand jedoch in der Regel in nichts anderem als unbedeutenden Steuern und Vorrechten. Außerdem hatten die Häuptlingsgeschlechter der verschiedenen Klans gern abwechselnd die Würde des Oberkönigs inne. Wenn z. B. in Munster ein Nachfahre Cormac Cas' vom Stamme der Dalcassier König von Cashel — so wurde der Oberkönig genannt — gewesen war, so ließ man die Würde mit Vorliebe an

---

*) Tara, der Sitz der ältesten Könige von ganz Irland, lag nördlich von Dublin; zur Zeit der Wikinger war Tara schon längst unbewohnt.

einen Nachfahren Eogan Mórs (d. h. des Grofsen) vom Stamme der Eoganachter übergehen.*) Er wurde von den Klanhäuptlingen gewählt, die zusammenkamen — am liebsten auf einem Hügel — wie etwa unsere Vorfahren sich zum Thinge versammelten. Sie brauchten nicht den ältesten Sohn des abgeschiedenen Königs zu wählen, sondern sollten den Ältesten, Würdigsten und Weisesten des Geschlechtes erkiesen, oder wie es in einer alten Saga heifst: „denjenigen, der der Beste war an Einsicht, wahrer Gelehrsamkeit und fürstlichem Ruhm."**)

Ebenfalls das Rechtswesen stand — trotz den erblichen Richtern (ai. *brithem,* im Engl. *Brehon* geschrieben) und ausführlichen Gesetzsammlungen der Iren***) — auf merkwürdig niederer Stufe der Entwicklung. Ebenso wie bei unseren Vorfahren herrschte die Blutrache. Der Staat als solcher hatte weder das Recht noch die Pflicht, Verbrechen zu bestrafen. Die Iren konnten nicht einmal, wie die alten Germanen, einen Mann für friedlos erklären. Einzelne Rechtsinstitutionen bei den alten Iren haben jedoch einen ganz uneuropäischen Charakter und nur ein Seitenstück bei asiatischen Völkern. So z. B. die Sitte, dafs ein Mann, der Geld von einem anderen zu fordern hatte, sich vor dessen Tür niederliefs und weder Speise noch Trank genofs, bis er sein Guthaben herausbekommen hatte. Dieselbe Sitte findet schon in uralter Zeit in den Gesetzen der Hindu Erwähnung. Der Schuldner beeilte sich zu bezahlen, aus Furcht, der Gläubiger werde vor seiner Schwelle sterben.

In mancher Hinsicht waren die Iren zu Anfang der Wikingerzeit nicht über den Standpunkt der Nomadenvölker hinausgekommen. Ackerbau spielte nur eine geringe Rolle für sie. Sie lebten von ihren zahlreichen Viehherden und wanderten mit diesen von Ort zu Ort, wobei beständig Kampf und Streit zwischen den Klans entbrannte, wenn die Herden des einen auf den Weideplätzen des anderen grasten. Die Hausbauten der Iren waren sehr primitiv aus Balken aufgeführt oder am häufigsten sogar nur aus Zweigen und Lehm.

---

*) Die Dalcassier wohnten im nördlichen Munster, in der Grafschaft Clare, die Eoganachter im südlichen Munster in der Grafschaft Kerry.

**) „The victorious career of Cellachan of Cashel", hg. v. A. Bugge, Kap. 5.

***) Die altirischen Gesetze, *Senchus Mór,* sind in 5 Bdn. herausgegeben.

Nur in den Königsburgen fanden sich Teppiche und prachtvolles Schnitzwerk in vielfarbigem Holze. Städte, umgeben von
Wällen und Mauern wie in Deutschland und Frankreich, gab
es vor der Invasion der Nordleute nicht. Keine Handelsschiffe
segelten von Irland nach fremden Landen, keine Münzen
wurden dort geprägt. Die Werteinheit war ein *cumal* (eigtl.
der Wert einer Sklavin = drei Kühen).

Das Volk war wild und sinnlich. Während des Heiden-
tums wurde Kinder geopfert und noch in der ersten christlichen Zeit wurden Neugeborene ausgesetzt.[*] Die Krieg-
führung war roh und grausam. Sogar Weiber wurden in die
Schlacht getrieben und mußten kämpfen, bis der heilige
Adamnán (7. Jahrh.) sie von dieser Verpflichtung befreite.[**]
Den Feinden wurden Nase und Ohren abgeschnitten, die
Augen ausgestochen und der Kopf abgehauen. Die Stellung der Frau scheint in der ältesten Zeit wenig geachtet gewesen zu sein. In der heidnischen Zeit hatten die
Vornehmen gern mehrere Frauen und selbst nach Einführung
des Christentums waren Beischläferinnen und Nebenfrauen
allgemein. Neben der gewöhnlichen Ehe kannten die irischen
Gesetze eine wenig Ehre machende auf bestimmte Jahre. Der
Mann konnte auch, wie es scheint, bevor die Ehe bindend
wurde, seine Frau einige Tage auf Probe zu sich nehmen.

Die irische Heldensage wie auch die Schilderungen Cäsars
zeigen uns eine Zeit, da die jungen Weiber nackend den Sieger
oder die heimkehrenden Krieger empfingen und sich ihnen
preisgaben. Cuchulinn kommt mit seinen Mannen nach Cruachan
Connoughts Königsburg. Die Königin Medb befiehlt ihren
Jungfrauen, den Helden entgegen zu gehen: „Schöne nackte
Frauen ihnen entgegen, den Busen nach vorn, den entblößten,
den glänzenden, und viele Mädchen zum Liebesdienste bereit!"
Jeder Mann erhielt ein Weib, und Cuchulinn selbst die Königstochter Finnabir.[***] *Christiani nomine, re pagani,* sagt der
heilige Bechard von den Iren in seinem „Leben des Malachi
O'Morgair".

---

[*] The Martyrology of Oengus, hsg. v. Whitley Stokes, S. L—LI.
[**] Die sogenannte Lex Adamnani; vgl. Oengus, S. 210.
[***] Vergl. Sagen aus dem alten Irland, übersetzt von R. Thurneysen.
Berlin 1901. S. 43.

Trotz allem standen die Iren doch im frühen Mittelalter in vielen Stücken hoch über den anderen Völkern des westlichen Europa. Klassische Kultur und mit ihr das Christentum drangen schon zeitig von Britannien aus nach Irland hinüber. Bereits im 4. Jahrhunderte muſs das Christentum in Südirland Eingang gefunden haben und von dort aus breitete es sich im Laufe des folgenden Jahrhunderts über die ganze Insel aus. Die Missionstätigkeit ist besonders an den Namen des hl. Patrick geknüpft. Überall auf der Insel erhoben sich Kirchen und Klöster in einer Anzahl, wie sie kein anderes Land in Europa kennt. Irland wurde in den Augen des Volkes eine heilige Insel, voll heiliger Männer.

Die Iren mit ihrer südländischen Lebhaftigkeit und leicht-erregten Phantasie griffen von der ersten Stunde an mit brennendem Eifer die Lehren des Christentums auf. Wie die Mönche in den Wüsteneien Syriens und Ägyptens glaubten sie Gott dadurch zu dienen, daſs sie als Einsiedler hinaus in die Einsamkeit zogen und ihr Fleisch wie die indischen Yogís grausam züchtigten. Der heilige Finnchu pflegte neben den Leichen zu schlafen, die nach seiner Kirche gebracht wurden, um begraben zu werden. Sonst lag er ausgestreckt mit einem Speer in jedem Armloch. In ihren gebrechlichen Fellböten wagten sie sich hinaus auf den wilden Ozean nach den Orkneys und Shetlandinseln und weiter nach den Färöer und Island, wohin irische Mönche fast hundert Jahre vor dessen Entdeckung durch die Nordleute den Weg gefunden hatten. Selbst nach dem fernen Grönland sind sie möglicherweise gelangt. Jeden-falls befand sich, als Grönland in den achtziger Jahren des 10. Jahrhunderts besiedelt wurde, an Bord von Herjulvs Schiff ein christlicher Mann von den Hebriden, von dem noch ein Vers bewahrt ist, der davon zu zeugen scheint, daſs es ein Mönch gewesen ist — Gott wird hier *munka reynir* „der Prüfer der Mönche" genannt —. Auch nach Schottland und dem europäischen Festlande wanderten die Iren aus, teils als Einsiedler, teils zwölf an der Zahl nach Weise der Apostel als Missionäre.

Die Iren wurden während des frühen Mittelalters die Lehrer des mittleren Europa in den Wissenschaften, und manche der berühmtesten Klöster Europas sind von irischen

Mönchen gegründet, so Würzburg, St. Gallen, Bobbio u. a. m.
Ja sogar in Polen finden wir Spuren ihrer segensreichen
Wirksamkeit. Von noch gröfserer Bedeutung wurde es, dafs
die wilden Pikten, die die Hauptmasse der Bevölkerung Schottlands ausmachten, in der zweiten Hälfte des 6. Jahrhunderts
vom hl. Columba zum Christentum bekehrt wurden. Das von
Columba begründete Kloster auf der Insel Hi (oder Jona) der
Hebridengruppe wurde eines der berühmtesten in Nordeuropa
und war eine lange Zeit hindurch der Mittelpunkt im kirch-
lichen Leben von Schottland und bis zum Jahre 664 auch von
Northumberland. „Columbas Nachfolger", der Abt von Jona,
war auch das religiöse Oberhaupt dieser Länder. Die irische
Kirche, die erst im 12. Jahrhundert des Papstes Oberhoheit
anerkannte, wich in mancher Beziehung von der römischen
Kirche ab. Sie war keine bischöfliche, sondern eine Klosterkirche. Der Bischof war in ältester Zeit dem Abte unter-
geordnet. Andere Züge erinnern an die älteste christliche
Kirche.

Das Streben der irischen Mönche und Priester ging also
nicht in erster Linie darauf aus, Reichtum und weltliche Macht
zu gewinnen. Sie erbauten keine burgähnlichen, von toten
Mauern umgebenen Klöster, von wo aus sie über Hohe und
Niedere herrschen konnten. Sie wohnten in elenden Hütten,
die rund im Kreise um die kleine Kirche lagen, so wie wir
noch manchmal die Spuren davon in Irland finden.*) Durch
die ganze irische Kirche geht ein Zug nicht nur von Gleich-
heit, sondern auch von Verträglichkeit und nachsichtiger
Duldung gegen Andersgläubige, ein in Wahrheit „katholischer"
Geist, dem die römische Kirche schon früh entfremdet wurde.

Die irischen Klöster wurden Sitze der höchsten Gelehrsamkeit und geistigen Kultur jener Zeit. Hier fand klassische
Kultur, klassisches Geistesleben eine Zufluchtsstätte in den
dunklen Jahrhunderten nach der Völkerwanderung. An den
irischen Klosterhochschulen wurden Mathematik und Astronomie gepflegt; dort wurden Erdbeschreibungen verfafst, die
von Ägypten und Syrien, von den Färöer und Island Kunde
brachten; z. B. *Liber de mensura orbis terrae* von Dicuil.

---

*) Z. B. in Glendalough in der Grafschaft Wicklow südlich von Dublin.

Die Iren waren in dem frühen Mittelalter die ersten Kenner des klassischen Altertums, und wurden selbst — das können wir behaupten — Europas Lehrmeister. Irische Mönche wurden als Lehrer des Griechischen nach Italien berufen, und mehrere der berühmtesten Gelehrten und Denker des Mittelalters waren Iren von Geburt. Ein Johannes Scotus Erigena z. B., der in Frankreich am Hofe Karls des Kahlen lebte, war einer von denen, die eine Brücke schlugen zwischen der griechischen und mittelalterlichen Philosophie und seine pantheistischen Anschauungen sind sogar von Einfluſs gewesen auf das Denken der neueren Zeit. Fremde Gelehrte studierten an den irischen Hochschulen zu Bangor, Clonard, Clonmacnois u. s. f. Fränkische Königssöhne, wie der spätere König Dagobert II., erhielten dort ihre Erziehung. Irische Gelehrte waren in ganz Europa geehrt. Alkuin, eine der Leuchten am Hofe Karls des Groſsen, steht sogar in Briefwechsel mit einem Professor in Clonmacnois, Colcu Ua Duinechda († 792), den er als seinen Meister und Lehrer verehrt, an den er Briefe voll ehrerbietiger Liebe schreibt. Einen seiner Briefe endigt Alkuin mit folgenden Worten: „Ich weiſs nicht, was ich verbrochen habe, daſs ich es so lange Zeit nicht verdient habe, Deiner Väterlichkeit teure Briefe zu sehen. Doch glaube ich täglich Deiner Väterlichkeit für mich höchst notwendige Gebete zu fühlen." Angelsächsische Studenten scharten sich um den Lehrstuhl Colcus, und ein schönes Gebet, das uns erhalten ist, rechtfertigt vollkommen die Bewunderung der Vorzeit.*)

Aber nicht minder als das Lateinische pflegten die alten Iren das Studium der Muttersprache. Auf irisch wurden nicht nur wissenschaftliche Arbeiten **) verfaſst, sondern auch historische Werke, wie Jahrbücher, genealogische Arbeiten, Geschlechtssagas und Heldensagen, Märchen und Gedichte.

Wenn die Muttersprache mehr als anderswo im Norden auf Island eine Pflegestätte fand, so ist dieses wenigstens zum Teil der Verbindung mit Irland zu verdanken. Viele von den ersten Besiedlern Islands hatten ja ihre Heimat auf den Hebriden und in Irland, und der Verkehr zwischen Irland und

---

*) Kuno Meyer, Stories and Songs from Irish MSS. (Otia Merseiana II); vergl. Stokes Ireland and the Celtic Church.

**) Über Theologie, Philosopie, Astronomie und Medizin.

Island wurde das ganze 11. Jahrhundert hindurch fortgesetzt. Wie konnte es sich da der Kenntnis der isländischen Häuptlinge entziehen, dafs die Könige und Häuptlinge in Irland sich mit Sagamännern umgaben, die Ordnung in den Geschlechtsreihen hielten, die historische Tradition des Klans bewahrten, die Sagas der berühmten Könige erzählten und auch wohl niederschrieben, und mit Kunstskalden, die Lobgedichte auf ihren Herrn verfaſsten, sein Geschlecht, seine Königsburg usw. besangen und nach seinem Tode Drápas zu seinem Gedächtnis dichteten. Zwischen den isländischen und irischen Sagas besteht eine Ähnlichkeit, die kaum zufällig sein kann. Beide gruppieren ihren Stoff gern um einen einzelnen Mann, den Helden der Saga, berichten aber auch kurz von seinem Geschlecht, von seinen Vorfahren. In beiden wird die Prosa durch Verse abgelöst, die eingeschaltet werden, um die Glaubwürdigkeit der Prosa zu erhöhen und zwar gerne mit dem Zusatze „da sprach er" oder „um die Wahrheit dessen zu beweisen, sagte der Skalde". Steht auch die isländische Saga als Kunstwerk betrachtet weit über der irischen, so kann sie doch ihren Einflufs mehr oder weniger erfahren haben, besonders, wenn es wahrscheinlich ist, dafs bereits im Laufe des 11. Jahrhunderts die Sagaerzählung bei den Nordleuten in Irland geblüht hat. Ebenso verhält es sich mit der Skaldendichtung. Die Kunstdichtung, wie sie sich im 10. Jahrhundert auf Island entwickelte, ist sonst im Norden fast unbekannt. Selbst in Norwegen wurde sie nur wenig gepflegt. Doch in Irland gab es schon vor der Wikingerzeit eine Kunstdichtung, die durch Wahl der Stoffe, durch ihr hochentwickeltes Versmaſs — Stabreim, Endreim und Assonanz —, durch ihre Verwendung von Bildern und Kenningar (poetischen Umschreibungen) nicht so wenig Ähnlichkeit mit der Skaldendichtung zeigt. Auch hier haben sicherlich Einwirkungen von Irland nach Island hinüber stattgefunden, wenn auch die Forschung Umfang und Tragweite dieses Einflusses noch nicht klar zu sehen vermag.

In keinem anderen Lande hat sich die Heldensage zu so üppiger Blüte entfaltet wie in Irland. In den meisten anderen Ländern sind die Heldensagen in Form von epischen Gedichten bewahrt, während sie bei den Iren ursprünglich die Form der

Saga — Prosa mit eingestreuten Versen — gehabt haben. Erst
gegen Ende des Mittelalters und in der neueren Zeit sind
lange zusammenhängende epische Gedichte allgemein in Aufnahme gekommen. — Ganz denselben Entwicklungsgang weist
die isländische Heldensage im Mittelalter auf. — Wild und
üppig ist die Phantasie der Heldensage und von der Sonnen-
glut des Morgenlandes durchströmt. Wir haben zwischen
mehreren Sagenkreisen zu unterscheiden. Der erste gibt uns
ein Bild vom heroischen Zeitalter der Irländer vor der Einführung des Christentums. Aufgezeichnet sind die Sagen dieser
Periode jedoch erst in viel späterer Zeit. Sie haben zum
Mittelpunkte den Helden von Ulster Cuchulinn. Wunderbar
ist die Stärke dieses Helden, doch nicht minder seine Geschicklichkeit im Gebrauch von Schwert und Speer, im Werfen und
Springen, ja er vermag sogar wie ein Vogel in der Luft zu
schweben.[1]

Die Helden des Cuchulinn-Kreises gehören ungefähr derselben Stufe menschlicher Entwicklung an wie die Helden
der homerischen Gedichte oder der Eddalieder. Doch welcher
Unterschied besteht gleichwohl unter diesen! Ein Achilles,
ein Sigurd Fafnisbani stellen — trotz all ihrer Fehler — für
uns das Bild idealer Menschengestalten dar, Ideale, denen
Griechen und Nordleute im Leben nahezukommen suchten, die
aber auch zugleich etwas von dem in sich tragen, was zu
allen Zeiten die vornehmsten Eigenschaften des Helden ausmachen wird, nicht nur Mut und Kühnheit, sondern auch edle
Gesinnung und ein Streben darüber hinaus nach dem Übermenschlichen, mit einem Schimmer, wie er nur über gott-
begnadete Menschenkinder ausgegossen ist. Es ist wenig von
diesem Morgenrot der Jugend und seiner naiven Unschuld
über Cuchulinn und seinen Genossen. Der Held läuft Gefahr,
ein Raufbold, wenn auch von übermenschlichen Dimensionen,
zu werden. Der kriegerische Geist artet in Wildheit aus, die
sich zuzeiten in geradezu furchtbarer Weise äußert. Als
siebenjähriger Knabe kommt Cuchulinn in den Kampf und muß,
um abzukühlen, in drei Kufen mit eiskaltem Wasser gesetzt

---

[1] Lange Reihen dieser Kunststücke (Clefs) werden in den Sagen
aufgezählt, das letztgenannte, das Vogeljagd-Clefs, befähigte ihn, sich im
Sprunge wie ein Vogel in der Luft zu halten.

werden. Die erste Kufe wurde durch das ins Sieden geratene Wasser gesprengt, in der zweiten wallte und brodelte es, erst in der dritten blieb das Wasser lau. Mit eigener Kraft vermag Cuchulinn eine Königsburg wieder aufzurichten, die für Hunderte von Menschen Raum bot. „Nun erhob sich Culanns Hund[1]), um das Haus hoch zu heben; doch es gelang ihm nicht. Da kam die Raserei über ihn: ein Blutstropfen sammelte sich an der Spitze jedes seiner Haare und er sog das Haar in den Kopf hinein, so dafs er von oben schwärzlich wie ein Kurzgeschorener anzusehen war; er drehte sich wie ein Mühlstein und streckte sich dann in die Länge, dafs der Fufs eines ausgewachsenen Mannes zwischen je zwei seiner Rippen Platz gefunden hätte. Da nahten sich ihm seine „Leute der Kraft"[2]) und seine „Schar der Anbetung"[2]), und nun stemmte er das Haus in die Höhe und hob es in seine frühere Lage."

Von dem in den Kampf ziehenden Cuchulinn heifst es: „Er bedeckte das Haupt mit dem Kammhelm der Schlacht und des Kampfgetöses. Von dessen Ecken, von all seinen Kanten hallte wider der Schrei von hundert Helden in anhaltendem Geheul, und der Schrei tönte wider von allen Geistern und Trollen, von den Elben des Tales, von den Dämonen der Luft, vor ihm, über ihm, um ihn, als er ging, um das Blut der Krieger zu vergiefsen."[*])

Die Iren lebten noch zur Zeit des Cuchulinn-Sagenkreises ohne jegliche Berührung mit dem Leben des übrigen Europa. Die Kämpfe der Klanhäuptlinge waren die wichtigsten Ereignisse der Insel. Der Besitz eines braunen Stiers konnte aller Sinne in Aufruhr bringen. Aber es kam die Völkerwanderung und wälzte sich wie eine gewaltige Sturmflut über Europa. Ihre Deininge nahten sich geradeswegs Erins Gestaden. Als die Römer ihre Legionen aus Britannien zurückzogen, brachen die wilden Pikten von Norden und die Iren

---

[1]) D. i. Cuchulinn; der Ulterkämpe hiefs eigentlich Setanta und hat seinen Beinamen empfangen, weil er sich dem Schmiede Culann, dessen Hund er getötet, angeboten hatte, als Stellvertreter zu dienen, bis ein anderer Hund herangewachsen sei.

[2]) Geister und Dämonen, die ihm in der Stunde der Not beistehen.

[*]) Irische Heldensagen sind u. a. übersetzt in R. Thurneysen: Sagen aus dem alten Irland.

von Westen her in das Land ein. In Wales zeugen noch Steine mit Inschriften in der merkwürdigen Ogham-Schrift**) von den Heerfahrten der Iren. Häuptlinge von Ulster landen in Alba (irischer Name für Schottland) und gründen auf den Hebriden und an Schottlands Westküste ein Reich, das dalriadische, das schliefslich ganz Schottland unter sich begreifen sollte.***) Auch von dieser Periode, die etwa von 400—600 n. Chr. andauert, weifs die Sage zu berichten. Eine bekannte Sagengestalt ist der König von Erin Njall, dessen Angriffe der römische Heerführer Stilicho sich erwehren mufste und der bei der Insel Wight um das Jahr 405 seinen Tod gefunden zu haben scheint. In der Sage ist sein — wie auch anderer irischer Könige — Zug nach Alba (Schottland) zu einem Zuge über die Alpen geworden.

Irlands zweiter grofser Sagenkreis ist später unter dem Einflusse der Stürme der Völkerwanderung entstanden. Er ist bekannt unter dem Namen Ossians und hat Finn, den Sohn Cumals, und seine Kriegerschar *fianna*, woher der Name Fenier kommt, zum Mittelpunkt. Finn und seine Mannen sollten Irland gegen feindliche Einfälle bewahren und Frieden und Ordnung im Lande aufrecht erhalten. Wenn der Krieg nicht vor der Türe stand, waren Jagd und Liebesabenteuer ihre gewohnte Beschäftigung. Die Dichtungen von Finn und seinen Feniern sind in den Mund seines Sohnes, des Sängers Oisin oder Ossian gelegt. In diesem Sagenkreise, dem Ossian-Sagenkreise, wie er allgemein genannt wird, ist der Ton ein ganz anderer als in der Dichtung von Cuchulinn. Man fühlt, dafs Ossians Irland ein christliches, zivilisiertes Land ist. Die Wildheit und Roheit ist gebrochen. Finn und Ossian sind wirkliche Heldengestalten und haben vor allen anderen die Gabe des Gesanges empfangen. Mehrere von den schönsten Gedichten in der altirischen Poesie werden Finn in den Mund gelegt. Durch Kampfruf und Waffenlärm klingen die Töne zärtlicher Leidenschaft, treuer und opfermütiger Liebe. Aber vor allem strömt uns aus dieser Dichtung wie eine Frühlings-

---

*) Ein von den Iren erfundenes Schriftsystem von geraden Strichen, das wie die Runen in Steine eingehauen wurde.

**) Der König von Dalriada, Kenneth, Sohn des Alpin, einigte im Jahre 844 ganz Schottland und stellte sich auf den Krönungsstein zu Scone.

botschaft aus der Menschheit Jugendtagen ein Hauch vom
Leben draufsen in der jungfräulichen Natur entgegen, verbunden mit verständnisinniger Liebe zur Schönheit alles
Seienden, mit einem Naturgefühl, dessen Seitenstück wir fast
erst in unserer Zeit wiederfinden.

Es sind tausendjährige Gedichte in Finns Mund gelegt,
die den Preis des Frühlings und des Sommers singen:

> „Willkommen erster Maitag, schöne Zeit!
> Hoch trägt der Mann das Haupt,
> Es knospet hold die Maid,
> Siegesstolz und stark und schön.
> Schön steht der Wald vom Wipfel zum Grund,
> Schön die grofse weite Ebene." [1]

Und klingt das folgende kleine Gedicht vom Winter nicht
ganz modern*):

> „Hör, was ich sage!
> Die Hindin schreit;
> Der Winter schneit;
> Vorbei die Sommerzeit.
>
> Kalt der Wind jetzt saust;
> Spät geht die Sonne auf;
> Kurz ist ihr Lauf;
> Das Meer erbraust.
>
> Der Farn steht gelb und rot;
> All Leben schläft wie tot.
> Der Wildgans Ruf verhallt
> Fern über dunklem Wald.
>
> Der Frost hat gelähmt
> Des Vogels Schwinge.
> Eiszeit ist's — Vernehmt
> Das Neue, das ich bringe." [1]

Die Lieder vom Sommer und Winter sind erst in unseren
Tagen bekannt geworden und beinahe ausschliefslich in Forscher-
kreisen. Anders ist es mit den Liedern von Finn und Ossian.
Im Jahre 1760 gab der Schotte Macpherson „Ossians Gedichte"
auf englisch heraus. Keine Dichtung jener Zeit hat auf die
Menschen auch nur annähernd einen so tiefen Eindruck gemacht. In diesen Gedichten sah man die Offenbarung einer
neuen Welt voll ursprünglicher und starker Gefühle. Goethe

---

*) Nach Kuno Meyer, „Songs of Summer and Winter".
[1] Vergl. S. 18 Anm. 3.

läfst den jungen Werther folgende Zeilen schreiben: „Ossian hat in meinem Herzen den Homer verdrängt. Welch' eine Welt, in die der Herrliche mich führt! Zu wandern über die Heide, umsaust vom Sturmwinde, der in dampfenden Nebeln die Geister der Väter im dämmernden Lichte des Mondes hinführt. Zu hören vom Gebirge her, im Gebrülle des Waldstromes, halb verwehtes Ächzen der Geister aus ihren Höhlen, und die Wehklagen des zu Tode sich jammernden Mädchens um die vier moosbedeckten, grasbewachsenen Steine des Edelgefallenen, ihres Geliebten. Wenn ich ihn dann finde, den wandelnden, grauen Barden, der auf der weiten Heide die Fufsstapfen seiner Väter sucht, und ach! ihre Grabsteine findet, und dann jammernd nach dem lieben Sterne des Abends hinblickt, der sich ins rollende Meer verbirgt, und die Zeiten der Vergangenheit in des Helden Seele lebendig werden, da noch der freundliche Strahl den Gefahren der Tapferen leuchtete und der Mond ihr bekränztes siegrückkehrendes Schiff beschien."

Der Streit um Macphersons Dichtung ist nun seit langem entschieden. Man weifs, dafs Maepherson Ossians Gesänge nicht gedichtet, sondern nach alten Originalen umgedichtet hat. Aber diese, die ursprünglichen Gedichte, stammen nicht, wie Macpherson behauptete, aus dem 3. Jahrhundert n. Chr. Sie sind gegen Ausgang des Mittelalters entstanden, manche von ihnen sogar erst in neuerer Zeit. Ein König, der eine grofse Rolle in mehreren Gedichten Ossians spielt und mit Finn und seinen Mannen kämpft, ist z. B. der norwegische König Magnus Barfufs, der im Jahre 1103 bei einem Landgang in Ulster gefallen ist. Über den echten Dichtungen des gälischen Sängers liegt auch nicht jener Schleier der Mystik, wie über der Umdichtung Macphersons. Das, was Goethe und seine Zeitgenossen bei diesen Gedichten ergriff, stammt jedoch nicht von Macpherson selbst, sondern zeichnet alle keltische Dichtung aus und macht sie so anziehend, jener Hauch vom Leben der Menschen im Schofse jungfräulicher Natur, auf der Jagd nach Hirsch und Wildschwein in den grofsen Wäldern, oder durch Berg und Tal des schottischen Hochlandes, oder auf der Fischweid an den klaren Strömen und stillen Waldseen. Hinter des Tages Kampf und Streit liegen wie träumende Hoffnung die Inseln der Seligen, „das Land der Jugend" (Tír na n-óg), fern draußen im westlichen Meer, wenn dort die Sonne in roter Glut zur Rüste geht. Von diesem Lande der ewigen Jugend und Schönheit hat man in Irland gesungen von den ältesten Zeiten bis auf unsere Tage. Glückselig sind die, die von schönen Frauen in gläsernen Booten dorthin geleitet werden.

> „Lange steht dir doch der Sinn
> Nach dem Meere weg von hier.
> Woll'n zu Bóadags Sid[1]) wir fahren,
> Steig zu mir in das Schiff von Glas.
>
> Noch ein andres fernes Land
> Weiß ich; schlechter ist es nicht.
> Senkt sich gleich die weiße Sonne,
> Vor der Nacht erreichen wir's.
>
> Freude füllet stets den Sinn
> Jedes, der drin wandelt.
> Kein Geschlecht wird dort erblickt
> Als nur Frau'n und Mädchen."[2])

So singt die Side[3]) dem Königssohne Condla zu in einer der ältesten irischen Handschriften, die auf uns gekommen ist.*) In einem Gedichte aus dem 18. Jahrhundert schildert Oisin in ähnlicher Weise wie Ariosto seinen Ritt nach dem Lande der ewigen Jugend:

> „Vor uns wir schauten
> Das herrlichste Land in Blütenpracht,
> Weite ebene Gefilde
> Und eine Königsburg strahlend schön.
>
> Keine Farbe gibt's, die das Auge schaut,
> Das frische Blau und Grün und Weiß,
> Der dunkle Purpur, Rot und Gelb,
> Die sich nicht fand in der Königshalle.

Doch nicht allein auf geistigem Gebiete standen die Iren hoch, auch als bildende Künstler zeichneten sie sich aus. Aber ihre Kunst ist wie ihre Dichtung und ihre ganze Kultur sonder-

---

[1]) Side (engl. shees) sind Elfen, Feen, meistens weibliche Zauberwesen, ihr Aufenthaltsort ist Sid genannt, worunter man einen Hügel oder ferne Meeresinseln versteht. Bóadag ist der König der Side.

[2]) Übers. von R. Thurneysen.

[3]) Siehe Anmerkung 1 auf S. 107.

*) Lebhar na h-Uidri, vergl. Thurneysen, Sagen aus dem alten Irland, s. 76.

bar und eigenartig und in mancher Hinsicht primitiv und unentwickelt. Sie hatten kein Auge für das Grofse und Orna-
mentale und auch nicht für die Darstellung von Menschen
und Dingen im Bilde. Ihre Kunst war ein Spiel der Phantasie mit Linien, und die, die diese Kunst ausübten, waren
emsige Mönche. In den irischen Klöstern wurden Pergamentbücher — ein Buch von Kells aus dem 7. Jahrhunderte z. B. —
hergestellt mit wundersam phantastischen Bildern und Schlangenwindungen, deren Farben noch heute in demselben Glanze wie
vor tausend Jahren strahlen. Kenner meinen, dafs sie in ihrer
Art unübertroffen seien an Schönheit und Pracht.

Aufser den Blättern der Bücher schmückte irische Kunst
Steinflächen und verarbeitete Metalle zu Geschmeiden. In
Irland und Schottland findet man noch heute eine Reihe von
Kreuzen und Steinen mit den sonderbarsten Schlingmustern
und Ornamenten und mit Bildern aus der Bibel und dem Leben
der Heiligen. Die Darstellungen von Menschen sind primitiv
und symbolisch. Ihren lockenden Reiz übt diese Kunst aus
durch die Ornamente, sei es nun, dafs sie auf Pergament-
blättern, Bronzegefäfsen oder Steinflächen auftritt. Niemals
finden wir in der altirischen Kunst Pflanzenmotive, zuweilen
Tiermotive, am häufigsten Flechtwerk, Schlingmuster, sowie
eine Reihe von wunderlichen Linienmotiven, als Spiralen,
Treppenstufen, Schlüssel, T-s und Z-s und eine reiche Fülle
anderer Muster. Bisweilen erhält die Bandschlinge Leben
und wird mit Schlangenköpfen und sich krümmenden Beinen
und Schwänzen versehen.

Wir erhalten durch diese Kunst, die so übermäfsig reich
und wechselvoll ist, ohne jedoch überladen oder einförmig zu
werden, gleichsam ein Bild der Phantasie der Kelten, die,
wenn sie frei walten darf, nebelhaft verschwommen und form-
los wird, aber durch die strengen Gesetze der Linien gebunden,
üppig wie ein Urwald wächst und sich gleichwohl schön und
klar und immer neu in Form und Art dem Auge zeigt.

So waren die Iren zu jener Zeit, als die Nordleute zuerst
mit ihnen in Verbindung traten, ein Volk, das in Hinsicht auf
geistiges Streben, auf geistige Kultur höher stand als die
übrigen Völker Westeuropas, aber auch ein Volk, über das
tiefe Schatten von Wildheit, sozialem Unvermögen und prak-

tischer Unvollkommenheit fallen. Die Iren konnten daher auf allen Gebieten geistigen Lebens die Lehrmeister der Nordleute in der Wikingerzeit werden. Doch kaum weniger war es, was unsere Vorfahren den Iren zu lehren hatten. Noch heutigestags trägt Irland vielerorts mannigfaltig nordisches Gepräge als Erinnerung an die Wikingerherrschaft.

Weit zurück liegt die Zeit, wo die Nordleute zum ersten Male Auge in Auge keltischen Leuten, keltischer oder irischer Kultur gegenüberstanden. Lange vor der Besiedelung Islands, schon um das Jahr 700, ja vielleicht noch früher, müssen Männer vom südwestlichen Norwegen, von Hordaland, Ryfylke, Jaederen und den angrenzenden Gebieten über die Nordsee gesegelt sein und festen Fufs auf den Orkney- und Shetlandinseln gefafst haben. Ortsnamen beweisen das. Denn mehrere der shetländischen Ortsnamen sind auf eine Weise gebildet, die schon zur Zeit der Kolonisierung Islands aufser Mode war.*) Aufserdem hatten die Ansiedler auf den Orkneys und Shetlandsinseln bereits in der Wikingerzeit ihren Grund und Boden so viele Generationen hindurch besessen, dafs sie ihn ihr *udal* (*óðal*) d. i. altererbten Familiengrundbesitz nennen konnten; noch heute ist dieses Wort dort gang und gäbe. Von den Orkneys geht eine Erzählung, dafs der Jarl Torf-Einar den dortigen Bauern ihr udal fortnahm, das ihnen aber hernach von Sigurd Lodvessøn († 1014) zurückerstattet wurde. Auf Island hingegen, das am Schlusse des 9. Jahrhunderts besiedelt wurde, war weder das entsprechende Wort *óðal* noch *oðalbónde* in Aufnahme gekommen. Der isländische Bauer (bónde), der notgedrungen den Heimatboden verliefs, hatte sein *óðal*, sein Stammgut, in Norwegen, nicht auf Island.

In Begleitung jener Norweger, die über die Nordsee segelten, müssen sich auch gutnische Männer befunden haben. Viele Steine in den norwegischen Küstengebieten mit Inschriften in der älteren Runenreihe, die vor der Wikingerzeit im Gebrauch war, zeugen nämlich von der Verbindung mit Ostschweden und Gottland. Auf Gottland aber finden wir etwa von der Wende des 7. und 8. Jahrhunderts, ja möglicherweise

---

*) Vergl. Dr. Jacob Jacobsens grundlegende Arbeit, Shetlandsøernes Stedsnavne, in Aarbøger for nordisk Oldkyndighed, Kopenhagen 1902.

aus noch früherer Zeit, eine Reihe hoher Steine, mit Bildern und Ornamenten geziert, die deutlich den Einfluſs keltischer Kunst zu verraten scheinen. Die Fläche des Steines ist mit Spiralen und anderen Ornamenten geschmückt, die uralt und eigentümlich für die irische Kunst sind.

Wann begannen diese Fahrten? — Darüber wissen wir nichts. Aber von dem Eindrucke, den diese erste Begegnung mit den Kelten auf unsere Vorväter machte, können wir uns vielleicht eine Vorstellung machen. Es war ein Sommertag, denke ich mir, als sie das erste Mal den Bug ihrer geschnäbelten Schiffe dorthinüber richteten von Hordalands und Rogalands Fjorden und Schären hersteuernd. Gerade nach Westen war der Kurs gerichtet. — Wenn wir von Bergen absegeln, liegen, wie wir wissen, die Shetlandsinseln in gerader Linie westwärts, während die Orkneys und der Pentlandsfjord in gerader Linie westwärts von Stavanger liegen. — Dicht lag wohl der Nebeldunst am Morgen, wie so oft im Sommer, auf Meer und Gestade. Dann aber brachen die Sonnenstrahlen sieghaft durch die perlgrauen Schleier, sie zerstreuend. Neues Land erblickten die Seefahrer: *Duncansby Head* auf der einen Seite und auf der anderen die *Orkneys* mit hohen Fjelden, die steil ins Meer abstürzten und waldlos waren, wie so manche Inseln daheim im westlichen Norwegen, aber gleichwohl mit lächelnden Gefilden und immerhin schön zu schauen für die, die lange Tage und Nächte auf den Wogen der Nordsee geschaukelt hatten.

Auf den Pentlandsfjord segelten sie zu, während die Luft widerhallte vom Geschrei der Möven und die Eidergans herumschwirrte im Strudel, im berühmten Mahlstrom, der einen so unauslöschlichen Eindruck auf die Phantasie unserer Altvordern gemacht hat, der Steuer und Ruder lahmlegt und, wenn er am furchtbarsten ist, das Boot in seinem saugenden Wirbel umherschleudert. Schlieſslich konnten sie doch dem Gestade nahen und landen nicht auf dem Festlande, sondern auf den Inseln, wo es sicherer und friedlicher aussah. Nicht vielen Menschen begegneten sie hier: einigen piktischen Bauern und irisch redenden Mönchen und Einsiedlern, die Gott zu dienen glaubten, wenn sie sich auf die äuſsersten Eilande des Ozeans zurückzogen. Sie hatten Steinkirchen gebaut, klein und niedrig, freilich ohne Säulen und bildgeschmückte Portale, aber gleichwohl ein unbekannter Anblick für die Heiden, die im Freien in heiligen Hainen oder in niedrigen Holztempeln opferten. Aus den Kirchen ertönte Musik und Gesang, Weihrauchgefäfse wurden geschwungen, der Priester war in ein goldgesticktes Mefsgewand gekleidet und hob den Krummstab empor. Draufsen auf dem Kirchhof stand wohl ein kleiner Rundturm von der Art, wie sie in Irland gebräuchlich waren, und mannshohe Steine sahen sie da mit dem Zeichen des Kreuzes, mit Bildern von Menschen, Tieren, Engeln und Dämonen geschmückt. Hier liefsen sich die nordischen Seefahrer nieder. Der Geist der Wikingerzeit war noch nicht richtig in ihnen erwacht; sie lebten friedlich Seite an Seite mit den keltischen Nachbarn und vermischten sich mit ihnen. Gutnische Männer kamen herüber, handelsklug, und feilschten und brachten mit sich nach der Heimat, was mehr wert ist als Gold und Reichtum, Sinn für Kunst und Schönheit. Bald ging die Fahrt weiter gen Süden, nach reicheren und fruchtbareren Gebieten, nach den Hebriden, nach Man und Irland. Am 17. April 617 wurde Jonas Tochterkloster auf der Insel Eigg, einer der südlichsten Hebriden, niedergebrannt und der Abt Donnan mit seinen 52 Genossen erschlagen. In demselben Jahre — wohl etwas später — so berichten die irischen Jahrbücher, wurde Tory Island vor Donegal in Irland „vollständig verheert von einer über das Meer kommenden Flotte". Die Pikten, die zu dieser Zeit schon Christen waren, können diese Heerfahrt nicht unternommen haben. Es mufs eine von Norden kommende Seeräuberflotte gewesen sein, die zuerst die Hebriden heimsuchte und dann nach Irlands Nordküste fuhr, mit anderen Worten, Wikinger des 7. Jahrhunderts müssen es gewesen sein. Diesen Schlufs hat ein deutscher Forscher gezogen und ich vermute mit gutem Grund.*) Dann aber nahmen die Überfälle mählich ab. In mehr als anderthalb Jahrhundert ver-

---

*) H. Zimmer, Über die frühesten Berührungen der Iren mit den Nordgermanen. Das Wort Wiking war lange vor der Wikingerzeit bekannt; so werden im alten ags. Gedichte Wídsíð („Des Sängers Weitfahrt") die Hadobarden *Wîcinga cynn* („Wikingergeschlecht") genannt. In dem agls. Exodus (V. 333) werden die Juden, die durch das rote Meer gehen, *saewîcingas* („Meerwikinger") genannt.

nehmen wir nichts von Wikingerzügen aus dem Norden.
Klöster erhoben sich sicher und sorglos an den Küsten Frankreichs, Englands und Irlands. Erst gegen Ausgang des 8. Jahrhunderts beginnt die Wikingerzeit und die grofse Begegnung
der Kelten und Nordleute. Im Jahre 795 zeigen sich Wikinger
oder „Heiden" an den Küsten Irlands und plündern einige Eilande nördlich von Dublin. In dem folgenden Jahre erstrecken
sich ihre Züge an alle Gestade Erins. Unter den Wikingern,
die in dieser ersten Zeit Irland heimsuchten, waren gewifs
einige Dänen, die vom englischen Kanal kamen; die Hauptmasse bestand jedoch, möchte ich glauben, aus Norwegern.
Die ersten Wikinger, die nach Englands Küsten kamen, so
erzählen die Jahrbücher, waren von *Hœreðaland*, d. i. von
Hordaland am Hardangerfjord. Aus dieser Gegend scheinen
auch die ersten Wikinger, die Irland heimsuchten, gekommen
zu sein. Denn der älteste Name, den die Iren den nordischen
Landen beilegen, ist *Hirota* oder *Hiruath*, der ebenfalls Hordaland zu bezeichnen scheint. Aber nicht nur vom Hardangerfjord, sondern von allen Teilen des westlichen Norwegen kamen
Wikinger nach Irland. Im Jahre 845 fiel in Irland ein Wikingerhäuptling, den die Annalen Onfile Jarl (*Onphile iarla*)*)
nennen. Dieser Häuptling stammte sicher aus Fjalafylke (im
jetzigen Søndfjord), einem Distrikt, der später ein Teil des
Firdafylke wurde. Sein Name ist „Aane (oder Aun) Jarl der
Filen" gewesen (*Áni* oder *Aaun Fila jarl*).**) Dieses haben
die Iren jedoch nicht verstanden, und deshalb haben sie den
Namen zu dem unnordischen Onfile gemacht.

Die Ankömmlinge sahen, dafs das Land schön und reich
war und kehrten jedes Jahr in stets wachsenden Scharen zurück. — Wunderbar ist die volkmehrende Kraft, die der Norden
in der Wikingerzeit besessen haben mufs. Es war so, wie
ein alter irischer Chronist sagt: „Die See spie Flotten von
Fremdlingen über Erin aus, so dafs sich kein Hafen, kein
Landungsplatz, keine Festung, keine Burg, keine Schutzwehr
ohne Wikinger und Seeräuber fand." Ringsumher auf der
Insel die Flüsse aufwärts, auf den Seen, durch die Täler

---

*) Vergl. die irische Saga genannt „The War of the Gaedhil with
the Gaìll" s. 15.
**) Die Bewohner von Fjalafylke oder Fjaler wurden *Filir* genannt.

streiften Wikingerscharen, heerend und plündernd. Man mufs sich fragen, ob es in Irland ein Kloster, einen See, ein Tal oder einen Flufs gibt, wo die Wikinger nicht gewesen sind und wo sich nicht für kürzere oder längere Zeit gröfsere Mengen von ihnen niedergelassen haben.

Anfangs kamen die Wikinger nur um zu plündern und zu rauben. Sie legten Klöster in Asche und führten Weiber und Kinder fort. Doch nicht nur wilde Räuber waren sie, sie waren Kolonisten und Organisatoren. Sie verstanden, was die Iren niemals gelernt haben, Gemeinwesen zu gründen, die durch den strengen Geist der Gesetze und des Zusammenhalts innerlich gefestigt waren.

Der Mann, der die Herrschaft der Nordleute in Irland begründete, war der Norweger Turgeis oder Turgesius, nach dem Urteile seiner Zeitgenossen und Landsleute eine der gröfsten und merkwürdigsten Herrschergestalten des nordischen Altertums. Die Jahrbücher erzählen etwa vom Jahre 819: „Darauf kam eine grofse königliche Flotte nach dem nördlichen Irland unter Turgeis, der sich zum Könige über alle Fremden in Erin aufwarf." *) Er wurde mit anderen Worten der erste König der Nordleute in Irland. Nun tritt auf einmal ein Umschwung in den Verhältnissen des eroberten Gebietes ein. Überall im nördlichen Irland werden Schanzen und Festungswerke gebaut, besonders am oberen Laufe des Shannon und bei Loch Ree mitten in Irland. Aber vor allem die Stadt Dublin wurde gegründet. Hier hatte schon früher ein kleines Dorf gelegen, von den Iren *Ath Cliath* oder „Weidenfurt" genannt. Aber Turgeis sah die vorzügliche Lage des Ortes und gründete hier um 840 eine Burg und eine Stadt, die Jahrhunderte hindurch das feste Bollwerk der Nordleute und Irlands Hauptstadt blieb.

Aber Turgeis Pläne gingen weiter, seine Ziele waren

---

*) Über Turgeis wie im allgemeinen über die Kämpfe der Nordleute mit den Iren vergl. die im 11. Jahrhundert verfafste irische Saga, die von Dr. Todd unter dem Titel „War of the Gaedhil with the Gail" übertragen worden ist. Der Name Turgeis entspricht wahrscheinlich dem nordischen Þorgestr. Doch hiefs nach Snorri der erste König der Wikinger in Irland Þorgils; er verlor, wie Turgeis, durch die Hinterlist der Iren sein Leben. Die nordische Überlieferung fehlt nur darin, dafs sie Þorgils zu einem Sohn des norwegischen Königs Harald Hárfagri macht.

gröfser. Er wollte das Christentum ausrotten und Irland zu einer Stätte des Asenkultes machen. — Unter den Asen wurde Thor am meisten verehrt. Die Einwohner von Dublin wurden von den Irländern „Thors Stamm" und ihre Häuptlinge „Thors Häuptlinge" genannt.*) Nördlich von Dublin lag ein dem Thor geweihter heiliger Hain, der nach der Einnahme Dublins durch König Brian im Jahre 1000 niedergebrannt wurde. Im Göttertempel von Dublin wurde Thors heiliger Ring aufbewahrt, der im Jahre 996 den Iren zur Beute fiel.**) Der Thingplatz vor den Toren Dublins, *Hogges* (altnord. *haugr* „Hügel"), der zugleich die alte Begräbnisstätte der Bewohner von Dublin war, wurde mit anderem Namen auch „Thors Hügel" (*Tolach Tomair*) genannt. Doch beteten die Nordleute in Irland gewifs, wie ihre Stammesgenossen auf der Insel Man, Odin, Heimdall und die anderen Götter an. — Wohin Turgeis kommt, weiht er Kirchen zu heidnischen Göttertempeln und setzt seine Häuptlinge als Goden oder Opferpriester ein. Mit Entsetzen sahen die Iren ihre Kirchen geschändet, ihre Priester verjagt und die Messen auf lateinisch und irisch von Opfergebeten in fremder barbarischer Zunge verdrängt. Es heifst darüber in einem alten Gedicht, das wie so oft im alten Irland die Form einer Weissagung hat und dem hl. Berchan in den Mund gelegt ist:

> „Hierher sollen kommen übers Meer
> Heiden zu knechten Erins Männer.
> Einen Abt setzen sie in jede Kirche,
> Einen König über Erin.

> Der Winter sieben mit Herrschermacht
> Werden walten über Erin,
> In jedem Heiligtum und jedem Tempel
> Heiden von Dublins Burg.

> Meinem Kloster wird ein Abt erkoren,
> Um Fasten kümmert er sich wenig,

---

*) Die Iren brauchen nicht den Namen Thor, sondern Tomar, eine ältere dem althochd. Donar entsprechende Form.

**) Steenstrup, Normanneme III. S. 359 f. Ein anderes Kleinod, das noch zu Beginn des 11. Jahrhunderts Erwähnung findet, war „Carlus' Schwert". Dieses, das seinen Namen nach Kaiser Karl (dem Grofsen?) trägt, scheint eine Art Symbol der Macht der Könige von Dublin gewesen zu sein. In ähnlicher Weise ist Kaiser Karls des Grofsen Name in den meisten slavischen Sprachen in die Bedeutung „König" übergegangen (russ. Koróll).

Nicht um Messe oder Vaterunser,
Gälisch[1]) kennt er nicht, nur Nordisch."*)

Armagh im nördöstlichen Irland war Erins vornehmstes
Heiligtum. Hier wurde der Stab aufbewahrt, den Christus
selbst Irlands Apostel, dem hl. Patrick, gegeben haben sollte.
Armaghs Abt hatte den Titel „Patricks Nachfolger" und war
gewissermafsen das geistliche Oberhaupt der Insel. Turgeis
vertrieb den Abt von Armagh, Forannan, der nach dem südlichen Irland flüchtete.

Der Dom wurde zu einem heidnischen Tempel umgebildet,
dem Turgeis selbst als Opferpriester vorstand oder, wie die
Chronik sich ausdrückt, „er machte sich selbst zum Abte über
Armagh. Turgeis' Weib Otta war gleichfalls Priesterin; sie
nahm ihren Wohnsitz in Clonmacnois, Irlands zweitem Heiligtum, in seinem Herzen gelegen. Sie safs auf dem Hochaltare
des Domes, sang nach Art der alten vǫlvur und seiðkonur
Zauberlieder und gab Orakel. Es sah fast aus, als ob Odin
und Thor den weifsen Christ hätten verdrängen sollen. Die
Iren waren wie immer uneinig und vermochten den Nordleuten
nicht zu widerstehen. Schliefslich wurde Turgeis aber doch
gefangen genommen und in Loch Owel um das Jahr 845 er-
tränkt. Er ist eine der merkwürdigsten Gestalten in der
Geschichte der Nordleute in Irland, Generationen hindurch
wurde er als Begründer der Wikingerherrschaft in Irland gefeiert. Noch im 10. Jahrhunderte wurde Turgeis als Name
vom Königsgeschlecht in Dublin gebraucht. Der wohlunter-
richtete Geschichtsschreiber Giraldus Cambrensis, der im Jahre
1170 im Gefolge der englischen Eroberer nach Irland kommt,
nennt ihn *Turgesius* und sagt, dafs er der erste Herrscher
über die Nordleute in Irland war. Noch zu Giraldus' Zeit
konnte man ringsumher in Irland Mauern von Burgen und
Festungswerken sehen, die Turgeis errichtet hatte.

Nach Turgeis Tod sah es einige Zeit ganz bedrohlich aus
für die norwegische Herrschaft in Irland. Dänische Wikinger**)

---

[1]) *Gälisch* oder *goidelisch* bezeichnet eigentlich den keltischen Dialekt,
der in Irland, im schottischen Hochland, auf Man und einigen nordenglischen Inseln gesprochen wird; jetzt wird es doch meistens von dem
in Schottland gesprochenen Keltischen gebraucht.

*) War of the Gaedhil, S. 11.

**) In der irischen Saga werden sie *Danair* („Dänen") genannt.

warfen lüsterne Blicke auf das reiche Land und suchten dort selbst Macht zu gewinnen. Im Jahre 848 kamen sie unverhofft und überraschten die Norweger auf einer ihrer Flottenstationen an der Nordküste von Irland. Zwei Jahre später plünderten sie Dublin und siegten bei Linn Duachail in der Grafschaft Louth an Irlands Ostküste. Im Jahre 851 endlich gewannen sie unter der Anführung Orms einen entscheidenden Sieg bei Carlingford Lough, etwas nördlich von Linn Duacheil.

Dies ist das erste Mal, daſs uns die Geschichte von einem Kampfe zwischen Norwegern und Dänen zu vermelden weiſs, das erste Mal überhaupt, daſs die Norweger unter den nordischen Völkern als selbständige Nation auftreten. Wild und grausam war der Kampf. Es ist, als ob hier die ganze Barbarei und der Blutdurst der Wikingerzeit zum Ausbruch käme. Die Dänen, für die es eine Zeit düster aussah, siegten schlieſslich durch Anrufung des hl. Patrick. Fünftausend Norweger lagen gefallen auf der Walstatt, darunter ihre beiden Halbkönige Stein und Jernknæ. Nach der Schlacht sandte Irlands Oberkönig Maelsaechlainn Boten an die Dänen. Bei deren Ankunft waren die Dänen mit dem Rüsten des Mahles beschäftigt und ihre Kessel standen auf Haufen gefallener Norweger. Das eine Ende des Spieſses, auf dem das Fleisch stak, war zwischen den Leichen der Norweger befestigt, das Feuer versengte sie, sodaſs die Haut sprang und all das an Fleisch und Speck, was sie in der Nacht zuvor gegessen hatten, rollte hervor aus dem Bauche.

Als die Sendboten Maelsaechlainns dieses sahen, machten sie den Dänen ihr rohes Behaben zum Vorwurf. Diese aber versetzten: „Sie würden gewünscht haben, in derselben Weise mit uns verfahren zu können." Darauf schenkten sie eine groſse Kiste voll Gold und Silber an den hl. Patrick. „Denn die Dänen waren ein Volk, das doch eine gewisse Art von Frömmigkeit besaſs, sie konnten nämlich für eine Weile aus Frömmigkeit Schmaus und Weiber hintansetzen."*)

Die Herrschaft der Dänen an der Ostküste Irlands war doch nicht von langer Dauer. Schon im nächsten Jahre erhielten die Norweger einen neuen Führer in Amlaile Conung

---

*) Die Schilderung ist aus einer alten Chronik geholt, die von O'Donovan unter dem Titel „Three Fragments" ediert ist. Vgl. S. 123 ff.

(d. h. König Olaf), der auch unter dem Namen Oláfr enn hvíti
(O. der Weifse) in den isländischen Geschlechtsreihen eine
grofse Rolle spielt, und von dem mehrere Landnámsmänner
herstammen sollen. Er scheint von Norwegen gekommen zu
sein, wohin er auch später zurückkehrte. Er hat sicherlich
demselben Geschlechte wie Turgeis und die früheren norwegischen Könige in Dublin angehört.[1]) Dublin wurde zurück-
erobert. Die Dänen wurden mehr und mehr zurückgedrängt
und nahmen, „aus Furcht den Ränken der Norweger zu erliegen", Dienste bei einem irischen Könige, bis sie schliefslich
Irland verliefsen und nach Wales hinüberzogen, wo ihr Anführer Orm im Jahre 856 den Tod fand. So wurde nun Dublin
der Mittelpunkt für die norwegische Herrschaft, die bis zur
Eroberung durch die Engländer im Jahre 1170 und 1171 bestand und wo norwegische Sprache und Nationalität noch
mehr als ein Jahrhundert lang leben sollten.*)

Das Reich von Dublin umfafste in den Tagen seines
höchsten Glanzes nicht nur die jetzige Grafschaft Dublin. Es
erstreckte sich weiter nord- und südwärts die Küste entlang.
Nördlich von Dublin in Ulster schneiden gerade wie im westlichen Norwegen enge Fjorde mit Fjelden zu beiden Seiten
tief ins Land ein. Hier hatten die Männer von Dublin Sta-
tionen für ihre Flotte und manche Ortsnamen erinnern noch
an ihre einstige Herrschaft. Mehrere von den Fjorden haben
neben ihrer irischen auf -*loch* (Binnensee, Fjord) ausgehenden
Bezeichnung auch einen anderen anglisierten Namen, der auf
-*ford*, das nordische *fjǫrðr*, endigt, z. B. Strongford, Carlingford
(d. h. Altweiberfjord, an. Kerlingafjǫrðr). Der kleine Fjord
der bei der Stadt Larne in Antrim einschneidet, wird in mittelalterlichen Urkunden *Wulfricheford* genannt und ist wohl von
den alten Nordleuten mit dem Namen Ulfreksfjǫrðr bezeichnet
worden, dessen erstes Glied wiederum eine Verstümmelung des

---

[1]) Die Landnámabók läfst ihn von Halfdanr hvítbeinn aus dem Geschlechte der Ynglinge abstammen, die Íslandingabók führt seinen Stammbaum bis auf den mythischen Yngvi. Vgl. Steenstrup, Normanne II². 120 f.

*) Nordische Worte in lateinischen Aktenstücken aus dem 13. Jh.
zeigen, dafs noch um 1250 von den „Ostmännern" (d. h. den Nordleuten)
eine nordische Sprache in Dublin geredet wurde, und sicherlich war das
auch der Fall in Waterford und Limerick.

irischen Namens von dem in den Fjord einmündenden Flufs *Ollarbha* zu sein scheint.

Im 10. Jahrhundert hatten die Nordleute auch zuweilen Besitzungen im Landesinnern, so z. B. im nordöstlichen Teile. Im Jahre 933 eroberten sie selbst Armagh, das verschiedene Jahre hindurch in ihrem Besitze verblieb. Selbst noch in dem sogenannten „Buche der Gerechtsame", das im 11. Jh. geschrieben worden ist, wird unter den Vorrechten der Könige von Ulster aufgeführt: „Das Recht der Schwägerschaft mit dem Könige über die blauäugigen kalten Fremdlinge." Die neuen Siedelungen hier oben bildeten im allgemeinen einen Vasallenstaat unter der Oberhoheit des Dublinkönigs*) und dieser hatte seine eigenen Häuptlinge, die den ehrenden Beinamen Lagmann**) geführt zu haben scheinen.

Im Süden von Dublin umfaßte das Reich von Dublin die Küsten der Grafschaft Wicklow, so genannt nach der größten Stadt dieses Bezirkes. — In mittelalterlichen Urkunden wird er Wikingelo genannt, das erste Kompositionsglied in diesem Worte ist das nordische „Wiking" entweder als Appellativum oder Namen. Eine Reihe von Ortsnamen erinnern hier ebenfalls an die Zeit unter nordischer Botmäßigkeit. Ein Teil des Grundbesitzes in der Grafschaft gehörte auch nach der Eroberung durch die Engländer Gliedern des alten norwegischen Königsgeschlechtes zu Dublin.

An Irlands südöstlicher Ecke liegen zwei Städte, die beide von Wikingern gegründet worden sind, Wexford und Waterford. Sie sind nach den beiden Fjorden genannt, an deren Rändern sie gelegen sind und die wahrscheinlich in alter Zeit Veigsfjǫrðr und Veðrafjǫrðr hießen. Vieles spricht dafür, daß es ursprünglich dänische Wikinger gewesen sind, die sich in dieser von der Natur gesegneten Gegend niedergelassen haben.***) Später kam doch das Reich von Waterford, wozu die kleine Kolonie von Wexford gleichfalls gehörte, in nähere Verbindung mit dem Reiche von Dublin und wurde, wie es scheint, dessen Vasallenstaat. Die Könige von Waterford gehörten

---

*) Vgl. die irische Saga von König Cellachan von Cashel, die von der norwegischen Quellenschriftenkommision herausgegeben wird.

**) Vgl. die Sage von Cellachan. Kap. 55.

***) Steenstrup, Normanneme II, S. 124 ff.

am Schlusse des 10. und 11. Jhs. dem Geschlecht der Dublinkönige an. Die Nordleute oder auch „Ostleute", wie man sie
nannte, bewahrten hier lange nach der englischen Eroberung
ihre Sprache und Nationalität. Sie waren Kaufleute und
segelten nach Südfrankeich um Wein zu holen und lebten als
Bauern und Pächter auf dem Lande. In der Grafschaft Wexford hingegen lebten die Ostleute meistens draufsen auf dem
Lande und sogar noch um die Mitte des 13. Jhs. finden wir
ihre Nachfahren als freie und verhältnismäfsig günstig gestellte
Pächter unter den anglonormannischen Lehnsherren.

Mit Waterford sind wir dann nach Munster, der südwestlichen Provinz Irlands, gekommen. Eine der wichtigsten
Städte in diesem Teil der Insel ist bis auf unsere Tage die
Stadt Cork. Ihren Namen hat sie von einem irischen Clan
in der Umgebung erhalten. Die Stadt selbst aber ist von
norwegischen oder dänischen Wikingern gegründet worden,
die schon um 860 hier eine starke Burg nach französischen
Vorbildern gebaut hatten.*)

Cork war der Mittelpunkt für eine Reihe von kleinen
Wikingeransiedlungen an der Südküste in den Grafschaften
Kerry und Cork. Diese erstreckten sich von Irlands südwest-
licher Ecke, wo wir noch im Jahre 1280 „am Ende der Welt"
einem Manne von nordischer Herkunft Maurits Mac Otere
(d. h. Ottars Sohn) begegnen, bis nach Youghal im Osten an
dem kleinen Fjord desselben Namens. Diese Ansiedler bildeten in alter Zeit kaum ein Königreich. Wir hören von
einem Cellachan von Cork, nie von einem König von Cork.
In der irischen Saga, deren Handlung sich in der Mitte des
10. Jhs. abspielt, treten dagegen drei Häuptlinge auf, die „Corks
Wächter" genannt werden. Cork mit den umliegenden Ansiedlungen bildete, möchte ich am ehesten glauben, eine aristokratisch regierte Bundesrepublik in derselben Art wie der
„Fünfstädtedistrikt" in England oder etwa wie der isländische
Freistaat, der gewifs — wenigstens teilweise — seine Vorbilder in den Wikingerkolonieen auf den britischen Inseln
hatte. Über die Geschichte der Stadt im Laufe der Zeit
wissen wir nur überaus wenig. Sie mufste sich wohl schon

---

*) Steenstrup, Normanneme II, S. 114, 134, 142.

im 10. Jh. unter die Oberherrschaft der Munsterkönige stellen; doch bewahrte sie lange ihre innere Freiheit und Selbstregierung. Als die Engländer im Jahre 1170 nach Irland kamen, konnten die Bürger von Cork eine Flotte ausrüsten, um ihnen zu begegnen. Wohl erlitten sie eine Niederlage und ihr Anführer Thorgeir (Turgerius) fiel. Aber auch unter der Herrschaft der Engländer verstanden die Nachkommen der alten Wikinger es ihre Nationalität zu behaupten. Noch am Schlusse des 13. Jhs. werden „Ostleute" in Cork und in der kleineren Stadt Youghal genannt.

Wichtiger als Cork war in alten Tagen die Stadt Limerick, die noch zu Irlands ansehnlichsten Städten gehört. Schon in der zweiten Hälfte des 9. Jhs. hatten sich die Wikinger hier festgesetzt. Aber erst im Beginn des 10. Jhs. bekam die Kolonie in Limerick ihre grofse Bedeutung. Weit im Innern des Landes an dem breiten schiffbaren Shannon (von den Nordleuten Hlymrek genannt) belegen, war die Lage des Ortes so günstig, wie kaum die einer anderen irischen Stadt. Unter tüchtigen Herrschern dehnte Limerik allmählich seinen Machtbereich aus, sodafs es zuletzt grofse Teile von Munster umfafste und sogar die Eifersucht des Dublinreiches erregen konnte. Unter den ständigen Kämpfen mit den Königen von Dublin und Munster ging es jedoch zurück mit Limericks Macht. Nach einer grofsen Schlacht im Jahre 968 wurde die Stadt endlich vom Munsterkönige Mathgamhain und seinem berühmten Bruder Brian Borumha eingenommen. Limerick mufste die Oberhoheit der Könige von Munster anerkennen, durfte aber seine Selbstregierung und innere Freiheit zugleich mit seinen nächstliegenden Gebietsteilen behalten. Noch hundert Jahre nach der englischen Eroberung — am Schlusse des 13. Jhs. — hatten die Ostleute in Limerick eine Art von Selbstregierung und standen unter ihren eigenen Gesetzen.

Die Geschichte vermeldet nicht viel von den wechselnden Schicksalen dieser Ansiedlungen. Soviel vermögen wir jedoch zu ersehen, dafs zeitweise zwischen Dublin und seinen Kolonien einerseits und Limerick andererseits ein Gegensatz bestand.

Möglicherweise war Limerick und jedenfalls war Cork keine norwegische — wie Dublin — sondern eine dänische

Ansiedelung. Die Iren verstanden gut zwischen Norwegern und Dänen zu unterscheiden. Die ersteren nannten sie „die weifsen Fremdlinge" und die letzteren „die schwarzen Fremdlinge". Aber lesen wir die alten irischen Chroniken sorgsam, so werden wir finden, dafs die Sagaschreiber von Munster die Wikinger in Cork und Limerick Dänen (*Danair*) oder „schwarze Fremdlinge", die Nordleute in Dublin dagegen „weifse Fremdlinge" oder Männer von Lochlann nennen. Dies letztere war ursprünglich eine Bezeichnung für die Norweger, aber später der gemeinsame Name für alle Nordleute.*)

Auch in anderen Teilen Irlands haben sich Wikingerkolonien befunden. Davon zeugt z. B. die nordwestlichste Grafschaft in Irland, Donegal, die ihren Namen von einer durch die Wikinger angelegten Burg im Innern der Donegalbucht erhalten hat, „Festung der Nordleute" (Dún na n-Gall**)). Ein altes Gedicht erzählt von einem irischen Könige in dieser Gegend, dessen drei Töchter sich mit Wikingerhäuptlingen vermählten. „Keineswegs war es ihnen lieb", heifst es.***)

Noch heutigentages zeugen Ortsnamen ringsumher in Irland von der alten Herrschaft der Wikinger, so die Namen der alten Provinzen Ulster, Munster und Leinster, die nordische Umbildungen der alten irischen Namen (Uladh, Mumhan und Laighin) darstellen und vor allem auch der Name Irlands selbst, das unsere Vorfahren Íraland benannten, während der alte irische Name Erin ist. Die meisten der nordischen Ortsnamen sind doch nun verdrängt, teils durch englische und teils durch irische Namen, die oft ganz unkenntliche anglisierte Formen angenommen haben. Aber Urkunden aus dem 13. Jh. zeigen uns, dafs es damals noch eine

---

*) Das erste Glied des Wortes Lochlann ist das irische *loch* „Binnensee", „Fjord". Der zweite Teil gleicht dem germanischen Worte „land"; doch gibt es auch ein irisches Wort *lann*, das Land, besonders das einer Kirche zugehörige, bezeichnet. Lochlann ist vielleicht ursprünglich ein Name für den alten Distrikt Fjordene (Firðir) oder Firdufylke in Norwegen gewesen.

**) Gall bedeutet ursprünglich „Fremdling", „Gallier", wurde aber zur Bezeichnung der Nordleute und später der Engländer gebraucht.

***) Das Gedicht, das noch nicht ediert ist, wird Flann Lonans Sohn zugeschrieben (gest. 917)

Menge von nordischen Ortsnamen in Irland, und zwar besonders längs den Küsten, gab.

Das Gemeinwesen der Iren ermangelte — wie es bei den Kelten im allgemeinen der Fall war — der bei den Römern und Germanen so stark ausgeprägten Fähigkeit, fremde Volkselemente mit sich verschmelzen und völlig in sich aufgehen zu lassen. Der Clan, dessen Mitglieder alle einen gemeinsamen Stammvater hatten, bildete ein geschlossenes Ganzes, das die Zufuhr neuen Blutes und neuer Mitglieder nicht zuliefs. Erst wenn ein Mann solange mit Irländern zusammen gewohnt hatte, dafs sie seine Herkunft vergessen hatten, wurde er als ihresgleichen betrachtet. In Wales wurde ein Mann fremden Ursprungs erst im 9. Glied für einen echten Kymrer gehalten. Daher kommt es sicherlich, dafs die Nordleute so lange mit den Iren zusammenleben konnten, ohne mit ihnen zusammenzuschmelzen, während sie ziemlich rasch mit den Engländern verschmolzen und in der ersten Hälfte des 14. Jhs. jede Erinnerung an ihre nordische Herkunft verloren. Aber auf der anderen Seite haben die Iren mit ihrer südländischen Lebhaftigkeit, ihrer üppigen Phantasie, ihren starken Leidenschaften und ihrem sprudelnden Geist, stets eine grofse Anziehungskraft auf die Fremden ausgeübt, die unter ihnen lebten. Viele von den bedeutendsten Vorkämpfern für Irlands Freiheit in unseren Tagen, ein Parnell z. B., sind von englischer Herkunft. Im Mittelalter hiefs es bald von den englisch-normannischen Rittern, die sich dort niedergelassen hatten, dafs sie „irischer als die Iren selbst" wurden (Hiberniensibus ipsis hiberniores). Sie begannen Irisch zu sprechen, kleideten sich als Iren und begannen sich als Clans zu organisieren. Auf die Nordleute haben die Kelten immer ihren eigenartigen Zauber ausgeübt. Magnus Barfufs z. B. kehrte immer und immer wieder nach Schottland und Irland zurück. Er und seine Leute legen die Trachten der Hochländer mit dem kurzen Rock (Kilt) und den nackten Knieen an. Er selbst ist durchdrungen von irischer Kultur; er mufs Irisch gelernt haben und bedient sich in seinen Gedichten irischer Worte wie *ingjan*, d. i. *ingen*, „Mädchen, Tochter, junges Weib". Wie sehnt er sich nicht nach den irischen Mädchen mit den dunkelgrauen feurigen Augen, wenn er daheim in Norwegen sitzt! Mit einer Irin hatte er sogar einen Sohn, der später König von Norwegen wurde, Harald Gille.

Die Iren selbst griffen, wie sie noch heute tun, mit Eifer und Begeisterung nach allem Fremden. Irland war ein Land, wo die Häuptlinge alle Macht hatten, wo die kleinen Leute nichts bedeuteten und unterdrückt und geknechtet waren. Die Steuern waren hoch und wurden mit Härte und Gewalt eingetrieben. Zuweilen hören wir sogar von einer Erhebung der Bauern, „der Plebejer", wie sie in einer irischen Saga genannt werden, gegen ihre Herren. Kein Wunder, daſs die Wikingerzüge das gärende Miſsvergnügen zum Überschäumen brachten. Wir sehen in Irland das merkwürdige Schauspiel, das fast kein Seitenstück in der Geschichte hat — ausgenommen vielleicht in der Eroberung Syriens durch die Araber — daſs die in mancher Hinsicht hoch kultivierten Iren ihr Christentum verlassen, ihre heimische Kultur aufgeben und Glauben und Sitten der Wikinger annehmen. Ich habe die sogenannten Gall-Gaedhel oder „fremden Iren" im Auge, die in der Geschichte Irlands im 9. Jh. eine so groſse Rolle spielen. Sie waren Leute, von denen das Bruchstück eines irischen Jahrbuches vor etwa 850 sagt: „In diesem Jahre verlieſsen manche ihre christliche Taufe und plünderten Armagh und führten seine Reichtümer fort." „Es waren", heiſst es weiter, „Leute, die ihre Taufe aufgegeben hatten und allgemein Norweger genannt wurden; denn sie waren von diesen erzogen worden, und wenn auch die eigentlichen Norweger gegen die Kirchen wüteten, so waren diese doch weit schlimmer, wo immer in Erin sie sich auch aufzuhalten pflegten."

Aus aller Art zusammengelaufenem irischen Gesindel und halb hibernisierten Wikingern bestanden die Scharen dieser „fremden Iren" oder „Söhne des Todes", wie sie auch bezeichnend genannt wurden. Ihren festen Zufluchtsort hatten sie vermutlich auf den Hebriden, von wo sie Plünderungszüge nach der Nordküste Irlands unternahmen.*) Die Bevölkerung auf den Hebriden, die noch im 13. Jh. „Gall-Gaedhel" genannt wurde, war schon in der frühesten Wikingerzeit halb irisch halb nordisch geworden. Vor der Mitte des 9. Jhs. begegnen

---

*) Three Fragments, S. 127 u. a. o.

wir hier oben Häuptlingen, deren eigener Name nordisch ist, deren Vater aber einen irischen Namen trägt. Die vielen Norweger und Dänen, die sich auf den Inseln niederlassen, ordnen sich nach irischer Weise in Clans, aber bleiben wilde Wikingerführer, wenn auch manche von ihnen bereits im 9. Jh. zum Christentume bekehrt waren. Kein Wunder, daſs die Hebriden die feste Burg der „fremden Iren" war, jene Stätte, wo der Wikingergeist in seiner ganzen Wildheit und Grausamkeit so lange noch am Leben blieb. Doch auch in Irland heerten sie von Norden nach Süden. Ihr Führer war Ketil der Weiſse (Caitill Finn). Einige Forscher sind der Ansicht, daſs er die historische Grundlage für den Finn bildet, um den sich der Ossian-Sagenkreis gewoben hat. Andere wiederum haben gemeint, daſs er derselbe sei, wie Ketil Flatnef, den Harald Hárfagri über die Hebriden setzte, der sich aber später gegen ihn empörte. In jedem Falle ist er, wie der Name zeigt, von nordischer Herkunft gewesen. Um ihn haben sich Wikinger wie Iren geschart. Aber die „fremden Iren" waren ein geradeso groſses Unglück für Iren wie für Nordleute. Dublins norwegische Könige und irische Häuptlinge schlossen sich daher zusammen, um sie zu vernichten. Im Jahre 857 fand Ketil der Weiſse schließlich den Tod in Munster. Nach dieser Zeit hören wir fast nichts mehr von den Heerfahrten der „fremden Iren". Aber die irischen Jahrbücher zeigen uns, daſs die Nordleute und Iren auch später an manchen Stellen friedlich Seite an Seite lebten, und daſs die Iren sogar bei manchen Gelegenheiten den Nordleuten gegen ihre eigenen Landsleute halfen. Norwegische Wikinger von Irland im Verein mit den Dänen belagerten im Beginn des 10. Jhs. die Stadt Chester, die von der Römerzeit her stets eine starke Feste gewesen war. Bei dieser Gelegenheit, so wird erzählt, hatten die Norweger „manch einen irischen Pflegesohn" bei sich.*) In den 30er Jahren des 10. Jhs. wurde Cellachan von Cashel Oberkönig über Munster. Er war ein gewaltiger Krieger und hatte sich als sein Ziel gesteckt sein Heimatland von der Tyrannei der Nordleute zu befreien. Er zog daher zuerst nach Limerick und schlug die Wikinger dort in einem groſsen

---

*) Three Fragments, S. 233.

Kampfe aufs Haupt. Deren Häuptlinge tragen teils nordische teils irische Namen. Einer von ihnen ist von den Hebriden, die bei mehreren Gelegenheiten in Verbindung mit dem Reiche in Limerick standen. Er trägt den irischen Namen Morann und wurde genannt „Sohn des Flottenkönigs von Lewis vom Lande der Norweger". Ein anderer von den Häuptlingen in Limerick wurde Morann, Sohn des Connra, genannt; er war, wie es scheint, ein Nachkomme von Wikingern, die sich im Lande der Eoganachter in der Grafschaft Kerry im Südwesten von Irland niedergelassen hatten, wo sie nun einen eigenen Clan bildeten, irische Sprache und Sitte angenommen, aber dessen ungeachtet ihre nordische Herkunft nicht vergessen hatten.

Nach dem Siege bei Limerick zieht König Cellachan mit seinen Mannen durch das ganze südliche Munster nach Cork, Waterford und Cashel. Überall haben sie Kämpfe zu bestehen mit Nordleuten wie mit eingeborenen irischen Stämmen, die auch nicht geneigt waren, König Cellachans Oberhoheit anzuerkennen.*) In diesem Kampfe stehen Nordleute und Iren ständig zueinander gegen den König von Munster und leben Seite bei Seite, wie es scheint, im besten Einvernehmen. Ebenso ist es in der zweiten Hälfte des 10. Jhs., als Mathgamhain und sein berühmterer Bruder Brian Borumha Oberkönige über Munster waren. Sie gehörten dem Stamme der Delcassier in der Grafschaft Clare an und hatten besonders mit den Nordleuten im östlichen Teile von Munster zu kämpfen. Als sie im Ernste begannen, ihre Machtbefugnisse als Munsterkönige geltend zu machen, stießen sie auf Widerstand nicht allein bei den Nordleuten, sondern auch bei den Iren. Diese bildeten mit dem Könige von Limerick an der Spitze eine Verschwörung gegen Mathgamhain, der schließlich im Jahre 976 durch Verrat eines irischen Fürsten gefangen genommen und getötet wurde.

So lebten also, wie wir sehen, Iren und Nordleute oft friedlich nebeneinander. Wohl herrschte oft Streit und Kampf und die irischen Chronisten schildern gewiß mit starken Farben die Plünderungen und die Gewaltherrschaft der Wi-

---

*) Siehe den Anfang der Saga von Cellachan von Cashel.

kinger. Aber das gilt besonders für das 9. Jh. Zeitweise macht sich auch der Haſs der Iren gegen die fremden Eroberer Luft, wie folgende Schilderungen von Szenen aus einer Schlacht zwischen Iren und Nordleuten zeigen: „Da erhoben die wahrhaft tapferen Norweger mit den breiten Waffen sich und die häſslichen abscheulichen Nordleute mit den schwarzblauen Gesichtern*) und die unedlen niedriggeborenen Dänen, die ohne Liebe und ohne Erbrecht zu Fodlas ewigschöner Insel und ohne Herkunft und Sippe in Banba waren.**) Häufiger sieht es aus, als ob die Iren den Mut und die Tapferkeit der Nordleute und in Sonderheit ihre trefflichen Waffen und Rüstungen bewundern. Die Wikinger werden in den Sagas „Helden" geradeso wie die irischen Kämpen genannt. Sie kämpfen wie „Löwen" und fallen mit Ehren im Kampfe; ja sie werden sogar bisweilen mit solchen ehrenden Beiwörtern wie „hochgesinnt" und „feierlich" bedacht.

Aus diesem Grunde konnte auch die Rede von einem fruchtbaren Zusammenleben zwischen Iren und Nordleuten sein. Kaum in irgend einem andern Lande haben die Wikinger und die ursprünglichen Einwohner soviel von einander gelernt als gerade hier. Schon im 9. Jh. sehen wir die Wikingerhäuptlinge sich mit irischen Königstöchtern vermählen, war es auch oft, wie es in einem alten Liede heiſst, „ihnen nicht lieb". Im 10. Jh. wurden solche Ehen so allgemein, daſs es kaum ein irisches Fürstenhaus gab, das nicht mit den Nordleuten verwandt oder verschwägert war. Und zeugt es nicht von Kulturfortschritt, wenn wir von einem Häuptling von Leinster ungefähr 870 hören: „So groſs war die Herrschergewalt und der Einfluſs, die er über die Norweger gewonnen hatte, daſs sie keine Arbeit an den Sonntagen ausführen durften."***) Oder ist nicht ein Unterschied zwischen der Wildheit und Roheit bei dem Kampfe um die Mitte des 9. Jhs., da jene ihre Speisen in Kesseln, die zwischen die Leichen der

---

*) Die Gesichter werden schwarzblau genannt, weil sie von Helm und Visier umschlossen bezw. bedeckt waren.

) **Fodla und **Banba** sind poetische Namen für Irland. Die Schilderung stammt aus der Saga von Cellachan.

***) Three Fragments, S. 185.

gefallenen Feinde gestellt sind, kochen, und dem Auftreten der Wikinger etwa 70 Jahre später.

Im Jahre 921 plünderte einer der Häuptlinge von Dublin, Godfred, Ivars Enkel, Irlands berühmtes Heiligtum Armagh. Aber er schonte die Bethäuser, die Siechenhäuser mit den Aussätzigen und die Kirchen, sodafs nur einige wenige, die durch Unvorsichtigkeit angezündet wurden, niederbrannten.*) Hundert Jahre später — im Jahre 1020 — wurden, so wird überliefert, „die Häuser mit Handschriften darin" geschont.

Irische Namen werden allgemein nicht und in den norwegischen Häuptlingsgeschlechtern, sondern auch unter den Vornehmen, und das Christentum gewann im Laufe des 9. Jhs. nach und nach Eingang in die Wikingeransiedlungen, möglicherweise bereits von der Mitte des Jahrhunderts an. Nach der unglücklichen Schlacht bei T a r a (980) pilgert Dublins König, der sowohl in Englands und Irlands Geschichte als auch in den Sagas berühmte Olaf Kváran nach Columbas heiliger Insel Jona, „allwo er starb nach bufsfertigem und gutem Leben" (d. h. in der Mönchskutte).**) Nicht allzu viele Jahre danach — im Jahre 994 — entführte ein irischer König Thors heiligen Ring von Dublin und im Jahre 1000 nach dem Siege von Glenmama verwüstete König Brian Borumha Thors heiligen Hain auf der Nordseite von Dublin. Das Christentum ist von nun an die Staatsreligion der Nordleute in Irland. Bereits im Jahre 1014 — zur Zeit der grofsen Clontarfschlacht — wird Dublin als völlig christliche Stadt geschildert.

Irlands berühmtester Dichter um die Wende des Jahrtausends war M a c L i a g, König Brians Hirdskalde, er hatte die hohe Würde „eines obersten Doktors über ganz Erin" inne (*ard-ollamh*). Mac Liag nahm nicht selbst an der Schlacht bei Clontarf teil, blieb aber tief ergriffen über seines Wohltäters und Herrn König Brians Fall. Einer von denen, die im Kampfe fielen, war Tadg O'Kelly, König über Ui Maine, den man vergebens zum Verrat an Brian zu bewegen versucht hatte. Auch diesem Fürsten hatte Mac Liag nahe gestanden und nun eilte er nach Dublin. In einem noch bewahrten Gedichte bittet er den Dublinkönig, in dessen Hird

---

*) Ulsterannalen A° 919, Annals of the four Masters, A° 920.
**) Four Masters, A° 979.

(Gefolgschaft) er manch frohe Stunde hatte verbringen dürfen, Tadg nicht früher ins Grab legen zu lassen, bevor er einen letzten Blick auf seinen gefallenen Freund geworfen habe:

„Schwer und doch leicht kam ich nach Ath Cliath,*)
Nach Olafs Burg mit den goldnen Schilden.
Von Ath Cliath mit Schwertern und Grüften
Rasch und doch langsam die Heimfahrt wird sein.

O Männer vom Dublin der Glocken,
Äbte ihr und Bischöfe!
Werft nicht Erde auf Tadg O'Kelly,
Ehe ich ihm den letzten Blick gegönnt!

O Haralds Geschlecht, der Dichtung Preis!
O ihr, die übrig von Norwegs Heldenscharen!
Nicht war Ui Maines Häuptling von fremder Sippe
Oder Sprofs von niederem unedlem Stamme."

Schon vor der Schlacht bei Clontarf scheinen weibliche Mitglieder des Königshauses von Dublin in irische Klöster gegangen zu sein, und im Jahre 1012 stirbt ein Mann nordischer Herkunft als Priester in Clonmacnois.**) Die Hochschule von Clonmacnois war um das Jahr 1000 die berühmteste in Irland. Sie war im Jahre 554 vom heiligen Ciaran gegründet worden und wuchs allmählich zu einer wirklichen Universität heran. Einen Vorteil hat sie vor den anderen Pflegestätten der Wissenschaft voraus. Sie gehörte nicht irgend einem einzelnen Stammverband an, sondern erhielt ihre Äbte und Lehrer aus allen Teilen Erins. Was Wunder, dafs die Nordleute da auch an dieser am meisten kosmopolitischen Hochschule Irlands studierten. In der Tat scheinen nordische Ortsnamen, die bereits in der ersten Hälfte des 11. Jhs. in Clonmacnois vorkommen, zu beweisen, dafs die Sache sich so verhielt.***)

In den Städten der Nordleute in Irland herrschte trotz der Kämpfe und Fehden der Wikingerzeit ein glanz- und

---

*) Ath Cliath („The Ford of Hurdles") ist der irische Name für Dublin. Das Gedicht soll demnächst mit Mac Liags anderen Gedichten von Professor Kuno Meyer in Liverpool herausgegeben werden.

**) Der Name des Mannes ist Connmach Ua Tomhrair (d. i. Enkel des Thorir), Four Masters A° 1011.

***) Vgl. A. Bugge, Nordisk Sprog och Nationalitet i Irland, in Aarbøger for nordisk Oldkyndighed 1900. In Clonmacnois gab es Ortsnamen, die mit *garda* (altnord. *garðr*, d. i. „Hof, Landgut") zusammengesetzt waren.

prachtvolles, aber auch ein reges und reiches geistiges Leben. Dublin, Limerick, Cork und Waterford waren bereits um die Mitte des 10. Jh. starke Festungen, umgeben von Wällen und Gräben. Schon zur Zeit der Clontarfschlacht waren die Mauern Dublins aus Stein hergestellt und, wie es bei den französischen Städten Mode war, mit Wachttürmen und Donjons versehen. Limerick wird in einer Saga des 11. Jh. „die Stadt der zusammengenieteten Steine“ genannt.*)

Der Handel begann emporzublühen. Denn die alten Wikinger waren nicht nur Seeräuber und Krieger, sondern ebenso sehr Kaufleute. Sie führten Irlands Erzeugnisse nach dem Auslande und brachten die Erzeugnisse des Südens und Westens mit sich zurück, als Weizenmehl, Wein, kostbare Tuche und Seidenstoffe, alles was Erin nicht selbst hervorbrachte. Daher konnte auch die Sage später im Mittelalter berichten, daſs die Wikinger oder „Ostleute“ Erlaubnis erhielten, sich in Irland niederzulassen unter der Bedingung, daſs sie Handel trieben und die Insel mit allem Notwendigen versähen.**) Noch im 17. Jh. erzählt ein irischer Historienschreiber,***) daſs die meisten Kaufleute in Dublin von nordischer Herkunft seien, und vom Dublinkönige Olaf Kváran abstammten.

Am lebhaftesten war die Handelsverbindung zwischen Irland und den Städten auf der anderen Seite der Irischen See und des St. Georgs-Kanals, mit Chester am Dee und besonders mit Bristol. Zu beiden Seiten des Bristolkanals bestand bereits gegen Ausgang der Wikingerzeit eine Reihe von kleinen Städten, die teils wirkliche Wikingeransiedlungen waren, teils aber dem Handel der Nordleute ihre Bedeutung verdankten, Städte wie Milford, Tenby, Swansea usw. Die wichtigste von ihnen war jedoch Bristol. Hier war die Zentrale des Handels von Irland und ebenfalls von den Nordlanden selbst. William von Malmsbury, ein englischer Historiker, der um das Jahr 1140 lebte, erzählt nämlich, daſs

---

*) Saga von Cellachan, k. 10.

**) Giraldus Cambrensis in seiner Expugnatio Hiberniae.

***) Duald Mac Firbis in seinem noch unedierten Leabhar Genealach (Buch der Genealogien), einer der merkwürdigsten historischen Arbeiten der Iren, die ein Verzeichnis aller irischen Clans und ihrer Abstammung enthält.

„Bristol ein Hafen für Schiffe ist, die von Island, Norwegen und anderen überseeischen Häfen kommen." Bristol war besonders der Markt für den Sklavenhandel, der noch im 11. Jh. in derselben Weise wie heutzutage in Afrika getrieben wurde. In Bristol wurde die mit Stricken gebundene Menschenware verkauft und hinüber nach Irland geschafft. Die gröfsten Sklavenhändler waren nordische Kaufleute, die über ungenügende Zufuhr an Ware während der Wikingerzüge sicherlich nicht zu klagen hatten. Auch in Irland blühte der Sklavenhandel; hier wurden nicht nur eingeborne, sondern auch nordische Leibeigene verkauft. So sagt das irische „Buch der Gerechtsame" (*Leabhar na g-ceart*), das aus dem 11. Jh. stammt, u. a.: „Dem Könige von Brugh - Righ*) steht das Recht zu von Erins König zehn braunrote Mäntel und zehn hellblonde Fremdlinge (d. h. Nordleute) zu erhalten, die kein gälisches Aussehen haben.**) Bis nach dem Norden kamen diese irisch - nordischen Sklavenhändler und wo immer Markt abgehalten wurde, sei es auf den Brennöer an der Mündung der Götaelf oder zu Halöre, sie schlugen ihre Buden auf, wo sie, wie wir es noch heute von den Morgenlanden lesen, die Sklavenweiber für die Kauflustigen zur Schau ausstellten.

Der Handel erstreckte sich viel weiter als nach Englands Küsten. Der nordische Kaufmann hatte den Mut und die ganze Dummdreistigkeit der Wikinger. Von Waterford, Cork und Limerick segelte er nach Südfrankreich, nach den Gegenden an der Mündung der Loire und Garonne, um dort den köstlichen Saft der Traube zu holen, den Iren wie Nordleute gleich hoch schätzten. In einem alten irischen Glossar von etwa 900 findet sich ein Wort für ein Hohlmafs, von dem es heifst, dafs es in den Seegesetzen (d. h. in den ungeschriebenen Bestimmungen der Nordleute über Handel etc.) vorkommt und von nordischen und fränkischen Kaufleuten gebraucht wird, um zu messen.***) Dublins Männer mufsten, so erzählt der

---

*) Brugh Righ (nun Bruree am Flusse Maigue in Limerick) war eine der Residenzen der Munsterkönige.

**) Book of Rights, ed O'Donovan, p. 84—85, und Book of Ballymote p. 271 col. b.

***) „*Epscop fína* in the Sea-Laws, i. e. a vessel for measuring wine among (apud) the merchants of the Norsemen (gen. pl. *gall*) and Franks";

erwähnte Fili[1]) Mac Liag in einer seiner Dichtungen, 150
Fässer Wein als jährliche Steuer an den König Brian ent-
richten, und von Limerick sollte er erhalten „eine Tonne jeden
einzigen Tag". Von Südfrankreich war der Weg nach Spanien nicht weit, wo die Mauren den Grund gelegt hatten zu
einer Zivilisation, die in materieller Hinsicht weit höher stand,
als irgend eine andere in Westeuropa. Hier wurden die Baum-
wollstaude, die Dattelpalme und der Maulbeerbaum kultiviert.
Hier wurden Seidentuche gewebt, Scharlach- und kostbare
golddurchwirkte Zeuge. Die Lederindustrie blühte, das feine
Korduanleder ist so nach der Stadt Cordoba benannt worden.
Nach Spanien müssen Kaufleute von Limerick bereits in der
ersten Hälfte des 10. Jhs. gekommen sein:

Im Jahre 968 plünderten die Iren Limerick und führten
mit sich fort der Nordleute „Kleinodien und beste Habe, ihre
schönen ausländischen Sättel, ihr Gold und Silber, ihre schön
gewobenen Gewänder aller Farben und aller Art, Sammet
und Seide, scharlachrot und grün sowie Tuche derselben Art."*)
Alle diese Waren kamen zu jener Zeit ausschliefslich vom
Orient oder vom Lande der Mauren nach Europa. Aber wenn
die Rede ist von „schönen ausländischen Sätteln", so weist
das besonders auf Spanien als die Stätte hin, von wo die
Wikinger die Erzeugnisse des Orients nach ihren Kolonien
holten.

Die Kaufleute von Dublin und den übrigen norwegischen
und dänischen Städten in Irland vergafsen keineswegs ihre
Stammverwandten in der alten Heimat. Nach Island kamen
Schiffe von den Hebriden und Irland. „In jenem Sommer,[2])
als das Christentum auf Island durch Gesetzesbeschlufs angenommen wurde, landete ein Schiff am Snæfellsnes, das war
ein Dublinfahrer. Es hatte Iren und Hebriden und nur wenige
Nordleute an Bord."

Unter den eingeführten Waren werden genannt englische
Tuche, Seidenteppiche und Frauenschmuck.**) Auf dem Markte

Cormac's Glossary, transl. by O'Donovan, ed. by Whitley Stokes, p. 67.
Cormac († 907) war König und zugleich Bischof von Munster.

[1]) Dies irische Wort bezeichnet den gelehrten Dichter.
*) War of the Gaedhil, S. 78.
[2]) Im Jahre 1000.
**) Eyrbyggja Saga, Kap. 50.

der Brennöer begegnen wir unter den Kaufleuten einen Mann
mit Namen Gilli.*) Er war Sklavenhändler und einer der
reichsten Kaufleute des Nordens. Wir kennen seinen Namen,
weil er an den isländischen Häuptling Hǫskull eine Sklavin verkaufte, die Mutter des Olaf Pái wurde und selbst eine Königstochter war. In Dublin geprägte Münzen, die in Norwegen gefunden wurden und vom Beginne des 11. Jhs. stammen, zeugen
auch vom Handel zwischen Irland und Norwegen. Auf Gottland hat man ebenfalls viele irische Münzen gefunden
und noch mehr zeugt der keltische Einfluſs auf Gottlands
Ornamentkunst in der Wikingerzeit wie lebhaft der Handel
zwischen Gottland und Irland gewesen sein muſs. Selbst nach
den Wikingeransiedlungen in Ruſsland dehnten die irischen
Kaufleute ihre Fahrten aus. Wir haben von Gille vernommen,
der seinen Verkaufsstand auf dem Markte der Brennöer hatte.**)
Dieser Mann trägt den Beinamen „der Russische" (*Gilli enn
gerzki*), sicherlich weil er Handel mit Nowgorod und anderen
Städten in Ruſsland trieb, wohin er wohl in Gesellschaft mit
gutnischen (d. i. gottländischen) Kaufleuten gekommen ist.

Von Spanien im Süden bis nach Island im Norden und
Ruſsland im Osten, fürwahr ein weites Gebiet, das die norwegischen und dänischen Kaufleute mit ihrem Handel umschlossen.

Fremde Kaufleute strömten nach den irischen Städten,
unter denen besonders Dublin bald zu einer der bedeutendsten
in Westeuropa aufwuchs. Isländer und Norweger unternahmen
Handelsfahrten nach Dublin. „Von dieser Fahrt wird nun
am meisten geredet", heiſst es in der Egils Saga (Kap. 22).
Ein Isländer wird Hrafn Limericksfahrer genannt, „weil er
sich lange zu Limerick in Irland aufgehalten hatte."***) Um
die Zeit der Clontarfschlacht (1014) hören wir in Dublin von

---

*) Das irische *gilla* bedeutet „Diener" und wird häufig im Zusammen-
hange mit Christi oder der Heiligen Namen angewendet, um christliche
Personennamen zu bilden, z. B. Gilla Muire („Marias Diener"). Die Nordleute in Irland brauchten aber Gille allein als Namen. So hieſs ein Bischof
von Limerick um das Jahr 1100 Gilli. Zu vergleichen ist auch der Name
des norwegischen Königs Harald Gilli († 1136).

**) Vgl. die Laxdœla Saga.

***) Landnámabók II, Kap. 22.

„den Kaufleuten, die von Frankreich, von den Sachsen (d. i. England), von Wales und von den Römern gekommen waren.“

Während die Leute sonst in Europa sich ungern weit vom Lande fort wagten und am liebsten gegen Abend wieder im Hafen sein wollten, segelten die nordischen Kaufleute furchtlos über das offene Meer. Das war es, was vor allem ihnen Reichtum brachte. Aber sie verstanden auch die schwere Kunst des solidarischen Zusammenschlusses. Schon zu Knut des Grofsen († 1035) Zeit scheinen sie sich in England und auch wohl in Irland zu Gilden und Gesellschaften (*lag*) organisiert zu haben und bereits um das Jahr 900 scheinen gewisse Gesetze und Bestimmungen für den Handel zwischen Kaufleuten von Dublin und Limerick und südfranzösischen Händlern allgemein gültig gewesen zu sein. Dublin war vermutlich schon um das Jahr 1000 zu einer Stadtkommune mit eigenen Gesetzen und Bestimmungen herangewachsen. In einer grofsen Schlacht im Jahre 980 fiel unter anderen Häuptlingen von Dublin einer, der genannt wurde „Der Sprecher von Dublin“.*) Dieser Mann ist wohl eine Art von Gesetzsprecher (isl. *lǫgsǫgumaðr*) gewesen, der die Verhandlungen auf dem Thingplatze vor den Toren Dublins geleitet hat, wo die Männer der Stadt noch weit ins Mittelalter hinein zu Gerichte safsen.

Mit Hilfe ihres verhältnismäfsig entwickelten Beamtenwesens, ihres Heeres und ihrer Flotte bewahrten die Dublinkönige ihre Macht. Ringsum im Lande safsen ihre Vögte, um Steuern einzutreiben, und Soldaten, die bei der irischen Bevölkerung einquartiert waren, um sie in Zucht und Furcht zu halten. In einer der irischen Sagas heifst es: „So grofs war die Unterdrückung Erins durch die Nordleute, dafs sie einen König über jede Landschaft, einen Häuptling über jeden Bezirk, einen Vogt über jedes Dorf und einen angeworbenen Soldaten in jedes Haus setzten.“ Aufserdem hatte der Dublinkönig nach altnordischem Brauch seine Hird (Gefolgschaft). Doch war sie nach französischem Muster zu einem wirklichen stehenden Heere umgebildet und tat nicht länger Dienst zu Fufs, sondern wurde eine Reitertruppe. Um die Flotte zu erhalten, war auf Man wie in den irischen Wikinger-

---

*) *Arlabraid Atha Cliath*, Chronicum Scotorum A⁰ 978.

kolonien das Leiðangwesen[1]) eingeführt. Das Wort „leiðangr" selbst ist sogar ins Irische als *laideng* übergegangen
und bezeichnet hier „eine Flotte"; — dieselbe Bedeutung hat
übrigens das irische *uiging,* dasselbe Wort wie das altnordische
víkingr („Wikingerzug"). — Die jungen irischen Männer mufsten
Kriegsdienste an Bord der Schiffe leisten und selbst für ihren
Unterhalt sorgen.

Aber diese harte Lehre war nützlich für die Iren. Sie
lernten selbst seetüchtige Schiffe bauen und können bereits
um die Mitte des 10. Jhs. wirkliche Flotten bilden. Ja
ein irischer König, der oft erwähnte Brian Borumha kann
sogar kurz nach dem Jahre 1000 eine mit Iren und Nordleuten
bemannte Flotte ausrüsten. Mit dieser segelte er über das
Meer und schatzte Sachsen und Waliser und die Bewohner
von Lennox und Argyle in Schottland.*) In wie grofser Schuld
die Iren auf diesem Gebiete bei den Nordleuten stehen, zeigt
am besten die Sprache selbst. Wörter wie „leiðangr, víkingr,
knǫrr (Handelsschiff), karfi (eine kleinere Art von Kriegs-
schiff), lypting (das erhöhte Deck am Achter des Fahrzeuges),
þopta (Ruderbank), þilja (Brett, Diele, plur. Schiffsdeck), stýri-
maðr (Steuermann)" usw. sind alle aus dem Nordischen ins
Irische übergegangen.

Die Steuern wurden unerbittlich und mit grofser Härte
eingetrieben. Wer nicht zahlen konnte, mufste Leibeigener
werden oder ihm wurde die Nase abgehauen. Die Abgabe
war eine Kopfsteuer oder richtiger eine Nasensteuer, wie
die alten Nordleute sie nannten. Auch in Norwegen war die
Nasensteuer (*nefgildi*) bekannt, hier wurde sie von Harald
Hárfagri eingeführt.

Grofs waren die Reichtümer des Dublinkönigs und strah-
lend die Feste, die in seiner Halle gefeiert wurden in „Olafs
Burg mit den goldenen Schilden", zu „Dublin mit den fest-
lichen Trinkhörnern". In einem irischen Gedichte singt der
Fili (der irische Skalde) von Dublin: „Ich lasse der Wikinger-

---

[1]) *Leiðangr* (dän.-norw. *leding*) bedeutet zunächst „Kriegszug zur
See" und „Seekriegsdienst", dann aber „alles, was an Schiffen, Proviant,
Leuten zu einer solchen Fahrt requiriert wird", „die Kriegssteuer" und
schliefslich „die Expeditionstruppe" selbst.

*) War of the Gaedhil, S. 137.

stadt den Vorrang mit ihren glänzenden Kriegern, den Vorrang mit ihren schönen Mädchen, den Vorrang räume ich
ihren Söhnen in der Kunst des Schwimmens ein, den Vorrang
in Kampf und Krieg, den Vorrang in ihren Palästen und Bau-
werken und im Handel, den Vorrang im Rundgang der Hörner
und beim Gelage".

Aber neben dem materiellen Wohlstand blühte auch üppig
das geistige Leben, rege war der Sinn für die Kunst, besonders
für die Poesie.

Isländische Skalden besuchten die Hird des Dublinkönigs.
Ein einziger Þorgils Orraskáld Þorvarðsson, der von
Seljabrekka am Borgarfjord stammte, scheint doch sein ganzes
Mannesalter am Hofe zu Dublin in der Hird des Olaf Kváran
zugebracht zu haben, dort dichtete er seine verloren ge-
gangenen Gedichte. Selbst die Sagaerzählung gedieh bei den
Nordleuten in Dublin, wie einzelne Forscher meinen.*) Sicher
ist jedenfalls, daſs eine im 11. Jh. verfaſste irische Saga (von
Munster) bei ihrer Erwähnung der Clontarfschlacht im Jahre
1014 die „Sagaverfasser der Nordleute oder der Fremden"
(*senchaidi Gall*) zitiert.**) Man hat sogar Grund zu der Annahme, daſs in Dublin eine Saga von König Brian Bormuha in
nordischer Zunge erzählt und vielleicht gar niedergeschrieben
worden ist. Das irische Wort, das ich mit „Sagaverfasser"
übersetzt habe, bezeichnet eine Klasse von Männern, von denen
jeder irische Clan einige besaſs. Ihre Aufgabe war, die Ge-
schlechtsregister in Ordnung zu halten, die historische Tradition zu bewahren u. ä., eigentliche Geschichtsschreiber waren
sie jedoch kaum. Auch irische Skalden sangen in der Hird
der Wikingerhäuptlinge, und gerade diese Begegnung zwischen
irischen, norwegischen und isländischen Skalden hat, wie ich
glaube, die allergröſste Bedeutung für die Entwicklung der
Skaldenkunst und der isländischen Sagaschreibung gehabt. —
Selbst im fernen Limerick liebten die Wikingerhäuptlinge die
Dichtkunst und hatten Dichter in ihrer Hird.[1] Von einem

---

*) Sophus Bugge, Norsk Sagafortælling i Irland, udg. af Norsk hist.
Forening.

**) War of the Gaedhil, S. 188.

[1] Lange ist der Einfluſs irischer Dichtkunst auf die Poesie der
Skalden geleugnet und unterschätzt worden, wie überhaupt der Einfluſs

der Könige von Limerick mit Namen Dubchenn oder
„Schwarzkopf" sagt so ein irischer Dichter, „der blinde
Barde" genannt, in einem Gedicht zum Andenken an den
Munsterkönig Mathgamhain († 976):

> „Ich will den Nordleuten keine Vorwürfe machen
> Wegen meiner Freundschaft zu Dubchenn."*)

In der Hird der Dublinherrscher sammelten sich die be-
rühmtesten irischen Skalden und sangen ihre Lieder. Das
Geschlecht der Dublinkönige ist, sagt Mac Liag, „berühmt im
Lied". Mac Liag war, wie wir gehört haben, König Brians
Skalde. Ein anderer berühmter irischer Dichter aus derselben
Zeit war Erard Mac Coise, der Hofpoet bei Brians Gegner,
Erins früherem Oberkönige, Maelsechlainn war. Aber waren
ihre Herren auch Feinde, so waren die beiden berühmten
Dichter doch gute Freunde. Einst hielten sie sich beide zu
gleicher Zeit am Hofe des Dublinkönigs auf und befanden
sich wohl, wie es scheint, unter den um die Jahrtausendwende
schon in mancher Hinsicht vollkommen zivilisierten Nachkommen der Wikinger. In einem auf uns gekommenen Gedichte, worin Mac Liac Erard Mac Coise anredet, sagt er:
„Kurz, scheint mir, ist unser Aufenthalt in Dublin gewesen,
obschon es Brian lang dünkt, wenn er meinen Erzählungen
nicht lauscht."

Ein berühmtes irisches Gedicht aus dem 11. Jh. schildert
einen Sturm auf dem Meere. Die Erzählung über die Entstehung dieses Gedichtes ist sicherlich nicht von verbürgter
historischer Wahrheit, da sie einem Dichter in den Mund
gelegt wird, der kurz vor dem Jahre 750 starb. Aber sie
gibt uns, wie mich bedünkt, in manchen Stücken ein getreues
Bild vom Leben und Treiben in der Hird des Dublinkönigs.
Der Dichter Rumunn hatte ein Gedicht zu Ehren der Wikinger
in Dublin verfaßt, doch diese sagten, daß sie ihm keinen
Lohn für sein Lied geben wollten. Da machte er seinen berühmten Vers: „Wenn jemand mir weigert des Liedes Sold,
meinethalben mag er's", und die Nordleute gaben ihm *sjálf-*

---

der Kelten auf die Germanen. Übersetzer dieses hat begonnen, diesen
Einfluß zum Gegenstande eingehender Untersuchungen zu machen, deren
Resultate er in nicht allzulanger Zeit vorzulegen hofft

*) War of the Gaedhil, S. 99.

dœmi „das Recht in seiner eigenen Sache zu urteilen". Folgendes Urteil fällte der Schlaue: „Einen Pfennig für jeden Nordmann niederer Herkunft und zwei Pfennige für jeden Guten (d. h. von hoher Geburt)". Es war niemand unter ihnen, der ihm nicht zwei Pfennige gab. Aber die Dubliner wollten gern wissen, ob er ein selbständiger Dichter sei und baten ihn ein Lied zum Preise des Meeres zu singen. „Darauf pries er das Meer und er dichtete im Rausche: „Es rast ein Sturm auf Lers Gefilden."*)

Diese Erzählung kann freilich erdichtet sein, aber der Mann, der sie erzählt hat, muſs das Leben in der Königsburg zu Dublin gekannt haben. Sonst wäre er nicht auf einen so charakteristisch-nordischen Zug verfallen wie den, daſs Rumunn *sjálfdœmi* erhält, oder daſs die Wikinger, die sich selbst mehr auf der See als auf dem Lande aufhalten, von Rumunn, um ihn auf die Probe zu stellen, verlangen, daſs er über das Meer dichten solle. Aber die Hörner waren schon fleiſsig durch die Reihen der Mannen in der Halle gewandert; Rumunn war trunken und deklamierte frisch und keck. Endlich der Zug, daſs Rumunn seinen Lohn in Pfennigen bekommt. Das irische Wort für Pfennig „pingind" ist nämlich ein altnordisches Lehnwort (*penningr*), denn die Iren besaſsen vor der Wikingerzeit kein gemünztes Geld.

Das Christentum hatte schon zur Zeit der Clontarfschlacht bei den Nordleuten in Irland tiefe Wurzeln gefaſst und nicht lange danach erhebt sich in Dublin Irlands erste Steinkirche nach ausländischem Muster, die Christuskirche, die von Dublins König, Sigtrygg Seidenbart, und von seinem ersten Bischofe, dem in Irland geborenen Donatus, gebaut wurde. Nicht viele Jahre später (1050) bekommt auch Waterford seine Christuskirche und seinen eigenen Bischof. Merkwürdig ist es, daſs die Nordleute in Irland sich nicht an die irische Kirche anschlieſsen, sondern an die römische, und daſs sie den Erzbischof von Canterbury als ihr geistliches Oberhaupt anerkennen. Wenn ihre Hauptkirchen, wie die Domkirche in Nidaros, Christuskirchen benannt werden, so geschah

---

*) Ler war der alte Meergott der Iren; „Lers Gefilde" ist eine Kenning für Meer.

das sicherlich nach Christ Church, der Domkirche in Canterbury.*) Aber auch mit dem Christentum in Norwegen ver-
knüpften sie Bande; zu den ältesten Reliquien der Christuskirche in Dublin gehörten Stücke vom Gewande des hl. Olaf.**)
Das gewaltige Ringen bei Clontarf im Jahre 1014 zer-
störte das Verhältnis zwischen den Iren und Nordleuten keineswegs. Im Gegenteil — nach dieser Zeit hören die Wikingerzüge
nach Irland auf; Magnus Barfuſs' Zug ist der einzige Versuch,
der später von den Nordleuten unternommen wurde, um eine
Herrschaft in Irland zu begründen. Als der letzte Wiking in
Irland spielt Magnus Barfuſs auch eine gröſsere Rolle in der
irischen Heldensage als irgend ein anderer Wikingerhäuptling.
Schon in den ersten irischen Handschriften aus dem 14. Jh.
finden sich Verse über ihn.***) Am Ausgange des Mittelalters
sind Magnus Barfuſs' Heldentaten in den Sagenkreis von Finn
und Ossian verwoben. In einer irischen Handschrift von ungefähr 1600 findet sich eine Sammlung von Gedichten und
Erzählungen, die unter dem Namen „Finns Liederbuch" gehen.
Eine der Erzählungen schildert Finns und seiner Fenier Zug
nach Lochlann oder Norwegen, wo sie Magnus' des Groſsen
Reich verwüsten. Ihr gefährlicher Feind ist ein altes Weib,
das des Königs Gefolge, nachdem es gefallen, wieder zum
Leben erweckt — eine irische Variation der nordischen Sage
von Hildr und dem Kampf der Hedeninge (Hjaðningavíg).†)
In Gedichten des 17. Jh. wird von Magnus, Norwegens
König oder „Bergens König", wie er auch genannt wird,
von seinem Zug nach Irland, von seinem Kampf mit Finn und
den Feniern erzählt. Noch heutigentags erinnert man sich in
Irland an Magnus Barfuſs. An mehreren Orten pflegen die
Bauern, wenn sie sagen wollen, daſs ein Mann über die See
geht, zu sagen, „er nimmt Manus' Weg" (bóthar Manuis).††)

---

*) Diese Christuskirchen waren alle der hl. Dreifaltigkeit geweiht.
**) Book of Obits etc. of Christ Church.
***) Das sogenannte „Bunte Buch" (Leabhar Breac), fol. 256.
†) Vgl. H. Zimmer in Göttingische gelehrte Anzeigen 1890, Nr. 12.
Über die irischen Gedichte, die Magnus Barfuſs betreffen, vgl. auch A.
Bugge, Contrib. to the history of the Norsemen in Ireland, II (Viden-
skabsselskabets Skrifter, Kristiania 1900).
††) Manus ist eine spätere irische Form für den Namen Magnus.

Inniger und inniger verschmolzen die Iren und Nordleute
miteinander. Am Schlusse des 12. Jhs. konnte sogar ein irischer Skalde den nordischen König der Hebriden Rǫgnvald
Sigurdsson (1188—1226), der mütterlicherseits von irischer
Herkunft war, auffordern nach Irland zu kommen und sich
auf Taras alten Königsstuhl zu setzen.*)

In keinem anderen Lande, darf ich wohl sagen, haben
Nordleute und eingeborne Bevölkerung so gut von einander
lernen und sich gegenseitig beeinflussen können wie in Irland.
Die Nordleute bauten Städte, umgeben von Wall und Graben;
sie lehrten die Iren große seetüchtige Segelschiffe bauen,
Handel treiben, Münzen prägen und in Städten zu leben, sowie
der Städtebewohner Hantiernngen und Geschäfte zu betreiben.

Viele nordische Lehnwörter im Irischen bezeugen uns die
Überlegenheit der nordischen Kultur in materieller Hinsicht.
Wörter wie „brók" (Beinkleider) und das dem Romanischen
entlehnte „mǫttul" (Mantel) zeigen, daß unsere Altvorderen
die Iren den Gebrauch neuer Kleidungsstücke lehrten.**)
Wenn ein Wort wie „vindauga" (Fenster) in das Irische
übergegangen ist (fuindeog), so beweist uns das besser als
lange Auseinandersetzungen, was die Iren von der Hausbau-
kunst der Nordleute gelernt haben. Vom Gebiete des Handels
kann ich Wörter wie „mǫrk" (Mark) und „penningr" (Pfennig)***)
anführen. Und hierzu kommen die vielen Schiffsausdrücke.
Kaum ein Wort, das ein größeres Schiff bezeichnet oder einen
Schiffsteil, ist ursprünglich irisch mit Ausnahme des Wortes
für „Mast" und einiger weniger anderer. Der Rest ist dem
Latein oder dem Nordischen entliehen.

In allen Künsten des Geistes waren dagegen die Iren
überlegen. Sie brachten unseren Vorvätern Kunde von der
Kultur Griechenlands und Roms — barbarisch und unvoll-
kommen gewißlich, verderbt und verwischt durch Jahrhunderte lange Wanderung von Land zu Land, aber immerhin
eine Botschaft von reicherem und höherem geistigen Leben,
von menschenwürdigerer Kultur. Die Iren teilten den Nordleuten auch von ihrer hochentwickelten Ornamentik mit,

---

*) Das Gedicht ist in Skene Celtic Skotland III, S. 410—27 abgedruckt.
**) Im älteren Irisch heißen diese Wörter _brócc_ und _matal_.
***) Irisch _marc_ und _pingind_.

lehrten sie Schwertklingen und Steinflächen mit Spiralen, geflochtenen Bändern und gewundenen Schlangen schmücken.

Die Gabe der Dichtkunst und Sagaerzählung besafsen beide Völker seit uralter Zeit. Aber die Iren übten auch hier ihren Einflufs aus, sie lehrten die Nordleute ihre kunstvollen Dichtungen kennen und die Kunst der Erzählung vervollkommnen. Endlich darf nicht vergessen werden, dafs die ersten Keime des Christentums nach den Faeröer, Island und Norwegen von den Hebriden und Irland kamen. Freilich wurde dieses im Laufe der Zeit vergessen. Aber sicher ist es nichtsdestoweniger, dafs, als das Christentum im Jahre 1000 ohne Kampf durch Gesetzesbeschlufs auf Island eingeführt wurde, der Grund vor allem war, dafs die Nachfahren der auf den Hebriden und in Irland getauften Landnámsleute und die irischen Einsiedler, die sich bei Ankunft der Norweger auf der Insel befanden, den Boden vorbereitet hatten. Ein einzelnes Wort in der alten Sprache bezeugt auch den Einflufs vom irischen Christentum, nämlich *bagall* „Bischofsstab, Krummstab". Dieses Wort ist ein Lehnwort von dem dasselbe bedeutenden irischen *bachall,* das wiederum von dem lateinischen *baculum* „Stock" stammt.

Aber auch für den praktischen Gebrauch des täglichen Lebens hatten die Iren die Nordleute viel zu lehren, besonders was Ackerbau und Viehzucht anbetrifft, worin die Iren ihrerseits überaus viel von den Römern in Britannien gelernt haben. Mannigfache Kulturwörter legen Zeugnis ab, wie hoch die Faeröer, Island und Norwegen hier bei den Iren in Schuld stehen. Ich will nur zwei Wörter nennen, die noch heute im Norwegischen gebraucht werden: *Sonn* „Trockenofen" und *Tust* „Dreschstab", die das Irische aus dem Latein erhalten hat.

In Irland wurde in mancher Hinsicht das reichste Leben der Wikingerzeit gelebt. Nirgendwo begegneten sich zwei Völker, die so verschieden waren an Charakter, Kultur und sozialen Verhältnissen, wie gerade hier. Daher lebten auch die Nachkommen der Wikinger und Iren Jahrhunderte lang Seite an Seite, ohne miteinander zu verschmelzen und ineinander aufzugehen zu einer Zeit, wo in den Wikingerkolonien in England, Frankreich und Rufsland nur die Sprache dieser

Länder gesprochen wurde. Anderseits aber konnten Iren und Nordleute sich während des langen Zusammenlebens gegenseitig beeinflussen und lehren, nicht nur in Kampf und Streit, sondern auch in friedlichen Beschäftigungen.

Die Geschichte der Kultur studieren kann füglich mit einer Untersuchung der Strömungen des Meeres verglichen werden. Ihre Bahn ist nicht nur von Norden nach Süden und von Westen nach Osten gerichtet, sondern auch umgekehrt. Der grofsen Hauptströmungen Lauf kann jedermann verfolgen; aber es gibt auch Unterströme und kleine Nebenströme, die sich leicht der Aufmerksamkeit des Forschers entziehen. Wie das Binnenmeer zwischen Nord- und Mittelamerika, der Mexikanische Golf, die grofse Wärmequelle darstellt, die über die nordischen Lande ihre lebenspendende Wärme verbreitet, so ist auch ein anderes Binnenmeer in dem sonnengesegneten Süden, das Mittelmeer, eine grofse Wärmequelle der Kultur. An den Gestaden des Mittelmeeres haben sich alle grofsen Kulturströme gesammelt und sich von hier nach West- und Nordeuropa ergossen: Das Christentum, römische und griechische Geistesbildung, jene ganze Kultur, die noch die Grundlage unserer heutigen bildet. Es gibt doch einen Unterschied zwischen Meeres- und Kulturströmungen. Im Meere fliefsen die warmen Strömungen von Süden nach Norden und die kalten von Norden nach Süden. In der Menschenwelt aber hat die wachsende Kultur den Landen des Westens und selbst des Nordens das Vermögen gegeben durch Menschenfleifs und Menschenarbeit selbst eine Kulter zu entwickeln, von der wärmende und lebenspendende Ströme zurück- und über die ganze Erde rinnen können.

IV.

Erinnerungen an die Wikinger auf der Insel Man.

Inseln sind überall in der Menschheit Jugend Mittelpunkte höherer Kultur, blühenden Kunst- und Geisteslebens gewesen. Oder richtiger, dort sind die vielen Ströme von Ländern, wo die Kultur schon früher festen Fufs gehabt, einander begegnet und zusammengeflossen und dann hat sich auf den Inseln eine neue Kultur entwickelt, die sich von hier aus mit Vorliebe nach den naheliegenden Festlandsküsten ausbreitete. Das kann den Menschen unserer Tage wunderlich vorkommen, und doch ist es nach denselben Gesetzen erfolgt, die noch heutzutage bei der Ausbreitung der Kultur wirksam sind. Die Kultur ist zu allen Zeiten den grofsen Verkehrswegen gefolgt. In unseren Tagen wandert sie mit den Dampfschiffen und Eisenbahnen. In alten Zeiten, etwa zu Beginn unserer Zeitrechnung oder noch früher, folgte die Kultur auf ihrer Wanderung nach Nordeuropa den grofsen Handelswegen längs den Flüssen, besonders Oder und Weichsel entlang. In derselben Weise ist sie zu anderen Zeiten und in anderen Ländern und Erdteilen den grofsen schiffbaren Strömen gefolgt. Aber wenn so der Kaufmann, der in jenen entlegenen Zeiten der vornehmste Kulturträger war, dem Laufe der Ströme bis zu ihrer Mündung im Meer gefolgt war, dann begann der vielleicht schwierigste Teil seiner Reise. Ohne Kompafs, ohne Mittel Länge und Breite zu bestimmen, sollte er sich in gebrechlichem Fahrzeuge auf das wilde Meer hinauswagen. Daher segelte er am liebsten am Morgen aus, um am Abend wieder im sicheren Hafen zu sein. Eine Fahrt von mehreren Tagen über das offene Meer wagte er ungern zu unternehmen. Da war es natürlich, dafs er die Inseln aufsuchte, die auf den Wegen zwischen den Festländern lagen, vornehmlich, wenn sie sichere Häfen darboten. Den fremden Kaufleuten folgte stets der Wohlstand, sie gaben Geld und Waren in Tausch für die Produkte der Inseln. Das Beispiel drängte zur Nachahmung. Auch die Bewohner der Inseln selbst trieben Handel mit der Bevölkerung der naheliegenden Küsten. Der Reichtum wuchs und mit ihm der Drang nach Wohlleben, der Keim und Ansporn zu jeder höheren Kultur. So wurden im Altertume die Inseln des Ägäischen Meeres, Rhodos und Kreta, die Stätten, wo die griechische Kultur erst zu keimen und zu sprossen begann, um sich dann später an Hellas schönen Gestaden zu jener wundersamen Blüte zu entwickeln, deren Duft und Farbengeleucht uns ewig neu entzücken. Von Hellas wanderte die Kultur weiter nach Italien; hier trug sie zuerst üppige Blüten auf der grofsen Insel, die Italiens Südspitze vorgelagert ist, in den griechischen Siedelungen auf Sizilien.

In der Geschichte der nordischen Kultur haben Inseln eine ähnliche Rolle gespielt. Gottland war in den ersten Jahrhunderten unserer Zeitrechnung, ja bis in die Wikingerzeit hinein, das vorderste Eingangstor der nordischen Lande für europäische Kultur. Hier und teilweise auch auf den nahegelegenen Inseln Öland und Bornholm[1]) sammelten sich die fremden Kaufleute; Reichtum war in ihrem Gefolge und höhere Kultur, die sich von hier aus nach dem schwedischen Festlande und den übrigen Ländern des Nordens verbreitete. Für Norwegen haben meines Erachtens die Orkneys und Shetlandinseln eine in mancher Hinsicht ähnliche Rolle gespielt, wie Rhodos und Kreta im Altertume für Hellas Kultur. Hier kamen die Norweger und in ihrer Begleitung gutnische Männer im 7. und 8. Jh. zum erstenmale in Berührung mit keltischem Christentume, keltischem Geistesleben und keltischer Kunst. Hier siedelten sie sich selbst an und lebten vor den Stürmen der Wikingerzeit friedlich Seite an Seite mit Irisch und Piktisch redenden Bewohnern der Inseln und nahmen viel

---

[1]) Über Bornholm ist soeben ein epochemachendes Werk von Dr. Knut Stjerna erschienen: Bidrag till Bornholms Befolkningshistoria under järnåldern, Stockholm 1905.

von christlichen Anschauungen und keltischer Kultur in sich auf. Von hier ging dann der Kulturstrom befruchtend nach der nordischen Heimat.

Zu Beginn der Wikingerzeit wurden die Fahrten der Norweger weiter nach Süden ausgedehnt, nach den Hebriden und der fruchtbaren kleinen Insel Man kamen sie. Fast in der Mitte der Irischen See gelegen, gleichweit von Irland, England, Wales und Schottland entfernt, mußte Man natürlich ein Mittelpunkt für die Wikingerkolonien dieser Gegenden werden. Hier entwickelte sich im Laufe des 10. und 11. Jhs. eine halb nordische, halb irische, eine halb christliche, halb heidnische Kultur, deren Denkmäler mit zu dem Merkwürdigsten gehören, das unsere Vorväter uns hinterlassen haben. Ist es zufällig, daß die beiden Inseln, an den äußersten Grenzen der nordischen Welt nach Westen und Osten zu gelegen, für die Nachwelt dieselbe Art von Erinnerungen aus der Wikingerzeit bewahrt haben, Steine mit Runeninschriften, aber vor allem mit Bildern aus dem Leben und Götterglauben unserer Vorfahren? Nein, vieles scheint darauf hinzudeuten, daß die Kulturströmungen, denen wir nur mühevoll zu folgen vermögen, einmal zwischen beiden Inseln verlaufen sind und die fern von einander liegenden verbunden haben.

Durch ihren fruchtbaren Boden und durch ihren trefflichen Hafen bei den jetzigen Städten Peel, Castletown, Douglas und Ramsey war die Insel Man besonders geeignet ein Mittelpunkt der Wikingerkolonien des Westens zu werden. Die Insel Man hat in unseren Tagen ungefähr 55 000 Einwohner. Sie ist nur 588 qkm groß, aber auf diesem kleinen Gebiete vereint sie die wechselvollste, ungleichartigste Natur, man könnte versucht sein, sie ein Irland im kleinen zu nennen, denn die Natur gleicht hier mehr der irischen als der englischen. Im Süden um den kleinen Hafen Port Erin, ragen längs der Küsten wilde zerrissene Klippen empor, die lotrecht ins Meer abfallen. Im Norden hingegen ist das Land ganz flach. In der Eiszeit war der Norden der Insel noch kein trockenes Land. Aber in dem Maße, wie das Eis schmolz, hob sich auch das Land nach und nach, und Meeresboden wurde schließlich zu trockenem Lande. Im übrigen ist die Insel ziemlich bergig. Das Land steigt an von der Küste her und bildet in der Mitte der Insel Berge. Der höchste von diesen (Snaefell) ist 617 m hoch. Bei klarem Wetter hat man von dem Gipfel eine herrliche Aussicht und kann ganz nach Mull of Galloway in Schottland und nach den Bergen Antrims in Irland sehen. Das Innere des Landes durchziehen liebliche Täler, die irische Glens im kleinen sind. Sie sind ganz eng mit senkrechten Bergwänden und bieten kaum Raum für eine einzige Menschenwohnung, noch weniger für Äcker und Wiesen. Auf der Talsohle wachsen Pflanzen und Bäume fast so üppig und dicht wie in einem Urwalde: Farnkräuter, Geifsblatt, Berberitze, Christdorn und allerhand Arten anderer Sträucher, und an Eichen- und Buchenbäumen empor schlingt sich der Efeu und hängt herab wie ein dichter grüner Schleier. Kleine Bächlein rieseln zwischen den Stämmen und heben sich silberglänzend ab vom dunklen Laube. Höher an den Bergabhängen schwinden die Holzgewächse und es folgt zunächst eine Strecke, die mit Farnen bestanden ist, und dann ein breiter Streifen rotvioletten Heidekrautes; oben auf dem Gipfel gedeiht nur Gras und Moos. Das Klima der Insel ist feucht und mild; der Golfstrom sendet von Irlands Gestaden Wärme her. In den Gärten wachsen Walnufsbäume, Tomaten und alle Arten von südlichen Gewächsen; selbst Feigen reifen unter freiem Himmel. Der schöne Strauch Christi Blutstropfen, der im südlichen Irland zu hohen Bäumen aufwächst, erreicht hier Manneshöhe und findet sich überall auf der Insel gleich wie auf den Hebriden wildwachsend als Hecken und Gestrüpp.

Die Insel ist fruchtbar und überall herrscht gleichmäfsiger Wohlstand. Heutzutage gibt es keinen Adel und keine grofsen Güter auf der Insel Man, sondern nur kleine Höfe. Jedermann bebaut seinen Grund und Boden selbst. Die Häuser der Bauern und Landarbeiter gleichen ganz denen der irischen: niedrige Hütten mit strohgedecktem Dache, das fast flach ist und von dicken Strohseilen gehalten wird. Aber in diesen unansehnlichen Wohnstätten ist im Gegensatze zu den elenden und schmutzigen Hütten der Iren alles blank gescheuert und sauber. Der Bewohner von Man hat, wie alle Kelten, Freude an Blumen; vor dem Häuschen hat stets ein Gärtchen Platz, und in den Fenstern stehen Blumen.

Die Bewohner, die sich Manx nennen, sind von keltischer

Herkunft und am nächsten mit den Iren verwandt. Sie be-
besitzen deren leicht begeistertes Gemüt, deren Zungenfertig-
keit und Sinn für Humor; aber daneben haben sie als Erbe
von den Nordleuten eine Charakterfestigkeit erhalten, die den
Iren zu mangeln scheint. Vielerorts auf der Insel kann man
heutzutage noch sehen, dafs nordisches Blut in den Adern des
Volkes rinnt. Der Manx ist, wie die meisten Kelten, eigentlich kurzköpfig, aber an den Stellen, wo die Mischung mit
nordischem Blute am stärksten gewesen ist, ist die Bevölkerung ausgeprägt langköpfig. In dem kleinen Fischerdorfe Peel
an der Westküste der Insel, wo im Mittelalter die norwegischen
Unterkönige ihren Sitz auf dem kleinen Holm vor der Stadt
hatten — Holm-Patric (d. i. Patricks Holm) wurde die Stätte
damals genannt —, sieht man fast ausschliefslich nordische
Gesichter, lichtes Haar und blaue Augen. Die Männer von
Peel sind weithin bekannt als die besten Fischer an der irischen See. Jeden Frühling segeln sie fort nach Irlands Westküste oder nach den Shetlandinseln und bleiben oft mehrere
Monate hindurch fort. Das ist sicherlich ein Erbteil von der
Wikingerzeit her, denn die Kelten sind sonst keineswegs See-
helden. Die Eigenart der Manx verschwindet jedoch nun
immermehr. Die Sprache[1]) selbst, die man fast als irischen
Dialekt bezeichnen könnte, die aber ihre eigene, sehr ab-
weichende Rechtschreibung hat, ist im Aussterben begriffen.
Der gröfste Teil der Bevölkerung der kleinen Insel spricht
jetzt englisch.

Wenden wir uns von Man nach Norden, so kommen wir
zunächst nach der Halbinsel Galloway und dann nach Schottlands
von Fjorden tief gekerbter Westküste. Der Küste vorgelagert sind,
wie in Norwegen, eine Reihe von gröfseren und kleineren Inseln,
teils unmittelbar an der Küste, teils weiter draufsen im Meer
gelegen, die Hebriden.[2]) Alle diese Inseln benannten unsere
Vorfahren gern mit dem gemeinsamen Namen Suðreyjar
(d. h. „die Südinseln") nach ihrer Lage südlich von den

---

[1]) Der gälische Dialekt von Man wird (wie die Bewohner) Manx
genannt. Für die Erhaltung der Sprache, die noch von etwa 4000
Menschen gesprochen wird, sorgt die Manx Society.

[2]) Ptolomäus hat Ἔβουδαι und Plinius Hebudes, der jetzige Name
ist durch einen Schreibfehler aufgekommen.

Orkneys und Shetlandinseln. Sie rechneten alle Inseln mit von Lewis im Norden bis Man im Süden. Doch zuweilen rechnete man Man nicht mit und teilte dann die übrigen Inseln in Norðreyjar (Mull einbegriffen) und Suðreyjar. Die nördlichste von diesen Inseln ist die langgestreckte, von tiefen Fjorden zerrissene Insel, die das nunmehrige Lewis und Harris umfaſst und von den Nordleuten Ljóðhús, von den Iren Leodhus genannt wurde. Nur der südliche Teil der Insel Harris ist gebirgig. Im übrigen ist die Insel eben und waldlos und von Heiden und Mooren erfüllt, wie die meisten Hebriden. Die Wogen des Atlantischen Ozeans stürmen gerade auf die Inseln ein, Nebel hangen darüber, kalt und feucht ist das Wetter. Die meisten von den übrigen Inseln bestehen nur aus Bergen und Klippen. Nur elende Menschenwohnungen finden sich auf diesen windumbrausten Eilanden. Nur auf den südlicher gelegenen Inseln, den Suðreyjar im engeren Sinne, ist die Natur reicher und üppiger, besonders auf den Inseln in der Clydebucht, Arran, Bute usw.*) Auch auf dem Festlande, auf der Halbinsel Galloway und in der Landschaft Cumberland ist die Natur reich und fruchtbar.

Zu Beginn der Wikingerzeit bildete die Westküste von Schottland zusammen mit den Inseln ein eigenes kleines Reich, dessen Einwohner die Dalriaden oder dalriadischen Schotten zur Zeit der Völkerwanderung (498) von Ulster in Irland herübergekommen waren.**) Im übrigen Teil von Schottland wohnte die Urbevölkerung, die Pikten, ein wunderliches und fremdartiges, damals kaum halb zivilisiertes Volk, über dessen Herkunft, Stammeszugehörigkeit die Forscher noch nicht einig sind.[1])

---

*) Siehe J. J. A. Worsaae, Minder om de Danske og Nordmændene S. 333 ff. und 344 f. (Deutsche Bearbeitung von Dr. W. Meiſsner: Die Dänen und Nordmänner in England, Schottland und Irland.) Vgl. „Some Notes on the Norsemen in Argyleshire and on the Clyde" by R. L. Bremner in Sagabook of the Viking Club III, S. 308 ff.

**) Diese Schotten, eigtl. ein Name für die Irländer, sind es, die Schottland den Namen gegeben haben, nachdem ihre Könige das ganze Land geeinigt hatten. Doch kommt der Name erst später im Mittelalter in Aufnahme; der alte keltische Name ist Alba.

[1]) Lat. „Picti", d. i. „die Gemalten" („Tätowierten") (?). 839 wurde ihre Macht von den Schotten gebrochen; 844 vereinigte der Schottenkönig Kenneth Mac Alpin beide Völker unter seinem Szepter. Der Name Schottland kommt erst im 11. Jh. in Gebrauch.

Nach den Hebriden war der Weg für die Nordleute nicht weit, die ja schon vor Beginn der Wikingerzeit die Orkneys und Shetlandinseln besiedelt und vielleicht auch schon Kolonien an der gegenüberliegenden Küste gegründet hatten, in Caithness nämlich oder Catanes. Schon vor der Mitte des 9. Jhs. waren jedenfalls die nördlichen Inseln von Wikingern besetzt und die Hebriden wurden nun von den Iren „Der Fremden (d. h. der Nordleute) Inseln" (Innsi Gall) genannt. Auch Man wurde frühzeitig eine Wikingersiedelung. Sie wurde es bereits im Jahre 798, als die Wikinger Patricks Insel, den kleinen Holm vor Peel, plünderten und Dachonnas Reliquienschrein raubten. Es ist nicht ausgeschlossen, daſs Man ursprünglich eine dänische Kolonie war, während auf den nördlichen Inseln natürlich meistens Norweger wohnten. Der Unterschied, der möglichenfalls einmal bestanden hat, wurde doch bald ausgeglichen, und eine Sprache, eine Kultur umfaſste später das ganze Gebiet von Lewis im Norden bis Galloway und Man im Süden. Die Landschaft Cumberland, die zu dem britischen Reiche Strathclyde gehörte, wo die Wikinger jedoch früh die Macht bekamen, scheint zeitweise zu diesem Kreise von Wikingerkolonien gehört zu haben.*)

Die Bevölkerung auf der Insel wurde bald sehr gemischt, halb irisch, halb nordisch in Sprache und Kultur. Die irischen Jahrbücher nennen für ungefähr das Jahr 850 einen König auf den Inseln Godfred (oder Gudröd), Sohn des Fergus, der selbst einen nordischen Namen trägt, dessen Vaters Namen aber irisch ist. Viele von den ersten isländischen Ansiedlern kamen, wie wir wissen, von den Hebriden. Mehrere von ihnen tragen entweder irische Namen oder einen irischen Namen neben dem nordischen, wie z. B. ein Helge Bjola. Dies zeigt uns, daſs sie getauft waren und nach christlicher Sitte einen neuen Namen angenommen hatten. Von verschiedenen wird uns ausdrücklich berichtet, daſs sie getauft waren, so z. B. Örlyg der Alte, der in seiner Jugend „beim

---

*) Von den Wikingerniederlassungen in Cumberland weiſs man überaus wenig, ein jüngst gefundenes Aktenstück von 1067—1092 gibt doch mehrere neue und merkliche Aufschlüsse an die Hand (herausgegeben in Scottish Historical Review I. von Rev. James Wilson).

**) Landnámabók I. Kap. 12.

hl. Patrick auf den Hebriden" erzogen worden sein soll. Das Christentum in den Wikingerniederlassungen auf den Hebriden hatte jedoch nicht allzu tief Wurzeln geschlagen. Denn die Inseln verblieben bis tief ins Mittelalter hinein ein richtiges Wikingernest, dessen Insassen noch am Ende des 12. und zu Anfang des 13. Jhs. die Gepflogenheit hatten, an den Gestaden Irlands und Schottlands zu heeren. Die Iren auf den Inseln schlossen sich früh den Nordleuten an, nahmen ihren Glauben, ihre Sitten an und wurden selbst Wikinger. Hier oben hatten die „Fremden Iren" (Gall-Gaedhil), von denen wir schon gehört haben, ihren festen Stützpunkt. Noch im 13. Jh. wird die Bevölkerung der Hebriden in den irischen Jahrbüchern als „Fremde Iren" bezeichnet und die Landschaft Galloway wird in den Sagas Gaddgedlar genannt, eine nordische Wiedergabe des irischen oder gälischen Gall-Gaedhil.

Die Sagas erzählen, daſs Harald Hárfagri die Hebriden unter seine Botmäſsigkeit bringen wollte und daſs er auf seiner Expedition über das Westmeer bis nach Man kam. Später setzte er Ketill Flatnef,[1] dessen Name eine so groſse Rolle in den isländischen Geschlechtsregistern spielt, als Häuptling über die Inseln. Aber Ketill machte sich unabhängig und weigerte sich Tribut zu zahlen. Irische Sagas und Jahrbücher überliefern uns Namen von einigen Häuptlingen auf den Inseln aus der Mitte des 10. Jhs.[**] Ein Paar der Häuptlinge trägt irische Namen. Der eine Echu hat seine Tochter mit einem der Häuptlinge von Dublin vermählt; dem anderen Morann, „Sohn des heerenden Connra, des Flottenkönigs von Lewis", begegnen wir als Wikingeranführer in Limerick. Einen bekannteren Klang hat jedoch für uns ein anderer von diesen Namen, „Erik, der Inseln König" (Eiric rí na n-Innsi). Er ist kein anderer als der norwegische König Erik Blutaxt, der nach seiner Vertreibung aus Norwegen König in North-

---

[*] Vgl. u. a. Skene, Celtic Scotland I, und Alex. Bugge, Contributions to the History of the Norsemen in Ireland II.

[1] Vgl. Landnámabók II 15—19, Laxdœla Kap. 1—7 und Eyrb. Saga Kap. 1, 2, 5.

[**] Vgl. besonders die Saga von Cellachan of Cashel, herausgegeben von A. Bugge.

umberland wurde, wo in der Erde gefundene Münzen mit seinem Namen noch heute von seiner Herrschaft zeugen. Doch hier wurde Erik im Jahre 954 vertrieben. Er zog, erzählen die Sagas, nach den Hebriden. Die vielen Wikinger und Heerkönige, die dort waren, schlossen sich ihm an, und Erik heerte nun an den Küsten von Irland, Wales und England, bis er schließlich den Tod fand. Englische Chronisten wissen zu berichten, daß Erik nach Stanmoor flüchtete, einem Moordistrikt zwischen Cumberland, Westmoreland und Richmond. Hier wurde er von einem angelsächsischen Häuptling verraten und von einem Wikingerhäuptling mit Namen Maccus Olafsson getötet.*)

Ein wunderlicher Name dieses Maccus und nur selten belegt. Aber gerade dadurch beweist er uns, wo Eriks Feind und Mörder seine Heimat hatte. Er gehörte dem Königsgeschlechte von Man an, dessen Mitglieder nahe verbunden und wahrscheinlich nahe verwandt gewesen zu sein scheinen mit den Häuptlingen von Limerick.**) Maccus ist nichts anderes als ein verderbtes Magnus, ein Name, der am frühesten bei den Nordleuten in Limerick im Gebrauch ist. Dieser Name ist, wie wir oben gehört haben, dem Namen Kaiser Karls des Großen (Carolus Magnus) entlehnt und erweist, wie so viele andere Momente, den großen Einfluß, den Kaiser Karl und seine Staatsform auf die Nordleute in der Winkingerzeit ausübten. Die Insel Man muß im Laufe des 10. Jhs. ein Königreich geworden sein, und die dortigen Könige haben ihre Macht auch über einen Teil der Hebriden ausgebreitet, oft auch über Anglesey. Lage und Fruchtbarkeit der Insel Man mußten sie zum natürlichen Mittelpunkte der Wikingerniederlassungen in dieser Gegend machen.

---

*) Steenstrup, Normannerne III, S. 88 I.
**) Steenstrup, Normannerne III, 213 ff. Steenstrup dagegen hat (S. 203) unrecht, wenn er sagt, daß Magnus der Gute der erste gewesen sei, der den Namen Magnus getragen habe. Er kommt sowohl in der alten Schrift „Der Iren Krieg mit den Fremden", in der Saga von Cellachan und Cashel sowie in den „Annalen der vier Meister" vor. Daß Maccus nur eine verstümmelte Form des Namens Magnus ist, geht am besten daraus hervor, daß Maccus Haraldsson (Maccus oder Maccusius), wie die englischen Chronisten ihn nennen, von den „Vier Meistern" richtig Magnus Haraldsson (Maghnus Mac Arailt) genannt wird.

Seine gröfste Macht erreichte Man unter Maccus Olafssons
Namensvetter Maccus oder Magnus Haraldsson und dessen
Bruder Godfred oder Gudröd. Als Eadgar, der König der
Angelsachsen im Jahre 973 auf der Höhe seiner Macht stand
und in Chester mit seinen Unterkönigen eine Begegnung hatte,
die ihn zum Zeichen ihrer Unterwerfung auf dem Flusse Dee
ruderten, war auch Magnus Haraldsson einer von diesen. Zusammen mit seinem Bruder Gudröd und gefolgt von seinen Häuptlingen, die von den irischen Chroniken *lagmainn* (d. i. altnorw.
lǫgmenn) genannt werden, verheert und plündert er Anglesey,
unternimmt Wikingerzüge nach den Küsten Irlands und kämpft
Seite an Seite mit den Wikingern in Limerick. Noch mächtiger
als Magnus war vielleicht Gudröd Haraldsson. Im Andenken
des Volkes lebt er als der erste König von Man fort, und als
solcher spielt er unter dem Namen Gorry oder Orry eine
grofse Rolle in der Sage. Es wird erzählt, dafs er, als er
bei seiner Landung auf der Insel vom Volke befragt wurde,
woher er käme, empor zum Himmel nach der Milchstrafse
zeigte. Gudröd war doch nicht Herr über alle Inseln. Als
seinen Zeitgenossen nennt die Njáls Saga auf den Hebriden
einen Jarl Gille, der mit der Schwester des mächtigen Orkney-
jarles Sigurd Lodvesson vermählt war. Von dieser Zeit an
und bis ins 11. Jh. hinein hatte Man Könige aus demselben
Geschlechte wie die Könige von Dublin. Bisweilen hat es
den Anschein, als ob Man einen Teil des Reiches von Dublin
ausmachte. Bald jedoch erhielt die Insel wiederum ihre eigene
Dynastie. Der neue Herrscher stammte von Godfred oder
Gudröd ab und trug den Beinamen Crovan. Er war ein Sohn
von Harald dem Schwarzen, einem Häuptlinge auf Isla, einer
der Hebriden, und nahm in Harald Harðráðis Gefolge an der
Schlacht bei Stamford Bridge (1066) teil. Von hier flüchtete
er zum Könige von Man, Gudröd Sigtrygsson, der ihm eine
ehrenvolle Aufnahme gewährte und wohl sein Verwandter
war. Da aber wandelte Gudröd Crovan die Lust an, sich
selbst zum Herrn über die schöne Insel aufzuwerfen. Er
sammelte eine Flotte und kam mit ihr im Jahre 1075 nach
Man. Zweimal wurde er zurückgeschlagen. Beim dritten
Male landete er bei Ramsey an der Nordostseite der Insel
und verbarg seine Leute an den Abhängen des Scacafell (jetzt

Skayhill) Die Manx, die sich unterdessen gesammelt hatten, wurden zwischen den vom Berge herabeilenden Feinden und dem Flusse Ramsey (d. i. Hrafnsá „Rabenflufs") auf der anderen Seite eingeschlossen und erlitten eine blutige Niederlage. Dieser Sieg machte Gudröd Crovan zum Herren über Man. Ebenso wie Wilhelm der Eroberer wenige Jahre vorher in England getan hatte, erklärte er sich zum obersten Herrn und Besitzer allen Grund und Bodens, den die Bewohner nur durch seine Gnade bebauen durften, an dem sie aber weiter kein Eigentumsrecht hatten. „Daher rührt es", sagt eine Chronik von Man, die eine Hauptquelle für unsere Kenntnis der Insel im Mittelalter bildet, „dafs die ganze Insel bis auf den heutigen Tag dem Könige allein gehört und dafs alle Einnahmen von ihr ihm zufallen". Zwei Jahrhunderte lang waren nun die von Gudröd Crovans Geschlecht Herren über Man und teilweise auch über die Hebriden. Ja, Gudröd selbst wurde sogar König von Dublin. Aber es war eine schlechte Art, wie die meisten Abkömmlinge dieser Mischrasse auf den Insel gewesen zu sein scheinen, verderbt, grausam und zanksüchtig. Gudröd Crovans eigene Söhne machten den Anfang. Der älteste, Lagmann, verstümmelte seinen jungen Bruder Harald und stach dessen Augen aus, weil er sich gegen ihn empört hatte. Dann tat er Bufse und unternahm eine Pilgerfahrt nach dem heiligen Lande, wo er starb.

Zwischen den Hebriden und Norwegen hatte lange schon Verkehr bestanden. Aber erst unter Magnus Barfufs sollte Norwegen wirklich die Herrschergewalt über die Inseln erlangen. Auf seinem ersten Zuge im Jahre 1093 scheint Magnus nicht bis Man gekommen zu sein. Aber das Resultat seiner Fahrt war wichtig genug. Der Schottenkönig Malcolm erkannte Norwegens Herrschaft über die Inseln westlich von Schottland an. Als Regenten über Man und die Inseln setzte Magnus einen Mann mit Namen Ingemund ein. Aber dieser war töricht genug, anstatt Man oder Isla die entfernt liegende Insel Lewis zu seinem Hauptsitze zu machen. Dorthin berief er alle Häuptlinge, damit sie ihm Gehorsam schwüren. Aufserdem machte er sich wegen seines wilden Lebens auch allgemein verhafst. Die Folge war ein allgemeiner Aufstand. Die Häuptlinge, die Ingemund zu sich eingeladen hatte, überrumpelten ihn während der Nacht und verbrannten ihn in seinem Hause. — Auf Man entbrannte der Bürgerkrieg zwischen der norwegischen Partei mit Jarl Otta an der Spitze und der irischen, deren Führer ein Mann war, den die Chronik von Man Macmaras (1098) nennt.*) Es hatte unlängst eine Schlacht stattgefunden und die Leichen lagen noch unbegraben, als Magnus Barfuſs auf einem neuen Zuge über das West- meer nach der Insel kam. Magnus gefiel die schöne Insel sehr. Mit neuen Ansiedlern bevölkerte er die menschenleeren Gegenden und führte ringsum auf der Insel kleine Festungs- werke auf, die noch im 14. Jh. standen, und von denen sich möglicherweise noch heutzutage Spuren vorfinden.

Magnus' Plan war, Man zum Mittelpunkte einer groſsen nordischen Herrschaft auf den britischen Inseln zu machen. Aber die Wikingerzeit war nun zu Ende. Feste Reiche hatten sich sowohl in England wie in Schottland gebildet. Magnus' Pläne konnten nie mehr bedeuten als Träume eines nach seiner Zeit geborenen Wikings. Magnus fand, wie wir wissen, bereits im Jahre 1103 seinen Tod bei einem dummdreisten Einfall in Munster, und mit ihm sanken all seine Pläne ins Grab. Aber von seiner Zeit an wurden Man und die Hebriden Vasallen- staaten unter Norwegens Oberhoheit. Später als der Erz- bischofssitz zu Nidaros um die Mitte des 12. Jhs. errichtet wurde, bildeten Man und die Hebriden zusammen ein Bistum in der Kirchenprovinz von Nidaros. Dessen Hauptsitz war Columbas heilige Insel Iona. Dieses Abhängigkeitsverhältnis hat sich lange, ja bis ins 14. Jh. erhalten und noch in unseren Tagen trug der Bischof von Man den Titel „Bischof von Sodor und Man". — Sodor ist eine Verstümmelung von Suðreyjar (Suderöer), wie die Hebriden von den Nordleuten genannt wurden. — Bald trennten sich die Hebriden von Man und erhielten ihre eigenen halb nordischen halb schottischen Häupt- linge aus dem Geschlechte Somerleds oder Sumarlides. — Sumarliði ist ein echt nordischer Name und bedeutet eigent- lich einen „Sommerfahrer, Sommerwiking": der Gegensatz Vetrliði „Winterfahrer" findet sich auch als Name.**)

---

*) Ist Macmaras eine Verstümmelung von Mac Manuis oder Magnusson?

**) Schon lange vor Somerleds Zeit hören wir von „Sumarliðar" in Schottland. Unter König Indulf (954—962) machte so die Flotte „der

Somerled, der auf mütterlicher Seite vom Königsgeschlecht auf Man abstammte, zwang nach einer Seeschlacht im Jahre 1156 den König von Man ihm alle Hebriden von Mull bis Man abzutreten. Diese Besitzungen gehörten später seinem Stamme, dem mächtigen Clan Macdonald, dessen Häuptlinge noch zweihundert Jahre hindurch Herren der Inseln blieben, nachdem diese von Norwegen an Schottland übergegangen waren. Nach Hákon Hákonssons unglücklichem Schottlandszuge im Jahre 1263 trat im Frieden von Perth drei Jahre darauf Magnus Lagaböter Man nebst den Hebriden gegen eine Summe Geldes und eine jährliche Abgabe an die schottische Krone ab. Damit hörte die alte Verbindung mit Norwegen auf. Es konnte nicht anders sein; Norwegen lag zu fern von den Inseln, die ja geographisch zu Schottland gehörten. Weitere Machtvergröfserung oder neue Reichtümer hatte die Herrschaft über die Inseln Norwegen nicht gebracht. Es war mehr eine Erinnerung an die Grofstaten der Wikingerzeit gewesen.

Die Hebriden verblieben bei Schottland; aber Man kam nach langen Kämpfen an England. Im Jahre 1405 gab Heinrich IV. die Insel als Lehen an Sir John Stanley. Die Familie Stanley, die auch die Jarlswürde von Derby inne hatte, regierte nun vier Jahrhunderte hindurch die Insel Man als einen Vasallenstaat unter Englands Botmäfsigkeit. Sie nannten sich nicht Könige, aber bei feierlichen Gelegenheit trugen sie Szepter und Krone, und die Insel wurde fortan ein Königreich genannt. Im Jahre 1825 kam die Insel direkt unter die englische Krone. Aber sie hat noch heute ihre Selbstregierung und Gesetze, die von dem Parlament in Westminster angenommen werden, haben auf Man keine Gültigkeit, denn sie werden hier von der gesetzgebenden Versammlung der Insel gestiftet.

Die Verfassung der Insel Man geht in ihren Grundzügen ganz auf die Wikingerzeit zurück und zeigt, welcher Art die Gemeinwesen der Nordleute in ihren Kolonien waren. An der Spitze der Verwaltung steht der Gouverneur, der Repräsentant

---

Sumarliðar" einen Einfall in der Nähe von Aberdeen, wurde aber zurückgeschlagen. Es waren Leute, die im Sommer auf Abenteuer auszogen, aber im Winter daheim auf dem Hofe safsen; vgl. Steenstrup, Normannerne III, S. 207.

der Krone, in dessen Hand die ausübende Gewalt liegt. Die gesetzgebende Versammlung wird Tynwald Court, d. h. „Þingvǫllr¹)-Gericht" genannt und ist in zwei Kammern eingeteilt. Die erste Kammer wird The Council „der Rat" genannt und besteht aus dem Gouverneur, dem Bischof der Insel und sechs anderen von den höchsten Beamten. Die zweite wird House of Keys oder „Haus der Schlüssel" mit 24 Mitgliedern genannt. Diese werden bereits zu alter Zeit „Schlüssel des Gesetzes" (claves legis) genannt, weil sie die Worte des Gesetzes in ihrem Herzen bewahren und Gesetz und Recht schirmen sollten. Die Mitglieder „des Hauses der Schlüssel" werden jetzt durch direkte Wahl erkoren; aber bis zum Jahre 1866 ergänzten sie sich selbst in der Weise, dafs sie beim Ableben eines Mitgliedes selbst ein neues ausersahen. Beide Kammern tagen nun in der Hauptstadt der Insel, in Douglas; aber um Gesetzeskraft zu erlangen, müssen alle Gesetze vom Tynwald Hill oder „Thingstättenhügel" verkündet werden.*)

Dieser Hügel liegt auf der Westseite der Insel, unweit der alten Hauptstadt Peel. Er ist völlig rund und hat etwa 80 m im Umkreise; über vier Terassen gelangt man zur Höhe. Man kann deutlich wahrnehmen, dafs der Hügel künstlich aufgeschüttet worden ist.²) Rings um den eingehegten Hügel ist ebener Boden, der Raum für viele Menschen bietet. Wenige Schritte vom Hügel entfernt liegt eine kleine Kirche. Hier versammeln sich jedes Jahr am Tage Johannis des Täufers der Gouverneur und die Mitglieder des Tynwald Court zu feierlichem Gottesdienste. Darauf ziehen sie von Soldaten eskortiert den Hügel hinan, oben angekommen, nimmt der Gouverneur auf einem mit rotem Tuche bedeckten Sitze Platz, den Blick nach Osten gewendet, ein gezogenes Schwert vor sich. Dann ruft der Coroner von Glenfaba: „Ich umfriede dieses Thing im Namen unseres Herrn, des Königs, sodafs

¹) Þingvǫllr ist eine Ebene oder ein offener Platz, wo die Thingversammlungen abgehalten wurden. Vgl. die Ebene Thingvalla auf Island, wo das Althing tagt.

*) Andere Thinghügel gab es früher bei Kirk Michael, und bei der St. Lukas-Kirche in Baldwin.

²) Es soll Erde aus allen 17 Kirchspielen der Insel dazu verwandt worden sein.

niemand Streit und Zank anstiftet oder die Versammlung beleidigt, sondern alle sich anschliefsen und antworten, wenn sie aufgerufen werden. Ich rufe die ganze Versammlung zu Zeugen an, dafs das Gericht gefriedet und gehegt ist." Nun werden alle im Laufe des Jahres gegebenen Gesetze auf englisch und manx verkündet.

An der Verfassung der Insel Man kann man deutlich ihren nordischen Ursprung erkennen. Tynwald ist, wie bereits erwähnt, eine Verstümmelung des altnord. þingvǫllr, dafs einen ebenen Platz, wo Thingversammlungen abgehalten werden, bezeichnet. Hier pflegten sich die Manx seit alters zum Thing in derselben Weise, wie es vordem in allen nordischen Landen geschah, zu versammeln. Bei dem alten nordischen Thing safs, wie bekannt, das Volks selbst selbst zu Gericht und nahm auch die neuen Gesetze an. Ebenso bildete Tynwald Court bis 1866 eine Art von oberstem Gerichtshofe auf der Insel Man.*)[1] Tynwald Court repräsentiert aber doch nicht das ganze altnordische Thing, am ehesten wohl den Teil, der in Norwegen und auf Island *lǫgrétta* hiefs, d. i. den beratenden und beschliefsenden Ausschufs der gesetzgebenden Versammlung, des lǫgþing. Die Stelle, wo die lǫgrétta zusammentrat, die denselben Namen trug und wo die Gesetze und Urteile dem Volke verkündet wurden, pflegte stets eine Erhöhung zu sein. Tynwald Hill auf Man entspricht so dem *lǫgberg*[2]) des isländischen Allthings. Die lǫgretta war wie Tynwald Hill auf Man mit einem Zaun, mit *vébǫnd*, d. i. „geweihten Banden" umhegt. Innerhalb dieser wurde, wenn der Thingfrieden verkündet war, weder Lärm noch Streit geduldet. In derselben Weise verkündet der Coroner über die Versammlung von Tynwald Hill den Thingfrieden mit den Worten: „I fence the court." Die lǫgrétta war ursprünglich, wie schon angedeutet, ein engerer Ausschufs, der alle Gesetze und Urteilsverkündigungen für die Annahme durch das Volk, die ja nur eine Formsache war, vorbereitete.

---

*) Man vgl. die Schilderungen bei Worsaae, die aus dem Jahre 1851 stammen, S. 366 ff. der dänischen, S. 183 f. der deutschen Ausgabe. Vgl. More, Manx Place-Names.

[1]) Vgl. auch Cumming *The Isle of Man*, London 1848.

[2]) Vgl. auch isl. *þingbrekka* „Thingbrink" u. das deutsche *malloberg*.

Die Egils Saga erzählt so vom Gulathing zur Zeit des Erik Blutaxt (Kap. 58). Zu diesem Thinge versammelten sich Leute von allen Fylki des Gerichtssprengels vom Firdafylki, Sygnafylki und Hordafylki. Von diesen wurden dreimal zwölf Männer, zwölf aus jedem Fylki, ausgewählt. Sie safsen innerhalb der „Weihebande" (vébǫnd), der Taue, die an die in der Erde steckende Haselstangen gebunden waren, und sollten „urteilen in allen Sachen". Die Saga nennt sie sogar geradezu Richter (dómendr). Zu Egil Skallagrimssons Zeit waren es die Hersen in den verschiedenen Fylki, die bestimmten, wer Mitglied des Ausschusses der lǫgrétta werden sollte. Aber zu dieser Zeit, da die Gesetze noch nicht niedergeschrieben waren, sondern im Gedächtnis bewahrt werden mufsten, waren natürlich nur wenige Männer rechtskundig und dazu geeignet in der lǫgrétta zu sitzen. Wahrscheinlich vererbten sich diese Kenntnisse wie andere Fähigkeiten, z. B. die des Runenritzens, vom Vater auf den Sohn.

In Sigurd Jórsalafaris (gest. 1130) berühmtem Prozefs mit Sigurd Hranason kommen solche gesetzeskundige Männer, die lǫgmenn genannt werden, vor, erst bei einem Thinge des Halvfylki und dann beim Frostathinge nämlich. Sie werden ausdrücklich als „Gesetzeskundige" (lǫgkœnir menn) und geben rechtliche Erklärungen ab. Später wurden sie, wohl gerade in ihrer Eigenschaft als Gesetzeskundige wegen, in die lǫgrétta gewählt.*)

In den Wikingerkolonien auf den britischen Inseln wurden diese gesetzeskundigen Männer, teils unter dem Namen „lǫgmenn" und teils vielleicht unter der mehr allgemeinen Bezeichnung „dómendr" (Richter) eine feste Institution, deren Würde erblich war. Besonders in dem sogenannten Fünfburgendistrikt in England: Chester, Stamford, Derby Lincoln und Cambridge, aber auch in anderen englischen Wikingersiedelungen finden wir diese merkwürdigen lǫgmenn, denen Johannes Steenstrup, der bedeutendste dänische Historiker, zuerst eine erschöpfende Besprechung gewidmet hat.**) Ein

---

*) Vgl. Gustav Storms Ausgabe von Sigurd Hranasons Prozefs S. 66; ich folge in meiner Darstellung Steenstrups Wiedergabe in Normannerne IV, S. 202.

**) Normanerne IV, S. 105 ff.

„lǫgmaðr" in den Städten des Fünfburgengebiets tritt niemals allein auf. Es sind stets mehrere und wo ihre Anzahl erwähnt wird, sind es immer zwölf, mit anderen Worten, sie bilden in jeder Stadt ein Zwölferkollegium. In den lateinischen Aktenstücken aus dem 11. Jh., wo sie besonders erwähnt sind, werden sie *lagemanni* (eben das altnord. *lǫgmenn*) oder *judices* genannt. Diese englischen lǫgmenn haben da denen in Sigurd Hranasons Prozeſs entsprochen. Sie sind, wie diese gesetzeskundige Männer gewesen und selbstverständliche Mitglieder der lǫgrétta. Aber in einer Beziehung unterscheiden sie sich von den altnordischen „lǫgmenn" oder „gesetzeskundigen Männern". Ihre Stellung ist, wie J. Steenstrup nachgewiesen hat, erblich geworden. In Norwegen dagegen verschwinden diese alten lǫgmenn mehr und mehr und unter König Sverre († 1202) ist lǫgmaðr etwas ganz anderes, nämlich ein königlicher Beamter. Die lǫgmenn in den englischen Wikingersiedelungen haben hingegen ganz dieselbe Stellung wie die Mitglieder des House of Keys auf der Insel Man.

Wenn ich vorhin gesagt habe, daſs Tynwald Court ein Rest der alten lǫgrétta ist, so meine ich nur die eine Kammer, The House of Keys. Das Oberhaus, The Council, ist dagegen jünger und stammt von den Engländern. Wie vorhin erwähnt, waren die Mitglieder des House of Keys bis zum Jahre 1866 auf Lebenszeit gewählt und ergänzten ihre Zahl selbst. Die Stellung läſst sich soweit zurück verfolgen, wie man öffentliche Aktenstücke besitzt, und vererbte sich vom Vater auf den Sohn. Dasselbe war der Fall bei den lǫgmenn in England. Die Mitglieder des alten lǫgrétta-Ausschusses auf Man werden nun „The Keys" genannt, als die, die des Gesetzes Schlüssel in der Brust bergen. Es ist jedoch eine Spur vorhanden, daſs sie auch einmal „lǫgmenn" genannt worden sind. Wir haben über die „lǫgmenn" von den Inseln gehört, die Magnus und Gudröd Haraldsson auf ihren Wikingerzügen begleiteten.*) Diese sind sicherlich erbliche gesetzeskundige Mitglieder des lǫgrétta-Ausschusses gewesen. Aber auf den Hebriden unter einer unterworfenen keltischen Bevölkerung muſste die Stellung des lǫgmaðr leicht zu einer Häuptlingswürde

---

*) In den irischen Quellen, heiſsen sie in der Mehrzahl *lagmainn*.

werden, besonders da sie in gewissen Geschlechtern erblich war. Daraus erkläre sich, dafs Gudröd Crovans ältester Sohn, der wohl geboren war, als der Vater noch ein kleiner Häuptling war, den Namen Lagman (lǫgmaðr) trägt. — Der Name ist in seiner modernen Form Lamont noch gewöhnlich im westlichen Schottland.

Die eigentümliche Entwicklung des lǫgrétta-Aussschusses in den Wikingerkolonien auf den britischen Inseln hat ohne Zweifel ihren Einflufs auf die Verfassung des isländischen Freistaates ausgeübt. Der lǫgrétta-Ausschufs des isländischen Althinges ist nicht wie der der norwegischen Thinge eingerichtet, dessen Mitglieder der Häuptling bezeichnet. Die Häuptlinge, nämlich die 39 Goden der Insel, sind auf Island selbst Mitglieder dieses Ausschusses, in derselben Weise wie auf Man, auf den Hebriden oder in England, wo die lǫgmenn auch den ersten Platz unter den Bauern und Bürgern einnehmen. Aber 39 ist keine durch 12 teilbare Zahl. Die isländischen Goden mufsten daher um 48 oder viermal die Zwölfzahl auszumachen, 9 Männer ernennen, die zusammen mit ihnen Mitglieder der lǫgrétta waren.[*]) Der Machtbezirk der isländischen lǫgrétta und des Tynwald Court ist auch ganz derselbe und weit ausgedehnter als jener der norwegischen.

An der Spitze des Thinges, als Leiter seiner Verhandlungen als Gerichtshalter, stand auf Island ein *lǫgsǫgumaðr* (Gesetzsprecher), in Schweden ein *laghmaþer* (norw. lǫgmaðr). Einen solchen Thingleiter kennen wir auch bei anderen germanischen Stämmen, z. B. bei den Friesen, wo er *âsega* genannt wurde.[1])

---

[*]) Der Titel *Gode* wurde, wie bekannt, nicht in Norwegen gebraucht. Das hat zu manchen Vermutungen Anlafs gegeben. Meines Erachtens liegt die folgende Erklärung am nächsten: Dänische Runensteine zeigen, dafs der Godenname in Dänemark gebräuchlich war; irische Chroniken nennen Wikingerhäuptlinge, die sie „Druiden" heifsen, was sicherlich eine Übersetzung des Wortes „Gode" darstellt (vgl. in „Three Fragments" ed. O'Donovan, den Druiden Hona). Der Godenname ist damals von dänischen und wohl auch von norwegischen Wikingerhäuptlingen in England und Irland gebraucht worden und von ihnen haben die isländischen Häuptlinge, die sich in der Kolonie nicht Hersen nennen konnten, den Titel angenommen.

[1]) Der friesische âsega ist wie der baierische êsago ein für die Rechtsweisung und Urteilsfindung bestimmter, vom Thingleiter verschiedener

Eine ähnliche Stellung müssen, möchte ich glauben, die beiden Oberrichter der Insel Man einmal eingenommen haben, die *Deemsters*, ein Wort, das doch kaum, wie einige annehmen, nordisch ist (an. *dómstjóri*). Sie sind von Amts wegen Mitglieder des Tynwald Court und sitzen im Rate. Aber sie unterzeichnen für sich — neben dem Council und House of Keys —, und keine Verordnung hat Gesetzeskraft ohne ihre Unterschrift. Das scheint zu beweisen, dafs der Deemster einmal die Thingverhandlungen geleitet hat. — Selbst die feierliche Prozession am Tage Johannis des Täufers hatte ihr Seitenstück beim isländischen Althing in der sogenannten *logbergsganga*, die am ersten Sonntag in jeder Rechtssession stattfand. Der Weg, den die Thingmänner auf Island zu wandern hatten, war gleichwie auf Man umhegt.

So gibt uns die Verfassung der Insel Man ein lebendiges Bild von der Rechtsordnung und den sozialen Einrichtungen der Nordleute in alten Tagen. „Durch Gesetz und Recht bringe man dem Lande Gedeihen und nicht durch Gesetzlosigkeit Verderben",[1] das war der Wahlspruch unserer Altvorderen nicht nur in der Heimat, sondern überall, wo sie sich niederliefsen. Daher vermochten sie nicht nur zu siegen und Länder und Reiche zu gewinnen, sondern auch Kolonien zu gründen, wo nordische Sprache und nordische Staatsform sich Jahrhunderte hindurch erhielt.

Nicht nur die Verfassung erinnert auf Man an die alte nordische Invasion. Ringsumher auf der Insel im Äufseren der Bevölkerung, in Sagen und Märchen, in Sprache und Namengebung finden wir Spuren der jahrhundertelangen nordischen Herrschaft. Mehrere Personen- und Familiennamen sind so nordisch, wenn man ihnen auch gern das irische *mac* „Sohn" vorsetzt, z. B. Cotter (d. i. *Mac Ottar* oder Ottars Sohn), Corkhill (d. i. *Mac Þorketill* oder Thorketils Sohn). Gröfser ist die Zahl der Städtenamen, die auf nordischen Ursprung zurückgehen. Diese Namen kommen zugleich mit den Runensteinen vor, und zwar die meisten von ihnen auf der flachen, fruchtbaren Nordspitze der Insel längs des nordwestlichen

Beamter, bei den Angelsachsen und Alemannen dagegen ist die Urteilsfindung dem Gerichtshalter selbst überlassen.

[1] „Med Lov skal Land bygges og ikke med Ulov ødes."

Küstenrandes. Im Süden und in den Tälern gibt es daher weniger nordische Namen und gar keine Runensteine; doch hat man hier Steine mit irischen Oghaminschriften gefunden. Besonders sind vorspringende und in die Augen fallende Plätze, die als Merkmale für Seefahrer dienen konnten, Landzungen, Flüsse, Klippen, die nordische Namen tragen. Die Nordspitze der Insel heifst *Point of Ayre*, dasselbe Wort, wie dän.-norw. *-øre*, das sich u. a. im Namen Helsingør findet (isländ. *eyri* „schmale sandige Landzunge, Sandbank“). — Ein anderes *Point of Ayre* findet sich an der Westküste von England, in Wirall, Cheshire[1]) und auf den Shetlandinseln haben wir *Aers of Sellivoe*. — Auf der Südseite der Insel Man erstreckt sich eine lange Landzunge ins Meer, die den Namen *Langness* trägt (*Nes* = Vorgebirge oder Landzunge). Durch einen schmalen Sund ist eine kleine Insel von der Südspitze Mans geschieden, die *Calf of Man* genannt wird. — In derselben Weise haben wir z. B. im Kristianiafjorde Malmö und Malmökalven. — Namen von Buchten und Fjorden wie *Ronaldsway* (*Rǫgnvaldsvágr*), *Fleshwick* und *Garwick* gehören dahin, der letztere ist sehr gewöhnlich auf Man; altnord. *vágr* und *vík*, die letzten Glieder der beiden Namen, bedeuten eine kleine Bucht. Der höchste Berg auf Man heifst *Snæfell*. Der längste Flufs heifst *Laxey*. Auf der Halbinsel Cantire, die vor alters auch zu dem nordischen Vasallenreiche gehörte, ist gleichfalls eine *Laxay*, vordem jedenfalls bekannt wegen ihres Lachsreichtums. Das Königreich Dublin erstreckte sich in alten Tagen weit ins Land hinein bis nach *Leixlip* (altnorw. *laxhlaup* „Lachssprung“) im Flusse Liffey, wo der Lachs zu springen und die Ostleute ihn zu fangen pflegten. In anderen irischen Flüssen, z. B. im Shannon bei Limerick und Killaloe, gibt es Stellen, die *Laxweir* genannt werden und wo der Lachs im Netz gefangen wird.*)

Eine Menge von Hofnamen ist auf Man, wie im Danelag in England, mit *-by* (altnord. býr, bœr = „Hof“) zusammengesetzt, z. B. *Jurby* „Ivars Hof“ (in alten Briefen *Ivorby* geschrieben) und *Sulby* „Sølves Hof“, *Dalby*, „Talhof“, *Kirby*

---

[1]) Auch auf den Orkneys findet sich ein *Point of Ayre*.
*) Worsaae, Minder, S. 403, deutsche Ausg. S. 201.

(= Kirkeby „Kirchhof"). Das altnord. *garðr* „Umzäunung,
Hof" ist bewahrt in *Fishgarth* (eigtl. „Stecken in einen Flufs
gesetzt zu Fischereizwecken"). Endlich mag noch erwähnt
werden, dafs die Kirchspiele auf Man alle *Kirk* heifsen: Kirk
Andreas, Kirk Michael usf. Dieses Kirk kommt von dem
altnordischen *kyrkja* „Kirche".*)

Die merkwürdigsten Denkmäler aus der Wikingerzeit sind
doch die vielen Runensteine, die sich überall auf der Insel
finden, gleich interessant durch ihre Inschriften wie durch
ihre Bilder. Nur auf Gottland gibt es etwas Entsprechendes.
Die Runensteine von Man sind, wie fast alle derartige Denkmäler, über Verstorbenen errichtet. In ihrer Form gleichen
sie den irischen und besonders den ostschottischen Bildsteinen,
die zur Zeit der Wikingerzüge gebräuchlich waren. Sie sind
entweder als Kreuz zubehauen oder das Kreuz schmückt, was
am häufigsten ist, die Vorderseite des Steines. Leider haben
die meisten Manx unserer Tage, selbst unter den gebildeten
Klassen, wenig Ehrfurcht vor diesen Erinnerungen aus der
Vorzeit. Oft stellen sie sie auf neuen Gräbern auf oder
mauern sie in Steinzäune ein und gebrauchen sie als Torpfeiler.
Und doch dürfen sie die Steine nicht fortschaffen oder einer
öffentlichen Sammlung übergeben. Dann möchte der Stein sich
nach ihrem Glauben rächen und Siechtum und Unglück über
sie selbst, ihr Geschlecht und ihr Vieh bringen.

Ringsumher auf den britischen Inseln, überall wo Kelten
gewohnt haben oder irische Kultur Einflufs gewonnen hat,
besonders aber in Irland, Schottland, Northumberland und
Cumberland, finden sich teilweise schon aus der den Wikingerzügen vorhergehenden Zeit hohe Steinkreuze, verziert mit
kunstfertig ausgeführten Bandverschlingungen und Ornamenten, besonders Linienmotiven und mit Bildern aus der
Bibel oder dem Leben der Heiligen.

Viele von diesen Steinen, besonders die ostschottischen,
sind mit wunderbarer Sorgfalt und Genauigkeit ausgeschmückt,
und es müssen Jahre zu ihrer Vollendung notwendig gewesen
sein.**) Die Nordleute wurden gepackt von der phantastischen

---

*) Über die Städtenamen auf Man vgl. näher A. W. Moore, Manx
Names, 2ⁿᵈ ed. London 1903.

**) Die beste Ausgabe der schottischen Bildsteine ist von Romilly

Bildpracht dieser Steine. Heimkehrende Wikinger erzählten von ihnen und manche gottländische Steine zeugen vom Einflusse, den sie von den schottischen Steinen erfahren haben. Die Nordleute, die sich auf Man niederliefsen, sahen auch dort mehrere von diesen Steinen, und halb heidnisch, wie sie waren, versuchten sie die Kreuze der christlichen Kelten nachzuahmen. Doch ahmten sie nicht sklavisch nach, sondern frei und selbständig, wie es sich für wirkliche Künstler geziemt. Sie hatten nicht die Geduld der Mönche jahrelang an einem einzigen Stein zu meifseln und zu hauen. Daher legten sie nicht das Hauptgewicht auf die sorgsame Ausführung der Einzelheiten, sondern mehr auf die Gesamtwirkung. Auf dem, was sie vorfanden, bauten sie weiter und schufen neue Schlingmuster und Ornamente, die schön und wirksam sind und das Gepräge nordischen Geistes tragen. Drachen und Schlangen winden sich über die Seite des Steines hin, doch besonders charakte-

ristisch ist vielleicht das hierneben abgebildete Bandgeflecht, das der Runenmeister Gaut Björnsson eingeführt hat, von dem wir bald mehr hören werden.

An Reichtum und Mannigfaltigkeit der Motive und im ganzen als Kunstwerke stehen die Runenkreuze auf Man zurück vor den schottischen Bildsteinen. Einige wenige der Steine von Man, besonders von den älteren, können sich aberfast mit diesen messen, während andere sehr roh ausgeführt sind.

Auch in Cumberland und Lancashire wie auf den Hebriden ahmten die nordischen Ansiedler die keltischen Kreuze nach. So hat man auf einer dieser Inseln einen Stein gefunden mit einer sehr verwickelten Runeninschrift und auf Iona, wo so viele der Könige der Insel begraben liegen, hat man einen Stein gefunden, dessen Ornamente und Bilder ganz denen von Man entsprechen.*) Die Kunst scheint doch weit niedriger auf den Hebriden als auf Man gestanden zu haben und deutlich

Allen und Joseph Andersen, *Sculptured Monuments of Scotland.* Die irischen Kreuze, von denen die besten aus dem 11. Jh. stammen, sind herausgegeben von O'Neill, *Sculptured Crosses of Ireland.*

*) Saga Book of the Viking Club III, S. 305.

ist ebenfalls, dafs die ganze Bewegung Man zum Ausgangs-
punkt hat, das ja in alter Zeit der Mittelpunkt jener Gegenden
gewesen ist.

Die Inschriften auf Man sind ausgehauen in den sogenannten „Jüngeren Runen".*) Mehrere von den auf der Insel
Man vorkommenden Runenformen sind doch nicht gewöhnlich,
sondern gehören, wie Professor Sophus Bugge nachgewiesen
hat, einem eigenen Typus an, der sich wiederfindet in Inschriften von Jæderen und Ringerike in Norwegen, in Östergötland,**) auf Gottland und aufserdem auf den Orkneys.
Zwischen diesen Gegenden hat in alter Zeit, wie die Bilder
zu beweisen scheinen, eine Verbindung bestanden. Die Runensteine auf Man können nicht weiter zurückgesetzt werden, als
bis in die zweite Hälfte des 11. Jh. Sie sind nämlich von
Christen errichtet und das Christentum wurde erst um 1050
allgemein auf der Insel angenommen.

Der erste Runenmeister auf Man hiefs Gaut Björnsson,
ein wirklicher Künstler, der auch mehrere neue und schöne
Bandschlingen, u. a. das Ornament mit den schildbedeckten
Schlangen, erfunden hat. Vor der Kirche von St. Michael auf
der Westseite der Insel steht ein grofses und in all seiner
Einfachheit wirkungsvolles Kreuz. Über die Schmalseite des
Steines läuft eine Runeninschrift: „Mael Bridge (d. h. Diener
der hl. Brigida), Sohn Athakans, des Schmiedes errichtete
dieses Kreuz für seine und seines Bruders Weibes Seele."
Hinzugefügt hat der Runenritzer folgende stolze Worte: „Gaut
machte dieses [Kreuz] und alle auf Man." Von diesem Gaut
lesen wir auch in einer anderen Inschrift auf einem Kreuz
von Kirk Andreas: „[N. N. errichtete] dieses [Kreuz] nach
seinem Vater Ufeig. Aber Gaut machte es, der Sohn des
Björn von Kule."***)

Gaut Björnsson ist ein Name, der in der Kulturgeschichte
des Nordens einen Platz haben mufs als würdiger Genosse
der stolzen Runenritzer des Röksteins und der orkneyschen

---

*) Die Runeninschriften auf Man sind u. a. erklärt worden von P. M.
C. Kermode, Catalogue of Manx Crosses und später von Sophus Bugge
Aarbøger for nordisk Oldkyndighet 1899.

**) Eben jene Gruppe, die der erwähnte Rökstein repräsentiert.

***) Kule, nun *Cooley* ist ein auf Man nicht seltener Ortsname.

Maeshowe-Inschriften, als weiser Runenmeister, aber auch als
wirklicher Künstler, der in seiner Heimat der Schmuckkunst
neue Bahnen öffnet.

Die Sprache all dieser Inschriften ist norwegisch, nur ein
einziger Stein scheint von einem schwedischen Manne errichtet
zu sein. Er steht bei Kirk Michael, und wir lesen darauf:
„Mallumkun errichtete dieses Kreuz nach Malmura seiner
Pflegemutter, Dufgals Tochter, die Adils zur Ehe hatte."
Dann fügt der selbstbewuſste Pflegesohn hinzu: „Es ist besser
einen guten Pflegesohn als einen schlechten Sohn zu hinterlassen." Sowohl der Pflegesohn wie die Pflegemutter tragen
keltische Namen. Malmura ist eine Verstümmelung des gewöhnlichen irischen Frauennamens Maelmaire „Marias Dienerin". Adils ist dagegen ein nordischer Name; er war jedoch
zu jener Zeit in Norwegen nicht gebräuchlich, sondern nur
in Schweden und Dänemark. Hiermit steht vielleicht im Zusammenhang, daſs die Inschrift in schwedischer Sprache ab-
gefaſst ist. Ein anderer Name aus den Inschriften, der auch
auf einem Steine bei Kirk Bride vorkommt, scheint dagegen,
wenn auch nicht unmittelbar, von einer Verbindung mit Dänemark zu zeugen. Dufgall (*Dubgall*) bedeutet nämlich im Irischen „ein Däne" (eigtl. „ein dunkler Fremdling") im Gegensatze zu den Norwegern, die „lichte Fremdlinge" (*Fingall*)
genannt werden.

Diese eine Inschrift gewährt uns einen kleinen Einblick
in die Völkermischung auf Man. Hier wohnten nicht nur
Norweger, sondern auch einzelne Schweden, ja wahrscheinlich
auch Leute dänischer Abkunft. Mit England bestand seit
alter Zeit eine nahe Verbindung und angelsächsische Männer
flüchteten sich gewiſs oft, besonders unter den Kämpfen zu
Wilhelms des Eroberers Zeiten, nach der Insel hinüber. Auf
einem Stein, der vor nicht allzu vielen Jahren auf Man gefunden worden ist, befindet sich so eine Inschrift mit nordischen und eine mit angelsächsischen Runen. Auch Leute
piktischer Herkunft gab es, wie wohl anzunehmen ist, auf
der Insel. Auf einem Stein von Kirk Bride lesen wir nämlich
den piktischen Namen Druian (TRUIAN), den man in der
Form Droian in einer Oghaminschrift auf den Shetlandinseln
gefunden hat.

Mehr als alles andere zeugen diese Runeninschriften davon, dafs Nordleute und Kelten friedlich Seite an Seite gelebt, sich vermischt und gegenseitig beeinflufst haben. Nicht nur haben, wie wir ersehen können, Nordmänner keltische Frauen und Mütter gehabt, sondern Männer mit keltischen Namen errichten sogar Kreuze mit Runeninschriften und Bildern aus dem Leben der Asen und Sagenhelden. Mr. Kermode, der sich durch Sammlung und Herausgabe der Runendenkmäler von Man sehr verdient gemacht hat, hebt hervor, dafs von den Namen, die in den Inschriften vorkommen, 19 nordisch und mindestens 9 keltisch sind. Zu den letzteren gehören Namen wie Maebridge, Malmura, Mullumkun, Dufgal, Athakan (d. i. *Aedacán*, ein Kosename, der „Klein-Aed"*) bedeutet), Crinaan, Myrgjal usw. Wir ersehen daraus, wie intim Keltisches und Nordisches vermengt erscheint. Kein Wunder, dafs die Iren die Bewohner von Man und den Hebriden Gall-Gaedhil, d. h. „Nordische Iren oder Gaelen" nannten. Denn, wie uns die Runensteine auf Man zeigen, besteht die Bevölkerung weder ganz aus Nordleuten, noch aus Iren, sondern wir haben hier ein Mischvolk vor uns.

Die Namen der Runenschriften scheinen auch weiter zu weisen, über Man hinaus, und von den ausgedehnten Verbindungen unserer Altvorderen in der Wikingerzeit zu zeugen. Auf einem Kreuz bei Kirk Braddan lesen wir so: „Odd errichtete dieses Kreuz nach Frakke, seinem Vater." Der Name *Frakki* bedeutet soviel wie „Franke". Aber als Mannesname ist er, soweit mir bekannt, nie im Norden angewandt worden; dagegen wird *frakka* (eigtl. „ein fränkischer Spiefs") oft in der Dichtung für „Spiefs" im allgemeinen gebraucht. Der Name Frakke läfst vermuten, dafs sein Träger oder eher wohl seine Vorfahren Verbindungen mit dem Frankenreiche hatten, dafs sie dort ansässig gewesen sind oder dorthin Wikingerzüge unternommen haben. Wir haben schon gehört, dafs dänische und schwedische Männer nach dem Zeugnisse einiger Runeninschriften auf Man angesiedelt gewesen zu sein scheinen. Andere Umstände lassen gleiche Schlufssätze zu. Auf einem Steine bei Varpsund im Kirchspiel Öfergran

---

*) Aed ist ein ganz gewöhnlicher irischer Name.

in Upland nennt der Runenritzer seinen Namen, der *aþken* geschrieben ist. Ist dies derselbe Name, wie Athakan, der Schmied, ihn auf dem obenerwähnten Steine bei Kirk Michael trägt?*) — Unmöglich ist ja es nicht. Und endlich der Name Gaut (*Gautr*). Dieser Name ist niemals in alten Tagen in Norwegen oder auf Irland gewöhnlich gewesen. Nur selten kommt er in den Sagas vor. Er bedeutet eigentlich „einen Mann von Gautland oder Götaland". Nun trifft es sich, dafs Gaut Björnsson dieselbe eigentümliche Runenart gebraucht, die sich in mehreren östergötischen Inschriften findet. Von Östergötland, wo der Runenritzer des berühmten Röksteins seine Heimat hat, stammt nach meiner Ansicht auch das Geschlecht, dem der erste Runenmeister von Man angehörte. Beide gleichen sich auch in dem stolzen Selbstgefühl, womit sie sich auf dem Steine als Runenmeister rühmen. Nach Man ist Gaut oder seine Sippe wohl zusammen mit gutnischen Männern gekommen, auf deren Heimatinsel es schon vor seiner Zeit Steine gab, die mit Bildern aus dem Leben der Asen und Sagenhelden geschmückt waren. Ist das die richtige Deutung von Gauts Namen, so wird es uns verständlich, dafs er der erste war, der auf Man Kreuze in irischem Geschmack errichtete, die Darstellungen aus der nordischen Götter- und Heldensage zierten und die mit Inschriften in dem von Ostschweden stammenden kurzzweigigen Runentypus versehen waren. Wir können so auch leichter verstehen, dafs die Motive der Bildsteine auf Man und den Hebriden von Gottland herzurühren scheinen.

Über den Inhalt der Inschriften ist aufser dem bereits Gesagten nicht viel zu melden. Sie sind wie alle altnordischen Grabschriften kurz und enthalten selten mehr, als dafs N. N. ein Kreuz errichtete nach (d. h. zum Andenken an) N. N. Ein paar Steine gewähren doch einen gewissen Einblick in das Leben und Fühlen der Menschen. Auf einem Stein bei Conchan lesen wir erst die gewöhnliche Grabschrift: „N. N. errichtete dieses Kreuz nach seiner Ehefrau Myrgjal." Aber darauf folgt eine Verszeile, die folgendermafsen gelautet haben mufs:

---

*) E. Brate und S. Bugge, Runverser S. 22 u. 27 Anm.

„Maðr uggi fátt
ok ráði frítt."
(Ein Mensch soll wenig fürchten
Und schön handeln.)

Es ist eine alte Lebensregel in Versform; sie klingt echt nordisch, wie den Hávamǫl der Edda entnommen. Aber zu den aus dem Heidentume stammenden Weisheitsworten ist auf dem christlichen Kreuz eine christliche Nachschrift gefügt „Jesu Christi Kreuz". Es ist dieselbe wunderliche Mischung von Heidentum und Christentum, die auch die Bilder des Steines aufweisen. Die Inschrift endet mit den Worten „Thurid ritzte die Runen". Das *þuriþ* der Inschrift scheint kaum etwas anderes sein zu können als der Frauenname Thurid.[1]) Wenn dem so ist, so ist die Inschrift jedenfalls von einer Frau eingehauen. Sonst kennen wir nur Männer als Runenmeister.

Auf einem Stein bei Kirkbraddan, der sich durch seine schön gehauenen und deutlichen Runen auszeichnet, lesen wir: ROSKITIL : UILTI : I : TRIKU : AIÞSOARA : SIN („Rosketil betrog nach Treugelübden den Mann, der ihm Eide geschworen"). Wer die heiligen Eidesbande dem Freunde brach, galt bei den Nordleuten als der schlimmste Neiding. Der Rest der Inschrift ist leider nicht erhalten. Wir ahnen nur eine dunkle Übeltat, aber von der Veranlassung dazu wissen wir nichts.

Noch merkwürdiger als selbst die Inschriften sind die Bilder, die wir auf den Runenkreuzen von Man*) vorfinden. In künstlerischer Beziehung stehen sie nicht hoch und können sich nicht messen mit den Ornamenten und Drachenwindungen. Besonders die Menschendarstellungen sind schlecht und plump ausgeführt. Die Tierbilder sind dagegen freier und lebenswahrer und stehen an Kunstwert oft über den einfachen Ornamenten, wie wir z. B. an den irischen und schottischen Steinen sehen können. Was diesen Bildern ihren kulturhistorischen Wert gibt, ist, daſs sie auf christlichen Kreuzen angebracht, die von christlichen Männern und Frauen errichtet sind, ihre Stoffe nicht vom Christentum, aus der Bibel oder den Legenden

---

[1]) Es kann sehr wohl eine Verstümmelung des götischen Namens Þorviðr vorliegen (vgl. Turgeis).

*) Die Erklärung der meisten dieser Bilder schulde ich Professor S. Bugge in seiner vorerwähnten Abhandlung, sowie dem gelehrten Manxmann, Mr. P. M. C. Kermode, der mehr als irgend ein anderer getan hat, um die Runeninschriften und Bildsteine der Insel Man bekannt zu machen.

der Heiligen holen, sondern von dem Asenglauben, daſs sie
uns Darstellungen aus dem Leben der Götter und Helden
geben. Die meisten Menschen
in dieser seltsamen Übergangszeit von der Wikingerzeit zum
Mittelalter waren freilich dem
Namen nach christlich; aber
ihrer Lebensauffassung nach
waren sie Heiden und ihre
Seele war noch von den strahlenden Bildern Walholls und
des Asenlebens erfüllt. Daher
die merkwürdige Erscheinung,
daſs sie über ihren teuern Abgeschiedenen christliche Kreuze
mit Bitten um Erlösung ihrer
Seelen errichten, aber diese
zugleich mit Bildern des gefallenen Helden zieren, der zu
Odin zieht, um in Walholl in der
Einherier Schar zu kämpfen.

Am leichtesten ist wohl zu
verstehen, daſs sie Bilder aus
der Heldensage holten. Der
Sagenkreis von Wölund (Wieland), dem Schmied, und besonders die Sage von Sigurd,
der den Drachen Fafnir tötet,
von den Wolsungen und Gjukungen, von Brynhild und
Gudrun, die bekannt und beliebt waren bei fast allen germanischen Völkern, sind auch
bei den meisten Gegenstand
künstlerischer Darstellung geworden. Auf Steinen vom
fernen Gottland sowie auf
Kreuzen und Schreinen in
England finden wir Bilder von

Stein mit Darstellung aus der
Sigurdsage. Jurby, Isle of Man.

Wölund und seiner Schmiede, von Sigurd, dem Drachentöter, von Gunnar in der Schlangengrube. Andere Bilder aus der

Der gehängte Randver (?) und Walholl.
Jurby, Isle of Man.

Wolsungen- und Gjukungensage sind auf schwedischen Runensteinen und norwegischen Stabkirchentüren wie auf englischen

Kreuzen dargestellt.[1]) Im Norden gibt es keine solche Bilder, die älter sind als die Wikingerzeit. Auf einem englischen Walrofsbeinkästchen aus dem Anfange des 8. Jhs. finden wir dagegen Bilder von Wölund und seinem Bruder, dem Bogenschützen Egil, ja vielleicht auch von der Sigurdsage.*)

Es ist daher sehr wahrscheinlich, wie Professor Sophus Bugge und der schwedische Forscher Professor Henrik Schück nachzuweisen gesucht haben, dafs die Angelsachsen die ersten sind, die auf Steinkreuzen, Kästchen und andere Gegenständen Bilder aus der germanischen Heldensage darzustellen begonnen haben und dafs die Sitte von ihnen zu den Nordleuten gewandert ist. Irische und schottische Vorbilder sind es dann wohl, die die Angelsachsen beeinflufst haben. Jedenfalls besteht ein Zusammenhang zwischen den Sigurdbildern in England und auf Man.

Odin im Kampfe mit dem Fenriswolfe.
Kirk Andreas, Isle of Man.

Auf Man gibt es nicht weniger als drei Steine mit Darstellungen aus der Sigurdsage. Wir sehen Sigurd in der Grube liegen und den Drachen erstechen, während dieser über ihn dahinschreitet. Wir sehen ihn des Drachen Herz über

---

*) Der Schrein, der *The Frank's Casket* oder Clermonter Runenkästchen genannt wird, ist im British Museum, eine Seite ist durch einen wunderlichen Zufall nach Florenz gelangt und wird dort im Museum aufbewahrt.

[1]) Vgl. hierzu die Ausführungen Henrik Schücks *Sigurdsristningar* in Nordisk Tidskrift, 1903, S. 193 ff.

dem Feuer braten, sehen, wie er sich verbrennt, den Finger in den Mund steckt und so der Vögel Sprache versteht. Wir sehen auch· die Vögel oder richtiger den Vogel auf dem Baume, der ihn vor Regins bösem Anschlag warnt, und Sigurds Rofs Grani. Auf der Rückseite des einen dieser Steine erblicken wir eine Gestalt mit gebundenen Händen und Füfsen, an deren Seite sich eine Schlange windet; sie scheint Gunnar in der Schlangengrube vorzustellen.

Möglicherweise haben wir auch auf den Kreuzen von Man Darstellungen aus anderen Heldensagen. Auf dem oben abgebildeten Stein von Jurby hat man so eine Darstellung aus der Sage von Jormunrek (dem Ostgotenkönig Ermanarich † 375) vermutet, der Gudruns Tochter Svanhild zur Ehe nahm, sie aber auf den Rat seines bösen Ratgebers Bikki von den Hufen der Rosse zerstampfen und seinen Sohn Randver an den Galgen hängen liefs, weil er glaubte, dafs die beiden einander liebten. Die kleine Gestalt mit dem Hundskopf, wie es scheint, würde da den Randver darstellen.

Auch auf Gottland scheinen sich Bilder von der Sage über der schönen Svanhild und des Randver Tod zu finden.

Besonders hat doch des Asenglaubens strahlende Götterwelt und das Leben in Walholl es den Nordleuten auf Man angetan, auf ihr Gemüt gewirkt und ihr Darstellungsvermögen geweckt. Auf einem Stein von Kirk Andreas sehen wir auf der einen Seite einen Mann mit einem Spiefs in der Hand und einem Raben auf der Schulter. Er sticht mit seinem Spiefse nach einem Wolfe, der in seinen Fufs gebissen hat und im Begriffe ist, ihn zu verschlingen. Dies ist das Bild Odins am Tage der Ragnarǫk[1] im Kampfe mit dem Fenriswolfe. In der Vǫluspǫ́ („Der Seherin Weissagung") heifst es darüber: „Es naht der Hlin,[2] ein neuer Harm,
Wenn Walvater[3] auszieht   den Wolf zu besteh'n,
Und den Surt der weifse   Würger des Beli[4]);
Der Frigg Freude[3]   wird fallen alsdann.[5]

Vom Gotte Thor gibt es gleichfalls mehrere Bilder. Wir sehen ihn mit einem Gürtel um den Leib — seinem Kraft-

---

[1] Aus *Ragnarǫk* „Götterschicksal" ist durch Mifsverständnis *Ragnarøkkr* „Götterdämmerung" gemacht worden.

[2] *Hlin*, in Gylfaginning (Kap. 35) eine Dienerin der Frigg ist hier eine Hypostase der Göttin.

[3] Odin.   [4] Freyr.   [5] Gerings Übersetzung.

gürtel *Megingjarðar.* — Ihm zur Seite ist eine Schlange, nämlich die Midgardsschlange, er trägt einen Hammer in der Hand, den *Mjǫlnir,* den er grofs und klein machen konnte und der stets wieder zu seinem Herrn zurückkehrte, wenn er ihn fortschleuderte.

Auch Heimdall ist dargestellt auf einem Runenkreuze bei Jurby. Er scheint zwei Hörner auf der Stirn und einen Bocksbart zu haben. Er wird wohl mit dem Bockskopfe abgebildet, weil er die Namen *Heimdali* und *Hallinskiði* mit dem Widder gemein hat. An den Mund führt er das Gjallarhorn, womit er die Asen zum letzten Kampfe ruft.

Auf mehreren Steinen sehen wir Bilder von Walholl und dem Leben dort. Wir sehen den Eber Saehrimnir, der nach dem Mahle wieder auflebt, und die Einherier, die kämpfen und fallen, um am nächsten Tage gesund und munter wieder aufzustehen. Die Einherier haben Röcke, die bis an die Kniee reichen, kurze Schwerter und Vogelköpfe. Die gefallenen Einherier sind dargestellt mit den Köpfen nach unten und den Beinen in die Luft.

Einherier.
Kirk Michael, Isle of Man.

In derselben Weise werden auf keltischen Kreuzen die Gefallenen dargestellt. Besonders ist der hier abgebildete Stein von Jurby mit dem Bilde des gehängten Randver merkwürdig. Auf der einen Seite des Bildes sehen wir eine kleine Figur mit einem Stricke um den Hals an einem Galgen hangen, der von einem Wesen mit Vogelklauen und Vogelkopf getragen wird. Diese letzte Gestalt mufs Odin sein, der in den alten Gedichten *Arnhǫfði* „der Mann mit dem Adlerhaupt" genannt wird. Ihm pflegten, wie wir wissen, die alten Nordleute Menschen zu opfern, indem sie sie an den Galgen hängten. In den eddischen Hǫvamǫl sagt Odin:

> „Ich weifs, dafs ich hing   am windbewegten Baume
> Neun Nächte hindurch,
> Verwundet vom Speer,   geweiht dem Odin,
> Ich selber mir selbst." [1]

In der Sage wird Bikki ebenfalls als der verkleidete Odin aufgefafst, der selbst der besten Helden Untergang verursacht, damit sie in Walholl eingehen. Wenn Randver hundsköpfig dargestallt wird, so hängt das gleichfalls mit dem mittelalterlichen Volksglauben von den Gehängten zusammen.[2]

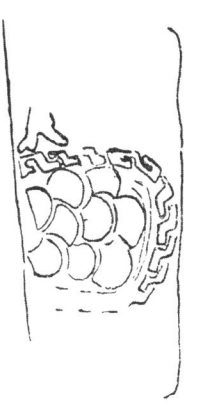

Auf der anderen Seite des Kreuzes sehen wir etwas von einem Schilde*) und darunter einen Eber und einen Hirsch. Dies mufs ein Bild von Walholl sein. Denn Walholls Dach war mit Schilden gedeckt. Drinnen in Walholl befand sich der Eber Saehrimnir, von dem man nach Belieben schneiden konnte, immer wuchs das Fleisch nach. — Dieser Eber hat sein Vorbild in irischen Erzählungen von Schweinen, die jede Nacht verzehrt werden und jedesmal am folgenden Tage wieder aufleben. — Der Hirsch ist Eikthyrnir, der oben auf Walholls Dach stand und die Triebe des Baumes Laerad äste. Auf der anderen Seite dieses merkwürdigen, leider nur unvollständig bewahrten Steines sehen wir ein Bild, das Schilde von einem Rahmen umgeben darstellt. Über dem Rahmen, dort wo der Stein nun abgebrochen ist, scheinen die Wurzeln eines Baumes zu sehen

---

[1] Um geheimer Runenweisheit kundig zu werden, opferte sich Odin selbst an der Weltesche Yggdrasil. H. Gerings Übersetzung.

*) Der obere Teil des Steines ist abgebrochen und verloren gegangen.

[2] Man hat in dieser Darstellung wahrscheinlich eher an einen Wolfskopf zu denken; *vargar* („Wölfe") hiefsen die verfehmten Verbrecher, die sich gegen den Frieden der Sippe versündigt hatten und die durch Erwürgen der Gottheit geopfert oder in den Wald verbannt wurden (Werwolf). Vgl. Fr. Kauffmann in *Deus Requalivahanus* P. B. B. XVIII, 175 ff.

Bildstein von Kirk Michael,
Mallumkuns Kreuz.

zu sein. Sollte dies vielleicht eine Darstellung des schildgedeckten Daches von Walholl sein, worauf der Baum Laerad stand?[1]

So haben wir auf diesem Stein in nuce ein Bild der Lebensanschauung der Wikingerzeit: Den Helden, der sich Odin opfert und nach Walholl fährt, um hier in der Schar der Einherier an Odins Seite den letzten Kampf zu kämpfen, wenn die Ragnarǫk sich erfüllen.

Noch auf anderen Bildsteinen von Man scheinen sich Darstellungen aus dem Leben in Walholl zu befinden. Wir erinnern uns des Kreuzes, das der selbstgerechte Mallumkun dem Andenken seiner Pflegemutter, der Keltin Malmura, der Gattin des Schweden Adils, setzte. Dieses Kreuz ist in mehrfacher Hinsicht bemerkenswert; auf der einen Seite vom Kreuzbalken sehen wir eine christliche Darstellung, die auch auf schottischen und irischen Kreuzen vorkommt, den

---

[1] Laerad ist vielleicht ein anderer Name für die Weltesche Yggdrasil. Es ist nirgendwo die Rede davon, daß der Baum Laerad auf dem Dache Walholls steht, nur die Ziege Heidrun und der Hirsch Eikthyrnir, die von seinen Zweigen fressen, befinden sich nach der Edda darauf.

Hirsch, der im Nacken von einem Bracken angefallen wird. Auf der anderen Seite sehen wir einen Harfenspieler und an seiner Seite ein Weib mit einem Trinkhorn in der Hand, sicherlich ein Bild von Walholl, Bragi, der nordische Apoll, und die Met kredenzende Walküre. Auf demselben Steine begegnen uns also heidnische und christliche Bilder.

In manigfach anderer Weise zeigt sich der Einfluſs des Christentums.

Die Nordleute, die auf Man begannen die Fläche der Steine mit Illustrationen der Götter- und Heldenlieder zu zieren, kannten von ihrer Heimat her solche Bildsteine nicht. Nur auf Gottland blühte im Norden die bildende Kunst. Ringsumher in den keltischen Landen sahen sie dagegen, wie wir gehört haben, Steine mit Bildern aus der Bibel und dem Leben der Heiligen. Doch die wahre Bedeutung der Bilder verstanden sie wohl kaum, heidnisch oder halbheidnisch wie sie selbst waren. Heilige, Evangelisten, Engel und Dämonen wurden in ihrer Phantasie zu Asen, Einheriern und Sagenhelden. Und wenn sie nun begannen in Bildern ihre eigene Götter- und Heldensage darzustellen, muſste es da für sie nicht naheliegen, Bilder und Typen von keltischer Bildkunst zu leihen, bei der dieselben Figuren fast auf allen Kreuzen vorkommen? In derselben Weise ist die altchristliche Kunst von heidnischen Motiven und Symbolen erfüllt, die in der christlichen Kunst eine neue Bedeutung bekommen haben: Kentauren, Sphinxe, Todesgenien mit der umgewendeten Fackel, Eros, Psyche usw. In dem Grabmal, das Konstantin der Groſse in Rom für seine Tochter errichtete sieht man neben christlichen Symbolen weinlesende Genien. Erst nach und nach entwickelt die christliche Kunst eine eigene Bildersprache.

Nichts ist auf den schottischen Kreuzen gewöhnlicher als Jagdszenen und Bilder von Hirschen, Wildschweinen und anderem Wild. Oft sind auch die Tierbilder der dekorativen Wirkung wegen angebracht, das eine über dem anderen zu beiden Seiten des Kreuzbalkens.*) Zwischen diesen Darstellungen und den Walhollbildern auf den Steinen von Man sind gewiſs Verbindungen. Auf mehreren Kreuzen von Man —

---

*) Vgl. z. B. das Kreuz bei Gask, Perthshire; Stuart, Sculpt. Stones of Scotland, I Pl. CIII — CIV.

besonders zusammen mit Bildern von Walholl — sehen wir
auf der Spitze des Kreuzes die Bilder eines Hahnes. Der
Hahn ist auch ein christliches Symbol und findet sich auf
mehreren schottischen Steinen. Doch die Nordleute haben
sicher etwas anderes darin gesehen, nämlich ein Bild vom
Hahne Salgofnir oder Gullinkambi (Goldkamm), der die
Einherier in Walholl zum Kampfe weckt.[1])

Die Ähnlichkeit zwischen diesen Bildern und Symbolen
ist leicht herauszufinden und zu erklären. Aber auch die
Bilder der Einherier, ja die der Asen selbst, sind von den
Darstellungen auf den irischen und schottischen Kreuzen beeinflufst. Wenn die Einherier als Menschen mit Vogelköpfen
dargestellt sind, so hängt das sicherlich zusammen mit der
über die ganze Erde verbreiteten Vorstellung, dafs man sich
die Seele der Abgeschiedenen in Vogelgestalt denkt, und
ebenso, wenn Odin dargestellt wird mit Vogelkopf und Vogelklauen, so beruht das darauf, dafs er den Beinamen Arnhǫfði
(„Adlerkopf") hat. Aber die nordischen Künstler, die auf
Man Bilder der Einherier und Odins aushieben, würden diese
doch kaum in der Weise abgebildet haben, wie sie es getan,
wenn sie nicht auf keltischen Kreuzen u. a. auf den Shetlandinseln ganz ähnliche Gestalten gesehen hätten, die Engel darstellen sollten. Kann es fernerhin ein Zufall sein, dafs gefallene
Einherier auf den Steinen von Man und gefallene Krieger auf
den keltischen Steinkreuzen mit dem Kopfe abwärts dargestellt
werden?

Auf den Kreuzen von Man gibt es ebenfalls Gestalten
mit Menschenkörper und Tierkopf. Heimdall scheint ein Bocks-
haupt zu haben; der gehängte Randver hat einen Hundskopf[2])
und auf dem Kreuz, wo Heimdall abgebildet ist, sehen wir
an der Rückseite ein Weib mit Hundskopf. — Ist dies ein
Bild der Vǫlva Hyndla („der kleinen Hündin"), die im Eddagedichte „Hyndluljóð" vom Gotte Heimdall erzählt? — Alle
diese Gestalten haben ihre künstlerischen Vorbilder auf keltischen Kreuzen, wo sie Dämonen vorstellen. Wenn wir nun
auf gottländischen Steinen auch Gestalten mit Menschenkörpern

---

[1]) In den Vǫluspǫ ist aufserdem noch vom Hahne Fjalar, der die
Riesen, und vom nufsbraunen Hahn, der die Bewohner der Hel zum
letzten Kampfe weckt, die Rede.

[2]) Vgl. Anm. 2 auf S. 175.

und Vogel- oder Tierköpfen (Einherier oder Asen) finden, so bezeugt dieses eben nach meiner Ansicht den Einfluſs keltischer Kunst auf Gottland.

Ich könnte noch das Bild von Odin oder wie andere gemeint haben von Widar[1]) im Kampfe mit dem Fenriswolfe erwähnen. Ganz ähnliche Bilder, doch ohne Raben und Spieſs, finden sich auf schottischen Kreuzen, wo sie aber Simson darstellen, der den Rachen des Löwen auseinander reiſst, eine im Mittelalter ganz gewöhnliche Darstellung.[*])

Auch von dem fernen Gottland sind, wie ich annehme, Kulturströmungen nach Man und den Hebriden gegangen. Auf

| Hyndla (?) Jurby, Isle of Man. | Vom Alskogstein, Gotland. | Engel (?) Strathmartin, Forfarshire. |

Gottland war die bildende Kunst bereits zur Wikingerzeit alt und hatte zum Teil unter keltischem Einflusse eine hohe Entwicklungsstufe erreicht. Ein Bild, das sich bereits auf Steinen aus einer Periode vor der Wikingerzeit befindet, und

---

[1]) Widar rächt seinen Vater Odin und tötet den Fenrir, nach der Vǫluspǫ, indem er ihm ein Schwert durch den Rachen ins Herz stöſst, nach Gylfaginning, indem er seinen Fuſs in den Unterkiefer des Wolfes setzt, mit der Hand den Oberkiefer faſst und so dessen Rachen zerreiſst. Man könnte auch an Tyr denken, der seine Hand durch den Wolf verliert.

[*]) Auf dem merkwürdigen hohen prächtigen Kreuze bei der Kirche von Gosforth in Cumberland, dessen Abguſs einen Ehrenplatz im Kensington Museum zu London einnimmt, gibt es ein Bild, das nordische Forscher für das Widars ansehen, der seine Hand in den Rachen des Fenriswolfes steckt. Aber auch dieses Bild stellt Simson und den Löwen dar, wie ich vermute.

das später immer prächtiger ausgeschmückt wurde, ist das
Drachenschiff mit dem viereckigen Segel und den Schilden am
Bordrand und häufig mit Männern im Tauwerk zu beiden
Seiten des Mastes. Auf Iona hat man jüngst einen Stein entdeckt, der deutlich aus derselben Zeit stammt, wie die Kreuze
von Man und von Nordleuten bearbeitet ist. Hier sehen
wir ein grofses Schiff, worin sechs Personen stehen, die des
Schiffes Mannschaft zu bilden scheinen. Der eine von ihnen
stellt das Segel. Der Mast ist hoch und dick. Zur äufsersten
Linken sehen wir einen Mann, der gröfser als die anderen
dargestellt ist und der mit Zange und Hammer bewaffnet an
einem Schwerte schmie-
det.*) Wahrscheinlich ha-
ben wir auch hier ein Bild
aus der Sigurdsage vor uns.
Der hochgewachsene Mann
zur Linken ist der Schmied
Regin,[1] der Sigurds Schwert
Gram schmiedet und den
jungen Helden auf seiner
ersten Fahrt begleitet. Dieser Zug gegen Hundings
Söhne wurde zur See unternommen und wird in den

Bruchstück eines Steines von Murthly,
Schottland. (Early Christ. Mon. of Scotland, Fig. 321.)

Reginsmǫl geschildert.
Das kleine Tier rechts vom
Schiffe, ist gewifs ein Otter,
der ja eine so grofse Rolle in der Sigurdsage spielt, und über
dem Schiffe sehen wir den Drachen Fafnir. Darstellungen
eines solchen Schiffes, das ja für uns hier die Hauptsache ist,
finden sich nicht auf den Steinen von Man, dagegen begegnen
wir ihnen auf vielen hebridischen Grabsteinen vom späteren
Mittelalter. Ein Schiff führten die nordischen Könige auf

---

*) Saga Book of the Wiking Club III, S. 305.

[1] Regin ist also hier offenbar als Riese dargestellt nach der alten
nordischen oder angelsächsischen aus der Sigmundsage überkommenen Tradition (vgl. auch Beow. v. 875 ff.); die seltene Bezeichnung Regins als
Zwerg, wie z. B. in der Prosa der Reginsmǫl, entstammt deutscher Tradition. Vgl. Heinz Hungerland, Zeugnisse zur Vǫlsungen- und
Niflungensage aus der Skaldenpoesie (8.—16. Jh.), Ark. f. n. fil. XX. S. 4.

Man ursprünglich im Wappen und ihre Nachkommen auf den Hebriden lassen ein Schiff auf ihren Grabsteinen aushauen. Dürfen wir hierin eine Einwirkung von Gottland sehen, der einzigen Stelle im Norden, wo wir von der Wikingerzeit Bilder ähnlicher Schiffe mit ausgespanntem vierkantigen Segel Segel sehen? — Das Bild von Regin dem Schmiede mit Hammer und Zange und Schwert erinnert an ein Bild von Regins Schmiede auf dem englischen Haltonkreuz und von Wölunds Schmiede auf dem gottländischen Ardrestein.*)

Ich denke mir diese merkwürdige Kunstschule auf Man ungefähr auf folgende Weise entstanden: Es war zu Ende der Wikingerzeit, da die Eddagedichte noch frisch auf den Lippen des Volkes waren, in jener tatendurstigen Epoche der Neubildungen. Dort im Westen, wo jeder Tag Botschaft von neuen Heldentaten brachte und wo selbst die Männer einer kaum entschwundenen Vorzeit vom Strahlenglanze der Sage umschimmert waren, erhielten die alten Gedichte eine neue Form und neue Gedichte wurden verfafst während der Begegnungen zwischen Kelten und Angelsachsen. Englische Dichtungen von Wéland, dem Schmiede, und Sigurd dem Drachentöter, erhielten bei den Nordleuten neue Gestalt, neuen Inhalt, neue Schönheit, und die alten Sagen bekamen Farbe und Glut durch die wilden und leidenschafterfüllten Sagen und Sagas von Cuchullin und Finn und Ossian. Aber in demselben Geist, der in Vers und Rhythmus neues Leben und neue Bilder schuf, und der in Liedern das Leben der Altvorderen und die Gröfse der Wikingerzeit zu verewigen suchte, mufste auch der Wunsch erwachen, dauerhaftere Denkmäler auf der harten Fläche des Steines zu schaffen. Der Nordmann, der mit für das Neue offenen Augen und Sinnen draufsen in der Fremde umherschweifte, sah rund um sich herum in den Landen, wo Kelten und Angelsachsen angesiedelt waren, Steinmale, worin Kunde aus der Vorzeit zur Erinnerung für künftige Geschlechter eingehauen war. Ebenso wie keltische Künstler durch die Bildersprache der Steine zum Volke von der Herrlichkeit des Paradieses, von Christi Kreuzigung und von den

---

*) Das Haltonkreuz ist abgebildet bei Schück, Studier i Nordisk Religions- und Litt.-Historia I, S. 179, der Stein von Iona in Saga Book of the Viking Club, Jan. 1904, S. 305.

Wundertaten der Heiligen zu reden suchten, so wollten die nordischen Künstler auf Man vor den Zeitgenossen und kommenden Geschlechtern Zeugnis ablegen von den Kämpfen der alten Helden, von Walholls Glanz und Freude und vom Leben der Götter, wie die Lieder davon sangen. Aber woher sollten sie die Bilder holen? Naiv und kindlich war die Zeit; die Kunst der Menschendarstellung war noch im Werden begriffen. Die Menschengestalten wurden nicht nach der Natur gezeichnet, sondern in von alters überkommenen Formen, sowie uralter Brauch sie im Laufe der Zeit gemodelt hatte. Kein Künstler auf den britischen Inseln, weder Kelte oder Angelsachse noch Nordmann, vermochte zu jener Zeit eine ganz neue Welt aus seinem eigenen Kopfe heraus darzustellen. Er mufste sich an das Gegebene halten. Daher liehen Gaut Björnsson und die ihm folgenden Künstler frei und reichlich von Gottland und von der keltischen Kunst, die in den Landen blühte, die sie am besten kannten. Die christlichen Bilder wurden mit neuem Inhalte erfüllt und in neuen Kombinationen zu neuen Bildern zusammengestellt. Aber daher wurde das, was geschaffen wurde, gerade neu, gerade nordisch nach Form und Gehalt und daher zeugt es eben so hoch vom nordischen Geist in der Wikingerzeit. — Wer geben soll, mufs auch die Fähigkeit haben zu empfangen.

Die Insel Man ist im kleinen ein Bild der ganzen Wikingerzeit. Nirgendwo können wir in unseren Tagen ein so deutliches und klares Bild vom Leben der Nordleute in jener Zeit erhalten, da sie auf ihren Zügen Gebiete eroberten und Kolonieen gründeten. Wir haben von ihrer Staatsform und Rechtsordnung, von ihrer Kunst, von ihrem Geistesleben gehört und gesehen, wie sie mit fremden Kulturen zusammenstiefsen, wie sie sich ohne Scheu mit den fremden Völkern vermischten und fein klug sich gerade immer das Beste aneigneten, was sie in der Fremde vorfanden, es umbildeten und ihren eigenen Lebensbedingungen anpafsten und eben dadurch eine neue und reichere Kultur schufen, die Kultur der Wikingerzeit.

V.
Herdfeuer der Kultur in alter Zeit.

Wer die Geschichte der Kultur studiert, hat zwei Aufgaben. Er muſs suchen sich ein Bild vom Leben der Menschen zu bilden, von ihren Sitten und Bräuchen, von ihrem Gemeinwesen und Geistesleben in jener Epoche, die ihn beschäftigt. Aber er hat auch eine andere Aufgabe. Er muſs der Kultur auf ihrer Wanderung von Land zu Land folgen und die Stätten zu finden suchen, die in jedem Lande einmal die Feuerstätten der Kultur gewesen sind, von denen diese sich als warmer lebenweckender Hauch immer weiter ausgebreitet hat. Es ist keineswegs genug damit Bilder vom Menschenleben verronnener Zeiten aufzurollen, der Kulturhistoriker muſs auch nach dem Ursprung der Sitten und Bräuche und nach der Entwickelung der sozialen Verhältnisse, der Lebensbedingungen forschen.

In unseren Tagen, in der Zeit der Eisenbahnen und Dampfschiffe, der Telegraphen und Telephone, verbreiten sich neue Gedanken und der Gebrauch neuer Erfindungen mit ungeahnter Schnelligkeit über die Erde. Dieselbe Kultur herrscht, können wir fast sagen, überall in allen Landen, wo Europäer wohnen. Doch selbst für die Gegenwart können wir auf Länder und Städte hinweisen, die mehr als andere Kulturzentren genannt zu werden verdienen, von denen geistiger Fortschritt besonders lebhaft seinen Ausgang nimmt.

In alten Tagen, als Verkehr und Verbindung zwischen den Ländern langsam und mühsam war und alle neuen Gedanken Zeit bedurften um Ausbreitung zu gewinnen, da hatten doch diese Kulturzentren eine noch gröſsere Bedeutung als in unserer Zeit. Daher kann man aber auch den Kulturströmungen in jener Zeit leichter folgen als in unseren Tagen, da sich so mannigfache verschiedene Kulturströmungen kreuzen. Man kann vom Altertum her bis auf die Renaissance die Geschichte der Kultur auf einer Karte darstellen, Richtung und Verlauf der Strömungen von Land zu Land eintragen und die Gegenden bezeichnen, die einmal ihr Mittelpunkt gewesen sind.

Die Kulturgeschichte der Wikingerzeit kann wohl jetzt noch nicht ganz kartographiert werden, doch können wir immerhin schon auf einige Stätten und Gebiete hinweisen, die in der Jugendzeit der nordischen Völker vom Strahlenglanz der Sage und Dichtung umwoben waren, wo Kunst und Geistesleben üppiger blühten.

Dänemark und Schweden besitzen, was Norwegen nicht besitzt, Stätten und Gegenden, die geistige Zentren ihres Landes von alter Zeit her gewesen sind und auch stets bleiben werden, gerade wie sie die Zentren des staatlichen und politischen Lebens sind. Mit seinen lichtgrünen Buchenwäldern, durch deren Laubgegitter das Sonnenlicht fällt und goldene Flecken auf den moosigen Waldgrund malt, mit seinen stillen Waldseeen und sacht dahin strömenden Flüfschen, wo die Wasserlilien schwimmen und die Schwäne sich spiegeln, mit seinen frischgrünen Wiesen voll grasenden Viehs und mit seinen gelben wogenden Getreidefeldern erstreckt sich Seeland in anmutigen Wellenlinien vom grofsen Belt bis zum blauen Öresund. Seeland liegt wie ein wohlgeborgenes Nest geschützt hinter dem rauhen wetterumstürmten Jütland, das mit seinen öden Heiden, seinen Dünen und kahlen Sandstrecken der Nordsee Stürme und Wogen nicht minder abhält wie feindliche Angriffe und Einfälle und wo auch die Menschen selbst zäher, starrer, schwerfälliger, langsamer aber zugleich auch abgehärteter werden als auf dem lachenden Seeland. Jütland ist wie der Sturmvogel, der auf breiten Fittichen über das wilde Meer fliegt; Seeland ist wie der Schwan der schön mit glänzend weifsem Gefieder, majestätisch mit erhobenem Hals über den blanken Spiegel des Sees dahinsegelt. Aber wie Thora Hakons Tochter nach dem Eddaliede der Gudrun zur Freude „dänische Schwäne" in Teppiche stickt, als Dänemarks edelste Vögel, so hat sich das Leben auf Seeland überhaupt stets reicher gestaltet als in irgend einem anderen dänischen Lande. Denn Seeland ist Dänemarks natürlicher Mittelpunkt und war es — geographisch abgesehen — früher noch mehr, als Schonen, Halland und Bleking noch zu Dänemark gehörten.[1]) Besonders war die Gegend zwischen Kopenhagen und Roskilde nicht nur der alten Dänenherrschaft Mittelpunkt, sondern auch selbst von den fernsten Teilen des Landes über schmale Sunde und Belte auf ruhigen Wasserwegen, die mehr verbanden als trennten, leicht zu erreichen. Hierher gelangte auch zuerst alle Kunde von fremden Ländern und reichen Kulturen. Jeder Schiffer, der nach der Ostsee wollte, oder daher kam, mufste durch den Öresund an Dänemarks Gestaden vorüber: Römische Kaufleute und später die Goten, Eruler, ostschwedische und gutnische Männer, Friesen, Sachsen, Franken und Angelsachsen.

Schon seit uralter Zeit hat daher Dänemark sozusagen seinen Mittelpunkt auf Seeland gehabt, schon von der Zeit her, da die Völker von den dänischen Inseln und von den südlichen Borden der Ostsee, alle Ingväonenstämme, sich hier im heiligen Hain zur Verehrung der Nerthus, des weiblichen Njǫrðr, der Erdmutter*) zusammenscharten. Die Völkerwanderung wälzt sich heran. Neue Gottheiten gewinnen die Führerschaft, die Asen mit dem schlauen, kriegsklugen Odin an der Spitze. Nerthus oder Njǫrðr und die übrigen Wanengottheiten werden aus ihrer Machtstellung verdrängt. Das Dänenreich entsteht. Aber Seeland verbleibt doch des Landes Mittelpunkt, obwohl der Dänen Urheimat ursprünglich in Schonen[2]) gelegen zu haben scheint. Leire, nur ein kleines Dorf 8 km westlich von Roskilde, wird für eine Zeit Königssitz in dem neugegründeten Dänenreiche, und von hier ergiefsen sich die Kulturströmungen, Sinn für Kunst und Dichtung, feinere höfische Gesittung, nicht nur nach Dänemark allein, sondern

---

[1]) Bis zum Roskilder Frieden im Jahre 1658, wo diese Landschaften an Schweden fielen.

*) Tacitus, Germania Kap. 40; andere Forscher verlegen doch den Hain der Nerthus nach Rügen, Helgoland und anderen Inseln. Vgl. oben S. 15 f.

[2]) Vielleicht eher in Småland; Jordanes bezeichnet die Dänen als Abkömmlinge der Schweden.

nach allen Ländern des Nordens. Hier ist jetzt die besuch-
teste Opferstätte Dänemarks. Hier liegt Hrodgars berühmte
Königshalle Heorot oder „Hirsch“, die im „Beowulf“ besungen
wird als „hoch und weit und von beträchtlicher Ausdehnung
zwischen den gehörnten Giebeln ... der gröfste unter den
Hallenbauten“[1]). Die Leirekönige werden die obersten
Herrscher im Norden. In ihrer Hird sammelten sich Männer
aus dem ganzen Norden, erzählt die Sage. Ihre Hird ist nicht
— wie bei den anderen nordischen Königen zu jener Zeit —
das einfache, altgermanische Gefolge von freien gleichgestellten
Männern, wie wir es von Tacitus Schilderung her kennen.
Die Hird der Leirekönige beginnt ein wirklicher Hof zu
werden, wo die Moden und Bräuche des zivilisierten Europa
Eingang finden. Die Sage berichtet von König Ingjald, Frodis
Sohn, der fremde Sitten nachahmte und sich einem bis dahin
unbekannten Wohlleben hingab. Wichtiger ist aber doch,
dafs die Könige von Leire ihren Thron erhalten „Leires Stuhl“
(*Hleiðrar stóll*) wie er in dem alten Liede „Grotta sǫngr“ ge-
nannt wird. Sonst hatten die nordischen Herrscher zur
Heidenzeit kein Sinnbild ihrer Würde. Der erhöhte Herrscher-
sitz als Symbol der Königsmacht stammt aus der spätrömischen
Kaiserzeit. Von den römischen Kaisern übernahmen ihn die
merovingischen Könige, die ja im grofsen und ganzen gesehen
als römische Imperatoren auftreten wollten, vielleicht hatten
ihn die Angelsachsen auch, denn im „Beowulf“ ist oft vom
„Herrscherstuhl“ die Rede. Von den Angelsachsen oder
Franken haben die leirischen Könige ihren Thron. Wir haben
zuvor von den Heerfahrten der dänischen Könige nach den
Westlanden gehört. Aber auch friedliche Verbindungen
scheinen bestanden zu haben u. a. Ehebündnisse zwischen
Königen und fremden Frauen. Rolv Krakis Mutter heifst
Yrsa; ihr Name ist nicht nordisch, scheint jedoch von germanischen Völkern an den Grenzen des Römerreiches zu
stammen und mit dem lateinischen *ursus* „Bär“ zusammenzu-
hangen**). König Hrodgars Gemahlin trägt im „Beowulf“

---

[1]) Holder, Beowulf, v. 78 und 82.
*) Bregostôl; vgl. über Thron, Königstuhl (*cathedra, solium regni*)
Amira, im Grundrifs für germ. Philologie.
**) Axel Olrik, Danmarks Heltedigtning I, S. 151 f.

den Namen Wealh þéow (d. i. die welsche oder keltische Sklavin[1]). Auch dieser Name scheint, wenn er in der Sage ursprünglich ist, auf eheliche Verbindungen mit den Landen des Westens hinzudeuten.

Wir sehen also, wie schon in frühester Zeit dieselben Teile von Seeland Dänemarks geistigen Mittelpunkt bilden.

Von weit gröfserer Ausdehnung selbst in alter Zeit als Dänemark und ursprünglich von einer Reihe unabhängiger Stämme bewohnt, hat das moderne Schweden beim Anbruche der historischen Zeit mehrere Kulturzentren gehabt, eines an den Gestaden des Väner und des Vätter, wo die Göten ihre Sitze hatten, und ein anderes an den Gestaden des Mälar, wo die Sveen wohnten. Kein anderer Teil von Schweden ist so zerrissen von vielbuchtigen Seeen und schiffbaren Flüssen wie Upland, und früher gab es noch mehr Wasserwege als heutzutage. Nach Upland konnte man mit Leichtigkeit im Boot auf Flüssen und Binnenseen von allen Sveensiedelungen gelangen. Auch gibt es keine schwedische Landschaft, die so wie Upland in sich alle Bedingungen vereinigte um Schwedens offene Tür nach dem grofsen Europa hin zu sein. Sicher konnten die Kauffahrer hinter dem schützenden Gürtel von Schären und Holmen segeln und an den lachenden Stränden des Mälar fanden sie Häfen, wo sie geborgen vor des Meeres Sturm und Wogengang und ohne Furcht vor Überfällen durch Wikinger vor Anker gehen konnten. Hinzu kommt noch, dafs Upland von der Natur so reich ausgestattet ist wie nur irgend ein anderes Gebiet Schwedens. Hier gibt es weite fruchtbare Ebenen mit lichten Birkenwäldern, grünen Wiesen und wogenden Saatfeldern, wo in unseren Tagen Herrenhof an Herrenhof liegt. Kein Wunder, dafs Upland stets der Mittelpunkt des Sveenreiches gewesen ist, und dafs sich von dort reiche und befruchtende Kulturströme in alle Teile Schwedens ergossen haben.

Schon von den ältesten Zeiten her hatten die Sveen in Upland an den Ufern der Fyriså ihren religiösen Sammelpunkt. Hier lag ihr Göttertempel, der berühmteste im Norden, wo

---

[1]) In *welsch* steckt der alte Name für die Kelten (*Volcae*, germ. *Walha*, ahd. *Walh*, ags. *Wealh*); als die Romanen die Sitze der Kelten einnahmen, ging die Bezeichnung auf sie über.

Männer aus allen Gebietsteilen der Sveen sich bei dem grofsen Festen begegneten. Hier war auch das Hauptthing der Sveen. Während seine Verhandlungen vor sich gingen, wurde hier zugleich Markt abgehalten.*) Der politische Mittelpunkt der Sveen war zu jener Zeit teils in Upsala, teils bei Mora an der Laggaå, auf der Grenze zwischen Attunda- und Tiundaland. Hier huldigten die Erwählten des Volkes dem Könige, indem sie ihn auf den Morastein erhoben, eine uralte Sitte, die in vorhistorischer Zeit überall auf der Erde ein Seitenstück hatte, so u. a. in Dänemark und Griechenland; noch in historischer Zeit wurde in Schottland der König auf den Stein von Scone erhoben. Der König selbst scheint während der Wikingerzeit auch im allgemeinen in Upsala seinen Wohnsitz gehabt zu haben. Eine gröfsere Bedeutung für die Kultur des Svealandes in jener Zeit hatte doch eine Stadt, die sich bereits vor dem Jahre 800 auf dem kleinen Björkö im Mälar erhob, eine Stadt die Schwedens ja vielleicht des ganzen Nordens ältester Handelsplatz ist, nämlich Birka. Schon zu Beginn der Wikingerzeit war Birka der Mittelpunkt für den Handel nicht nur im Reiche der Sveen, sondern es hatte Verbindungen mit den slavischen Landen, mit Hedeby, Hamburg und den Niederlanden. Die Stadt beherbergte, als Ansgar in den Jahren 830 und 850 dorthin kam um das Christentum zu predigen, viele reiche Kaufleute, einen Überflufs an allen Gütern, einen grofsen Schatz an Gold und Silber. Es gab doch damals mehrere Männer dort, die bereits zu Dorestad am Rhein vor Ansgars Zeit die Taufe empfangen hatten und Christen geworden waren. So berichtet Rimbert in seiner Lebensbeschreibung des Ansgar, die er nicht lange nach dessen Tode verfafst hat. In der Erde und besonders in den Gräbern vor den Toren des alten Birka hat man in unseren Tagen Silbermünzen, christliche Kreuze und andere Gegenstände fränkischen Ursprungs, sowie angelsächsische und selbst arabische Münzen gefunden. Die Stadt war für die Zeitverhältnisse gut befestigt und von einem Ringwall umgeben. Sie hatte, als Ansgar zum ersten Male dahinkam, ihren eigenen

---

*) Vgl. Snorri, Sturlusons Geschichte der norwegischen Könige, Heimskringla genannt, Saga Olafs des Heiligen (Kap. 76).

König, Björn, der dem Geschlechte der Upsalakönige angehört zu haben scheint.

Birkas Glanzzeit währte nicht lange. Die Stadt ging
wahrscheinlich um die Mitte des 10. Jahrhunderts zu Grunde,
von einer feindlichen Wikingerflotte verwüstet. Doch ein Andenken an die einst so mächtige Stadt haben wir vielleicht
— ganz sicher ist es nicht — in dem Ausdrucke „Bjarköret";
unter diesem Namen wurden nämlich in alter Zeit überall im
Norden, die auf Handelsplätzen und Handelsfahrten geltenden
gesetzlichen Bestimmungen zusammengefafst.*) In dem ersten
Kompositionsgliede dieses Wortes haben einzelne Forscher
Björkö sehen wollen, den Namen der Insel, auf der das alte
Birka lag, von der die Stadt den Namen geliehen¹) „Bjarköret"
hätte somit ursprünglich bedeutet „Birkas Recht". In Birka
sollen also ungeschriebene Gesetze für Handel und Wandel geherrscht haben, Gesetze die später auch anderswo in Schweden,
in Dänemark und Norwegen zur Geltung gelangten.

Für Birka erhob sich dann später an einer Bucht des
Mälar eine andere Stadt, Sigtuna, die bis zum Ende des
12. Jahrhunderts Schwedens wichtigste Stadt war. Doch auch
Sigtunas Blütezeit war nicht von langer Dauer. Nachdem
es im Jahre 1187 durch eine Flotte von Kuren und Kareliern
in Asche gelegt worden war, wurde die Stadt nach ihren
jetzigen Platz verlegt doch sie konnte seitdem niemals wieder
richtig in die Höhe kommen. Statt ihrer blühte Stockholm
empor um nach und nach Schwedens Hauptstadt zu werden.

Hier in den Gebieten der Sveen haben auch seit alten
Zeiten Kunst und Dichtung geblüht, und höfische Sitten waren
in der Königsburg daheim. Grabfunde aus Vendel und Ultuna
bezeugen, wie hoch schon zur Zeit der Völkerwanderung die
Kultur dort gestanden hat. Bilder von den zu Vendel gefundenen Helmen scheinen Szenen darzustellen aus Sagen, die
damals in den Königshallen zur Harfe erklangen. Nirgendwo
im Norden gibt es so viele Runensteine, wie in Upland; —
die meisten stammen aus dem 10. und besonders aus dem
11. Jahrhunderte. — Die Runen sind auf eigenartigen ver-

---

*) Altnord. *bjarkeyjarréttr*, altschwed. *biærköarætter*, altdän. *biærkeræt*.

¹) Wie die Angelsachsen jeden Handelsplatz *port* nannten, so hiefs
im Norden ein solcher *bjarkey*, weil die meisten auf Inseln lagen wie Birka.

schlungenen Bändern und allerhand Flechtwerk angebracht und die Inschriften sind häufig in Versen abgefafst, die uns beweisen, dafs auch in alter Zeit die Dichtung bei den Sveen gepflegt wurde. Diese Runensteine berichten uns nicht nur von den Fahrten altschwedischer Männer in die Ost- und West-lande von ihrem Aufenthalt unter den Wäringern in Mikla-gard (Byzanz) oder in Knut des Mächtigen Thingmannalid in England, sie bezeugen uns auch, dafs der Einflufs vom christ-lichen Europa das Gemeinwesen der Sveen umzuformen be-ginnt. Die Hird wird umgebildet. Das Amt des Stallare („Hofmarschall") wird gleichwie in Dänemark und Norwegen eingeführt.*) Fremde Wörter dringen in die Sprache ein, unter anderem das aus dem Latein stammende *sútari* „Schuh-macher".**) Schweden erhält — gleichzeitig mit Dänemark und Norwegen — sein eigenes Münzwesen. Die Münzmeister sind zu Anfang alle Angelsachsen; — der erste von ihnen, Godwin, wirkt auch in Dänemark und Norwegen — und die Münzen werden nach dem Vorbilde Ethelreds (II.), des Un-beratenen (978—1016), Münzen geprägt. Ihr Gewicht wird aber nach dem alten schwedischen Gewichtssystem abgepafst. In Sigtuna erhält Schweden dann seine feste Münzstätte.

Es hat in Dänemark und Schweden auch beim Anbruche der historischen Zeit andere Kulturzentren gegeben, die nun abseits der grofsen Heerstrafsen liegen. Für Dänemark haben Schleswig und Hedeby einmal dieselbe Rolle gespielt wie Birka und Sigtuna für Schweden. Hier war in der Wikinger-zeit Dänemarks offene Tür gegen das zivilisierte und christ-liche Europa. Schleswig war bereits zu Beginn des Wikinger-zeitalters eine Stadt, wo „Kaufleute von allen Ecken und Kanten sich sammelten". Mancher von seinen Bewohnern war vor der Zeit des hl. Ansgar schon in Hamburg oder in Dorestad getauft worden. So darf es uns nicht wunder nehmen, dafs das Christentum hier früher Eingang gewann als irgendwo anders in Dänemark. Noch gröfsere Bedeutung bekam das nahegelegene Hedeby, das sicherlich um das Jahr 900 die

---

*) Auf einem Runenstein in Upland wird ein Stallare das Hákon Jarl genannt.

**) Das Wort kommt auf einem Stein von Broby vor (vgl. Brate og S. Bugge, Runeverser, S. 120).

gröfste Handelsstadt des Nordens war. Am bedeutungsvollsten war vielleicht die Verbindung mit Dorestad, an dessen Namen noch der kleine Flecken Wyk bij Duurstede in der holländischen Provinz Utrecht erinnert. Dorestad hatte im frühen Mittelalter dieselbe Bedeutung wie später Brügge, Antwerpen, Amsterdam und London. Hier mündeten die Handelswege aus, die von den Mittelmeerländern nach dem nordwestlichen Europa führten. Mehrere Male im Laufe des 9. Jhs. wurde Dorestad von Wikingerscharen geplündert. Ja, um die Mitte des 9. Jhs. hatte ein dänischer Häuptling Dorestad und Rüstringen zu Lehen vom Kaiser, und Dänen waren in Utrecht angesessen.

In Dorestad lernten die Völker des Nordens zum erstenmale Münzen prägen.*) Hier liefs der Kaiser Silbermünzen prägen mit CAROLUS in zwei Reihen auf der Vorderseite und DORSTAT in zwei Reihen auf der Rückseite. Diese Münzen wurden um das Jahr 900 im Norden nachgeahmt. Münzfunde und andere Umstände machen es wahrscheinlich, dafs diese, die ersten nordischen Münzen, in Hedeby geprägt worden sind. Die Nachahmung ist roh und barbarisch. Anstatt der Buchstaben sehen wir undeutliche verzerrte Bilder, in denen wir nur mit Mühe den Namen Kaiser Karls und Dorestads wiederzuerkennen vermögen. Ein paar Einzelheiten deuten auch auf Einflufs von angelsächsischen Münzen. Aber von welchem Fortschritt in der Kultur zeugen sie nicht trotzdem! Zu jener Zeit, ja vielerorts im Norden auch noch später, geschah alle Bezahlung durch Waren, Spiralringe und Silberbarren, die zerstückt und abgewogen wurden.

Hedebys Glanzzeit war auch nur von kurzer Dauer. Schon im 11. Jh. scheint die Stadt nicht mehr bestanden zu haben. Schleswig trat aufs neue in den Vordergrund. Sein Stadtrecht wird vorbildlich für andere jütische Städte, und es ist gewifs kein Zufall, dafs Schleswigs Bürger sich früher als in irgend einer anderen dänischen Stadt im Mittelalter zu Gilden und Zünften zusammengeschlossen haben und dadurch Macht und Selbstregierung gewannen. Aber mit der zunehmenden Ver-

---

*) Bereits etwas früher hatten allerdings die Wikinger in ihren englischen Kolonieen begonnen Münzen zu prägen.

deutschung Schleswigs nahm die Bedeutung der Stadt als Handelsplatz und für Dänemark ab.

Noch einen anderen wichtigen Vorposten nach Europa zu hatte der Norden seit der ältesten Zeit, nämlich Gottland. Fast inmitten der Ostsee liegt diese herrliche und fruchtbare Insel, „das Auge der Ostsee" genannt. Der Abstand zwischen Gottland und Småland beträgt 12 und der zwischen Gottland und Kurland 18 Seemeilen; die preufsische Küste ist etwa 28 Seemeilen entfernt. An einigen Stellen der Insel, besonders auf der Westseite, sind die Küsten steil, ihre Kalksteinklippen fallen lotrecht zur See ab und bilden steile Vorgebirge oder sogenannte „Klintar". Im übrigen senkt sich der Boden gleichmäfsig nach dem Innern zu und die Oberfläche der ganzen Insel ist flach. Der höchste Punkt auf Gottland liegt nur 78 m über dem Meere.

Wenn man nach der Insel hinüberfährt, gewahrt man erst in ihrer unmittelbaren Nähe Land, oft ist die Insel verborgen, Sommer- wie Wintertags von Sonnenrauch und Nebeldunst verhüllt. Die alte in der Guta Saga*)[1] bewahrte Sage wird uns so verständlich, dafs Gottland in alten Tagen „so verzaubert gewesen sei, dafs es am Tage versank und in der Nacht auftauchte". Ganz allmählich beginnt man aber Land zu erblicken, sieht die Sonne vom blauen Himmel herniederstrahlen — warm und stark fast wie in den Ländern am Mittelmeere — auf die weifsen Kreideklippen, die einmal unter den Fluten des Meeres begraben lagen und erst zur Eiszeit trockenes Land geworden sind. Längs den Küsten bei Wisby und in Klintehamn auf der Westseite, in Slite, Fårösund und Kathammarsvik an der Ostseite gibt es Häfen, wo die Schiffe sicher anlegen können. Gottlands Boden ist fruchtbar und fördert üppiges Wachstum, wie es stets auf Kalksteingrund der Fall zu sein pflegt. Das Klima ist milder als sonst im Norden. Hier gedeihen und bringen reiche Frucht südländische Gewächse wie die echte Kastanien und der Maul-

---

* Guta Saga („Gottländer Saga") ist eine kleine, wahrscheinlich im 13. Jh. auf Gottland verfafste Sage, die von der ältesten Geschichte der Insel berichtet.

[1] Diese „Historia Gotlandiae" ist der einen Handschrift des berühmten gutnischen Gesetzbuches Guta lagh angehängt.

beerbaum. Der Walnuſsbaum wächst hoch wie nur die höchsten Bäume. Ja selbst die Weinrebe kann in warmen Sommern reife Trauben tragen. Die Vegetation ist besonders üppig auf den Wiesengründen, die mit ihrem kräftigen satten Grün und ihrem reichen Blumenflor ihresgleichen im Norden suchen. Die gottländischen Wiesen sind nicht nur Grasflächen, sie sind mehr licht bestandene Wälder mit wechselnden Gruppen von Laubhölzern, wie Esche, Hasel, Birke, Eiche und Buche. Rings um die wohlbewirtschafteten Bauernhöfe sind groſse Gärten mit Blumen und Fruchtbäumen, umgeben von zierlich geschorenen Hecken von Spiraea oder Hagedorn; zu den Höfen führen lange Alleeen schattiger Bäume. Überall scheint selbst in unseren Tagen, da die gutnischen Bauern seit langem aufgehört haben als Kaufleute nach fernen Ländern zu fahren, Zufriedenheit und Wohlstand zu herrschen.

Selbst hatte Gottland in alter Zeit auch verschiedene Waren auszuführen: Balken und Teer von den vormals groſsen und dichten Tannen- und Föhrenwaldungen, Sandstein, der im südlichsten Teile vorkommt und überall auf der Insel schon zur Wikingerzeit gebraucht und später auch nach fremden Ländern ausgeführt wurde, besonders aber Schaffelle. Noch heutigentags hat die Schafzucht groſse Bedeutung für Gottland. Die Schafe gehen Sommer und Winter drauſsen auf der Weide und werden so fast wild. Was Wunder, daſs Gottland in jenen Zeiten, da es ein reiches Handelszentrum war, auch ein Brennpunkt der Kultur war.

Der Name Gottland und *Gutar*, wie die Bewohner sich noch nennen, scheint auſser der Sprache in den ältesten gutnischen Runeninschriften dafür zu sprechen, daſs auf Gottland ursprünglich nicht Schweden, sondern Goten gewohnt haben — mit anderen Worten, daſs die Gottländer vom selben Stamme gewesen sind, wie das groſse ostgermanische Volk, das am frühesten von den Germanen gen Süden zog und durch Christentum und klassische Kultur beeinfluſst wurde. Die Sprache auf Gotland hat doch jedenfalls schon früh eine völlig nordische Färbung angenommen.

Schon zu Christi Zeit begann Gottland ein Kulturzentrum zu werden, wohin römische Silbermünzen (Denare) von der Kaiserzeit, wie nach keinem anderen Orte des Nordens

strömten. Gegen Ausgang des zweiten Jahrhunderts unserer
Zeitrechnung scheint die Verbindung mit den Römerreiche,
den Münzfunden nach zu urteilen, besonders lebhaft gewesen
zu sein. Von Konstantins des Grofsen Zeit an gelangen dann
eine ganze Weile mehr oströmische Münzen nach Öland als
nach Gottland. Aber vom Beginn des 6. Jahrhunderts an
wendet der Strom sich wieder nach Gottland, das nun aufs
neue der Mittelpunkt des Ostseehandels wird. Auch mit
Westeuropa mit den britischen Inseln scheint schon damals
Verkehr bestanden zu haben. Auf Gottland finden sich nämlich eine Reihe von Steinplatten errichtet, die ihren Ornamenten
nach aus dem 7. und 8. Jahrhundert aus der Zeit vor dem Beginn der Wikingerzeit zu stammen scheinen Wir sehen hier
auf der Steinfläche wunderliche aber klar und sicher ausgeführte Sonnenräder und Spiralen, die auch in der keltischen
Kunst heimisch sind, und die wir u. a. auf den ältesten
schottischen Bildsteinen wiederfinden. Der Brauch selbst
Steine zu errichten und sie mit Ornamenten und Bildern zu
schmücken scheint doch unabhängig auf Gottland entstanden
zu sein. Der gottländische Kalkstein ist über die Mafsen
leicht zu behauen und zu bearbeiten. Besonders zeugen doch
Schmuckstücke, Spangen, Waffengriffe und Gerätschaften, dafs
die Schmuckkunst während der Völkerwanderungszeit vielleicht
höher auf Gottland als an irgend einem anderen Orte im
Norden stand.

In der Wikingerzeit wurde Gottland vielleicht in noch
höherem Grade als zuvor Handelsmittelpunkt des Nordens.
„Als die Gottländer Heiden waren, segelten sie mit Handels-
schiffen nach Ländern sowohl nach heidnischen wie nach christlichen," wie es in der Guta Saga heifst. Gottland vermittelte
von jetzt an, besonders nach Grundlegung des russischen Reiches
durch schwedische Männer, zwischen Ost- und Westeuropa.
Das bezeugt uns in aller erster Linie die Menge morgen- und
abendländischer Münzen, die in Gottlands Erde gefunden
worden sind, vor allem arabische und angelsächsische Silbermünzen,*) doch auch Münzen von Konstantinopel, Deutschland

---

*) Die arabischen Münzen sind etwas älter als die angelsächsischen,
von denen die meisten etwa von der Wende des Jahrtausends stammen.

(besonders aus Westfalen und den Niederlanden) und Frankreich. Die Guta Saga weiſs auch in dunklen Worten von den Fahrten der Gottländer durch Ruſsland nach den Gestaden des Schwarzen Meeres und Griechenland zu berichten. Schon vor Ausgang des Wikingerzeitalters muſs sicherlich das späterhin so berühmte „Kontor" der Gottländer zu Nowgorod bestanden haben. Denn in einer Verordnung vom Jahre 1023 betreffs einer Brücke über den Wolchowfluſs in Nowgorod werden sowohl gutnische Männer wie Wäringer genannt. Wenn ferner noch im 13. Jahrhundert gutnische Kaufleute einen bedeutenden Handel sowohl mit England wie mit Norwegen betrieben, so haben diese Verbindungen in früheren Zeiten, als die Hanseaten noch nicht die Überhand gewonnen hatten, sicherlich eine noch viel gröſsere Bedeutung gehabt. In Ruſsland holten die gutnischen Kaufleute die Erzeugnisse des Orients: Seide, golddurchwirkte Tuche und Bänder, Baumwollzeuge, Gewürze und Räucherwerk und brachten diese zusammen mit Ruſslands eigenen Erzeugnissen, Pelzwerk und Wachs nach Westeuropa. Sogar aus dem inneren Asien müssen zeitweise Waren nach Gottland gekommen sein, denn man hat in drei gottländischen Wikingergräbern Schalen einer Muschel vorgefunden, die nur im indischen Ozean lebt. Selbst nach dem fernen Irland gelangten, wie ich oben zu erweisen suchte, mit Ruſsland und Gottland als Mittelglied, die Waren des Orients. Dies ist die Erklärung für den ungeheuren Reichtum, der wie die Münzfunde beweisen, auf Gottland geherrscht hat. — Die Guta Saga erzählt uns auch, daſs „viele Könige auf Gottland kämpften, so lange es heidnisch war; die Gottländer trugen aber doch gemeiniglich den Sieg davon und verteidigten ihr Recht". Schwedische Runensteine gemahnen an Häuptlinge, die auf Gottland schatzten. Hier haben wir sicherlich den Grund dafür, daſs Gottland, das man wohl am ehesten eine dreiteilige Bundesrepublik nennen könnte, mit einem gemeinsamen Sammelpunkte im Gutnalthing bei Roma, sich gegen Ende der Wikingerzeit unter den Schutz des schwedischen Königs stellte und ihm Abgaben zu zahlen versprach.

Gottland war während der Wikingerzeit nicht nur ein reiches Land, sondern hier hatten Kunst und Dichtung auch eine Pflegestätte. Von jener Zeit an hat die gutnische Kunst

die schönsten Schmucksachen hervorgebracht. Weit merkwürdiger aber sind die in der Wikingerzeit errichteten Stein-
denkmäler, die sich in grofser Zahl ringsumher auf der Insel
befinden. Die bildende Kunst, die wie erwähnt, sich allmählich auf Gottland entwickelt hatte, naht nun am Schlufs
der Wikingerzeit ihrer höchsten Blüte. Auf aufgestellten,
flachen und geglätteten Kalk- und Sandsteinplatten aller
Gröfsen — sicher Grabdenkmälern, — die oft oben in Huf-
eisenform abgerundet sind und dann gleichmäfsig nach beiden
Seiten zu abfallen, sehen wir die wechselndsten Bilder und
Ornamente. Auf vier kleinen bei der Kirche von Ardre ge-

Bildstein von der Kirche zu Ardre, jetzt im Nationalmuseum
zu Stockholm.

fundenen Sandsteinplatten, die zusammen im Viereck, eine
Art von Truhe oder Sarg gebildet zu haben scheinen, haben
wir die gottländische Bildkunst in vollster Entwicklung vor
uns. Die Beine, Schwänze und Hälse der Tiere sind schlangen-
artig in die Länge gezogen, und über die ganze ursprünglich
rotbemalte Fläche des Steines winden sich Schlangen in bunter
Mannigfaltigkeit, wie ich glaube, eine Nachahmung keltischer

Kunst. Ein ähnliches Bild wie der unter Hirschhufe getretene Mann findet sich auf einem Stein zu Kirk Bride auf Man wieder.*) Keltische Verschlingungen, verflochtene Bänder und Kreise finden wir auch als Ornamente längs der Ränder anderer Steine —

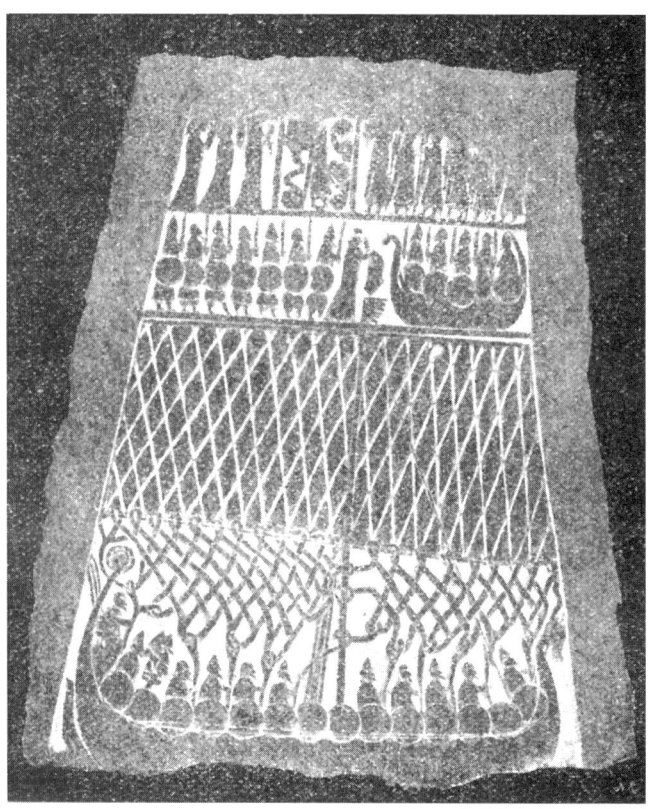

Bildstein von Stenkyrka, jetzt in Gottlands Altertumsmuseum.

wieder andere, auf denen wir die von der karolingischen der klassischen Kunst entlehnten buchtig gespaltenen Arkanthusblätter gewahren, bezeugen Einwirkungen von Frankreich oder England. Denselben Einfluß verrät auch ein phantastisches löwenähnliches Tier, das wir auf dem berühmten Jællingestein

*) Der Stein ist in einer Abhandlung von P. M. C. Kermode abgebildet.

in Jütland und gleichfalls auf einem nordischen mitten in London gefundenen Bildstein widerfinden.*)

Die gottländische Schmuckkunst hat sich doch, wie schon gesagt, frei und selbständig entwickelt. Sie hat wie alle Kultur der Wikingerzeit, das Fremde in sich aufgenommen und auf ihre Weise weiter gebildet. Eines der prächtigsten Bilder, das auf manchen Steinen wiederkehrt, ist jedenfalls unabhängig von fremden Vorbildern auf Gottland entstanden, nämlich das Drachenschiff mit dem vierkantigen ausgespannten Segel und den Schilden längs dem Bordrande, so wie wir es auf dem Bilde des Steins von Stenkyrka, der sich nun im Museum zu Wisby befindet, sehen. Die Darstellung des Schiffes auf Gedenksteinen hängt sicher mit der Vorstellung zusammen, dafs der Tote im Boot zur Unterwelt eingeht. Wir erhalten hier ein getreues Abbild von der Schiffsform der Wikingerzeit. Wir sehen die Männer am Tauwerk halten und den Steuermann hinten am Steven höher als die anderen sitzen. Von Gottland ist dies Schiffsbild, wie oben erwähnt, gewifs nach den Hebriden gelangt. Andere Bilder scheinen dagegen wie die Ornamente den umgekehrten Weg genommen zu haben, von Schottland, Man und den Hebriden nach Gottland; doch auch andere Wege sind sie gewandert. Auf dem weiter unten abgebildeten bei der Kirche von Ardre gefundenen grofsen Bildstein gerade wie auf einem Stein von Tjängvide, sehen wir zuoberst einen Hallenbau mit hohen Fenstern und gewölbten Toröffnungen. Das ist sicher, wie einige Forscher angenommen haben, ein Bild von Walholl, dessen zahlreiche Türen, Fenster und hohe Säle in der Edda erwähnt werden. So heifst es in dem Liede von Grimnir (Grímnismǫl):

> „Leicht kenntlich ist allen,   die zu Odin kommen,
>   Des Herrschers hoher Saal;
> Speere bilden   das Sparrengerüst,
> Schilde decken   als Schindeln die Halle,
>   Auf die Bänke sind Brünnen gelegt.
> Fünfhundert Tore   und vierzig dazu

---

*) Der eine von diesen Steinen steht noch bei der Kirche von Sanda, der andere von Ekängen, steht nun in Gottlands Altertumsmuseum zu Wisby.

Sind in Walholls weitem Bau;
Achthundert Einherier   gehen aus einem Tor
Wenn sie ausziehen, zu wehren dem Wolf."¹)

Aber gewölbte Kuppelbauten mit Portalbögen gab es zur Wikingerzeit noch nicht im Norden und wohl kaum nördlich der Alpen.²) Dagegen haben wir ähnliche gewölbte Bauten u. a. auf einem alten angelsächsischen Schrein, wo auch die Wölundsage abgebildet ist und wo sie den Tempel zu Jerusalem darstellen sollen.*) Auch auf den im Norden geprägten Nachbildungen der Münzen von Dorestad finden wir ähnliche. — Vom Tempel in Jerusalem nach dem Titusbogen in Rom und weiter nach Walholl, ist in der Tat eine lange und kulturhistorisch merkwürdige Wanderung.

Die Bilder legen Zeugnis ab von dem Götterglauben auf Gottland während der Heidenzeit. So sehen wir auf einer Reihe von Steinen, wie etwa auf dem grofsen Ardresteine  Odins achtfüfsiges Rofs Sleipnir. Es trägt auf dem Rücken einen Mann gewifs den gefallenen Krieger, der nach Walholl zieht. Dem Krieger kommt gewöhnlich ein Weib mit einem Horn in der Hand entgegen, die Walküre, die ihm den Willkomm in Odins Hallen bietet. Sowohl der vorher genannte Ardrestein wie auch andere auf Gottland gefundene Steine scheinen wie die von Man über christlichen Männern errichtet worden zu sein. Sie finden sich an den Seiten oder unter dem Estrich der alten Kirchen, ja sie tragen sogar teilweise wie die Steine von Ardre das Zeichen des Kreuzes und gleichwohl sind sie mit Bildern aus dem Asenglauben und der Heldensage geschmückt.

Vor allem bezeugen doch die gottländischen Bildsteine, dafs Heldenlieder, die uns nun nur aus der Edda bekannt waren, einmal auch auf Gottland gesungen worden sind.

---

¹) Hugo Gerings Übersetzung.

²) Die nordgermanischen Tempel sind z. T. gewölbt gewesen. (Vgl. s. o. Kjalnesinga Saga, Kap. 2.) Die Wölbung der Holztempel erinnerte wahrscheinlich an einen Schiffsboden. Auf dem Bildsteine haben wir etwa einen Querdurchschnitt durch ein *hof*.

*) Die Bilder auf dem Titusbogen in Rom, mit ihrer Darstellung vom Triumph des Titus über die Juden, haben möglicher Weise mittelbar auf die Bilder des angelsächsischen Schreins gewirkt.

Nehmen wir den bereits erwähnten Stein von Ardre einmal etwas näher in Augenschein. Zuoberst sehen wir Sleipnir und Walholl sowie ein Bild, das nicht gedeutet ist.

Bildstein von der Kirche zu Ardre, jetzt im Nationalmuseum zu Stockholm.

Weiter unten sehen wir ein Schiff mit ausgespanntem Segel. Darunter eine Frau mit einem Schwanenhemd, hinter ihrem

Rücken und ihr zur Seite gewahren wir eine Schmiede, unter deren Boden Rechts zwei hauptlose Menschen liegen. Unter diesen sehen wir ein Paar Schneeschuhe. Wir haben hier ein Bild aus der nach dem Norden von Deutschland aber wahrscheinlich über England eingewanderten Sage von Wölund, dem Schmied, der mit seinen Brüdern die Liebe der Schwanenjungfrauen gewinnt. Er wird von König Nidhod (Niðǫðr) gefangen genommen, ihm werden auf der Königin Geheifs die Flechsen der Füfse durchschnitten und er wird auf eine Insel im Meer gesetzt. Hier hat er seine Werkstätte, die wir auf dem Bilde des Steines vor uns sehen. Die beiden hauptlosen Menschen sind Nidhods Söhne, die Wölund tötete und denen er die Häupter abhieb. Ihre Körper verbarg er unter dem Boden der Schmiede. Aus ihren Schädeln schuf er Trinkschalen, aus ihren Augen Edelsteine, aus ihren Zähnen einen Brustschmuck. Das Schwanenhemd, das wir vor der Schmiede sehen gehört entweder den Schwanenjungfrauen oder es soll das Flughemd vorstellen, das Wölund sich anfertigte und worin er der Gefangenschaft entflog[1]) nach der furchtbar wilden Rache. Der Mann mit Bogen und Pfeil zuunterst ist wahrscheinlich Wölunds Bruder der Bogenschütze Egil.[2]) Die Schneeschuhe gehören nicht der ursprünglichen altgermanischen Sagenform, sondern der grofszügigen Umdichtung eines norwegischen Dichters an, wie wir sie aus der Edda kennen. Die norwegische Form der Wölundsage ist also auf Gottland bekannt gewesen.[2]) Nach dem schwedischen Forscher Professor H. Schück befindet sich ein Bild von Wölunds Schmiede auf einem nordenglischen Kreuz, dies soll aber doch den Schmied Regin, Sigurd Fafnisbanis Pflegevater, vorstellen. Auch auf einem schottischen christlichen Kreuz sehen wir Bilder einer

---

[1]) Nur die Þiðreks Saga berichtet von dem Flughemd; in der Völundarkviða der Edda ist an der Stelle eine Lücke. In der ursprünglichen Sage war die Flugkraft an den Ring geknüpft, der Wölund geraubt worden, nach dessen Wiedererlangung von Bodwild der Elbenfürst sich in die Lüfte schwingt.

[2]) In der Þiðreks Saga bittet Wölund seinen Bruder, den Meisterschützen Egil, auf den hier übrigens das Apfelschufsmotiv übertragen ist, ihm Vögel zu schiefsen, aus deren Gefieder er das Flugkleid macht. Das scheint auf dem Bilde dargestellt zu sein.

mit Hämmern und Zangen,*) und hier sind sie nach meiner Auffassung ursprünglich zu Hause. In Nordenglands Wikinger-ansiedlungen oder in Schottland also, hat der norwegische Dichter von Wölunds wilder tragischer Liebe gesungen und hier haben gutnische Männer das Gedicht kennen gelernt und es später mit nach der Heimatinsel genommen. Ebenfalls Bilder aus der Sigurdsage scheinen auf dem Ardrestein dar-gestellt. Rechts oben haben wir, wie ich vermute, die Asen, die den Balg des von Loki getöteten Otters mit Gold bedecken als Wergeld für Hreidmar. Darunter haben wir vielleicht Gunnar in der Schlangengrube. Der Wolf und die Männer in der Höhle zuunterst auf dem Stein sollen vielleicht Sigmund und seinen Sohn Sinfjotli darstellen, die eine Zeitlang in einer Erdhöhle und als Werwölfe im Walde lebten. Auf einem Stein, der bei der Kirche von Sanda steht, haben wir viel-leicht ein Bild von Swanhild, Sigurds und Gudruns schöner Tochter, ein Schwan reckt seinen Hals über eine sitzende Frau, an ihrer Seite steht Odin, der dem alten Jormunrek den Spiefs reicht, womit er seinen Sohn Randwer tötet.**) Noch viele andere Bilder wechselnder Art finden sich auf gott-ländischen Steinen. Sie beweisen alle, dafs hier auf der Insel am Schlusse der Wikingerzeit und über das 11. Jahrhundert hinaus die Heldendichtung in Blüte stand wie nur irgendwo wo Nordleute wohnten. Nun sind der alten Dichtung Spuren auf Gottland längst verweht nur noch die Steine zeugen, dafs sie dort eine Pflegestätte hatte.

Ist es Zufall, dafs Gottland die einzige Stelle im Norden aufser Norwegen und Island gewesen ist, wo die Kunst der Sagaerzählung geblüht hat? Ich habe zuvor bereits die kleine „Guta Saga" erwähnt, die — teilweise auf alte Dichtungen gegründet — im Sagastil von Gottlands Besiedelung und ältester Geschichte sowie von der Einführung des Christen-tums auf der Insel berichtet. Ist es den Handelsverbindungen, allerdings wohl nicht mit Island, sondern mit Dublin, wo die Kunst der Sagaerzählung wie wir gehört, in Blüte stand, zu

---

*) Z. B. auf einem Kreuze bei Dunfallandy in Perthshire, vergl. Anderson, Scotland in Early Christian Times, 2 ser., S, 67.

**) Diese Erklärung verdanke ich Professor Sophus Bugge.

danken, dafs die für Schweden einzig dastehende „Guta Saga"
entstanden ist?

So ist Gottland in Wahrheit ein Herdfeuer der Kultur in
der Wikingerzeit zu nennen. Hier erblüht unter der Wechsel-
wirkung zwischen Fremdem und Einheimischem eine Kultur
reicher und eigentümlicher als sonstwo in den Landen des
Nordens, gleich bemerkenswert durch bildende und redende
Künste. Von hier rinnen nun die Ströme der Kultur nach
den Ländern um das Ostseebecken und weiter zu allen Völkern
des Nordens.

Norwegen hat nicht wie Dänemark und Schweden eine
einzelne Stelle, die zu allen Zeiten des Landes pochendes
Herz und Kulturbrennpunkt gewesen ist. Wie Norwegen vor
der Zeit Harald Schönhaars aus vielen kleinen Stämmen und
Reichen bestand, so hatte es auch damals verschiedene Kulturzentren. Das wichtigste Kulturzentrum im südlichen Norwegen
war Vestfold am heutigen Kristianiafjord, wo die Ureltern
König Haralds wohnten. Hier hat man, wie bekannt, kürzlich
ein neues prächtig ausgeschmücktes Wikingerschiff ausgegraben.
Die in diesem Schiffe gefundenen Wagen, Betten und Frauen-
sachen zeugen von einer merkwürdig hohen Kultur der Norweger schon um die Mitte des 9. Jahrhunderts und werden in
der Zukunft, wenn näher untersucht, viel Licht über die
Kulturgeschichte der Wikingerzeit werfen. Im nördlichen Norwegen ist die Gegend von Nidaros von den ältesten Zeiten
an ein Mittelpunkt für politisches und geistiges Leben im
nördlichen Norwegen gewesen. Die Fylkir, die um den
Throndhjemsfjord sitzen, bilden eine natürliche Einheit; eingerahmt von hohen Fjelden im Süden und Osten und vom
Meere im Westen, verbindet der Fjord alle die weiten fruchtbaren Bezirke. Hier ist eine lichte Einfachheit und eine
Gröfse in der Linienführung, die nur wenigen norwegischen
Gegenden zu eigen; es ist ein Landstrich wie geschaffen zum
Mittelpunkt eines grofsen Reiches. Eine verhältnismäfsig
hohe materielle Kultur scheint schon früh im Mittelalter in
den Tröndelag[1]) geherrscht zu haben. In dem alten Gesetzbuch Frostuþingsbók werden als gewöhnlich in dem trön-

---

[1]) Vergl. S. 23.

derschen Gebiete Schofshunde genannt, die man sonst im frühen Mittelalter in Norwegen nicht kannte; sie wurden mit einem aus einer fremden Sprache entlehnten Worte *kofan* benannt. Unter Fahrnis und Aussteuer nennt die Frostuþingsbók weiter golddurchwirkte Bänder, Mäntel aus feinen gewebten Stoffen, Gewänder mit Fransen geschmückt, kostbare Bettvorhänge und Daunenbetten.*) Die Gesellschaft scheint auch in mehr Klassen als im übrigen Norwegen eingeteilt gewesen zu sein.**)

Die Trönder scheinen dort niemals lebhafteren Anteil an den Fahrten der Wikingerzeit genommen sondern in alter Zeit mehr für sich selbst gelebt zu haben. Es gibt andere norwegische Bezirke, die in der Wikingerzeit ein reicheres, vielseitigeres Leben lebten und wo die christliche Kultur Westeuropas früher Wurzel fafste. Unter diesen Gegenden wäre zu allererst Landschaften des südwestlichen Norwegens zu nennen Hordaland und Rogaland, vor allem aber auch der Küstenstrich Jæderen.

Das flache von Fjeld und Meer eingeschlossene Jæderen hat bereits in der Bronzezeit und in der älteren Eisenzeit, ja noch früher, zu den am dichtesten bevölkerten Gebieten Norwegens gehört. Der Boden besteht aus lockerem Kies, Schiefer und Kalksteinstücken die zur Eiszeit von den Fjelden herabgespült worden sind, daher gehört Jæderen auch zu den fruchtbarsten Landstrichen im Norden und kann viele Menschen nähren. Von Jæderen ist der Weg nach Jütland hinüber nur kurz, und beide scheinen seit den ältesten Zeiten in Verbindung miteinander gestanden zu haben. Der Weg nach den britischen Inseln ist von Jæderen aus auch kürzer als von irgend einem anderen Punkte in Norwegen. Zur Zeit der Völkerwanderung standen diese Gegenden, wie die Archäologen nachgewiesen haben in lebhaftem Verkehr mit den Ländern jenseits der Nordsee.

In der Wikingerzeit, wurden, wie wir gehört haben, Hordaland und Rogaland das gröfste Wikingernest in Norwegen,

---

*) Frostuþingsbók IX § 9.
**) Eine Klasse zwischen dem freigeborenen Bauer und dem Enkel des Freigelassenen, der *reksþegn* genannt wird.

wo manche der gröfsten Wikingerhäuptlinge, Männer wie Geirmund Heljarskinn und Anund Trefot, wegen seines Holzbeines
so zubenannt, ihre Heimat hatten. Schon in den Anfängen
der Wikingerzeit finden wir hier Häuptlinge, die mit angelsächsischen Frauen verheiratet waren z. B. den Vater der Brüder
Geirmund und Hámund Heljarskinn, den Hordenkönig Hjörr
Halvsson, der zu Beginn des 9. Jahrhunderts gelebt haben
mufs. Hjörr ist mit *Ljúfvina* vermählt, die in der Sage eine
Tochter des Königs von Bjarmaland genannt wird. Aber die
Norweger waren zu jener Zeit noch nicht an die Gestade des
Weifsen Meeres nach Bjarmaland gekommen. Der Name be-
weifst, dafs Ljúfvina von angelsächsischer Herkunft gewesen
ist, es ist nämlich der gewöhnliche angelsächsische Frauen-
name *Leofwynn* oder *Lewinna,* der dem noch häufigeren Mannes-
namen *Leofwine* entspricht. Noch deutlicher beweist Thorbjörn
Hornklofis Siegesgedicht [1]) auf die Schlacht im Hafrsfjord (872)
wie lebhaft der Verkehr zwischen Westeuropa einerseits und
Hordaland und Royaland andererseits. Der Skalde singt von
Haralds Widersachern, die zum Kampfe segeln:

> „Schiffe kamen von Osten
> Kampflüstern,
> Mit gähnenden Drachenhäuptern
> Und reich geschmückt.
> Voll waren sie von Kriegern
> Und weifsen Schilden,
> Westländischen Spiefsen
> Und welschen Schwertern." [2])

Ja Gustav Storm hat sogar versucht nachzuweisen, dafs
Haralds Gegner im Hafrsfjord Hilfe von Olaf dem Weifsen,
dem König von Dublin, bekam. Dies ist aber doch nicht
sicher.

Nach dieser Zeit sinkt Jæderen wieder in Vergessenheit.
Professor Sars ist der Meinung, dafs Harald Schönhaar bei
seiner Einigung Norwegens seine Hand besonders schwer auf
den Häuptlingen jenes Landstriches ruhen liefs, so dafs es
das ganze Mittelalter hindurch niemals richtig hat wieder

---

[1]) Haraldskvæði oder Hrafnsmál (Fragm.).

[2]) Die eigenartigen skaldischen Versmafse (hier Málaháttr) lassen sich
natürlich nicht wiedergeben.

hoch kommen können. Doch noch zu Olav Tryggvessons und
Olav Haraldsons Zeit liegt noch etwas vom alten Glanz über
Jæderen. Nicht viele solche Männer wie Erling Skjalgsson
zu Sole gab es zu jener Zeit in Norwegen. Kunst und Dichtung scheinen in der Wikingerzeit in
Jæderen und an dem schönen Strande des Hardangerfjordes
üppiger geblüht zu haben als in anderen norwegischen Gebieten.
So ist hier eine von den wenigen Dichtungen, die wir über
Männer der Wikingerzeit selbst kennen, die Dichtung von Halv
und Halvs Recken entstanden. Halv *(Hálfr < Há-alfr)* selbst
war König von Hordaland und scheint wirklich am Anfang
der Wikingerzeit gelebt zu haben. Von ihm und seinen mutigen
ritterlichen Mannen hat sich am Schlusse der Wikingerzeit,
die schöne Dichtung, die wir nun nur von der Hálfs Saga
her kennen, gebildet, die Dichtung, die unter anderem das
literarische Vorbild der Friðþjófs Saga gewesen ist, und aus
der Esaias Tegnér gleichfalls für seine berühmte Dichtung
geschöpft hat. Auch von anderen Königen in Rogaland und
Hordaland hat es sicherlich einmal Dichtungen gegeben. Von
den Brüdern Geirmund und Hámund Heljarskinn, die so
häfslich waren, dafs ihre eigene Mutter sie ursprünglich nicht
anerkennen wollte, sondern sie mit den schönen Söhnen eines
Leibeigenen vertauschte, haben wir so noch eine Strophe
bewahrt.

Eines der Eddalieder scheint auch in Hordaland oder
Rogaland entstanden zu sein,[1] nämlich das Lied von Hyndla
(Hyndluljóð) mit seiner wunderlichen Mischung von Geschichte
und Mythologie, von Göttlichem und Menschlichem. Der äufsere
Rahmen des Gedichtes schildert uns die Göttin Freyja, die
zur Nachtzeit im Gefolge der Toten zu der Volva Hyndla
Behausung in der Berghöhle reitet. Die Göttin ruft alsdann:

> „Erwache, Jungfrau! erwache Freundin!
> Schwester Hyndla, Höhlenschläferin!
> Rabenschwarz ist die Nacht reiten lafs uns
> Nach Walholls Höh', zum geweihten Tempel!"[2]

---

[1] Wenn auch eine Stammsage aus Hordaland hier vorliegt, so braucht
das Gedicht selbst doch nicht in Hordaland entstanden zu sein; die Sage
war nach der Landnámabók auch auf Island bekannt. Vergl. E. Mogk,
Grundr. f. germ. Phil. II 604.

[2] Hugo Gerings Übersetzung.

Freyja reitet auf ihrem goldenen Eber Hildisvíni, dessen Gestalt aber ihr Geliebter, der junge Ottar in Wirklichkeit angenommen hat. Er und Angantyr streiten um das Recht auf ein Erbe und Freyja will, daſs die weise Vǫlva vor Ottar all seiner Ahnen Namen nennen soll, damit er sich ihrer erinnere und der Väter Eigentum zurückgewinne am Tage, da beide Jünglinge ihre Geschlechtsreihen aufzählen werden. Der Kern des Gedichtes enthält eine Aufzählung von einer Menge historischer und sagenhafter Geschlechter, von denen Ottar herstammen soll und geht auf die Götter selbst zurück.

Durch seinen Vater scheint Ottar von den alten Horden-königen abzustammen, von demselben Geschlechte dem Geir-mund Heljarskinn anhörte. Durch seine Mutter hörte er dem Geschlechte des Horðakári an, das Snorri Sturluson „das gröſste und angesehenste Geschlecht in Hordaland" nennt. Diesem gehörte auch Erling Skalgsson von Sole in Jæderen an.*) Ottar selbst war ein Wikingerhäuptling, der wie so viele seines Geschlechtes in den Westlanden heerte. Er und Angantyr „haben um welsches Erz gewettet", d. h. um Gold, das sie auf ihren Zügen im Westen gewonnen. Ein Häuptling mit Namen Ottar Jarl oder Ottar der Schwarze**) wird um die Jahre 910—920 in angelsächsischen und irischen Chroniken genannt. Er heert in Irland, Wales, Nordengland und Schott-land und scheint einer der berühmtesten Wikingerhäuptlinge jener Zeit gewesen zu sein. Ist er derselbe Ottar wie im Eddagedichte, dem selbst die Liebesgöttin ihre Gunst zuwendet?

Reich blühte die Dichtkunst in den flachen Landstrichen Jæderens und an den Ufern des Hardangerfjordes. Seit ur-alter Zeit ist Jæderen auch die Heimat von Ornamentik und Runenritzung gewesen. Auf der Fläche des Steines ritzte der Bewohner dieser Landschaft Runen und hieb Bilder aus, die davon zeugen, daſs er westwärts nach England, Schottland und Irland gefahren war, dort in der Fremde gelernt und sich die höhere Kultur der Westlande angeeignet hatte. In Jæderen wurde am Schlusse des 10. Jahrhunderts derselbe kurzzweigige

---

*) Die seltenen Namen Klyp und Kári kommen sowohl in Ottars, wie in Horðakáris Geschlecht vor.

**) *Oter comes, Oitir iarla, Oitir dubh.*

Runentypus gebraucht, den wir in Östergötland und auf Gottland sowohl wie auf Man und den Shetlandinseln finden[1]). Leute von Jæderen haben diese Schrift auf den britischen Inseln kennen gelernt, wohin ostschwedische Männer sie gebracht hatten. Die Steine sind aufserdem mit Bildern und Ornamenten derselben Art geziert wie wir sie in den nordischen Kolonieen auf Man und den Hebriden finden. Bruchstücke von solchen Steinen — ungefähr vom Jahre 1000 — gibt es noch heute beim Hofe Kleppe im Kirchspiel Klepp und bei Östre Helleland in der Pfarre Haaland.**) Die Inschrift läuft als eine Borte die Langseite der beiden Steine entlang und in der Mitte sind allerlei Flechtwerk oder Ornamente angebracht. Erblickt man den Kleppstein, so sollte man fast glauben, das Bruchstück eines christlichen Kreuzes von Man vor sich zu sehen. Wir glauben den Kreuzbalken und die Halbkreise zu sehen, wovon die Kreuzarme ausgehen. Der Kleppestein bildet doch kein wirkliches Kreuz. Aber der Künstler, der es angefertigt, mufs in den Westlanden keltische, oder beser gesagt, nordische Kreuze mit keltischem Gepräge gesehen haben. Von den Schlingmustern der Steine wie vom Thorbjörn Hornklofis Bericht im Haraldskvæði über die „westländischen Spiefse und welschen Schwerter" können wir auf die Menschen selbst schliefsen. Wikingerzüge und Handelsfahrten nach Frankreich, England und Irland haben Reichtümer in jenen Landstrich gebracht wie kaum nach einem

Der Stein von Kleppe, Jæderen, nach Zeichnung u. Photographie im kunsthistorischen Museum zu Kristiania.

---

[1]) Dieser Runentypus weist mehrere verkürzte Zeichen auf, so z. B. ᛁ anstatt ᚼ (s), ᛁ anstatt ᛗ (e), ᚠ anstatt ᛏ (n) etc.

*) Auf einem Steine von Tuv in Jæderen sehen wir einen Mann und eine Frau abgebildet; der Stein soll nach De Fines Schilderung früher mehrere Bilder und Schlangenwindungen gehabt haben.

anderen Teile Norwegens. Die Hallen waren mit Waffen und Schmuck von fremden Landen gefüllt. Aber auch das Leben selbst ist reicher geworden und hat gröfseren Inhalt bekommen. Den Menschen ist draufsen in den Westlanden Sinn für Kunst und Schönheit geworden und sie suchen selbst auf der Fläche des Steines, längs dem Bordrand ihrer Schiffe, auf den Wänden ihrer Hallen nachzuahmen, was sie in fernen fremden Landen erschaut. Die Dichtkunst steht in Flor, zieht Nahrung aus dem Boden der Heimat und verkündet den Ruhm der eigenen Häuptlinge, ihrer Heerfahrten und Kriegstaten. Doch um das Heimatliche rankt sich das Fremde als ein Rahmen, der ihm Form und Schönheit gibt.

Die Dichtung von Ottar, der seiner Geliebten Freyja in die Unterwelt folgt, gemahnt an fremde unnordische Mythen und Sagen und Halv und seine Kämpen leben unter denselben strengen Gesetzen, denen auch die Jómswikinger und das Normannenheer in Frankreich und England gehorchte.

In dem südöstlichen Norwegen liegt rund um die lachenden Ufer des Tyrifjords einer der fruchtbarsten Landstriche Norwegens, Ringerike (*Hringaríki*) nämlich. Dies Gebiet, die Heimaterde Halvdans, des Schwarzen,[1] und Harald Schönhaars, ist auch eines der norwegischen Kulturzentren der Wikingerzeit gewesen. Männer von Ringerike fuhren damals nach den Westlanden und lernten dort unter anderem den kurzzweigigen Typus der Runenschrift kennen. Sie sahen auch bildergeschmückte Kreuze, am meisten wohl in England, und die Augen wurden ihnen geöffnet für Kunst und Schönheit. — Hierdurch beeinflufst begannen sie selbst in der Heimat Bautasteine zu errichten, die sie mit Bildern und Ornamenten schmückten, mit Jagdszenen, wo Falken sich in die Lüfte nach ihrer Beute schwingen, mit gewundenen Schlangen und mit Blattbündeln, die in das gezackte Akanthusblatt endigen. In der Gegend von Hole in der Nähe des jetzigen Svangstrandsvei hatten sie den prächtigen roten Sandstein, der leicht zu bearbeiten war. Von Ringerike breitete sich die Sitte bildverzierte Bautasteine zu errichten nach den Nachbargebieten aus, nach Hallingdal, Valders, Hadeland und

---

[1] Der Vater Harald Schönhaars († 860).

Toten.*) Der geistige Mittelpunkt all dieser Gebiete ist in der Wikingerzeit Ringerike gewesen.

Am nördlichsten im mittelalterlichen Norwegen liegt Hálogaland (Helgeland), das Land der Mitternachtssonne, wo Natur und Leben reicher an Gegensätzen sind als an irgend einem anderen Orte in Norwegen. Auch hier war beim Anbruch der historischen Zeit ein Kulturzentrum. Schon vor der Wikingerzeit scheinen die Könige der Háleyger Heerfahrten nach den dänischen Küsten unternommen und dort mit den schwedischen Königen gekämpft zu haben. Snorri spricht auch von friedlichen Verbindungen zwischen den Königen von Hálogaland und der Ynglingerdynastie in Upsala. In Nordland hat der Dichter des „ältesten Eddagedichtes, der Vølundarkviða" seine Heimat gehabt. Hier lebte auch — zu Tjöttö (þjótta) in Helgeland — Norwegens letzter grofser Skalde der Wikingerzeit, der Dichter der „Hákonarmál", Eyvindr Skaldaspillir.¹) „Am nördlichsten von allen Nordleuten," auf der Grenze des Lappengebietes, lebte am Schlusse des 9. Jahrhunderts der Häuptling Ottar, der das Nordkap umsegelte und den Weg nach dem Weifsen Meer (890) fand, Europas erster Polarforscher.

Die Sagas erwähnen aus der Wikingerzeit eine Reihe nordländischer Grofser und Stammsitze, Sandnes auf Alstenö, Bjarkö zu Trondenes in Senjen, Amd im äufsersten Osten von Hindö, Torgar u. a. m. Hálogalands Reichtum mufs in der Wikingerzeit weit gröfser als später im Mittelalter gewesen sein, da die nordländischen Bauern und Fischer zu Erik von Pommerns Zeit über die Armut ihres Landes klagen. Die Lofotenfischerei warf gewifs schon damals nicht allzuwenig ab. Aber noch gröfsere Bedeutung als der gedörrte Kabeljau, hatte das

---

*) Bildsteine gibt es von Tandberg in Ringerike, von Strand im oberen Hallingdal, von Vang in Valders, von Dynna in Hadeland und Alstad auf dem Toten. Die meisten von diesen bestehen aus Sandstein von Hole.

¹) Der Skalde wurde Skaldaspillir (Dichterverderber, Tönedieb) genannt, möglicherweise weil er die Dichtungen anderer nachzuahmen pflegte, so ist seine berühmteste Dichtung, die Hákonarmál, auf Hákons des Guten Tod (961) nach dem Vorbilde der Eiríksmál geschaffen, die Gunnhild auf ihren Gemahl Eirik Blutaxt nach dessen Fall (954) von einem unbekannten Skalden dichten liefs.

Pelzwerk für das Land, das die Lappen als Tribut entrichteten oder das nach Nordland kam durch den Handel mit Lappen und Finnen[1]) und mit Bjarmaland. Nordland versah in der Wikingerzeit, ehe Nowgorod hoch kam, Westeuropa mit dem gröfsten Teil des Pelzwerkes, das es bedurfte. Die Sagas erzählen auch ungefähr vom Jahre 1000 und früher, dafs mehrere háleygische Häuptlinge und Kaufleute mit ihren Waren nach England segelten.[*])

Von Handelsverbindungen über Schweden zeugt der Ortsname Torgar, der vom russischen *torg* „Marktplatz" kommt und im Dänisch-Norwegischen „Torv" (schwed. „torg") heifst.

Dieser Handel, der noch in der Wikingerzeit in den Händen der Nordländer selbst war, brachte Reichtümer ins Land, und machte Hálogaland in der ältesten Zeit zu einem der Brennpunkte der Kultur in Norwegen.[**])

---

[1]) Was die Schweden und wir als Lappen bezeichnen, nennen die Norweger oft Finnen, die von uns als Finnen bezeichneten Stämme aber Quänen, was vor allem in der alten Literatur zu beachten ist.

[*]) So z. B. Thorolv Kveldulvsson, sowie die Kaufleute Sigurd und Hauk zur Zeit Olav Tryggvessons.

[**]) Ich rede hier nicht von dem norwegischen Kulturzentrum, das vielleicht das wichtigste gewesen ist, Vestfold (die jetzigen Ämter Jarlsberg und Larvik). Das jüngst aufgefundene Wikingerschiff von Slagen wird nämlich, wie schon bemerkt, eine Menge von neuen Aufschlüssen bringen.

VI.

Kultur und Lebensanschauung der Wikingerzeit.

Es gab eine Zeit, da des Nordens Lande fern ab von der zivilisierten Welt lagen. Winter mit Düster und Eis und schwerem Schnee lastete über den Talen. In Stämmen lebte das Volk ohne Einheit, ohne Gefühl der Zusammengehörigkeit. Keine Schiffe durchfurchten das Meer in regelmäfsiger Fahrt nach fernen Gegenden. Nur gering war die Zahl der fremden Kaufleute die an unseren Gestaden landeten, durch Sturm und Wogen hierher verschlagen. Nur langsam nahten den nordischen Völkern die Wellenkreise jenes höheren Kulturlebens, das in den reicheren sonnengesegneten Strichen des Südens, am feurigsten in den Landen um das Mittelmeer pulsierte. Erst spät erhielten die Menschen hier oben Kunde von den Erfindungen, die die Völker des Südens nach und nach gemacht hatten, die Kunst Eisen, Gold und Silber zu schmieden, Bronze zu giefsen, die Metalle zu Schmuckstücken, Gefäfsen, Geräten und Waffen zu verarbeiten. Allmählich begann es doch zu dämmern und der Schnee zu schmelzen in den Tälern. Des Nordens Lande rückten gleichsam dem zivilisierten Europa näher. Cäsar erobert Gallien und gewinnt dieses der römischen Kultur, ja kommt auf seinen Zügen bis über den Kanal nach Britannien, das in dem ersten Jahrhundert unserer Zeitrechnung eine römische Provinz wird. Die Römer werden nun die Nachbarn der Germanen. Die Provinz Germanien wird gegründet, hinauf bis zur Mündung des Rheins, bis zu Batavern und Friesen, erstreckt sich die Macht der Römer; eine römische Flotte zeigt sich im Jahre 5 n. Chr. in den dänischen Gewässern.*) Römische Kaufleute, römische Waren und Münzen (Silberdenare)

---

*(Vgl. S. 9 f.

beginnen bereits im 1. Jahrhundert unserer Zeitrechnung in gröfseren Mengen nach dem Norden zu gelangen und in ihrem Gefolge kommen andere Einflüsse römischer Kultur. Besonders in dem 2. Jahrhundert n. Chr. scheinen die Verbindungen des Römerreiches mit dem Norden, nach den Münzfunden zu urteilen, besonders lebhaft gewesen zu sein. Auf zwei Wegen nahte die Kultur dem Norden. Der eine folgte dem Laufe der Weichsel und Oder und mündete auf Gottland, der andere Strom ging nach Dänemark und kam gewifs aus der Rheingegend.

Als nun die Völkerwanderung begann, nahmen auch die Nordgermanen selbständig Anteil daran. Die Eruler, mehr umhergetrieben als irgend ein anderer Stamm der Völkerwanderung, kommen bis nach der Balkanhalbinsel und bis nach dem sonnigen Italien; viele bringen mit sich zurück nach dem Norden köstliche Lehren von der höheren Kultur des Südens geholt, besonders die Kunde der von den Goten erfundenen Runenschrift,[1] ja möglicherweise auch die ersten Berichte über die christliche Lehre.

Für eine Zeit bricht die Verbindung dann ab. Hunnen und andere asiatische Völkerschaften brachen in Europa ein. Aber bald bringt neuer Verkehr, neues Leben in die Lande des Nordens.

Die Dänen beginnen westwärts zu ziehen und kommen auf ihren Fahrten nach den Ländern der Friesen und Franken. Die Norweger segeln nach den Orkneys und Shetlandinseln und führen mit sich heim die ersten Impulse von keltischer

---

[1] Im 2. und 3. Jahrhundert haben die Goten am Schwarzen Meere wahrscheinlich die Runeninschrift auf Grund griechischer und italischer Alphabete ausgebildet. Vgl. die Arbeit des schwedischen Forschers Otto von Friesen, die ich demnächst in deutscher Übersetzung weiteren Kreisen zugänglich machen werde: Om runskriftens härkomst, Språkvetenskapliga Sällskapets i Upsala förhandlingar 1904 06. Und doch mufs man mit Hugo Gering (Zfdph. XXXVIII, S. 140) immer wieder fragen: Ist es glaublich, dafs die Germanen erst eine so lange Wanderung zurücklegen mufsten, um mit der wichtigsten Erfindung der Kultur bekannt zu werden, obwohl diese Kultur über den Rhein und die Donau hinüber schon Jahrhunderte lang auf sie eingewirkt hatte? Das *argumentum ex silentio*, dafs aus jenen Jahrhunderten keine Zeugnisse vorliegen, weist Gering zurück, da die *tabulae fraxineae*, auf die man zuerst die Runen ritzte, allzu vergänglich waren, und es ein Wunder wäre, wenn eine solche auf uns gekommen wäre.

Kultur und Christentum. An vielen Stellen im Norden besonders auf Gottland aber auch auf Seeland, an den Gestaden des Mälar in einzelnen Teilen des südlichen Norwegen entwickelt sich eine verhältnismäfsig hohe materielle Kultur. Skalden singen in den Königsburgen. Die Schmuckkunst beginnt zu blühen, besonders die auf Gottland hergestellten Sachen sind schön und stilvoll. Selbst in der Kunst der Menschendarstellung beginnt man sich zu versuchen. Auf Bronzeplatten an den zu Vendel in Uppland aufgefundenen Helmen sehen wir trefflich ausgeführte Bilder gerüsteter Krieger zu Fufs und hoch zu Rofs, und in goldenen Brakteaten haben die Nordleute, wenn auch plump und unbeholfen, doch selbständig römische Goldmünzen nachzuahmen versucht. Aber bald wird es aufs neue still im Norden. Die Züge nach fernen Landen hören nach und nach auf. Die Gestade Frankreichs und Englands sind nicht länger den feindlichen Überfällen der Nordleute ausgesetzt. Kirchen und Klöster erheben sich in Menge längs den Küsten. Die Goten sind wohl schon in der Frühzeit der Völkerwanderung aus den Ostseegebieten fortgezogen. Die Eruler werden vernichtet und verschwinden vom Schauplatze der Geschichte und mit ihnen wird das wichtige Bindeglied zwischen dem Norden und den Kulturen des Südens ausgeschaltet. Fremde noch auf niedriger Kulturstufe stehende slavische Stämme siedeln sich nun in den Gebieten südlich der Ostsee an.

Nur träge rinnen dann wieder die lebenbringenden Kulturströme vom christlichen Europa nach dem Norden, am stärksten vielleicht vom Frankenreich und besonders von den alten Handelsstädten in den Rheingebieten und Niederlanden, Köln Dorestad, Utrecht u. a. m. aber auch von Schottland und Irland über die Orkneys und Shetlandinseln nach Norwegen. Gottland ist ganz besonders ein Kulturzentrum zu nennen und gutnische Kaufleute segeln mit ihren Waren umher an den Gestaden der Ostsee ja selbst nach der Westküste Norwegens.

Bei kleinem beginnt es doch ernstlich Licht zu werden, die Tage längen, der Frühling kommt plötzlich, unversehens wie immer im Norden mit spriefsenden Knospen und rauschenden Bächen, die sich meerwärts stürzen. In jedem Fjord, in jeder Bucht, in jedem Winkel, in jedem Tal wird Leben, die

Menschen strömen dem Meere zu, Schiffe werden in die See gerollt, die Nordleute werden aufs neue „fahrende" Leute, „reisige" Leute; die Wikingerzeit beginnt.*) Die Schweden ziehen nach Osten und hinunter nach Süden bis zum Schwarzen Meere und Konstantinopel, die Dänen fahren nach den Niederlanden, Frankreich und England und die Norweger nach Nordengland, Schottland und Irland und weiter nach Island, Grönland und Vinland. Während dieser Züge werden die Völker des Nordens selbst ein Teil des von römisch-christlicher Kultur durchtränkten Europa. Durch diese Züge finden die Völker des Nordens sich für die Dauer selbst und wachsen sich zu drei Völkern und Staaten aus: Norwegern, Schweden und Dänen.

So entsteht die Kultur der Wikingerzeit, die das Leben der Nordleute zusammen mit der christlichen Kultur später für Jahrhunderte beherrschte, so reich und wechselnd, voll lebhaften Farbenspiels wie kaum die eines anderen nordischen Zeitalters. Sie ist ein Kind der Begegnung der nordischen Völker mit fremden Völkern und Kulturen. Sie ist nordisch in ihrem Wesen, in ihren Grundzügen, erst vom 10. Jahrhundert an treten deutliche dänische, schwedische und norwegische Sonderzüge hervor. Das Heimische ist vom Fremden befruchtet worden und konnte wachsen und sprießen in den wärmenden Strahlen südlicher Sonne. Es ist wie in der Natur selbst. Wald und Feld und Wiese liegen noch im Winterschlaf unter der Decke von Eis und Schnee. Aber mählich beginnen die Tage zu längen, der Schnee zu tauen und zu tropfen, das Eis zu schmelzen. Der Frühling kommt ins Land, die Sonne sendet ihre segnenden warmen Strahlen bis hinauf nach dem kalten Norden; alles erwacht zum Leben, die Bäume grünen, die Erde bedeckt sich mit Blumen; die Singvögel kommen von Süden; der Sommer ist im Lande. Oder um ein anderes Bild zu gebrauchen, das die Eingangsstrophe des Eddaliedes von Wölund bietet:

---

*) Die Wikingerzeit wird im grofsen gesehen vom Ende des 8. Jahrhunderts bis zur Einführung des Christentums am Anfange des 11. Jahrhunderts gerechnet.

> „Mädchen flogen von Süden   durch Myrkwid[1]) hindurch,
> Behelmte Jungfrau'n,   ihr Handwerk zu üben;
> Sie setzten zur Ruhe   am Seestrand sich nieder,
> Weifses Linnen spannen   die Weiber des Südens."[2])

Wölund und seine Brüder kommen auf ihren Schnee-schuhen vom hohen Norden auf der Jagd nach Wolf und Bär; sie gewinnen des Südens schöne Frauen, Frankreichs und Ir-lands Töchter,*) bauen ihnen hohe Säle und schmieden ihnen köstlichen Schmuck aus rotem Golde.

Alle Kultur entsteht auf die Weise, dafs das Heimische durch das Fremde befruchtet wird. Schliefst sich ein Volk von der übrigen Welt ab, so wächst die Kultur nicht, sondern welkt und stirbt ab wie eine Pflanze, der Sonne und Feuchtig-keit mangeln. Wenn die Kultur wachsen und erquickende Früchte tragen soll, mufs sie Licht und Sonne und labenden, lebenspendenden Regen von manchen Landen erhalten, sie mufs aber auch ihre Wurzeln in tiefer nährender Erde, im Zeitgeiste, in der Vorzeit haben. Jene Kultur ist wenig wert, die nur in geborgtem fremden Gut und Flitterwerk besteht, aber andererseits hat die Kultur kein Entwicklungsvermögen, die nur aus der Heimaterde Saft und Kraft saugen will und sich gegen alles Fremde abweisend verhält.

Wir sehen es auf allen Gebieten des Lebens, wie mit der Wikingerzeit eine neue Epoche für den Norden anbricht. Man denke z. B. an die Sprache. Jahrtausende hindurch, von der Zeit an, da die germanischen Völker sich in Dänemark und auf der skandinavischen Halbinsel niederliefsen, hatten die Völker des Nordens überall eine und dieselbe Sprache. Sachte, unmerklich fast entwickelt die Sprache sich; um das Jahr 700 ist sie fast dieselbe wie um das Jahr 400, mundartliche Unterschiede sind fast garnicht vorhanden. Aber von der

---

[1]) Myrkwid, der „düstere Wald" in der Edda eine typische Bezeich-nung für ausgedehnte Waldstrecken.

[2]) Hugo Gerings Übersetzung.

*) Zwei dieser Schwanenjungfrauen sind Töchter von König Ludwig (*Hlǫðvér*); die dritte ist Tochter von König *Kiárr af Vallandi*, eine Ver-stümmelung von *Kiarvalr* (Kiar Valr), der nordischen Form für Cearbhall, einem Könige von Ossory in der zweiten Hälfte des 8. Jahrhunderts, mit dessen Töchtern isländische Landnámsmänner verheiratet waren.

Mitte des 8. Jahrhunderts an wird es anders. Die Schrift ändert sich, die ältere oder längere, allen Germanen gemeinsame Runenreihe[1]) wird durch die jüngere oder kürzere abgelöst, die für die nordischen Völker eigentümlich ist. Die Sprache entwickelt sich nun in einem Jahrhundert mehr, als sie früher in vieren getan hatte. In erster Linie unterscheidet sich das Nordische durch bestimmte Merkmale vom Gotischen und Westgermanischen und bildet sich dann gegen Ende der Wikingerzeit zu drei verschiedenen Sprachen Norwegisch, Dänisch, Schwedisch aus, wozu später das Isländische kommt. Ebenfalls rechnen mehrere Archäologen etwa vom Jahre 800 an einen neuen Zeitabschnitt an, die jüngere Eisenzeit. Für Götterglauben, Kunst und Dichtung, Sitten und Gebräuche, kurz für alles, was wir unter dem Namen Kultur zusammen zu fassen pflegen, hebt eine neue Zeit an.

Düstere, blutige Schatten lasten über dem Zeitalter der Wikinger und besonders über ihrem ersten Abschnitt, da Plünderungen, eingeäscherte Kirchen und Klöster und Frauenraub beinahe, möchte man sagen, die einzigen Früchte der Wikingerzeit waren. Wir haben von den Kämpfen zwischen Norwegern und Dänen in Irland um die Mitte des 9. Jahrhunderts und der entsetzlichen Roheit, die dabei zu Tage trat, gehört.*) Aber es war nicht nur, wie man leicht den Eindruck durch die Lektüre der Chronisten und Jahrbücher gewinnen kann, Wildheit und Roheit, Mord und Brand, was geschah. Die Völker des Nordens waren vor der Wikingerzeit weit entfernt vom Barbarentum. Sie hatten ihr auf Gesetz und Recht gegründetes Gemeinwesen, ihr hoch entwickeltes Rechtswesen, ihre Kenntnis des Seewesens, ihre Tüchtigkeit in der Kunst des Schiffbaus, ihre Lust zum Handeltreiben. Nordische Rechtsgebräuche haben manchen von den Gemeinwesen, wo Wikinger sich niederliefsen, ihr Gepräge verliehen. Wir finden Spuren ihrer Gesetzgebung in alten russischen Gesetzen wie in der Normandie und in England. In der späteren angelsächsischen und der ältesten anglonormannischen Gesetzgebung wimmelt es von nordischen

---

[1]) Ein Runenalphabet wird gewöhnlich nach den sechs ersten Zeichen als *Fuþark* bezeichnet.

*) Siehe S. 17.

Lehnwörtern. Noch heutzutage gibt es oder es gab doch wenigstens vor nicht allzu langer Zeit auf den Shetlandinseln, auf den Orkneys, zu Dumfries in Schottland, am Cromarthyfjord in Ostschottland, in Cheshire, bei Whitby in Yorkshire und vor den Toren Dublins Thinghügel oder þingvellir, wo die Nordleute in alter Zeit sich zu versammeln pflegten um Recht zu sprechen und Gesetze zu stiften. Die Verfassung der Insel Man, wie sie noch heutigentags besteht, stammt aus der Zeit der nordischen Herrschaft auf der Insel, wie wir vernommen haben.*)

Die alten Wikinger waren Krieger und Kaufleute zugleich und oft das letztere mehr als das erstere. Wenn sie zu einem fremden Hafen kamen, schlossen sie gern zuerst Frieden auf eine gewisse Zeit auf Tage oder Wochen mit den Einwohnern, dann hielten sie Markt und handelten und feilschten. Erst wenn diese Frist vorüber war, entstanden Unfriede und Fehde und konnten sie rauben und plündern nach Herzenslust. Wohin die alten Wikinger kamen, da gaben sie dem Handel einen neuen Aufschwung. In Rufsland, wo Holmgard oder Nowgorod einer von Europas ersten Handelsplätzen wurde; in Irland, wo es vor der Zeit der Nordleute keine mauerumgebenen Städte, keine im Lande selbst geprägten Münzen und keinen regelmäfsigen Handel mit fremden Ländern gab; in England und Wales, wo Städte wie Grimsby, Derby und Swansea nordische Namen tragen, oder andere wie Bristol, York und Chester den Nordleuten ihre Bedeutung als Handelsstädte schulden, und in der Normandie, deren Hauptstadt Rouen zu einer der gröfsten Städte Frankreichs aufwuchs. Überall in ihren Kolonieen lehrten die Wikinger Münzen prägen und in Northumberland waren es Wikinger, die Silbergeld einführten für die altmodischen Kupfermünzen. Die altnordischen Bezeichnungen für Gewicht und Münzen Mark, Halbmark, Öre und Pfennig gewannen Verbreitung überall in Westeuropa, in England, in Schottland, in Irland, in Nordfrankreich. In Rufsland bezeichnet das nordische Wort für „Fremdling, Gast" *gosti* (anord. *gestr* < *gastiR*") noch eine Art von

---

*) Die Namen dieser Thingstätten finden sich bei Steenstrup, Normannerne IV, S. 179 f.

Händler und das Wort „Wäring" (Барят) hat die Bedeutung von Hausierer. Die Liebe zum Meere machte die Nordleute zu den tüchtigsten Schiffsbauern und Seeleuten jener Zeit. Während die europäischen Völker, die sonst Handel und Schifffahrt trieben, sich ungern vom Lande fort auf die offene See wagten, nur vielleicht auf das geschlossene Mittelmeer, sondern am liebsten in furchtsamen Tagereisen längs den Küsten von Hafen zu Hafen fuhren, segelten die Drachen und Knarren der Nordleute furchtlos hinaus auf das offene Weltmeer. Die Nordleute waren das erste Volk in Nordeuropa, das im Mittelalter Entdeckungsreisen unternahm. Zu Harald Schönhaars Zeit lebte im äufsersten Norden von Hálogaland ein Häuptling namens Ottar. „Eines Sommers wollte er herausfinden wie weit das Land sich gen Norden erstrecke und ob Menschen wohnten nördlich von den Ödlanden (d. i. Finmarken)." Er segelte Finmarkens Küsten entlang, um die Halbinsel Kola herum und ganz hinab bis zum südlichen Teile des Weifsen Meeres. Später fuhr er hinüber nach England, trat in Alfreds des Grofsen Dienste und gab diesem eine genaue und verständige Schilderung seiner Reise,[1] frei von den Schiffermären, von denen sonst die Reiseschilderungen des Mittelalters wimmeln. — Die erste wissenschaftliche Polarfahrt. — Die Nordleute segelten auch, wie wir schon vernommen, nach Grönland und Nordamerika. Sie entdeckten diese Länder nicht nur, sondern in Grönland legten sie sogar eine Kolonie an, die sich bis herab ins 15. Jahrhundert gehalten hat, und wo sich eine im Verhältnis zu den Lebensbedingungen ziemlich hohe Kultur entwickelte. Eines der Eddalieder, das grönländische Lied von Atli (*Atlamǫl en grœnlenzku*), mufs so auf Grönland entstanden sein.[2] Nicht nur der Name des Gedichtes beweist das, sondern die Bären in diesem Gedichte sind Eisbären (*hvítabjǫrn*), die nach Island nur selten auf dem Treibeis kamen und in Norwegen völlig unbekannt waren. Es sind ebenfalls Bruchstücke von Skalden-

---

[1] Diesen Reisebericht schlofs Alfred u. a. seiner Übersetzung der tendenziösen Weltgeschichte des spanisch-römischen Theologen und Historikers Paulus Orosius (5. Jh.) an.

[2] Auch für die *Atlakviða* ist gegen Finnur Jónsson u. a. Grönland als Heimat anzunehmen.

dichtungen auf uns gekommen, die gleichfalls auf Grönland entstanden sind z. B. die sogenannte *Norðrsetudrápa*, die die Fahrt in die nördlichen Breiten zum Walfang an der Disko-bucht schildert.

Die Bemühungen der Wikinger mit fremden Völker-schaften und fremden Kulturen, mit Angelsachsen, Franken und Iren, Deutschen, Russen und Arabern, mit dem Weltreiche Karls des Grofsen, mit der Pracht des goldenen Byzanz machte ihren Blick freier, erweiterte ihren Gesichtskreis. Harald Hárfagri einigt Norwegen und führt eine neue Staatsform ein; er nimmt den Bauern ihren angestammten Grundbesitz (*óðal*) und auferlegt ihnen neue Steuern, führt Zölle und Hoheitsrechte ein; überall im Reiche setzt er Zinsjarle, Hersen oder Lendermenn[1]) ein, die regieren und Steuern eintreiben sollen. Diese ganze neue Staatsform hatten Harald und seine nächsten Vorgänger unter Einwirkung des Reiches Karls des Grofsen ausgebildet. Haralds Sammlung von Norwegen selbst ist ein Glied in der grofsen westeuropäischen Bewegung, die sich darin zeigt, dafs Karl der Grofse die deutschen Stämme einigt und die westsächsischen Könige die Angelsachsen sammeln.

In Dänemark wirkt die Königin Thyra im Geiste der angelsächsischen Lady Ethelfled und errichtet König Godfreds Danewerk; und ihr Sohn Harald Blauzahn sucht, vielleicht unter deutschem Einflusse, die Macht und den Wirkungskreis des Königs zu vergröfsern. Die Hird verändert ringsum im Norden ihr Gepräge. Sie ist nicht länger das einfache alt-germanische Gefolge, das wir von Tacitus her kennen, sondern beginnt sich zu einem wirklichen Hof zu entwickeln ähnlich wie der fränkische und angelsächsische. Das Wort „hirð" selbst ist nicht nordisch, sondern angelsächsisch (hîred) und ist während der Wikingerzeit nach dem Norden gekommen. Die Hird wird in Klassen mit verschiedenem Rang eingeteilt und hat ihre Beamten, unter denen der stallare (Marschall) hervorgehoben sein möge. Sein Name wie seine Stellung geht zurück auf den „Stallgrafen" (*stabularius*) der spätrömischen

---

[1]) Königliche Dienstmannen, Nachfolger der alten Hundertschafts-häuptlinge, die mit einer *veizla*, einem Krongute, beliehen waren.

Kaiserzeit; von dort kam er nach dem Frankenreiche und weiter im 10. Jahrhundert nach England und nach dem Norden. Wie die irischen Fürsten umgibt Harald Hárfagri sich mit Hirdskalden, die zu seinen nächsten Freunden und Ratgebern gehören. Sie dichten wie die irischen Hofdichter in verwickelten kunstvollen Versmafsen und poetischen Umschreibungen (*kenningar*) Lobgedichte zum Preise der Fürsten. Am Hofe Haralds befinden sich weiter Krieger, die mit Waffen, Gold und prächtigen ausländischen Gewändern belohnt werden. Dort gibt es wie an allen mittelalterlichen Höfen Spielleute und Gaukler; auf altnordisch wurden sie *trúðr* genannt, ein angelsächsisches Wort, das dem irischen (*druth*) entlehnt zu sein scheint. Ja an Haralds Hofe finden wir sogar den ersten Hofnarren, der im Norden mit Namen genannt wird, Andaðr. Er spielt den einfältigen Toren, treibt Kurzweil mit mit seinem ohrenlosen Hunde und bringt den König zum Lachen.*) So erfährt, wie wir sehen, das Leben in der Königsburg allmählich eine Umwandlung und bekommt ein mehr mittelalterliches Gepräge.

In der Schmuckkunst herrscht nicht länger mehr der sogenannte Stil der Völkerwanderung. Ein neuer, der Stil der Wikingerzeit, entwickelt sich von fremden, besonders westländischen Vorbildern beeinflufst. Besonders die keltische Ornamentik mit ihren reichen und wechselnden Linienmustern und Bandmotiven, sowie die unter Karl dem Grofsen und unter dem Einflufs der klassischen Kunst wiedergeborne Kunst im fränkischen Reiche wirken auf die Nordleute ein. Keltische Bandverschlingungen und karolingische, ursprünglich in Griechenland heimische, Blattmuster z. B. das gezackte Akanthusblatt gewinnen Heimatsrecht im Norden und werden auf Schmuckstücken, Waffen und Steinflächen zusammen mit Drachen, Schlangen und heimischen von den Vätern ererbten Mustern angebracht. Ebenso wie irische Mönche in Irland und Schottland in Bildern auf Steinflächen zum Gedenken für lebende und künftige Geschlechter von der Bibel, von dem Leben der Heiligen, von den Freuden des Paradieses, vom jüngsten Gerichte erzählten und gleichwie angelsächsische von

---

*) Vgl. Þorbjǫrn Hornklofis Haraldskvæði oder Hrafnsmǫl.

irischer Kultur beinflußte Mönche in Nordengland die keltischen Kreuze nachahmten, während andere Angelsachsen auf
christlichen Kreuzen und geschnitzten Schreinen ihre eigenen
heimischen Heldensagen von Sigurd dem Drachentöter, von
Weland dem Schmied u. s. w. zur Darstellung brachten, so
suchten sich auch die Nordleute eine bildende Kunst zu
schaffen, die für die kommenden Geschlechter von dem Leben
der Asen und Sagenhelden zeugen sollte.

Am reichsten und mannigfaltigsten entwickelt diese
Schmuckkunst sich in der Übergangsperiode von der Wikingerzeit zum Mittelalter an den beiden äußersten Enden der
nordischen Welt auf Man und Gottland. Hier sehen wir
Steine errichtet, auf denen in bunter Mannigfaltigkeit die
ganze Götterwelt Walholls und alle Sagenhelden der Vorzeit
in naiven Bildern dargestellt sind, von Bandschlingen und
Blattornamenten eingerahmt. Mit dem Heidentum mischt sich
in den Steinbildern das Christentum unlöslich zusammen. Bis
tief ins Mittelalter hinein, bis ins 13. Jahrhundert, auf Grab-
und Taufsteinen, wie auf Kirchentüren leben im Norden und
auf den britischen Inseln, diese heidnischen Bilder fort und
zeigen welch mächtigen Griff der Asenglauben ins Sinnen
und Denken der Menschen getan hat.

Die Wikingerzeit mit ihrem Kampf und Streit, voll von
Gefahren, raschen Taten und starken Charakteren, die Begegnung mit dem Christentum und geistig überlegenen
Kulturen drückten ihr Gepräge auf den Götterglauben unserer
Altvorderen und machten ihn zu einer Religion des Kampfes,
zu einer Wikingerreligion. In der Heimat, vor allem tief im
Innern des Landes, wo die großen Ereignisse der Zeit kein
Echo fanden, blieb die Religion freilich die alte.[1] Wie wir
z. B. von Götaland wissen, wohin der Skalde Sighvat († 1047)
auf seiner Fahrt im Jahre 1018 kommt; er berichtet uns
von dem heidnischen Glauben der Bauern von ihrem Alfablót[2]
und von ihrer Furcht vor Odins Zorn, wenn sie einem

---

[1] Vgl. Konr. Maurer: Die Bekehrung des norwegischen Stammes
zum Christentum.

[2] Elfenopfer; unter den *alfar* sind seelische Wesen zu verstehen.

Christen Obdach gewährten.*) Dort glaubte das Volk noch an die alten Götter, wie vor der Wikingerzeit.

Bei dem gemeinen Volke in Norwegen wie in Schweden und Dänemark ist Thor, der Donnergott, die Hauptgottheit; so scheint es auch in Dublin der Fall gewesen zu sein. Neben ihm sind die Wanengottheiien Njǫrðr und Freyr Gegenstand grofser Verehrung. Nur in Dänemark scheint Odin schon zur Zeit der Völkerwanderung Hauptgott geworden zu sein. Der uralte Kriegsgott Týr, dessen Name in Dienstag (altnord. *Týsdagr*) erhalten ist,[1]) ist dagegen überall im Norden während der Wikingerzeit von seiner Höhe herabgesunken und hat einen Platz unter den niederen Gottheiten einnehmen müssen. Unter den Wikingern und in den Wikingeransiedlungen wurde Walholl und das Kampfleben der Einherier mehr und mehr Mittelpunkt im Glauben der Menschen. Die Vorstellung von Walholl selbst ist doch sicherlich älter als die Wikingerzeit; in schwedischen Gräbern von der Völkerwanderungszeit her hat man ganz winzige weibliche Figuren aus Metall gefunden, wohl eine Art von Amuletten, die Walküren vorstellen sollten. In schwedischen Gräbern aus der Wikingerzeit sind dann Amulette in Form von Walküren mit dem Horn in der Hand sehr gewöhnlich. — Allmählich breitet nun Odin seine Macht von Dänemark her über alle nordischen Völker aus. Er ist nicht länger der Windgott (*Wodan*), den alle Germanen verehrt haben. Als der kluge Kriegsgott wächst er nun empor zum Herren über Asgard und das goldschildgedeckte Walholl, zum Obersten unter den Göttern, zum Gebieter der Götter und Menschen, zum Allvater (*Alfǫðr*), wie er mit einem gewifs dem Christentume entlehnten Ausdrucke genannt wird.**) In ihm hat gleichfalls die ganze Lebensanschauung der Wikingerzeit Fleisch und Blut gewonnen. In einsamer Gröfse thront er in Hlidskjalf und überschaut der Götter und Menschen

---

*) Siehe Sighvats „Austrfararvisur", Heimskringla, Olafs des Heiligen Saga, Kap. 92.

[1]) Vgl. engl. *Tuesday*, dän.-norw. *Tirsdag*, schwed. *Tisdag*, oberd. *Ziestag* (von ahd. *Zio* = Týr). — Derselbe Stamm steckt in griech. Ζεύς, lat. *deus*, sanskr. *Dyâus*, lit. *dévas*, altir. *dia* (Gott), Wörter, die „der Himmlische" bedeuten.

**) Vgl. Grímnismǫl Str. 48.

Tun und Treiben, selbst gleichsam erhaben über Gut und Böse. Eine wunderliche, fast tragisch zu nennende Gestalt; in all seiner Einsamkeit wandelt er einäugig unter den Menschen umher, trugvoll wie ein alter Wikingerhäuptling, und bringt Tod und Verderben selbst den besten Freunden um Kämpfer in Walholl für den letzten grofsen Kampf am Tage der Ragnarǫk[1]) zu sammeln. Aber die Menschen verstehen nicht immer des Gottes Wege und bisweilen steht er vor ihren Augen als böse da, als grausam und unheilbringend. Wie Dag im zweiten Liede von Helgi, dem Hundingstöter zu seiner Schwester Sigrun sagt:

> „An allem Unglück   ist Odin schuld,
> Der durch Zwistrunen   entzweit die Sippe." [2])

Aber Odin wächst auch in der Wikingerzeit in geistiger Beziehung; er wird gröfser und tiefer. Er ist der Weiseste unter den Göttern, doch selten ist er froh, denn er weifs zu viel. Gleichwie Christus opfert er sich, doch nicht für die Sünden der Menschen, sondern um Kunde und Weisheit zu gewinnen, wie er selbst sagt in den Hǫvamǫl:

> „Ich weifs, dafs ich hing   am windbewegten Baum
> Neun Nächte hindurch,
> Verwundet vom Speer,   geweiht dem Odin,
> Ich selber mir selbst.
> An dem mächtigen Baum,   von dem Menschen nicht wissen,
> Aus welchen Wurzeln er wuchs." [3])

Nach einer Selbstopferung wird er weise und zauberkundig, erfindet die Runen und machtvoll wirkende Zauberlieder. Aber als seine herrlichste Gabe hat Odin durch List den Menschen von der Unterwelt Suttungs Met, den Dichtertrank Oðrœrir, mit heraufgebracht. In den Hǫvamǫl erzählt Odin darüber:

> „Gunlod gab mir   auf goldnem Stuhle
> Den Trank des trefflichen Mets;
> Doch die Arme   erntete üblen Lohn
> Für den selbstlosen Sinn,
> Für ihres Herzens Harm.

---

[1]) Vgl. ZfdA. XVI, 146 ff.

[2]) Str. 33; Übersetzung von Hugo Gering.

[3]) Str. 136 und 105—107; unter dem Baume ist die Weltesche Yggdrasil verstanden. Übersetzung von H. Gering.

Mit Lust trank ich,   was List mir erwarb,
 Dem Klugen wird wenig verwehrt:
So ist Odrerir nun   nach oben gekommen
 In die Wohnung des Weltenherrn.
Ich hege Zweifel,   ob heimwärts wieder
 Aus dem Reiche der Riesen ich kam,
Wenn Gunnlod nicht half,   das gute Mädchen,
 Die mit weifsen Armen mich umwand."[1]

Auch die Weltesche Yggdrasil wächst in der Wikingerzeit unter dem Einfiufse des christlichen Kreuzes, mit dem
sie auf den Bildsteinen der Wikingersiedelungen auf Man, in
Cumberland und in Westmoreland oft zusammenfällt, von der
krummen, sturmzerzausten Esche daheim im Tempelhain wird
sie zum Lebensbaum, zum Weltenbaum, dessen Wipfel Menschen
und Götter beschattet, der seine Wurzeln in den Urtiefen des
Schicksals hat, zum Sinnbild des Weltalls. Uralte Vorstellungen vom Ursprung der Welt und der Glaube an ihren
Untergang durch Feuer wachsen — unter dem Einflusse
christlicher Vorstellungen[1] und mittelalterlicher Philosophie
— in der Voluspǫ́, den Weissagungen der Seherin, heran zu
einer grofsartigen Dichtung von der Entstehung und dem
Untergang der Welt zu einem Versuche, die Rätsel des Daseins zu deuten.*)

Die Dichtung wird erneuert und wiedergeboren. Als
herrlichster Schatz der Wikingerzeit entsteht nun als Frucht
der Begegnung der nordischen Völker mit den Angelsachsen,
Iren und Franken eine Dichtung, die teils neu ist, teils, ja
vielleicht zum gröfsten Teile, eine Umdichtung von uralten
nordischen Sagen oder von Sagen und Dichtungen darstellt,
die von anderen germanischen Völkern herzu gewandert sind,
eine Dichtung, die aber jedenfalls neu in der Form und ihrem
äufseren Gepräge ist, ein echtes Kind der Wikingerzeit. Nur
Bruchstücke dieser Dichtung von Göttern und Helden sind es,
die die Eddalieder uns bewahrt haben. Aber weit mehr ist

---

*) Vgl. hierzu Sophus Bugge, Studier over de nordiske Gude- och
Heltesagns Oprindelse.
[1] K. Müllenhoff, Finnur Jónsson u. a. stellen im Gegensatze zu
H. E. Meyer, S. Bugge u. a. jeden christlichen Einflufs auf das etwa um
950 wahrscheinlich auf Island entstandene Gedicht in Abrede, andere Gelehrte wie Gering, Mogk nehmen eine vermittelnde Stellung ein.

es, was uns verloren gegangen ist, und zahlreicher sind die
Gedichte, von denen wir nur den Namen oder ein paar Vers-
zeilen kennen.

Alle Lande des Nordens haben zu dieser Dichtung der
Wikingerzeit beigesteuert. Von Grönland haben wir die
„grönländischen Atlamǫl"; ein Mann vom nördlichen Norwegen,
vom Lande der Mitternachtssonne hat in der „Vǫlundarkviða"
ein angelsächsisches Gedicht von Wéland dem Schmiede vollständig umgedichtet. Die Dänen haben in der Wikingerzeit
die Dichtung von den Skjǫldungen vollendet und die schöne
Dichtung von Rolv Krakes Tod, die „alten Bjarkamál" geschaffen. Eine der schönsten von den alten Liebesdichtungen, die
von Hagbard und Signe, stammt ebenfalls aus Dänemark. Aber
wo sie zuerst entstanden ist, diese Dichtung von Göttern und
Sagenhelden, die Umdichtung alter Stoffe wie die dichterische
Neuschöpfung, das entzieht sich unserer Kenntnis. Am
reichsten hat sie jedenfalls in der Gestalt, worin wir sie nun
kennen, in den Wikingerkolonien auf den britischen Inseln
geblüht. Hier begegneten Norweger, Dänen und Schweden
einander und lebten in Fehde und Frieden zusammen mit
Angelsachsen und Kelten. Sie lauschten den leidenschaftlichen,
phantastischen und bilderreichen Erzählungen der Iren von
Cuchulinn, von Finn und Oisin, vom Meergotte Manannan,
dem Sohne Lers, und seinem Schweine, das gleich Sæhrimnir
in Wallholl wieder auflebte so vollständig wie zuvor, nachdem
es verzehrt worden war. Sie hörten die Lieder der Angelsachsen von den Helden der Vorzeit, von Wéland, dem Schmied,
von den Wolsungen und Gjukungen, von Dietrich von Bern
und von den Kämpfen der Goten mit den Hunnen. Die nordischen Kreuze und Bildsteine von Man, den Hebriden, Lancashire, Cumberland und Westmoreland zeigen uns, wie über-
reich die Dichtung in diesen Kolonieen gewesen ist, wo
nordische, angelsächsische und keltische Kultur sich begegneten
und mischten. Hier, wo die Bilder zu Hause sind, ist auch
meiner Ansicht nach die Heimstätte mancher Eddalieder zu
suchen, von hier sind sie nach dem Norden gewandert. Das
Eddagedicht von Rig, die Rígsþula, das nach der Ansicht so
vieler Forscher in einer Wikingerkolonie entstanden ist, wo
sowohl Nordleute als auch Iren und Gälen wohnten, muſs es

nicht auch, wie ich späterhin zu beweisen suchen werde, auf
Man oder den Hebriden gedichtet worden sein? Schliefslich
hat Professor Sophus Bugge auf Grund der vielen angelsächsischen Lehnwörter in den Eddaliedern schliefsen zu
müssen vermeint, dafs mehrere von diesen in England gedichtet worden sind. Auch die Bilder scheinen zu beweisen,
dafs die Sigurdsdichtung auf dem Wege über England nach
dem Norden gekommen ist und nicht geradeswegs von Deutschland. Von Westen her sind die Eddagedichte nach dem
Norden gewandert, nach den Färöer, wo viele noch heutzutage
auf den Lippen des Volkes wiederklingen, nach Island, wo
sie in Pergamentbücher geschrieben und so kommenden Geschlechtern bewahrt wurden, nach Gottland, wo sie wie auf
Island ein reiches und blühendes Leben gelebt haben, wovon
die Bilder auf den Steinflächen noch heute Zeugnis ablegen.
Hier waren die Dichtungen von Sigurd Fafnisbani bekannt
von Gunnar in der Schlangengrube; hier wurde das von einem
nordländischen Manne verfafste Lied von Wölund dem Schmied,
und seinem Bruder, dem Skiläufer Egil, gesungen und in
Bildern auf den Stein gebannt, den man unter dem Estrich
der Kirche zu Ardre wieder entdeckt hat.

Die Stoffe dieser Dichtung behandeln meistens das
Leben der Götter und Helden, sie haben einer weit älteren
Periode als der Wikingerzeit angehört. Sagen, die einstmals
Gemeingut fast aller germanischen Stämme gewesen sind,
liegen den Dichtungen von Sigurd und Wölund zu Grunde.
Die Heldengedichte hingegen handeln von dänischen Königen
der Völkerwanderungszeit, wenn auch diese in Wikingerhäuptlinge umgewandelt und die Dichtungen voll malerischer
Schilderungen von Heerfahrten nach fernen Landen sind.
Eine grofse Dichtung von ihren eigenen Helden, vermochte
die Wikingerzeit nicht zu zu schaffen. Ihre liebsten Helden
sind Ragnar Lodbrok und seine Söhne, deren „Übermut und
jugendliche Ehrbegier", wie eine irische Saga sagt, „sie von
Land zu Land durch die ganze Welt treibt" bis nach Spanien
und Nordafrika, um Abenteuer zu erleben und einen unster-
lichen Namen zu gewinnen*) Bei ihnen ist Jugend und Jugend-

---

*) Vgl. Three Fragments, ed. O'Donovan, S. 159—163.

übermut, die Sehnsucht nach dem Unerreichbaren, die jeder Held haben muſs, um den Sage und Dichtung ihre Gewebe spinnen sollen. Aber die Dichtung von den Söhnen Lodbroks, von Halv und seinen Recken stellen nur Ansätze dar, ein gröſserer Zyklus wurde nicht daraus. In den älteren Eddaliedern haben wir nun vor allem die Dichtung der Wikingerzeit vor uns.

Es ist eine Dichtung, die an Gedankentiefe, an Klarheit der Menschenschilderung, an der dramatischen Knappheit der Handlung auf gleicher Höhe mit den vornehmsten Kunstschöpfungen dieser Art steht. Über uns wölbt sich nicht wie in der ewigen Dichtung Homers ein immer heiterer, klarer, wolkenloser Himmel; wir werden nicht auf breiten Wogen im Schimmer der „rosenfingrigen Morgenröte" über das „weinfarbene Meer" geführt, vorbei an sonnenfrohen Gestaden mit schönen harmonischen Menschen. In unserer Dichtung ist kein Urwald von Bildern, keine tropische Phantasie wie in der indischen Heldensage. Auch haben die Eddalieder nicht die Wildheit und die siedenden Leidenschaften der irischen Heldendichtung auch nicht deren tiefes Naturgefühl, deren Widerhall von Vogelsang und Waldesrauschen, vom Leben in den groſsen Wäldern und an den stillen Waldseen, Töne, die auch die kymrische Heldendichtung nicht entbehrt. Aus dieser Dichtung klingt es wie Kampf, wo die Schwerter sich begegnen, die Klingen wie Blitze durch die Luft zucken; alles ist scharf und knapp, da gibt es Wortwechsel und dramatische Handlung, aber keine ausführlich malenden Bilder, keine behagliche Breite, kein Verweilen des Dichters, wie in fast aller epischen Dichtung. Eddalieder wie „Lokasenna" oder „Hárbarðslioð" sind eher als dramatische wie als epische Dichtungen anzusprechen. Nur die „Rígsþula" muſs ein breit erzählendes Gedicht genannt werden. Die Gestalten stehen in diesem Gedichte wie gemeiſselt, deutlich und lebensvoll da: Odin, der Schlaue und Weise, erhaben über Gut und Böse, der Repräsentant der aristokratischen, das Gepräge des Verkehrs mit dem übrigen Europa tragenden Kultur der Wikingerzeit; Thor, der Starke, Volkstümliche, der ungeschlachte Raufbold, der leicht anzuführen ist, dem Odins feinere Lebenskunst abgeht, der aber zupackt, wenn es gilt; Loki, diese wunderliche Mischung von

Gut und Böse, der am Morgen der Zeiten Blut mit Odin mischte, aber der trotzdem den Asen das meiste Böse antut, Gott und Teufel in einer Person. Und dann die Helden: Wölund, der Schmied, mit der tiefen Liebe und dem noch tieferen Haſs, voll dämonischer Wildheit, wie sie den Menschen nur die Wikingerzeit zu schaffen vermochte, die beiden Helgis, die hochgesinnten und ritterlichen Helden mit den Idealen des Mittelalters, mit ihrer zärtlich-innigen, fast romantischen Liebe, die selbst den Tod überdauert; und dann schlieſslich Sigurd Fafnisbani, das Heldenideal der Nordleute, hoch und licht, tapfer und furchtlos bis in den Tod, mit dem unentrinnbaren Verhängnis über sich, das die Tragödie des Heldenlebens ausmacht. Den Männern zur Seite stehen Frauen. Dem Loki ist Sigyn gesellt, das schönste Bild ehelicher Treue und Liebe, das altnordische Dichtung geschaffen hat. An Sigurds Seite stehen die beiden, so groſse Gegensätze bildenden Frauen, die ihn lieben, die düstere dämonische Brünhild und die lichte nordische Gudrun, die das Leid wild und grausam macht, mit Haſs und Rachsucht erfüllt, ihre Geschichte ist vielleicht das groſszügigste Drama, das die Nordleute gedichtet.

Doch die Eddalieder enthalten auch die kurze Summe der Lebensanschauung der Wikingerzeit. In der „Vǫluspǫ" hat ein heidnischer, von der Poesie des Asenglaubens erfüllter Dichter versucht uns dasselbe zu geben wie Henrik Wergeland in seiner religiös-philosophischen Dichtung „Die Schöpfung, der Mensch und der Messias" einen dichterischen Ausblick über den Ursprung der Welt, ihre Entwicklung und endliches Schicksal. Die Seherin (vǫlva) überschaut den Gang der Welt vom Morgen der Zeiten bis zum Ende der Tage:

> „In der Urzeit wars,   als Ymir[1]) lebte,
> Da war nicht Kies noch Meer   noch kalte Woge;
> Nicht Erde gab es   noch Oberhimmel,
> Nur gähnende Kluft,   doch Gras nirgends."

Die ersten goldenen Zeiten kommen, da die Götter fröhlich auf dem Idafelde[2]) spielten, ehe das Geschlecht der Menschen

---

[1]) Ymir ist der Urriese, aus dessen Leib das Weltall geschaffen wurde. — H. Gerings Übersetzung.

[2]) Idafeld, „Feld der rastlosen Tätigkeit", wo die Götter sich im

noch geschaffen und Kampf und Streit durch böse Wesen in die Welt gekommen war, ehe die Zeit kam, da „Eide gebrochen wurden und hochheilige Gelübde". Dann schaut die Vǫlva von der Vorzeit in die Zukunft bis in die letzten Tage der Welt, da — ganz wie nach der Offenbarung Johannis — Bosheit und Frevel auf der Erde herrschen werden:

„Es befehden sich Brüder   und fällen einander,
Die Bande des Blutes   brechen Schwestersöhne;
Arg ist's in der Welt,   viel Unzucht gibt es —
Beilzeit, Schwertzeit,   es bersten die Schilde,
Windzeit, Wolfzeit,   eh' die Welt versinkt —
Nicht einer der Menschen   wird den anderen schonen." [2]

Sonne und Erde, Götter und Menschen gehen unter in dem letzten Kampf und grofsen Weltbrand. Aber:

„Aufsteigen seh' ich   zum andern Male
Aus der Flut die Erde   in frischem Grün;
Über schäumenden Fällen   schwebt der Adler,
Fische fängt er   an felsiger Wand. [2]

Die Asen kommen wieder wie im Urbeginn auf dem Idafelde [1] zusammen und ein neues glücklicheres Menschengeschlecht wächst auf.

„Von oben kommt   der allgewalt'ge
Hehre Herrscher   zum höchsten Gericht." [2]

Oder wie es in der sogenannte „kleinen" Vǫluspǫ [3] heifst:

Doch ein Gott wird kommen,   noch gröfser an Macht,"
Nimmer wag ich's,   seinen Namen zu melden:
Nur wenige können   noch weiter sehen,
Als Walvaters Kampf   mit dem Wolf [3] beginnt. [2]

Eine machtvolle, tief ergreifende, vom Asenglauben durchsäuerte, vom Christentum beseelte Dichtung. Ist es derselbe Gedanke, nämlich, dafs Walholls und der Asen strahlende Welt vergänglich ist, und dafs Christi und Gottes des Vaters

---

goldnen Zeitalter aufhalten, und wo die den Weltbrand Überlebenden wieder wohnen werden.

[1] H. Gerings Übersetzung.

[2] Bruchstücke der sog. „kleinen" Vǫluspǫ sind in die Hyndluljǫð eingeschoben.

[3] Odins Kampf mit dem Fenriswolf am Tage der Ragnarǫk.

Reich ewig währen wird, der auch auf einem Bildstein von Kirk Andreas auf Man hervortritt? Hier sehen wir auf der einen Seite des Kreuzes Odin im Kampf mit dem Fenriswolfe, also ein Bild der Ragnarǫk, des Götteruntergangs. Auf der anderen Seite sehen wir einen Mann, der in seiner rechten Hand ein Kreuz emporhebt, in seiner linken ein Buch hält, und der auf allerlei Gewürm und Schlangen tritt. Herab vom Kreuze hängt ein Fisch, wohl sicherlich das bekannte Symbol Christi (ἰχθύς). Es ist der siegende Christus, der noch mächtiger, der da kommen soll von oben „zum grofsen Gericht" (at regindómi).*)

Neben den Eddaliedern haben wir aus der Wikingerzeit Skaldenlieder, die an dichterischem Wert jenen kaum nachstehen, wie das mehrfach erwähnte Siegesgedicht Thorbjörn Hornklofis auf die Schlacht im Hafrsfjord, mit seiner Bilderpracht voll Kraft und Saft, mit seinem derben, kecken Humor. Man denke nur an die Stelle, wo von Haralds Gegnern die Rede ist:

> „Nicht länger gegen Lúfa[1])
> Das Land er schirmte,
> Der halsdicke Hilmir
> Den Holm sich zum Schild nahm.[2])
> Unter die Bänke sich bogen
> Die blutenden Krieger,
> In die Höh' den Hintern,
> Das Haupt geduckt."

Oder man nehme Gedenkdichtungen wie „Eiríksmǫl" und „Hákonarmǫl" oder gar Egil Skallagrimssons „Sunatorrek" („Der Söhne Verlust"), das persönliche Gedicht aus dem nordischen Altertum, eines starken Charakters wilde Klage gegen das Schicksal und die hohen Götter, die ihm das Teuerste sterben liefsen.

---

*) So ist das Bild von Mr. Kermode aufgefafst worden, Traces of the Norse Mythology in the Isle of Man, London, 1904. Vgl. Sophus Bugge, Runeindskrifter paa Man (Aarbøger 1899), S. 250.

[1]) Lúfa, „langes dickes Haupthaar, Träger eines solchen", hier Harald Schönhaar.

[2]) Der Hilmir (= „Fürst, König") nahm seine Zuflucht auf einem Holm.

> „Könnte den Schmerz ich
> Mit Schwerthieben rächen,
> Zum Unheil wär' es
> Dem Wellengotte.
> Morden möcht' ich
> Den Meergott,
> Daſs Angst überkäme
> Ägirs Geliebte[1]),"

ruft er trotzig ergrimmt aus, als ihm sein Lieblingssohn ertrunken ist.

Nicht allein in die Welt des Geistes, sondern gerade so sehr in das wirkliche Leben griff die Wikingerzeit ein, umbildend, befruchtend, befreiend. Der Häuptling, der nach fernen Landen gefahren war, fremden Fürsten gedient, unter den Mauern von Paris, in Dublin oder Konstantinopel gekämpft hatte, war ein anderer Mensch, als jener, der sein ganzes Leben hindurch nur daheim auf dem Hofe gesessen und unter ruſsigem First geschlafen oder im Herdwinkel Bier getrunken hatte. Die Zeit fühlte dieses selbst; in den Hǫvamǫl heiſst es:

> „Der allein weiſs es,   der weit umherschweift
>   Und viele Fahrten tat,
> Welches Witzes   waltet ein jeder,
> Der wirklich Sinn besitzt."[2])

Diese Häuptlinge der Wikingerzeit waren geborene Aristokraten und sahen mit Verachtung herab auf die Bauern und die Ofenhocker. Am deutlichsten tritt vielleicht dieses überlegene, fast könnte man sagen blasierte, Fühlen im Eddaliede von Harbard (Hárbarðsljóð) hervor, wo die auf den Wikingerzügen in den Westlanden gewonnene Kultur und feinere Bildung den ungeschlachten Männern daheim mit den groben Sitten und einfachen Lebensgewohnheiten gegenübergestellt werden. Der Ferge Habard, der kein anderer als der verkappte Odin ist, höhnt den Thor als simpel, ärmlich, einfältig. Zu ihm kommen nur die unfreien Geschlechter, aber Odin gehören alle Häuptlinge, die auf der Walstatt fallen. Während

---

[1]) Ägir, der Meeresgott, seine Gattin ist Ran, die die Ertrunkenen mit einem Netze in die Tiefe zieht, ihre Töchter sind die Wellen.

[2]) H. Gerings Übersetzung.

Thor auf der Ostfahrt begriffen ist und mit Riesen und Trollweibern kämpft — eine lächerliche Beschäftigung, meint Harbard-Odin — ist er selbst in Walland und entfacht Krieg, hetzt die Könige zusammen ohne sie zu versöhnen. Er liebt schöne Frauen, aber alle hintergeht er, er lernt magische Künste und erforscht die übernatürlichen Kräfte der Natur. So sehen wir in Odin hier deutlich den Repräsentanten der höheren Kultur der Wikingerzeit, die in den Westlanden ihren Ursprung nahm.

Die Sagas haben uns das Bild einer Menge typischer Wikingernaturen bewahrt. Roh und brutal waren sie oft, aber gleichwohl echte Grandseigneurs, Leute, die zu gebieten und aufzutreten verstanden, geborene Anführer und Häupt- linge. Ehrbegierig, ruhmlüstern sind sie, aber sie kennen auch die Forderungen der Ehre, niemals tun sie etwas Nieder- trächtiges und Entehrendes. Am meisten typisch, was Gutes wie Böses anbetrifft, ist wohl Egil Skallagrimsson. Als Knabe hieb er einem Leibeigenen den Kopf ab, „weil er gerade passend für den Streich stand." Erwachsen drückt er einem armen Bauern in der Trunkenheit das Auge aus und setzt dessen Frau und Tochter in Angst. Trotzdem müssen wir ihn bewundern. Er hat seine Freude an Pracht und Gold wie alle Wikinger, er ist sogar nicht ganz frei von Hab- sucht und Gier. Er ist schlagfertig, voll breiten volkstüm- lichen Humors, aber zugleich eine tiefe, ernste Natur, die selbst über das Leben und seine Bedeutung nachgesonnen und die sich ihre eigene Lebensanschauung gebildet hat. Er ist Dichter wie kaum ein anderer der alten Skalden und be- wandert in den verwickeltsten Kenningar und Versmafsen skaldischer Kunst. Er versteht sich auf das Ritzen der Runen und steht auf der Höhe des Wissens seiner Zeit im Norden. Er überragt alles Volk um eines Hauptes Länge und ist der selbstverständliche Anführer, wohin er auch kommen mag. Nicht umsonst ist er noch heute der National- held der Isländer.

Auch fremde Chroniken und Jahrbücher haben uns Bilder mancher Wikingergestalten bewahrt. Wir haben vorhin von den Söhnen Ragnar Lodbroks gehört. Ich kann auch die Schilderung des englischen Chronikenschreibers William von

Malmesburys von „dem alten Seeräuber" (*pirata vetus*) Godfred
Sigtrygsson erwähnen. Eine Zeit ist dieser König in Dublin
dann sucht er sich zum Herrn in Northumberland aufzuwerfen,
mufs aber vor König Ethelstan flüchten. Nachdem er viel
Mühsal zu Wasser und zu Lande ausgestanden, kommt er
zuletzt (im Jahre 926), sagt der alte Chronist, als Bittflehen-
der an des Königs Hof. Dort wurde er vom Könige wohl
empfangen und vier Tage lang auf das prächtigste bewirtet.
Aber dann suchte der alte Seebär seine Schiffe wieder auf
und verschwunden war er wie ein Fisch im Wasser.*)

Durch die Eddagedichte wie durch die kurzen Zeilen der
Runeninschriften, können wir noch tieferen Einblick in den
Gedankengang und die Lebensanschauung der Menschen gewinnen. Besonders die Hǫvamǫl, vielleicht die merkwürdigste
Eddadichtung, geben uns in kurzen treffenden Sätzen die
ganze Lebensauffassung der Wikingerzeit. Es ist nun nicht
länger mehr die von den Vätern überkommende Lebensanschauung, worin alles an Jahrhunderte alte Formen und
Sittenregeln gebunden erscheint. Der Dichter der Hǫvamǫl
und die Leute, die mit ihm Wikingerfahrten unternahmen,
wo Kampf und Streit, Trug und List zur Tagesordnung gehörten, haben ihren Glauben an die Menschen und beinahe
den an die Götter auch verloren. Jedermann mufs sich auf
sich selbst und seine eigene Klugheit verlassen. Der Kluge
wird gelobt, der Törichte gehöhnt. Der Listige kommt am
weitesten in der Welt:

„Selig ist   wer selber besitzt,
  Im Leben löblichen Witz,
Denn übel war   oft der Ratschlag,
  Den der Busen des anderen barg.

Nichts Besseres führt   als Bürde der Wandrer,
  Als ein weidlich Mafs von Witz;
In der Fremde mehr   frommt er als Gold,
  Ist dem Elenden Schirm und Schutz.

Der Gimpel gafft   der zum Gastmahl kommt,
  Stottert oder ist stumm;
Trinkt er dann   zu Tage kommt es,
  Wie sein Verstand bestellt.

---

*) William von Malmesbury, II. Buch, Kap. 134; vgl. Steenstrup, Nor-
mannerne III, S. 26 und 65.

Ein unkluger Mann   wacht alle Nächte,
  Über alles sorgt er und sinnt;
Müd' ist er dann, wenn der Morgen kommt,
  Sein Elend ändert er nicht.

Alle, die ihn anlachen,   sieht ein unkluger Mensch
  Als echte Freunde an;
Doch fährt er zum Thing,   so findet er schwerlich
  Viele Fürsprecher dort.

Ist ein Mann dir bekannt,   der dein Mißtrauen weckt,
  Dessen Denkart verdächtig dir scheint:
Sprich lächelnd ihn an,   verleugne den Argwohn,
  Gleiches mit Gleichem vergilt.

Zwei hölzernen Bildern   auf der Heide draußen
  Weihte ich mein Gewand;
In den Lumpen glichen sie   leibhaften Menschen;
  Der Nackte gilt für nichts.

Am Abend lobe den Tag,   wenn sie Asche geworden die Frau;
Den Degen, den du erprobt,   die Dirne, wenn sie vermählt;
Wenn dich's trug, das Eis   wenn du's trankst, das Bier.[1])

Immer muß der Mann auf der Hut sein und niemandem trauen, kaum dem Freunde, am allerwenigsten dem Weibe. Selbst an den Göttern wagen die Stärksten unter ihnen zu zweifeln. Ein Hrafnkel Freysgodi z. B., eine der eigentümlichsten und charakteristischsten Gestalten in dieser so sonderbaren und persönlichen Zeit. Er ist groß und mächtig, hochmütig, ja übermütig, im Vertrauen darauf, daß er der Götter Gunst besitze. Dann kommt das Unglück über ihn. Aber er läßt sich nicht beugen, und als er mitten in seiner tiefsten Erniedrigung vernehmen muß, daß sein geliebter, dem Freyr geweihter Hengst Freyfaxe getötet und der Göttertempel niedergebrannt ist, sagt er: „Ich glaube, daß es eitel Unsinn und Torheit ist an die Götter zu glauben“, und weiter versichert er, daß er von nun an niemals mehr an die Götter glauben wolle; — „und das hielt er hinfort“, fügt die Sage hinzu.

Ein Zug von Pessimismus und Argwohn der Welt gegenüber geht durch die Lebensanschauung der alten Nordleute. Nicht einmal zu viel Kenntnisse sind gut für die Menschen, wie der Dichter der Hǫvamǫl sagt:

---

[1]) H. Gerings Übersetzung.

> Dem Menschen ziemt   mäfsige Weisheit,
> Keiner sei allzuklug;
> Heiter ist selten   das Herz des Klugen,
> Wenn er zu viel Wissen erwarb."[1]

Wer sorglos leben will, soll nicht sein eigen Geschick zu erfahren suchen. Daher ist Odin, der sein eigenes und der Götter und Menschen Schicksal kennt einsam und selten froh zu Mute. Das einzige Erstrebenswerte ist guter Ruf, Berühmtheit, Nachruhm, *ordstírr* „Wortehre, Wortzierde", wie der Dichter es nennt, im Andenken der Sippe, in Runeninschriften, durch Bautasteine[2]) und in Skaldenliedern.

> „Es stirbt das Vieh,   es stirbt die Verwandtschaft,
> Auch dich trifft der Tod;
> Doch nimmer kann   der Nachruhm sterben,
> Den löbliches Leben schuf.
> Es stirbt das Vieh   es stirbt die Verwandtschaft,
> Auch dich trifft der Tod;
> Doch eins weifs ich,   das ewig lebt:
> Der Ruhm, den der Tote errang."[1]

Des Nachruhms wegen werden Bautasteine über den Abgeschiedenen durch die Verwandten errichtet mit dem Wunsche, dafs der Stein ewig stehen möge, und dafs der, der ihn zerstört oder fortschafft von Göttern und Menschen gestraft werde. In Runeninschriften preist man den Toten mit Worten, die den Hǫvamǫl entnommen sein könnten. So lesen wir auf einem Runenstein von Ifla Gärde, Finheden, Småland: „Wemund setzte diesen Stein nach (d. h. zum Andenken an) seinem Bruder Sven, [der war]:

> „Gabenmild gegen seine Mannen
> Und gütig, nicht kargend mit Speise,
> In Worten höchlich
> Von allen gepriesen."*)

Noch häufiger wissen die Runeninschriften zu melden, dafs der Dahingeschiedene „ein guter Kämpe" war, „ein guter Hausvater" oder „am wenigsten Niding unter den Männern" (*manna mæstr óniðingR*).**)

---

[1]) H. Gerings Übersetzung.
[2]) Bautasteine sind Denkmäler ohne Inschriften; das Wort bedeutet „Merkstein, Gedenkstein".
*) Brate und S. Bugge, Runverser, S. 242.   **) Ebd. S. 246.

Hatten auch viele Menschen der Wikingerzeit ihren Glauben an Götter und Menschen verloren, so gab es doch heilige Bande, die alle und jeden banden. Die Verwandtschaft, das Verwandtschaftsgefühl hatte für die Menschen jener Zeit eine Bedeutung, die ein moderner Stadtmensch nur schwer begreifen kann. Wohl bildeten die Nordleute keine Klans wie die Kelten, deren Mitglieder von einem gemeinsamen Stammvater abzustammen glaubten. Doch gab es, am meisten wohl in Norwegen, Spuren einer Zeit, da die Sippe das bindende Element im Gemeinwesen gewesen war. Wenn ein Mord oder ein Verbrechen begangen worden war, fühlte das ganze Geschlecht sich als Einheit und hatte die gemeinsame Pflicht zur Ahndung der Rechtsverletzung beizutragen; denn die Blutrache galt noch im Norden. Bei Erbfall und überhaupt in rechtlicher Beziehung fühlte sich die Sippe besonders als Einheit. In Dänemark wohnten in der Regel Mitglieder derselben Sippe in den Dörfern. Dies alles bewirkte, daſs die Bande des Blutes als etwas Stärkeres und Heiligeres gefühlt wurde, denn in unseren Tagen. Das Verwandtschaftsgefühl, die Trauer darüber wieder als der Letzte des Geschlechts dazustehen haben ihren ergreifendsten Ausdruck in Egil Skallagrimssons „Sunatorrek“ gefunden, wo es unter anderem heiſst:

> „Denn zu Ende geht's
> Mit meinem Geschlecht
> Wie mit Stämmen im Forst,
> Die der Sturm geschlagen.
> Nicht froh ist der Mann,
> Der Verwandte verliert,
> Ihr teuer Gebein
> Zu Grabe geleitet.“ [1])

Das Verhältnis zwischen dem Häuptling und seinen Mannen war auch in jener Zeit viel vertrauter und inniger, als später, da die Hird zu einem Hof mit zahlreichen Hofleuten verschiedenen Ranges umgebildet wurde. Die Runensteine zeugen von treuen Mannen, die an der Seite ihres Herrn fechten und ihm in den Tod folgen, ja noch weiter bis

---

[1]) Egil geht soweit den, der Wergeld für den erschlagenen Verwandten nimmt, für mitschuldig am Morde zu erklären. Finnur Jónsson, Egils Saga Skallagrímssonar, S. 423.

zu Odin in Walholl. Vor allem die schonischen Runensteine[1]) die von Toki Gormsson reden, der in der berühmten Schlacht auf den Fýrisvellir bei Upsala (983) zwischen Eirik dem Siegreichen und Styrbjǫrn dem Starken fiel. Auf dem einem Steine heiſst es: „Sáksi (Sachse) setzte diesen Stein nach Asbjǫrn seinem Kameraden, Tokis Sohn.

> Er floh nicht
> Bei Upsala,
> Sondern focht
> Bis er fiel"

Auf einem anderen Steine, vom selben Manne eingehauen lesen wir: „Eskil (Asketill) setzte diesen Stein nach Toki Gorms Sohn, dem ihm holden Herrn.

> Er floh nicht
> Bei Upsala.
> Auf dem Berge setzten
> Die Kämpen ihrem Bruder[2])
> Den Stein —
> Der steht mit Runen —
> Die Gorms Toki
> Am nächsten gingen."*)

Die Lebensanschauung der Nordleute war, trotz der Gottlosigkeit, ja des Hohnes gegen die Götter, von tiefem Ernste beseelt. Die Menschen der Wikingerzeit waren wie so viele andere Völker, die über die Rätsel des Lebens nachzugrübeln beginnen, ausgeprägte Deterministen, erfüllt vom Glauben an ein hartes unabwendbares Schicksal, vor dessen Gebot die Götter selbst sich beugen müssen. In den Skírnismǫl heiſst es:

> „Bis auf einen Tag   ward mein Alter bemessen
> Und des Lebens Länge bestimmt." [3])

Des Menschen Leben und Glück liegt in der Hand des Schicksals. Niemand vermag die Fäden zu brechen, die die

---

[1]) Die Steine von Hellestad und Sjörup.

[2]) Nach Hugo Gering (Vorlesung über die Runenschrift W. S. 1901/02) ist nicht der leibliche Bruder gemeint, sondern *Fóstbrœðralag* hatte sie verknüpft, dessen die Waffenbrüder stolz gedenken. Nach der Ansicht des Verfassers dieses Buches waren die Recken, die den Stein zum Andenken an Toki setzten, die Hirdleute Gorms, welche durch *Fóstbrœðralag* verknüpft waren.

*) Runverser, S. 281—287.

[3]) H. Gerings Übersetzung.

Nornen gesponnen. Bei des Helden Geburt kommen die Nornen und bestimmen seines Lebens Lose. Der Mann wächst heran. Er kämpft und fällt nach der Nornen Willen. Aber dieser Glaube bricht ihn nicht etwa oder beugt ihn zu Boden. Im Gegenteil, er bewirkt, daſs der Mann sein Haupt noch höher trägt, stolz darüber, kämpfen zu können und ein Mann zu sein bis zum letzten Augenblick trotz des Schicksals und der hohen Götter. Wie Hamðér diesen Gedanken so ergreifend zum Ausdruck bringt, als er und sein Bruder Sǫrli sich schließslich der Übermacht der Götter beugen, nachdem sie ihre Schwester Svanhild gerächt:

> „Gefochten haben wir brav,   auf gefallenen Goten stehn wir,
> Die des Eisens Schneide traf,   wie Adler auf hohem Zweig;
> Herrlicher Ruhm ist unser,   ob heut oder morgen wir sterben;
> Niemand erlebt den Abend,   wenn der Nornen Spruch erging." [1]

Doch waren die alten Nordleute nicht Pessimisten in der modernen Bedeutung dieses Wortes. Der Schicksalsglaube führte sie nicht zur Lebensmüdigkeit, zum Lebensekel, sondern sie liebten Scherz und Frohsinn dem Schicksal zum Trotz könnte man sagen oder wie die Hǫvamǫl es ausdrücken:

> „Männiglich lebe   munter und froh,
> Bis ihn das Ende ereilt. [2]

Der Held, der froh und frei von der Welt scheidet, ist der Wikingerzeit Ideal.

> „Es lachte Hogni,   als das Herz man ihm ausschnitt,
> Nicht kannte das Klagen   der kühne Helmbaum. [3]

Oder wie Ragnar Lodbrok sagt: „Lachend werde ich sterben." Es ist, als ob die alten Nordleute geglaubt hätten, daſs der Menschen Leben und Glück wie Rohr vor dem Winde in des Schicksals und der hohen Götter Hand wäre. Aber über des Mannes Gemüt, über seinen Charakter haben sie keine Macht. Den Leib können sie vernichten, die Seele zu beugen ist ihnen versagt. Deutlich tritt dieser Gedanke hervor am

---

[1] Hamdismǫl, H. Gerings Übersetzung.
[2] H. Gerings Übersetzung.
[3] Atlakviða, H. Gerings Übersetzung; *Helmbaum* ist eine poetische Umschreibung (*kenning*) für „Krieger, Held".

Schlusse von Egil Skallagrimssons „Sunatorrek", wo der seiner
Söhne beraubte Vater sagt:

> „So schwer ist mir;
> Fenris Schwester,
> Die Angsterzeugende,
> Zeigt sich dem Alten.
> Doch mannhaft werd' ich
> Frohen Mutes
> Und sonder Harm
> Der Hel harren."[1]

So ist die Wikingerzeit nicht nur eine Zeit der Kämpfe
und Fehden, sondern auch eine Zeit, in der alle schlummern-
den Fähigkeiten der Menschen zu neuem Leben erweckt werden.
Vom Waffengetümmel wandten die Wikinger ihre Blicke
empor und schufen Walholls strahlende, heitere Götterwelt und
sangen vom Helden, dessen Ziel es war sich dem Odin zu
opfern um in der Einherier Schar den letzten Kampf am Ende
der Tage zu kämpfen, oder sie stellten auf Steinflächen seinen
Ritt nach Wallholl dar, wo die Walküre ihm das Willkomms-
horn reicht. Sie sinnen und grübeln über die tiefsten Rätsel
des Daseins nach, lassen ihre Gedanken in den kraftvollen
Versen der „Vǫluspǫ" widerhallen und aus den Sprüchen der
„Hǫvamǫl" redet zu uns als reife Weisheit die Summe der
reichen Erfahrungen ihres bewegten Lebens. Durch das Dasein
strömte versöhnend und sänftigend als der Götter herrlichste
Gabe für die Menschen die Poesie, der Göttertrank.

Auch das äußere alltägliche Leben wurde in der Wikingerzeit reicher, mannigfaltiger — vornehmlich beim Häuptling
und seinen Mannen. Die Krieger, die fremde Lande besucht
hatten, trugen kostbare bestickte nnd pelzverbrämte Scharlach-
und Seidenmäntel; an den Armen hatten sie Goldringe und
auf der Brust Spangen mit Edelsteinen (altnord. *gimsteinn*,
im Eddaliede von Wölund *gimr* allein, das über das Angelsächsische ins Nordische gelangte lat. *gemma*); in der Hand
trugen sie kostbare Schwerter oder Äxte, mit eingelegten
Verzierungen, die sie vom Kaiser zu Miklagard, vom Könige

---

[1] Fenris Schwester, wie er von Loki gezeugt, ist Hel, die Beherrscherin
des Totenreiches in Niflheim, zu ihr kommen nach der späteren Auffassung
die an Altersschwäche und Krankheit gestorbenen.

in Dublin oder von Ethelstan in England erhalten hatten. Über Rufsland, aber auch über die irischen Kolonieen, kamen Seidenstoffe und golddurchwirkte Zeuge nach dem Norden. Der Häuptling und seine Krieger kleiden sich, wie Thorbjörn Hornklofis Gedicht auf Harald Schönhaar zeigt, in scharlachrote und andere prächtig gefärbte fremdländische Gewänder. Meistens sind es wohl Tuche von der Mündung des Rheins gewesen, wo von alters her die Webekunst hoch stand. Die Gewebe der Stadt Arras genossen schon zur Römerzeit einen vorzüglichen Ruf und friesische Tuche waren selbst auf arabischen Märkten nachgefragt. Von hier stammen auch wohl „die welschen Röcke" und „das wohlgefärbte welsche Tuch", die in den Eddaliedern Erwähnung finden*). Nicht nur Kleiderstoffe, sondern auch Waffen, Schwerter, Lanzen und Helme kamen während der Wikingerzeit in Menge nach dem Norden, von Poitou und besonders aus dem Rheingebiet, wo Köln und Solingen seit alter Zeit wegen ihrer Schmiedewerkstätten berühmt gewesen sind. Eine Menge der in Norwegen gefundenen Wikingerschwerter tragen so als Stempel den fränkischen Namen Ulfbern. Eddalieder und Skaldengedichte reden von „welschen Schwertern" und von „Lanzen und Helmen von Poitou". In dem genealogischen Gedichte „Ynglingatal" des Thjodolfr von Hvin (Kvinesdal in Norwegen) wird das Schwert *flœmingr* (eigtl. „Flamländer", d. h. „flämisches Schwert") genannt ein Spiefs hat den Namen *frakka* (eigtl. „fränkischer Spiefs").

Von allen Ländern Europas wurden Waffen, Schmucksachen und köstliche Waren nach dem Norden gebracht. Die Handelswege durch Rufsland nach dem Schwarzen und Kaspischen Meer führten arabische und andere morgenländische Waren und Münzen nach dem Norden, besonders nach Gottland. In Wikingergräbern auf Gottland sind Schalen einer Muschel gefunden worden, die nur im Indischen Ozean vor-

---

*) Atlakviða, Str. 4, serki valræna; Sigurðakviða in Skamma, Str. 66, valaript vel fáð; hier kann valaript nicht „Leichengewand" (von valr „die Leichen auf dem Schlachtfelde") bedeuten, sondern hier ist vala als gen. pl. des Völkernamens valir, wie in der folgenden Zeile vala mengi aufzufassen.

kommt.*) Fremde Moden gewinnen Eingang und neue Kleidungsstücke kommen in Aufnahme, wie die vielen während der Wikingerzeit dem Romanischen oder dem Angelsächsischen entlehnten Wörter wie *mǫttul* „Mantel", *skikkja* „Überkleid", *skyrta* „Hemd" u. a. m. zeigen. Erwähnt werden kann gleichfalls das Wort *klæði* „Kleidungsstück, Tuch", das ein Lehnwort aus dem Angelsächsischen ist.

Wein wird der Trank der Häuptlinge, wie es Odins Trank in Walholl ist. Die Wikinger „lechzten nach süfsen berauschenden Getränken, gerade wie der Bär nach Honig". Auf ihren Zügen nach dem Frankenreiche machen sie die dummdreistesten Ausfälle um sich guten Wein zu verschaffen und im Jahre 885 forderte der Wikingerhäuptling Godfred vom Kaiser, dafs dieser ihm Koblenz, Andernach, Sinzig und andere weinreiche Gebiete am Rhein abtrete, damit er dorther den Wein beziehen könne, den er in Friesland, das ihm der Kaiser früher überlassen hatte, nicht erhalten konnte.**)

Die Halle des Häuptlings wurde mit Gegenständen fremdländischer Herkunft der Zierde und des Nutzens halber ausgestattet. Auf dem Fufsboden stehen Truhen; altnord. *kista* ist über das Angelsächsische aus dem Lateinischen ins Nordische eingedrungen; das gleichbedeutende *ǫrk* (gen. arkar) hd. „Arche" stammt gleichfalls aus dem Lateinischen. Auf dem Tische oder zum Staat in einem Winkel stehen Becher, altnord. *kalkr*, ein Wort, das ebenfalls aus dem Lateinischen (*calix*) durch das Angelsächsische nach dem Norden gekommen ist. Oft ist das Trinkgefäfs aus geschliffenem Kristall (altnord. *hrímkalkr = calix crystallinus*). Zum Zeitvertreib spielen die Männer ein Brettspiel (altnord. *tafl* von lat. *tabula*; mhd. *zabel*). Das Brettspiel ist uralt im Norden; aber während der Wikingerzeit bekam auch das Brettspiel der Nordleute mit geschnitzten Figuren in Menschengestalt und mit verschiedenen Namen einige Ähnlichkeit mit dem Schachspiel. In Irland hatte man ähnliche Spiele; und dort haben unsere Vorfahren es vermutlich kennen gelernt. Das dürfen wir

---

*) Eine solche Muschel wird im Museum der Lateinschule von Wisby aufbewahrt.

**) Steenstrup, Normannerne I, S. 184 f.

umsomehr glauben, weil man in einem Grabe auf den Hebriden aus dem 11. Jahrhundert ein solches Brettspiel gefunden hat.*)

Wenn es dunkelt am Abend, erhält die Halle bei arm und reich ihr Licht noch vom Feuer, das auf dem Estrich brennt, oder von fetten Kienfackeln. Kerzen und Leuchten sind noch nicht in Gebrauch. Doch dürften die ersten Wachskerzen damals schon begonnen haben in den Königsburgen zu leuchten; denn das Wort *kerti* („Kerze") kommt schon in Gcdichten des Skalden Kornmákr Ǫgmundarson vor, der um die Mitte des 10. Jahrhunderts lebte. Seit uralter Zeit hatte man die Wände der Halle bei feierlichen Anlässen mit Teppichen und Behängen geschmückt, die in verschiedenen und vielfarbenen Mustern gewoben waren. Zeugstücke, die man in Gräbern aus der Völkerwanderungszeit gefunden hat, beweisen wie hoch die Webekunst schon damals stand. Aber nun begann man die Wände auch mit Bildern von Menschen und Tieren zu zieren, mit Darstellungen aus dem Leben der Asen und Helden. Wallholl, Thor und die Midgardschlange, Heimdall und Loki im Kampfe um den Brisingenhalsschmuck, Sigurd und der Drache Fafnir werden Gegenstand der Behandlung. Teils sind die Bilder in Holz geschnitten und bemalt, wie in der Halle des Olaf Pái in Hjardarholt auf Island oder wie die Bilder, die der Isländer Þorkell Hákr rings in seinem Schlafgemache ausgeschnitzt hatte mit Darstellungen seiner eigenen Grofstaten in fremden Landen. Bilder in Holzschnitzwerk werden auch von irischen Königshallen erwähnt und sind nach meiner Ansicht von den britischen Inseln nach dem Norden gekommen. Noch gewöhnlicher war es vielleicht, dafs die Wände ringsum mit gewebten und gestickten Tapeten behängt wurden, auf denen Bilder aus Sage und Götterwelt oder von den Taten der Zeitgenossen dargestellt waren, wie sie uns etwa die Tapete von Bayeux[1]) zeigt. In England bekamen die Wikinger diese gewebten Tapeten; hier wurden die Bildteppiche gewebt und gestickt, die schon lange vor der Wikingerzeit eine gesuchte Handelsware bildeten. Noch

---

*) Annales for nordisk Oldkyndighed, 1838—39.
[1]) Vgl. Sveriges historia af O. Montelius I, S. 282.

prächtiger waren die golddurchwirkten Seidenteppiche die über Osteuropa nach dem Norden gelangten teils von Griechenland teils von den Ländern der Araber. In den Wikingerkolonieen, besonders in denen des Westens, lernte auch wohl manche norwegische oder dänische Königstochter kunstfertige Bilder zu sticken oder weben, in der Art wie vornehme angelsächsische oder irische Damen sie herzustellen pflegten.*)

Aus dem Leben gegriffen ist, was Gudrun im zweiten Gudrunliede der Edda von ihrem Aufenthalt bei Thora, Hákons Tochter, berichtet:

> „Sie stickte in Gold,   meinen Gram zu mindern,
> Deutsche Hallen   und dänische Schwäne;
> Auf den Teppichen sah man   die Taten der Krieger,
> In kunstvoller Arbeit   des Königs Degen,
> Rote Schilde,   die Recken der Hunnen.
> Mit Helmen und Schwertern   des Herrschers Gefolge.
> Es schwammen am Strande   die Schiffe Sigmunds[1]
> Mit geschnitztem Steven,   die Schnäbel vergoldet;
> Man erblickt' auch kämpfend   auf bunter Decke
> Sigar nnd Siggeir[1]   im Süden auf Fünen".[2]

Aber auch nach dem Norden breitete sich die Kunst der Handarbeit aus; die Mutter auf dem Dynnasteine von Toten sagt von ihrer Tochter: „Sie war die Flinkeste von ganz Hadeland in Handarbeit." Die Kunst des Webens und des Stickens selbst, sogar in schöneren kunstfertigeren Mustern, ist uralt im Norden und sicherlich viel älter als die Wikingerzeit. Ich meine nur Bilder mit Szenen aus dem Menschenleben pflegte man vor jener Zeit nicht zu weben oder zu sticken. Auch sah man wohl vor jener Zeit Stickereien mit Gold und Seide nicht oft im Norden.

In der Halle sammeln sich die Männer zum Gelage, die Hörner gehen rund, Männer und Frauen trinken tvímenning[3]). Der Skalde tritt vor und singt seine Drápa (Lobgedicht) auf

---

*) In irischen Sagas z. B. in der Saga von Cellachan of Cashel wird von den Handarbeiten der Königstöchter geredet.

[1]) Sigmund der Wolsung, der Vater Sigurds; Siggeir, Sigars Sohn, ist mit Signy der Schwester Sigmunds vermählt.

[2]) H. Gerings Übersetzung.

[3]) *Drikka tvímenning* heißt paarweise, besonders Mann und Weib, zusammen trinken.

den Häuptling, den Ringbrecher,[1]) der Gold unter seine Mannen verteilt, oder er rezitiert — oft zum Klang der Harfe, die die Nordleute in der Wikingerzeit bei den Kelten kennen gelernt hatten — alte Lieder von Göttern und Helden.

Im Eddagedichte „Rígsþula" erhalten wir das beste Bild vom Leben zur Wikingerzeit in den Kolonieen auf den britischen Inseln. Die Dichtung handelt vom Gotte Heimdall, der hier Rig (Rígr) heifst, ein Wort, das nicht nordisch, sondern gälisch ist und „König" bedeutet. Der alte rüstige, weise, der Zauberrunen kundige Rig durchwandert die Wohnsitze der Menschen. Erst kommt er zum unfreien Knecht (þræll), der mit der ganzen Verachtung des Häuptlings geschildert wird, graubleich die Haut, schwarz das Haar, grob und dick die Finger, krumm der Rücken, lang die Fersen. Zu ihm auf den Hof kommt schwerfällig die leibeigene Magd (þír) gewatschelt, häfslich, sonnenverbrannt und plattnäsig. Sie wohnen zusammen ohne die Ehe geschlossen zu haben und zeugen Kinder. Sie setzen Zäune, düngen Äcker, züchten Schweine, hüten Geifsen und graben Torf. Von der Hütte des Knechtes geht Rig zum Hause des Bauern. Die Tür steht offen, auf dem Estrich brennt Feuer, die Eheleute sitzen da mit ihrer Arbeit beschäftigt. Der Mann mit geordnetem Haar und Bart in eng anliegendem Hemd fertigt einen Webebaum an, im Winkel steht eine Truhe. Die emsige Hausfrau sitzt am Rocken und spinnt, sie trägt eine Haube auf dem Kopfe, ein Tuch um den Hals und einen Latz auf der Brust. Nach neun Monaten gebiert die Frau einen Sohn, der in Windeln gewickelt, mit Wasser begossen[2]) und Karl (d. h. „freier Mann, Bauer") benannt wird. Er wächst heran und gedeiht, zähmt Ochsen, zimmert Pflüge und Lastwagen, baut Häuser und Stallungen und bestellt das Feld. Auf dem Wagen wird ihm die Hausfrau zugeführt unter dem Brautschleier, im Kleide von Ziegenfell, am Gurt klirrt ihr das Schlüsselbund. Von ihnen stammt das Geschlecht der Bauern ab.

---

[1]) Ringbrecher wird der Fürst genannt, weil er Ringe zerbricht um das Gold zu verschenken.

[2]) Schon in heidnischer Zeit wurde das neugeborene Kind bei der Namengebung mit Wasser genetzt.

Vom Bauernhause wandert der Gott nach der Halle des Häuptlings, er tritt durch die offene Tür an der Südseite mit dem Ring am Pfosten. In eines reichen gastfreien Mannes Haus befindet er sich. Der Estrich war bestreut, die Gatten sehen einander in die Augen, mit den Fingern spielend. Der Hausherr biegt den Ulmenstab zum Bogen, schnitzt Pfeile und dreht Sehnen. Die schöne in ein blaues Schleppgewand gekleidete Hausfrau ist mit ihrem Putz beschäftigt. Sie breitet ein gemustertes weiſses Linnentuch über den Tisch, legt dünnes Weizenbrot darauf und trägt volle Gefäſse und silberverzierte Schüsseln mit gebratenen Vögeln und glänzenden Speckscheiben auf. In der Kanne ist Wein und die Becher sind mit Silber eingelegt. Sie trinken und schwatzen bis der Tag sich neigt. — Hier im Saal des Häuptlings ist vieles von fremdem Ursprunge: Der Wein, die Kanne und die versilberten oder mit Silber eingelegten Becher (*kalkr*). Nach neun Monaten gebiert des Häuptlings Frau einen Sohn, der den Namen Jarl bekommt. Es lernt jagen, reiten, schwimmen und Waffen fertigen und führen. Rig erscheint aufs neue, lehrt ihn Runen, nennt ihn Sohn und gibt ihm seinen eigenen Namen Rig.

> „Sein Eigen nannt' er   achtzehn Höfe,
> Dann schenkt er allen   vom Schatze reichlich:
> Geschmeide und Schmuck,   schlanke Rosse;
> Spendete Gold   und zerspellte Ringe." [1]

Die Mannen des Jarls fahren nach der Halle des Hersir und werben für den Herrn um dessen weiſse schlankfingrige verständige Tochter. Sie trägt den sonst in altnordischer Literatur nicht belegten angelsächsisch anmutenden Namen Erna („die Tüchtige").

> „Die Geworbene ward   in den Wagen gehoben
> Man gab sie dem Jarl   sie ging unterm Schleier;
> Im behaglichen Heim   hausten sie beide,
> Waren fruchtbar und führten   ein frohes Dasein.
>
> — — — — — — — — — —
>
> Zu Jünglingen wurden   des Jarl Söhne
> Sie ritten Rosse ein   rundeten Schilde,
> Schmiedeten Schieſszeug   und schwangen Speere.

---

[1] H. Gerings Übersetzung.

Doch Kon der junge   war kundig der Runen,
Lang wirkender   Lebensrunen;
Auch kannt er die Kunst   Krieger zu schirmen,
Machte Schwerter stumpf   und beschwichtigte Wogen
Die Stimmen der Vögel   verstand er zu deuten.
Stillt' Meer und Feuer   minderte Schmerzen —.
. . . .
Achtfache Männerkraft   vereint er in sich.
Mit Rig Jarl stritt er   in der Runenkunde,
Dem Lehrer an List   überlegen war er;
Da erreicht' und erwarb   das Recht er selber
Rig zu heifsen   und Runen zu wissen".[1]

Kon wird also der Erbe seines Vaters, aber er trägt nicht länger den Jarlsnamen, er ist König, denn so mufs sein Name *konr ungr* („der junge Kon") verstanden werden. *Konr ungr* er *konungr*. — Denn König bedeutet „ein Mann aus [vornehmem] Geschlecht"[2]); got. *kuni,* ahd. *kunni,* ags. *cynn,* altnord. *kyn* steckt darin[3]).

Die „Rígsþula" zeigt uns also die verschiedenen Stände im Gemeinwesen, den leibeigenen Knecht, den freien Bauern und den edlen Häuptling. Sie alle stammen, wie das Gedicht sagt vom Gotte Heimdall,[4] dem Himmelswächter ab. Doch in besonderem Grade gilt dieses vom Geschlechte des Häuptlings. Das Gedicht scheint hier, darin sind alle Forscher einig, ein einfaches Häuptlingsgeschlecht zu schildern, das sich von der Jarlswürde zur Königswürde aufschwang. Aber dieses Häuptlingsgeschlecht trägt auch den irischen Titel *rí* (gen. *ríg*) „König". Es hat mit anderen Worten sowohl irische wie nordische Untertanen. Seine Mitglieder sind mächtige Wikingerhäuptlinge gewesen, die nicht nur über nordische sondern auch über dänische Männer Herrschergewalt gewannen.[5] Denn das Gedicht, das nicht vollständig auf uns

---

[1]) H. Gerings Übersetzung.

[2]) Tacitus (Germania VII): Ex nobilitate ortus.

[3]) An den Stamm ist die Endung der Patronymika getreten.

[4]) Heimdallr, „der die Welt überglänzende", der Gott der Kimmung, des ersten Frühlichts.

[5]) Es ist jedoch nicht unmöglich, dafs das Gedicht in Dänemark verfafst ist von einem Skalden, der allerdings mit irischen Verhältnissen vertraut war. Das Zeugnis aus der lateinischen Epitome der Skjǫldungasaga des Arngrim Jónsson scheint auch dafür zu sprechen. (Aarb. 1894, S. 108 u. Grundr. d. germ. Phil. II², 602). Nach Finnur Jónsson ist das Gedicht

gekommen ist, bricht ab mit der Aufforderung an Kon den jungen seine Macht zu mehren:

> „Kon, du junger,   was kirrst du Vögel?
> Richtiger wär's,   auf die Rosse zusteigen
> . . . .   und den Feind zu vernichten.
> Herrlich sind Dans   und Danps Hallen,
> Ihr Erbgut ist reicher   als euer Besitz;
> Kundig sind sie   den Kiel zw reiten,
> Waffen zu prüfen   und Wunden zu schlagen".[1]

Nach Snorri Sturluson und Arngrim Jónsson (1597) hat Kon schliefslich Dana, die Tochter des Königs Danp, geheiratet.

Wo hat nun der Dichter der „Rigsþula" gelebt?[2] — Wie bereits Gudbrand Vigfusson und später Sophus Bugge und andere Forscher vermutet haben, müssen die britischen Inseln, wo Nordleute und Kelten zusammen lebten, seine Heimat gewesen sein. Nordische Häuptlinge von Irland machen im Anfang des 10. Jahrhunderts Eroberungen im nordwestlichen England und werden auf friedlichem Wege — wohl durch Eheschliefsung — Herren in Northumberland, wo zuvor dänische Könige geherrscht hatten. Der erste von ihnen heifst Sigfred Jarl, er oder sein Geschlecht stiegen also von der Jarlswürde zur Königswürde empor.[*] Sigfred Jarl gehört dem Geschlechte der Dublinkönige an. In einer alten irischen Chronik[**] ist eine Stammtafel über die ältesten Mitglieder dieses Geschlechts in Norwegen aufbewahrt. Der Stammvater der Familie heifst Godfred, dessen Sohn heifst Godfred Konung (*Gothfraidh Conung*) und hat also die Königswürde angenommen. Ist es dieses Geschlecht, dessen Ursprung ein Dichter am Hofe der nordischen Könige in Dublin oder

---

in Norwegen, nach Hugo Gering auf den nordschottischen Inseln entstanden. — Die Annahme, dafs Heimdall sich unter der Gestalt des Rígr verberge, stützt sich auf die Prosa einer verhältnismäfsig jungen Handschrift (Cod. Worm. 14. Jh.) und auf eine nicht ganz klare Stelle im Anfang der Vǫluspǫ. Mogk nimmt deswegen an, dafs Odin unter Rígr zu verstehen sei, auf den die Geschlechtsreihen stets zurückgeführt werden.

[1] H. Gerings Übersetzung.
[2] Siehe S. 247, N. 5.
[*] Steenstrup, Normannere III, S. 16, 32.
[**] Three Fragments ed. O'Donovan, S. 195.

York besungen hat? Es ist aufserdem zu bemerken, dafs die mit dem Geschlechte der Könige von Dublin nahe verwandte Dynastie von Man gleich wie Rig Jarl vom Gotte Heimdall abzustammen glaubte. Einer der ersten Könige von Man war, wie wir gehört haben, Godfred Haraldsson ein grofser Wikingerhäuptling, der seine Macht mit starker Hand erweiterte. In der Sage ist er unter dem Namen Gorry oder Orry als einer der ersten Könige von Man bekannt. Es wird erzählt, dafs er bei seiner Ankunft auf der Insel, als die Leute ihn um seine Herkunft befragten, nach dem Himmel auf die Milchstrafse gedeutet habe.***)

Nun war Heimdall der Wächter Asgards. Seine Wohnung war Himinbjorg und man dachte sich ihn am Fufse des Regenbogens, der Brücke Bifrost, sitzend. Aber auch mit der Gjallarbrücke, mit der Milchstrafse (*vetrar-braut*) und überhaupt mit allen Brücken zwischen der Menschenwelt und den anderen Welten wurde sicherlich Heimdall in Verbindung gebracht.*) König Gorry sagte mit anderen Worten, dafs er Heimdalls Sohn sei. Die Sage hat also den Ursprung des Königsgeschlechtes von Man von Heimdall hergeleitet. Die Vorstellung von Heimdall als dem Stammvater der Menschen hat möglicherweise eine weitere Verbreitung gehabt. In der „Vǫluspǫ́" werden die Menschen so „Heimdalls Söhne" genannt. Aber wir haben kein Zeugnis, dafs irgend ein Königsgeschlecht im Norden seine Herkunft auf Heimdall zurückführte. [1]

Die Kultur der Wikingerzeit war also aristokratisch wie alle Kultur in ihren Anfängen, der Wenigen Eigentum um erst später auch den Vielen mitgeteilt zu werden. Sie verachtet die Schwachen und Hilflosen, das krüppelige Kind, den siechen und ausgedienten alten Leibeigenen oder Freigelassenen, den sie sich nicht entblödete zu Tode frieren oder hungern

---

*) Vgl. Kermode, Traces of the Norse Mythology S. 13.

**) E. H. Meyer (Mythologie der Germanen S. 408) setzt Heimdall in Verbindung mit der Gjallarbrücke. (Aber Meyer versteht den Regenbogen darunter! D. Übers.)

[1] Heimdall ist Odins Sohn, von dem gewöhnlich die Könige ihre Abstammung herleiten, er ist der Gott alles „Anfangs". Vgl. L. Uhland (Schr. VII, 14).

zu lassen; sie verachtet den Knecht mit dem gebeugten Rücken, den groben Fingern und dem dunkeln unnordischen Haare, für einen Beilhieb ist er gut genug aber an der Beschäftigung des freien Mannes, an Krieg, Jagd und Seefahrt darf er nicht teilnehmen. Sie bewundert den Starken, den Klugen, der sich selber hilft vom Vertrauen auf eigene Kraft beseelt. Sie bewundert auch den Einsamen, der allein leidet ohne der Welt seinen Kummer und Schmerz zu klagen.

Sie hat nicht viele sanft und zärtlich klingende Saiten, diese Kultur. Sie hat kein Auge für den sprossenden Birkenhain, für des Frühlings duftende Blumen oder den durch grüne Matten murmelnden Bach. Sie versteht nicht die erste träumerische Liebe eines jungen Mädchens und fremd ist ihr die zärtliche ritterliche Anschauung vom Weibe, wie sie das Christentum und das Mittelalter den Menschen brachte. Es ist eine Kultur von Männern geschaffen, passend für starke Naturen. Sie liebt die starken Leidenschaften und liebt auch die Natur, wenn auch in anderer Weise als die modernen Menschen oder die Kelten. Sie liebt die hohen Zinnen der Berge, wo Adler und Falken horsten, sie liebt die Weiten, den Ausblick in die Fernen. Einen Schimmer davon, einen Hauch geben uns die Eddalieder in Bildern malerisch und morgenfrisch wie sie uns in Homers ewigschöner Dichtung entzücken. Eins vor allem gab es, das die Nordleute liebten, das sie innig zu schildern verstanden, das Meer, am liebsten bei Sturm und Wetter, wenn der Wind heulte und die Wogen über den Steven rollten, Rans rauhe Töchter[1] heifshungrig die Arme nach der Mannschaft reckten. Wie in den „Reginsmǫl," wo Odin in Gestalt eines alten Mannes auf dem Vorgebirge erscheint und dem Sígurd, dem ihm teuren letzten Wolsungensprofs, und seinen Mannen, die im rasenden Sturm vorbeisegeln, zuruft:

„Wer reitet dort   auf Räwils Hengsten[2])
Über berghohe Wogen   und brausendes Meer?
Von den Segelrossen[2])   trieft salziger Schweifs
Dem Winde erliegen   die Wellenpferde."[2])

---

[1]) Ran, die Gemahlin Ägirs, ihre Töchter sind die Wellen.
[2]) Räwil, ein Seekönig, seine Pferde sind die Schiffe, die „Segelrosse", die „Wellenpferde".

Regin antwortet:

„Auf dem Seebaume[1]) sitzen   Sigurd und ich,
Uns ward trefflicher Wind   zur Todesreise;
Den Schnabel des Schiffes   überschäumen die Wogen;
Das Walzenrofs[1]) sinkt —   wer wünschte Bescheid?"[2])

Oder man vergleiche die Schilderung eines Schneesturmes und Unwetters in der grönländischen Norðrsetudrápa:

„Erst fingen Fornjots[3]) Söhne*)   fauchend zu stöbern an,
Als Aegirs sturmfrohe Töchter**)   spannen und woben
Der bleichen Fjelde   frostgenährte rauhe Nebelschwaden."

Wie siegesfroh und malerisch ist nicht die Schilderung der Seefahrt im ersten Liede von Helgi Hundingsbani, wo Helgi vom Öresund nach der Ostsee seegelt um König Grammars Söhne zu bekämpfen:

„Der Gebieter brach ab   am Bord die Zelte
Und weckte die Menge   der Mannen auf;
Die Recken sahen   das Rot des Morgens
Und zogen munter   am Mast empor
Die weifsen Segel   im Warinsfjord.

Es ächzten die Riemen,   das Eisen klirrte
Schild schlug an Schild   bei der Schiffer Rudern,
Als raschen Flugs   mit Recken bemannt,
Des Königs Flotte   die Küste verliefs.

So hörte sich's an,   als zusammen stiefsen
Der Schiffe Bord   und die Schwester Kolgas,[4])
Als ob Berg oder Brandung   brechen sollte.

Ziehen hiefs Helgi   noch höher die Segel;[5])
Nicht scheute das Schiffvolk   die schäumenden Wogen,

---

[1]) Umschreibungen für „Schiff".

[2]) H. Gerings Übersetzung.

[3]) Fornjǫtr, der Ahnherr der Riesen, in dem Namen steckt, wie Hellquist mit Recht annimmt, der Stamm des isl. *ytar* („Männer"), der auch in den Namen *Gote, Jüte* vorliegt. Der Name bedeutet also „der alte Mann" und bildete eine Parallele zu dem Mannus des Tacitus (Ark. f. nord. fil. XIX, S. 134 ff.).

*) Eine Kenning für „Winde".

**) Eine Kenning für „Wogen".

[4]) Kolga (die Kalte), eine der Töchter Ägirs und Rans, wie die Wogen genannt werden.

[5]) Die Segel beim Sturme einzuziehen galt für Feigheit. Vgl. Halfs Saga (Kap. 10), eine Stelle, die Esaias Tegnér in der Fritjofsaga (Vikingabalk) benutzt hat.

Wenn auch Ägirs   unholde Tochter
Die Seerosse   versenken wollte.

Doch heldenmütig   vom Himmel schwebend,
Schützte das Volk   und ihr Fahrzeug Sigrun[1])
Kräftig rifs sich   aus Rans[4]) Krallen
Das Gischtrofs[1]) Helgis   bei Gnipalund.

Am Abend schwammen   in den Unawagar,
Die Schiffe sämtlich   die schön gemalten;
Mit Sorge sahen   von Swarins Hügel
Der Feinde Führer   die Flotte nahen."[2])

Die Menschen der Wikingerzeit lieben das Prächtige und
Grofsartige. Sie lieben Schmuck und Seidengewänder, Wein
und schöne Frauen. Sie bewundern das Fremde, die stolzen
Königsburgen, die mauerumgürteten Städte, das reichere,
üppigere Leben draufsen im christlichen Europa. Aber doch
sind sie in ihrem ganzen Wesen urnordisch. Sie nehmen das
Beste vom Fremden und verweben es unauflöslich mit dem
eigenen Selbst. Aus der Heimat tragen sie in die Fremde
ihre Liebe zum Meer, ihre Tüchtigkeit in Handel und Schiffs-
bau und vor allem ihre Liebe zu Gesetz und Recht, ihre
Liebe zur Freiheit. Wo auch immer Nordleute wohnten, in
Norwegen, Dänemark, oder Schweden, wie auf den britischen
Inseln oder in der Normandie, überall sammelten sie sich zum
Thing um Recht zu sprechen und Gesetze zu stiften. Düstere,
blutige Schatten fallen über die Wikingerzeit; aber es war
ein stolzes Zeitalter, eine Zeit für starke unabhängige Männer,
eine Zeit voll knospender Kräfte, eine Zeit empfänglich für
frische und tiefe Eindrücke.

---

[1]) Eine Walküre die Tochter Hognis und Geliebte Helgis.
[2]) H. Gerings Übersetzung.

VII.

Lebensanschauung und Bildung beim Übergange von der Wikingerzeit zum Mittelalter.

Was ich im folgenden zu schildern versuchen will, ist im Grunde genommen nicht die Wikingerzeit selbst, sondern die Übergangszeit vom Altertum zum Mittelalter im Norden. Das erste Jahrtausend unserer Zeitrechnung näherte sich seinem Ausgange, einer Epoche, die sonst in Europa eine Zeit des Niederganges, des Verfalls darstellt, aber die hier im Norden Altes stürzt und Neues gründet und voll Keim- und Sprofskraft ist. — Die Wikingerzeit neigt sich dem Ende zu; aber Christentum und Mittelalter haben noch längst nicht fest und tief Wurzeln geschlagen im Wesen der Menschen. Das Alte und das Neue, Asenglauben und die Lehre des weifsen Christ rangen noch in ihrem Herzen. Das Volk war vorzugsweise noch heidnisch und glaubte an seine alten Götter, an Elben (*álfar*) und Wichte (*vættir*). In Dänemark hatte das Christentum freilich gröfsere Fortschritte gemacht als in Norwegen, aber es fanden sich dort bis tief ins 11. Jahrhundert hinein Spuren von Heidentum namentlich in Blekinge[1]) und auf Bornholm. Der Bischof von Dalby (Schonen), Egino, der zur Zeit Sven Estridssons (1047 bis ca. 1075) lebte, predigte selbst in diesen Gegenden. Viele Heiden bekehrten sich und zerstörten ihre Götzenbilder. Noch rückständiger war Schweden, das um das Jahr 1000 noch ein vollkommen heidnisches Land war.

---

[1]) Blekinge fiel erst im Frieden von Roskilde 1658 nebst Schonen und Halland endgültig an Schweden, auch Bornholm, das sich aber durch einen Aufstand befreite und 1660 wieder an Dänemark abgetreten wurde.

Der Skalde Sighvatr Þórdarson hatte im Jahre 1018 auf
Olaf Haraldssons Geheiſs eine Reise zu dessen Freunde, dem
Jarl Rǫgnvaldr Ulfsson in Skara. Die Fahrt hat er in einem
Flokk, den „Austrfararvísur" lebens- und stimmungsvoll
besungen, worin er über die groſsen Mühsale der Reise klagt[1])
und bei dieser Gelegenheit auch berichtet, daſs sich noch viel
Heidentum im Vestergötland finde. Von einem Bauerngut
mit Namen Hof (d. h. Tempel) wurde er fortgewiesen, weil
der Ort geheiligt war. Von einem anderen jagten die Leute
ihn fort, weil dort den Elben geopfert wurde. Eine Frau
bedeutete ihm, daſs sie Odins Zorn fürchten würde, wenn sie
ihn einlieſse.

Unter den Aufgeklärten, besonders in der Häuptlingsklasse, waren jedoch in Norwegen wie in Dänemark gerade
wie auf Island nur wenige, die am Asenglauben festhielten.
Oft gewiſs nur aus politischen Gründen wie es der Fall
mit Hákon Hlaðajarl war. Bei denen, die im Heidentum be-
harrten, war der Götterglaube mit finsterem Aberglauben gemischt. So verdüstert war z. B. das Bild, das die Nachwelt
sich von Hákon Jarl bildete. Einer der Hauptanführer der
Nordleute in der Schlacht bei Clontarf (1014) vor den Toren
Dublins war der Wikingerhäuptling Bróðir. Von ihm wird
erzählt, daſs er früher Christ und sogar Messner gewesen,
aber ins Heidentum zurückgefallen und einer der schlimmsten
Opferer geworden sei. Die Erzählungen, die — sowohl auf
irischer wie nordischer Seite — über Bróðir bewahrt sind,
scheinen auch zu bezeugen, daſs er ein wilder und grausamer
abergläubischer Charakter gewesen ist. Es ist ein Phänomen,
das sich zu allen Zeiten wiederholt, daſs dort wo der Glaube
ausstirbt, der Aberglaube den fruchtbarsten Boden findet.
Die Wikinger, die nach den Westlanden fuhren, verloren oft
den von den Vätern überkommenen Glauben, der durch das
Vertrauen auf ihre „eigene Kraft und Stärke" ersetzt wurde.
Sie weigerten den Göttern das Opfer und wurden, um einen
um einen modernen Ausdruck zu gebrauchen Atheisten, wie
mehrere der isländischen Landnámsleute, die den Beinamen
guðlauss (gottlos) tragen. Andere hielten es wie der Land-

---

[1]) Die älteste isländische Reisebeschreibung, die auf uns gekommen ist.

námsmann Helgi der Magere, von dem erzählt wird, dafs er ein sehr gemischtes Glaubensbekenntnis hatte: „Er glaubte an Christus, aber rief den Thor an, wenn er zur See gehen wollte, und wenn es Unternehmungen galt, die Stärke und Abhärtung erforderten." Ihrer aller, der Gläubigen wie der Irrgläubigen Sinn war mit den alten Götter- und Heldensagen erfüllt, die ja gerade während der Wikingerzeit neuen Inhalt und neue Schönheit bekommen hatten. Wir sehen dies bei den Skalden, die alle in gleicher Weise, ob sie nun Heiden oder Christen oder ohne jeden Glauben sind, ihre Dichtungen mit heidnischen Bildern und Umschreibungen schmücken, die aus der Götter- und Heldensage geholt sind. Ja selbst, nach Einführung des Christentums sehen wir in völlig verschiedenen Gegenden der nordischen Welt wie die strahlenden Bilder des Asenlebens auch fernerhin den Sinn der Menschen erfüllen und den Stoff für ihre künstlerischen Neuschöpfungen abgeben. Die kleine Insel Man in der Irischen See und Gottland lagen an den äufsersten Enden der nordischen Welt der Wikingerzeit. An beiden Orten finden sich aus der Mitte oder der zweiten Hälfte des 11. Jahrhunderts merkwürdige Grabdenkmäler, meistens aufgestellte Steine, die ihrer Form und Ausstattung nach deutlich christlich sind, das Zeichen des Kreuzes tragen oder auch die Form der Särge des christlichen Europa aufweisen. Sie haben — die von Man sowohl wie auch wahrscheinlich einer der gottländischen Steine — christliche Inschriften, die dem Wunsche Ausdruck geben, das Gott die Seele des Abgeschiedenen erlösen möge. Und doch sind diese Steine auf Gottland wie auf Man geschmückt mit heidnischen Bildern von Walholl und seinen Einheriern, von Odin und seinem achtfüfsigen Rosse Sleipnir. Die irischen und schottischen Steine, die sie nachahmen, sind dagegen mit Bildern aus der Bibel und dem Leben der Heiligen geschmückt. Heidentum und Christentum gedieh so gut Seite an Seite im Gemüt der Menschen jener Zeit. Im Gefolge des weifsen Christ waren der Frieden und Werke des Friedens. Aber der Asaglauben stellte die Erinnerung an die Grofstaten der Vorzeit, an Heerfahrten nach fremden Landen, an Siege und Eroberungen dar. Wenn daher Krieg vor der Tür stand, wurde das Rabenbanner mit dem Bilde des Raben, des heiligen

Vogels Odins, erhoben. Selbst christlichen Männern wie Kunt dem Mächtigen oder dem Orkneyjarl Sigard Lodvesson, der im Jahre 1014 fiel, flatterte das Rabenbanner voran.

Doch nicht vom Ringen des Asenglaubens mit dem Christentume im Norden wollte ich hier reden, sondern von der Kultur und Denkart der Menschen jener Zeit. Aber um diese verstehen zu können, müssen wir sie auf dem Hintergrunde der religiösen Anschauungen sehen. Wir müssen uns daran erinnern, wie das Christentum und die Verbindung mit Westeuropa gegen Ausgang des 10. Jahrhunderts überall hier im Norden ihr Gepräge auf Menschen und soziale Verhältnisse gedrückt hatte. Als daher das Christentum durch die beiden Olavs in Norwegen und auf Island und durch Harald Gormsson in Dänemark eingeführt wurde, geschah das keineswegs plötzlich und unvorbereitet. Eine mehr als 200 jährige Verbindung mit dem christlichen Europa hatte den Weg gebahnt. Aber der Asenglauben fuhr fort, das darf man nicht aufser Acht lassen, rein dichterisch seine Macht über die Gemüter zu behalten und sie mit Bildern und Schönheitseindrücken zu erfüllen. Die Annahme des Christentums selbst war sehr oft nur ein rein äufserlicher Akt. Die Bekehrungsgeschichte Islands gibt uns merkwürdige Exempel. Mehrere der ersten Kolonisten, die am Ende des 9. Jahrhunderts nach der Insel kamen, waren in Irland oder auf den Hebriden in Berührung mit dem Christentume gekommen; einzelne hatten sich sogar taufen lassen. Auf christliche Reminiszenzen gründeten sie einen neuen Götterdienst. So beteten Örlygs des Alten Nachfahren den hl. Columba, den Apostel der Pikten an, dessen Kloster auf der Insel Jona der Mittelpunkt für das kirchliche Leben in Schottland und auf den Hebriden war. Andere machten das Kreuz zum Gegenstande religiöser Verehrung, wie z. B. die Nachkommen der mächtigen und vornehmen Landnámsfrau Auðr. Diese beteten ein Kreuz an, das Auðr errichtet hatte, neben diesem richteten sie eine Opferstätte ein und glaubten, dafs sie nach ihrem Tode in den Hügeln in der Nähe fortleben würden.[1])

---

[1]) Der Glaube an das Fortleben der Seele im Hügel erinnert an den allgemeinen irischen Sidhes- oder Ahnenkultus, der sich bis in die Neuzeit neben dem Druidismus und Christentum behauptet hat. Wo sich dieser

Noch um das Jahr 1000 waren die Menschen im Norden nicht viel weiter gekommen. Die meisten faſsten Christus nach dem Bilde der alten Asen auf. So heiſst es in einer Drápa des Eilífr Guðrúnarson: „Im Süden sitzt Christ am Urdarbrunnen¹); so hat Roms mächtiger König sich gestärkt durch das Reich der Götter der steilen Berge (d. h. der Riesen)." Es waren sicherlich nicht viele, weder in Dänemark noch in Norwegen, die bereits zu Knuts des Groſsen oder Olav Tryggvesons und Olav Haraldssons Zeit, sich die Anschauungen und Ideale des christlichen Mittelalters zu eigen gemacht hatten. Knut der Mächtige selbst bildet in dieser Hinsicht eine groſse Ausnahme. Aber er hatte auch die Gnadengabe des Genies. Er beginnt wie ein Wikingerhäuptling aber scheint nach seiner Eroberung von England vollkommen von der Kultur des Mittelalters wie auch von dessen Anschauung von Christentum und Kirche durchdrungen zu sein. Er ist nicht nur dem Namen nach Christ oder etwa aus Gründen der Politik, sondern eine wirklich ernste und religiöse Natur, nicht ein strenger und harter Christ wie Olav der Heilige, sondern eine Natur, die sich so recht erfreuen konnte an der Schönheit und Poesie des Christentums. Ich möchte an einen kleinen Vers erinnern, der sicher nicht von Knut selbst gedichtet worden ist, den die Volkssage ihm aber in den Mund gelegt hat. Knut und seine Gemahlin Emma waren zu Besuch nach dem Kloster von St. Ely gezogen. Während sie nun über den See beim Kloster ruderten, hörten sie Gesang von der Klosterkirche her. Um besser hören zu können, bat Knut die Ruderknechte näher ans Land zu rudern und goſs seine Stimmung in folgende Verse:

> „Fröhlich sangen die Mönche im Chor,
> Als König Knut an Ely vorbeifuhr.
> 'Auf, Mannen, rudert näher ans Land,
> Laſst uns lauschen der Mönche Sang'!"

Aber es gab nicht viele wie Knut. Die meisten beurteilten die Menschen nach dem Maſsstabe der Wikingerzeit; „Auge

---

Volksglaube bei den Nordgermanen der Wikingerzeit findet, ist keltischer Einfluſs zu vermuten. Vgl. meine Ausführungen Ark. f. nord fil. XVI, 367.

¹) Der Brunnen der Schicksalsschwester Urd liegt am Fusse der Weltesche Yggdrasil; hier versammeln ʾie Götter sich zur Beratung.

um Auge, Zahn um Zahn" war ihr höchstes Gesetz. Bei Sjonhem auf Gottland ist ein Stein mit christlicher Inschrift gefunden worden, auf dem wir lesen: „Rodvisl und Rodalf liessen Steine nach (d. h. zum Andenken an) ihren drei Söhnen errichten. Der eine nach Rodfos. Ihn hintergingen Blakkumen (d. i. Wallachen) auf der Fahrt [nach Konstantinopel]. Gott helfe Rodfos' Seele. Gott täusche den, der ihn täuschte." Hier erscheint, wie wir sehen, das heidnische Rachegefühl mit dem christlichen Stofsgebet um Erlösung der Seele des Verstorbenen gepaart. Und doch hatte auf die meisten Nordleute — selbst vor Beginn des Christentums — die Verbindung mit dem christlichen Westeuropa verändernd und umgestaltend eingewirkt, allerdings ebenso im Bösen wie im Guten.

Die Wikingerzeit war mehr als eine andere Epoche im Norden eine Zeit der freien Entfaltung der Persönlichkeit. Heute Sieg, morgen Niederlage; das alleinige Vertrauen auf sich selbst auf eigene Kraft und Klugheit: All dieses mufste starke sondertümliche Persönlichkeiten schaffen, wie wir sie stets hervortreten sehen in Zeiten des Überganges, der Umgestaltung, der Neubildung z. B. während der Renaissance. Die Ideale der Wikingerzeit waren wie die Zeit selbst. Geistige und körperliche Stärke, Selbstbeherrschung und Klugheit, die oft listige Verschlagenheit genannt werden mufs, gehörte zu den vornehmsten Eigenschaften des Helden. Wie listig und treulos ist nicht selbst der Odin der Eddalieder, der göttliche Repräsentant der Wikingerzeit, und „Normannentreue" (fides Normannorum) war übel berüchtigt in jenen Zeiten. Nur selten zeigen die Helden der Wikingerzeit und der isländischen Sagazeit sich uneigennützig, opfermütig und edelgesinnt im engeren Kreise der Verwandten und Freunde. Selbst der rechtfertige Njál bedient sich, wenn es das Beste seiner Sippe gilt, ziemlich zweifelhafter Kniffe und Schliche. Wir haben fast niemals das Gefühl, dafs rein moralische Vorstellungen die Handlungen der Menschen leiten. Auch in dieser Hinsicht haben die Menschen der Wikingerzeit den Odin der Eddalieder nach ihrem Bilde geschaffen. Nur, ein unbedeutender Mann wie der Thorstein der Vatnsdœla Saga kann, als er auf den Tod liegt, es als seinen gröfsten Trost bezeichnen, dafs er niemals gewalttätig gewesen sei. — Und

doch nötigen uns — es sei nochmals betont — diese grofszügigen hochgemuten Gestalten der Wikingerzeit Bewunderung
ab. Roh und brutal wie sie oft waren — nicht am wenigsten
ihr typischer Vertreter Egill Skallagrímsson — über-
ragten sie gleichwohl alles Volk um eines Hauptes Länge
als geborene Herrschernaturen. Aber ihre Ideale, ihre Lebensanschauungen liefsen sich nicht leicht mit denen des Christentums vereinigen. Daher sind auch die Häuptlingsgestalten
des alten Stiles im 11. Jahrhundert eine aussterbende Rasse
im Norden. Mit Ausnahme des zum grofsen Teil heidnischen
Schweden, das um 1050 eine glänzende Wikingerperiode gehabt zu haben scheint, von der viele Runensteine — oft mit
Versinschriften — in Upland und sonst an allen Ecken und
Enden in Schweden noch heutigestags gemahnen.[1]) Unter den
vielen kühnen und grofszügigen schwedischen Wikingergestalten aus dieser Zeit kann ich Ingvar nennen, denselben
der in einem isländischen Abenteuerroman „Ivar viðfǫrli" genannt wird, und dessen Todesjahr — 1041 — auf Irland ver-
zeichnet worden ist. Runensteine von Upland und Södermanland erwähnen christliche Männer, die ihren Tod in den Ost-
landen im Gefolge Ingvars fanden, so Männer die selbst sein
Langschiff gesteuert hatten. Ein anderer schwedischer Wikingerhäuptling aus dieser Zeit und nicht minder berühmt,
war Freygeir. Er war in Upland zu Hause und zog mit
seinen beiden älteren Brüdern und einer Schar norwegischer
Krieger nach Griechenland, und trat unter die Wäringer. In
Griechenland starben seine Brüder, aber Freygeir kam wieder
nach dem Norden an der Spitze einer Kriegerschar und heerte
an der Ostküste der Ostsee u. a. auf Ösel, in Livland, und
Tavastland. In seinem Gefolge waren nicht nur Schweden;
es werden Männer von Attundaland, Fjedrhundraland und
Gestrikland erwähnt. Sogar ein Däne, Frodi von Laaland
wird genannt. Freygeir selbst fand seinen Tod auf Ösel.

    Anders waren die Verhältnisse in Norwegen und Däne-
mark, wo das Christentum früher Eingang gefunden hatte, und
wo die Verbindungen mit den Westlanden lebhafter waren.

    In Norwegen gehören Männer wie Erling Skjalgsson

---

[1]) Die schwedischen Runenverse sind von E. Brate und S. Bugge
(„Runverser") herausgegeben.

(† 1028) und Einar Thambarskelfir († 1050) zu den letzten Häuptlingsgestalten alten Schlages. Noch länger lebt auch hier freilich die Lust am wilden Wikingerleben, an gefahrvollen Wikingerfahrten nach fernen Gestaden. Harald Harðráði (1015—1066) und noch mehr sein Enkel Magnús Berfœtr, der im Jahre 1103 auf einem Wikingerzuge im fernen Irland fiel, waren beide zu spät geborene Wikinger. Magnus Barfuss' Vater, Olaf Kyrri, ist dagegen eine typische mittelalterliche Gestalt, die grofse Verdienste um die Einführung mittelalterlicher Kultur in Norwegen hat. Dänemark zeigt uns auch noch zu Knuts des Heiligen († 1086) Zeit das Bild eines echten Wikings. Egil hiefs ein Mann von hoher Geburt, der Sohn Ragnars, eines der Vertrauten Sven Estridssons. Er wurde von König Knut — der selbst etwas von einer Wikingernatur war — zum Häuptling von Bornholm gemacht, wo er weidlich gegen Wenden und Seeräuber kämpfte. Aber er begnügte sich auch mit friedlichen Kauffahrern, plünderte ihre Ladung und mordete die Mannschaft. In der Hitze des Kampfes stillte er seinen Durst mit Blut, das sich unten im Kielraum des Schiffes angesammelt hatte. Aus diesem Grunde wurde er Blut-Egil genannt.

Ja im Grunde genommen lebte die Lust zum Wikingerleben noch viel länger. Als im Jahre 1208 Friede zwischen den Parteien der Birkebeiner und Bagler[1]) geschlossen worden war, gab es viele Häuptlinge auf beiden Seiten, denen das Kriegsleben zur zweiten Natur geworden war, und die sich nicht in die Beschäftigungen des Friedens finden konnten. Einige nahmen daher an den Kreuzzügen teil; aber andere, Birkebeiner wie Bagler, unternahmen im Jahre 1209 einen Wikingerzug nach den Hebriden, wo sie u. a. Jona, Columbas heilige Insel, plünderten. Und was waren wohl im Grunde die „Kreuzzüge" der Waldemare gegen die Wenden und Esten als eine Art von Wikingerzügen?

Doch auch die Menschen jenes Zeitalters hatten ihre Ideale, ihre sittliche Lebensanschauung. Zu keiner Zeit ist das Ehrgefühl hier im Norden so stark entwickelt gewesen,

---

[1]) Die Birkebeiner hatten hier Namen daher, weil sie sich in Ermangelnng von Bein- und Fufsbekleidung durch Birkenrinde vor Kälte schützten; im Namen Bagler steckt *bagall* (Bischofstab von lat. *baculus*.)

nie der Wunsch so brennend sich dauernden Nachruhm zu schaffen, „Wortzier", wie der Dichter es nennt, auf den Lippen der Nachkommen, im Liede der Skalden. Diese Ehrbegierde war nicht nur von der Lust an Pracht und der Lust zu glänzen begleitet, sondern legte auch die Verpflichtung auf stets so aufzutreten, wie es sich für einen Häuptling geziemt, vor allem Gastfreiheit zu erweisen, eine Gastfreiheit, die oft diskreter und rücksichtsvoller sein konnte als in späteren Zeiten. Das nordische Heidentum entwickelte auch andere Tugenden, die unserer Zeit mehr fremd waren, in allererster Linie das Gefühl für die Zusammengehörigkeit des Geschlechtes, wofür Egil Skallagrímssons Gedicht „Sunatorrek" („Der Söhne Verlust") ein schönes Zeugnis bietet. Besonders die Blutrache band die Glieder einer Sippe zusammen, sowie auch der Glaube, daſs sich zugleich mit dem Namen des Vorfahren Wesen und Eigenschaften auf den Nachkommen vererbten, der nach ihm benannt wurde — eine Art von Seelenwanderungsglaube. Auch ein anderer Umstand entwickelte im Heidenalter mehrere der besten Eigenschaften des Mannes, nämlich das *fóstbrœ-ðralag*, die Bundbrüderschaft.[1]) Liebe und gegenseitige Aufopferung unter den Männern, die Blut mit einander gemischt und sich Eide zu Schutz und Trutz geschworen hatten, finden in den Sagas oft den rührendsten und schönsten Ausdruck. Dann muſs hier ein Verhältnis berührt werden, das Menschen in ganz anderer Weise verband als im Mittelalter, das Verhältnis zwischen dem Häuptling und seinen Mannen. Der Häuptling gab seinen Gefolgsleuten Waffen, Kleider und Unterhalt, er schenkte ihnen goldene Ringe und lieſs ihrer Namen in den Liedern der Skalden gedenken. Zum Danke dafür sollte der Mann dem Herrn nicht nur bis zum Tode getreu folgen, sondern in den Tod um mit ihm zu Odin nach Walholl ziehen zu können. An seiner Seite auf der Wahlstatt zu fallen, war die gröſste Ehre für ihn. Deshalb war bei den Alten *drótinhollr* („hold und treu dem Herrn") eine der ehrendsten Bezeichnungen, die man einem Manne beilegen konnte, dagegen war *dróttins sviki* („Verräter seines Herrn") eine der schimpflichsten Benennungen.

---

[1]) Vgl. J. Lippert Kulturgeschichte II S. 333 ff.; Grimm Rechtsaltertümer S. 193 ff.

Auch im Mittelalter bestand freilich Treue zwischen Häuptling und Gefolgsmann. Aber in dem Maſse wie die Denkart
des Rittertums auch in Norwegen Eingang fand, wie das Be-
amtenwesen geordnet wurde, verschwand das intime persönliche Verhältnis zwischen ihnen mehr und mehr. Wie aus
den alten Bjarkamǫl genommen klingt es, wenn Thormod
Kolbrunarskald vor der Schlacht bei Stiklastaðir (1030), sich
dafür, daſs er dem Heere als Weckruf die Bjarkamǫl gesungen,
zum Lohne keine andere Gunst ausbittet als König Olav im
Kampfe vorangehen und ihn nicht überleben zu dürfen. Das
letzte Mal, können wir sagen, daſs eine nordische Hird von
den Lebensanschauungen der Wikingerzeit getragen, fechtend
um ihren König fällt, ist bei Stamford Bridge (1066).

In einem anderen Verhältnis des menschlichen Lebens
wurde dagegen erst im Mittelalter und durch das Christentum das Empfinden reicher und tiefer, nämlich in den Beziehungen des Mannes zum Weibe. Allerdings hatte die Frau
von alters her im Norden eine freie und geachtete Stellung
als Mutter und als weibliches Oberhaupt der Familie. Die
Menschen konnten freilich auch bisweilen von gewaltigen
Leidenschaften aufgerührt und in Fesseln geschlagen werden,
sowie sie die Eddalieder von Sigurd und Brünhild und die
Skirnismǫl vom Gotte Freyr, der zur Riesenjungfrau Gerd
in Liebe entbrannt ist, berichten. Aber dort, wo gute alte
Sitte herrscht, lebte die Frau nur innerhalb der vier Wände
des Hauses und wurde zur Ehe nicht aus Liebe, sondern aus
Vernunftsgründen genommen. In den Wikingeransiedlungen
auf Irland und in Ruſsland sowie auch bei den Häuptlingen
in der Heimat scheint die Vielweiberei ganz allgemein im
Schwunge gewesen zu sein. Die Liebe spielte nur eine Neben-
rolle für die Menschen jener Zeit, und noch seltener verstanden sie es ihren Gefühlen Ausdruck zu verleihen. Die
Menschen der Wikingerzeit sprachen sicherlich nicht oft von
Liebe. Auf Island wurde es ja sogar für ein Nidingswerk
angesehen Liebeslieder von einer Frau zu dichten, mit der
Acht wurde es bestraft.

Erst gegen Ausgang der Wikingerzeit und unter dem
Einfluſs des Christentums, sowie der westeuropäischen Kultur
und ihrer ritterlichen Ideen, begann die Auffassung vom Weibe

seelenvoller und tiefer zu werden. Einer der ersten Nordleute, bei dem die Liebe Ausdruck gewinnt auf eine dem modernen Menschen verständliche Weise, ist der Skalde Kormak, der um die Mitte des 10. Jahrhunderts auf Island lebte. Sein Name ist irisch, er wurde anderthalb Jahrhundert früher von einem berühmten irischen König, Bischof und Gelehrten getragen. Selbst erinnerte der Skalde durch sein leidenschaftliches Wesen, seinen eindringenden lebhaften Geist und sein dunkles Haar, das sich auf der Stirn kräuselte, sowie durch seine schwarzen Augen an die warmblütigen mit Geist und Humor reich ausgerüsteten Kelten mit ihrem schwarzen Haar und den schwarzgrauen Augen mit dem raschen Blick. In den Jahren seiner Jugend und seines Mannesalters nahm er an Wikingerzügen besonders nach Irland und Schottland teil. Ein Deutscher war ihm in seiner Jugend Genosse, seinen Tod fand er in Irland. Er glaubt nicht an die Götter und fürchtete sich auch nicht, wie die meisten seiner Zeitgenossen, vor Zauberwerk. Keiner der Skalden jener Epoche gebraucht soviel Fremdwörter wie Kormak. Einen Teil dieser Wörter kennen wir auch von anderen Dichtern. Aber einzelne sind für Kormak ganz und gar allein eigentümlich und scheinen von ihm in die Sprache eingeführt zu sein. Da sind Wörter, die er dem Irischen entlehnt hat z. B. *bioð* „Welt", *díar* „Götter" und *kellir* „Nonnenschleier". Andere stammen aus dem Angelsächsischen; aus dem Romanischen begegnen wir bei Kormak zum ersten Male Wörtern wie *motull* „Mantel" und *kerti* „Kerze".

Von diesen Wörtern können wir auf den Mann selbst schliefsen, schliefsen dafs Kormak eben das befsessen hat, was wir eine kosmopolitische Bildung nennen können. Er ist auch schon durch das ganze Gepräge seiner Persönlichkeit eine neue Gestalt im nordischen Geistesleben. Die Saga von Kormak ist im Gegensatze zu anderen Sagas nichts anderes als ein Rahmen um die Verse, worin der Skalde seine brennende, doch gleichwohl wunderlich unbeständige Liebe zur schönen Steingerd ausdrückt. Es ist wie eine Prophezeiung ihrer künftigen Liebe, wenn Steingerd, als Kormak sie zum ersten Male sieht; ihren Kopf aus einem Fenster herauslehnt, in dessen Pfosten ein Hagbardskopf geschnitzt ist. Denn in der Dichtung von Hagbard und Signe hat die Liebe bei den Nordleuten vielleicht ihren schönsten Ausdruck gefunden. — Oft sind wohl wohl diese Kormakschen Verse, wie das meiste der Skaldendichtung Prachtblumen ohne Duft. Doch zuweilen ist die Empfindung kräftig genug um die harte Schale des Verbaues zu durchbrechen, sie strahlt dann mit desto tieferer Glut und findet einen für alle Zeiten gültigen Ausdruck. Wie z. B. wenn er sagt: „Ihre eine Augenbraue schätze ich auf drei Hundert, aber die Locken, die sie sich selbst macht auf fünf; sie wird mir teuer im ganzen; ich setze sie gleich Island, Hunaland und Dänemark und werte sie so hoch wie England und Irland." Oder wenn er von Steingerds unvergleichlicher Schönheit singt:

> „Eher werden Felsen
> Auf dem Wasser fliefsen,
> Eher wird die Welt versinken,
> Eher werden die herrlichen Berge
> Ins Meer, das tiefe, stürzen,
> Bevor ein Weib geboren wird
> Schöner denn Steingerd."

Das Bild von den auf dem Wasser schwimmenden Steinen ist vielleicht von fremden Landen nach Island gekommen. Kurz vor dem Jahre 1000 wurde Frieden zwischen den Bulgaren und dem russisch-nordischen Grofsfürsten Wladimir geschlossen, beide Parteien bekräftigten den Frieden durch Eidschwur und die Bulgaren sagten: „Es soll Frieden zwischen uns herrschen solange bis Steine auf dem Wasser zu schwimmen beginnen und Hopfen zu Boden sinkt.[1]) Ist die Ähnlichkeit zwischen diesen bulgarischen Eide und dem Gedichte Kormakes zufällig? Oder wenn Kormak in einem anderen Gedichte seiner brennenden Liebe zu Steingerd Ausdruck gibt: „Die Leute verwehren mir dein Antlitz zu schauen; aber ihr Tun ist vergebens: denn eher werden die Flüsse bergan fliefsen, als dafs ich dein vergäfse." In diesen Gedichten sind nicht nur einzelne Worte neu und fremd; die ganze Ausdrucksweise ist bis dahin unbekannt. Das Bild von den

---

[1]) Nestors Chronik, Kap. 40 (Jahr 6493). Dies älteste annalistische Werk Rufslands ist, wie bekannt, die Hauptquelle für unsere Kenntnis der Wikinger und ihres in Rufsland begründeten Reiches.

Flüssen, die rückwärts nach ihrem Ursprung fliefsen, findet sich bereits in der griechischen Dichtung, wo es heifst: „Eher werden die Ströme die Höhen hinanfliefsen, als dafs Paris ohne Oinone leben könnte." Von Griechenland ist das Bild nach Italien gewandert. In einem Gedicht des Ovid über Paris und Oinone findet sich so eine Übersetzung des obenerwähnten griechischen Bildes. Dem Griechischen hat auch der römische Dichter Properz den Ausdruck entlehnt, wenn er sagt: „Die wahre Liebe kennt kein Mafs ... Eher werden die Flüsse ihr Wasser rückwärts zur Quelle zu senden beginnen, als dafs man seine Glut auf jemand anders übertragen könnte." Mit den Römern, Europas gröfsten Kulturträgern, ist das Bild weiter nach Westeuropa gewandert, wo es sich in der christlichen Literatur des Mittelalters findet.*) Dort mufs wohl Kormak oder einer seiner Landsleute das Bild kennen gelernt haben, das dann in die Skaldendichtung übergegangen ist, — eine lange und kulturhistorisch interessante Wanderung.

Noch wichtiger ist jedoch, scheint mir, dafs diese Gedichte Kormakes einen Durchbruch im Gefühlsleben hier im Norden bezeichnen, einen Übergang zu der mehr zärtlichen und innigen Auffassung des Mittelalters vom Weibe.

Kormaks Dichtung hat, möchte ich glauben, einen grofsen Einflufs in der nächsten Zeit nach seinem Tode ausgeübt; — er starb ungefähr 970. — Eine Reihe der isländischen Geschlechtssagen handelt von Männern, die am Schlusse des 10. Jahrhunderts lebten. Dieser Männer Geschichte zeigt eine merkwürdige Ähnlichkeit untereinander. Das Zentrale ist bei ihnen allen die Liebe, die oft wankelmütig aber gleichwohl stets tief und glühend wie die Kormaks ist. Sie verlieren durch die Ungunst des Schicksals oder durch ihren eigenen Wankelmut alle ihre Geliebte, aber können sie alle nicht vergessen. Die meisten von diesen Männern sind wie Kormak Dichter, ein Gunnlaug Schlangenzunge, ein Hallfred Vandrædaskald, ein Björn Hitdœlakappi oder ein Björn Breidvikingakappi. Sie sind wie Gunnlang nach den Westlanden

---

*) Auch in Rufsland mufs dieser bildliche Ausdruck bekannt gewesen sein; Nestor erzählt so (Kap. 65), von einem Wahrsager, der prophezeite, „dafs der Dnjepr in 5 Jahren rückwärts fliefsen werde."

gefahren und haben in der Hird Ethelreds, der Dublinkönige
oder der Orkneyjarle gestanden, oder sie sind wie Hallfred
typische Übergangsgestalten oder auch sie erinnern durch
ihren Namen an Irland, wie der ritterliche Kjartan in der
Laxdœla Saga. Diese Übereinstimmung kann nicht ganz zufällig sein. Sie muſs nach meiner Ansicht einem gemeinsamen
literarischen Vorbilde, eben Kormak und seinen Liedern, zuzuschreiben sein.

Von Liebesverhältnissen wie zwischen Gunnlaug und der
schönen Helga oder zwischen Kjartan und Gudrun ist der
Schritt nicht weit zu des christlichen Mittelalters mehr
romantischer Auffassung von Weib und Liebe, jener Auffassung, die vielleicht ihren schönsten Ausdruck in der englischen, schottischen und dänischen Balladendichtung gefunden.
Beseelt von der Stimmung der Ballade ist schon ein Gedicht,
das in der Eyrbyggja Saga dem Skalden Björn Breidvikingakappi in den Mund gelegt wird:

„Wir möchten beide wünschen,
Armbandgeschmückte Frau,
Daſs dieser Tag so lang' wie möglich
Weilte zwischen Himmelsblau
Und herbstlichgelben Wäldern.
Wohl die Zeit ich anzuwenden weiſs.
Denn am Abend schick' ich an mich wieder
Zur Leichenfeier oft entschwundner Freuden." [1]

Es ist in diesem Bilde von der „Leichenfeier oft entschwundner Freuden" ein elegisches Element, das der Skaldendichtung sonst fremd ist und hinüber zur Stimmung der Ballade
führt. Noch stärker klingen gegen Ausgang der Wikingerzeit
dieselben Volksliedtöne von Norwegen her — unter Einfluſs
von England und Dänemark — in dem zweiten Liede von
Helgi Hundingsbani. Sigrun geht zu dem gefallenen Helgi
in den Totenhügel und spricht:

„So froh bin ich   den Fürsten zu treffen,
Wie Odins Falken,   die aasgier'gen,
Wenn sie Leichen wittern,   lauwarmes Fleisch,
Oder feucht vom Tau   das Frührot schauen.

---

[1] Meine Übersetzung weicht etwas von der A. Bugges ab, sie lehnt
sich an die Übersetzung H. Gerings in seiner Ausgabe der Eyrbyggja
Saga (Halle 1897) an.

Gib trauten Kuſs mir,   toter König,
Eh' du die blutige   Brünne abwirfst;
Mit Reif ist, Helgi,   dein Haar bedeckt,
Dein Leib triefend   vom Leichentaue;
Hände wie Eis   hat Hognis Eidam —
Wie kann ich Hilfe,   o Held, dir schaffen?"

„Du selber, Sigrun   von Sewafjoll,
Du glänzende Sonne   im goldenen Schmuck,
Bist schuld, daſs Helgi   von Harmtau trieft;
Täglich weinst du,   Tochter des Südens,
Eh' ins Bette du gehst,   bittre Tränen,
Als Blut fällt jede   auf des Fürsten Brust,
Kalt und eisig   und kummerschwer."[1]

Der Kuſs wird auſser in der Helgidichtung nur ein einziges Mal in den Eddaliedern und nur sehr selten von den Skalden, so nur ein einziges Mal von Kormak erwähnt. Es war nach meiner Auffassung eine Sitte, die erst in der Wikingerzeit und unter dem Einflusse von den Westlanden im Norden in Aufnahme gekommen war.

Die Forscher haben schon seit langem auf die Ähnlichkeit hingewiesen zwischen diesem Gedicht und der im Mittelalter sehr verbreiteten Volksweise vom Bräutigam im Grabe („Fæstemanden i Graven" oder „Aage og Else"), worin der tote Ritter seine Braut besucht und zu ihr sagt:

„Jedes Mal, wenn du weinst um mich,
Und traurig bist zu Mut,
Dann steht mein Sarg im Grabe voll
Von geronnenem Blut."

Wenn Helgi sagt:

„Zeit ist's zu reiten   gerötete Wege,
Zum Flug zu spornen   den falben Renner;
Im West muſs ich sein   von Windhelms Brücke[2]
Eh' Salgofnir[3]   das Siegervolk[4] weckt."[5]

---

[1] H. Gerings Übersetzung. — Hier haben wir das älteste literarische Zeugnis für das Leonorenmotiv vor uns.

[2] Windhelm, poet. Bezeichnung des Himmels, Windhelms Brücke ist Bifrost (der Regenbogen).

[3] Salgofnir, der Hahn in Wallholl, auch Gullinkambi („Goldkamm") genannt.

[4] Die Einherier.

[5] H. Gerings Übersetzung.

so hat das auch seine Entsprechung in der Ballade und im
Volksglauben des Mittelalters. Dagegen paſst es nicht, wenn
der Dichter den Helgi nach Walholl zurückkehren läſst. Die
ganze vorerwähnte Vorstellung hat ursprünglich einer Dichtung
angehört, worin der Held als nach Christensitte in Sarg und
Grabesschofs liegend dargestellt wird; dieser Zug ist dann
mit der Helgidichtung verknüpft worden. Deswegen muſs
auch der Norweger, der von Helgi und Sigrun — ursprünglich
einer dänischen Sage — dichtete von Dichtkunst und Lebensanschauung des christlichen Mittelalters beeinfluſst gewesen
sein. —

Was für neue Elemente führte denn das Mittelalter dem
Gefühlsleben und der Weltanschauung der Menschen zu? Es
machte die Menschen nicht gröſser und stärker; aber es
machte sie innerlicher und, so dürfen wir nur annehmen, auch
glücklicher. Anstatt des pessimistischen Schicksalsglaubens
der Wikingerzeit brachte es die frohe Tröstung des mittelalterlichen Christentums. Es lehrte die Menschen tiefer und
zärtlicher fühlen; es öffnete ihre Augen für die Schönheiten
des Lebens und lehrte sie sich freuen beim Nahen des Frühlings
und des Sommers, beim Zwitschern der Vögel und über des
Waldes duftende Blumen und grünende Bäume. Die Wikingerzeit hat sicherlich auch ein offenes Auge für einzelne Seiten
der Natur. Am besten verstand sie das Meer in Sturm und
Wetter zu schildern, wenn die Sturzseen über das Schiff
brechen, und die Fahrt in den Tod geht. Auch für den Wald
in den wechselnden Jahreszeiten hatten sie einen scharfen
Blick, so wenn Gudrun in den „Hamðismǫl“ schildert wie
verlassen sie ist:

„Ich bin einsam jetzt,   wie die Espe im Wald,
Der Verwandten beraubt   wie die Weide des Laubes.
An Freuden leer   wie die Föhre an Zweigen,
Die die Schädigerin der Äste[1]   sengte am schwülen Tag.[2]“

Aber für die Natur in ihrer Schöne und Anmut hatte die
Wikingerzeit kein Auge. Da kommt sie nicht über allgemein
gehaltene Ausdrücke wie „grüne Pfade“ hinaus. Erst beim
Übergang von der Wikingerzeit zum Mittelalter werden neue

---

[1] Poetische Umschreibung für „Sonne“.
[2] H. Gerings Übersetzung.

Töne angeschlagen, die an das Volkslied gemahnen, so z. B. in der zweiten „Helgakviða Hundingsbana", wo Sigrun von ihrem Geliebten sagt:

> „So hoch stand Helgi   ob den Helden allen,
> Wie die stolze Esche   über struppigem Dorn,
> Wie die Tiere des Waldes   der Tau besprengte
> Hirsch überragt,   der hochgewachsene,
> Dessen Horngeweih   zum Himmel leuchtet."

Einen ähnlichen Vergleich wendet bereits Gudrun an in der zweiten „Gudrunarkviða", wo es von dem gemordeten Sigurd heißt:

> „So hoch stand Sigurd   ob den Söhnen Gjukis,
> Wie der grüne Lauch   das Gras überragt,
> Der hochbeinige Hirsch   das hurtige Reh,
> Und glänzender Gold ist   als graues Silber."[1]

Aber hier fehlt das so charakteristische schöne Bild von dem stolzen Hirsch, dessen taufeuchtes Geweih in den Strahlen der Sonne glänzt. Gerade dies Bild ist es, wie mich bedünken will, das uns die Volksliedstimmung von England und Schottland, den Ländern des Damwildes, gibt.

So lange es eine Dichtung im Norden gegeben hat, so lange haben auch die Tiere, wilde wie zahme, die Vierfüßler und die Vögel des Himmels darin eine Rolle gespielt. Der graue Wolf und der Schlange spielende Augenlichter werden oft in den Eddaliedern genannt. Adler und Rabe, die Vögel des Kampfes, folgen des Kriegers Spuren und kreisen über der Walstatt. Aber auch die kleinen Tiere werden nicht vergessen: Das Eichhorn, das im Wipfel der Weltesche Yggdrasil umherhüpft und die Spechtmeisen, die im Gebüsche sitzen und Sigurd vor Regins Tücke warnen, als er Fafnir getötet hat. Welch großartiges Bild vom Tierleben im Hochgebirge haben wir fernerhin in der Schilderung der neuen Erde, durch den Mund der Seherin:

> „Aufsteigen seh' ich   zum andern Male
> Aus der Flut die Erde   in frischem Grün;
> Über schäumenden Fällen   schwebt der Adler,
> Fische fängt er   an felsiger Wand."[1]

---

[1] H. Gerings Übersetzung.

Aber in all dieser Dichtung vernehmen wir noch nicht
den Widerklang der Freude am Gesang der Vögel, am Lieb-
reiz der Schöpfung.

Gegen Ausgang der Wikingerzeit wird die Welt der
Dichtung bei unseren Vorfahren mit ihr früher unbekanntem
von Süd- oder Westeuropa kommenden Getier bevölkert, mit
Löwe (*lión*), Pfau (*pái*) und Affe (*api*). In den Westlanden
hatten sich die Sinne ja schon lange dem Schönheitszauber der
Natur, dem Gesang der Vögel, dem Schmelz und Duft der
Blumen im Lenz erschlossen. Ein kleines Gedicht des Skalden
Sighvat scheint zu bezeugen, dafs einzelne Nordleute um die
Wende des Jahrtausends auch begonnen hatten, von dieser neuen
Naturanschauung beeinflufst zu werden. Der junge Königs-
sohn Magnus — der spätere Magnus der Gute — war noch
nicht auf den Thron gelangt, sondern hielt sich nach Olavs
des Heiligen Fall (1030) in Rufsland auf. Sighvat, der sein
Pate war, fragte oft, so erzählen die Sagas „wenn er Kaufleute
traf, die nach Hólmgarðr (Nowgorod) fuhren, welch' neue Kunde
sie von Magnus Olavsson zu vermelden hätten." Er gab seiner
Sehnsucht in folgender kleiner Strophe Ausdruck:

> „Mich gelüstet zu forschen immer
> Nach Zeitung von Osten, von Gardar.[1])
> Über den jungen edlen Sprofs
> Vernehm' ich oft hohes Lob.
> Karg ist die Kunde, obwohl der Liebe
> Kleine huschende Vöglein
> Hin und wieder fliegen,
> Der Fahrwind — fürcht' ich — ist flau."

Wir vernehmen in diesem kleinen lyrischen Gedichte, besonders im Bilde von den „kleinen huschenden Vöglein"
lyrische Töne, die zum ersten Mal in nordischer Dichtung
erklingen. Uns drängt sich der Gedanke auf, dafs hier eine
Einwirkung des Volksliedes vorliege. — Das heifst natürlich
von Frankreich; denn nach dem Norden war zu Sighvats Zeit
das mittelalterliche Volkslied noch nicht gelangt. — Es heifst
in einem dänischen Volksliede mit ganz ähnlicher Wendung:

> Fragt jedes Vöglein klein,
> Das nach der Insel flog,
> Wohl nach der Liebsten sein."

---

[1]) Gardar = *Garðaríki* d. i. das westliche Rufsland.

Die ganze neue Naturauffassung kommt nach dem Norden von Westeuropa, teils von England und Frankreich, teils auch direkt von den Kelten, von denen die mittelalterliche Lyrik und Naturpoesie überhaupt zum gröfsten Teil stammt. In einem einzelnen Fall kann die Verbindung zwischen nordischer und keltischer Naturschilderung sogar direkt nachgewiesen werden. Es ist ein Friedensgelöbnis (*Trygðarmál*), das mehrere Male in der isländischen Literatur vorkommt und gewifs sehr alt sein mufs: „Der ist ein Neiding, der Frieden und Sicherheit bricht, er soll von Gott und guten Menschen vertrieben werden, vom Himmelreiche und von allen Heiligen. Nirgendwo soll er unter den Leuten geduldet werden, er soll verjagt werden, soweit die Leute Wölfe hetzen, oder Christenleute eine Kirche besuchen, oder Heidenleute im Hof (Tempel) opfern, soweit wie Feuer brennt, Gras wächst, Schiffe schreiten, Schilde blinken, Föhren wachsen, Falken fliegen einen lenzlangen Tag, während der Wind ihnen unter beiden Schwingen steht, soweit wie der Himmel sich wölbt, die Erde bewohnt ist, der Wind Wasser der See zutreibt oder der Bauer Korn sät." Ganz die ähnliche Gelöbnisformel finden wir in der alten walisischen Erzählung von Kilhwch und Olwen wieder. Hier gelobt König Arthur dem Helden: „Du sollst erhalten, was Deine Zunge nennen kann, soweit der Wind trocknet, der Regen netzt, die Sonne scheint, das Meer die Lande umkreist oder die Erde sich erstreckt." Die kymrische Erzählung ist allerdings jünger als einige der Stellen, wo sich die entsprechende nordische Formel findet. Aber ähnliche Eidesformeln haben die Kelten des europäischen Festlandes seit uralter Zeit. Es ist daher anzunehmen, dafs die Formel von den Kelten nach Island gelangt ist und nicht umgekehrt.

Nicht nur im Verhältnis zum Weibe und zur Natur zeigt sich eine Gemütsveränderung. Wir gewahren, wie gegen Ende der Wikingerzeit der Einflufs von Westeuropa den ganzen Charakter umzuformen und die Gemüter weicher zu stimmen beginnt, die Gefühle menschlicher und die Bildung gröfser und weiter. Ich will nur Hákon den Guten nennen, der ungeachtet, dafs er wenig für Einführung des Christentumes in Norwegen tut gleichwohl eine strenge Rechtfertig-

keit und eine erhöhte Verträglichkeit und Langmütigkeit an
den Tag legt, die deutlich zeigt, daſs sein Charakter sich
unter dem mildernden Einflusse des Christentums gebildet
hatte. Auch bei den niedriger gestellten zeigt sich der Übergang zu einer neuen Zeit, so bei einem Hallfreðr Vandræða-
skáld, dem Hirdskalden Olav Tryggvessons, der in mancher
Hinsicht einer der merkwürdigsten Übergangsgestalten jener
Epoche ist. König Olav bewegt ihn sich taufen zu lassen.
Aber im täglichen Leben scheint das Christentum keine
tieferen Wurzeln in ihm geschlagen zu haben. Seine Phantasie ist erfüllt mit Bildern von Walholls Herrlichkeit:

> „Ehedem scholl das Lied
> Hoch zu Odins Preis.
> Noch lebt in meinem Gedächtnis
> Der Altvorderen Skaldenkunst.
> Lässig bin ich traun im Haſs
> Gegen Friggs tapfern Gemahl.
> Dien' ich auch Christ, an Odin
> Gefallen findet der Dichter."

Sein Leben ist nicht das des Christen sondern des Heiden.
Er rächt sich an seiner Geliebten Kolfinna, die sich einem
anderen vermählt hat, dadurch, daſs er sie zwingt das Bett
mit ihm zu teilen und höhnt ihren Mann Gris dadurch, daſs
er Nidverse auf ihm macht. Er fordert ihn zum Holmgang
heraus. Aber gerade als der Zweikampf beginnen soll, naht
die Kunde, daſs sein alter Herr Olav Tryggvesson gestorben
sei. Das wirkt so stark auf ihn, daſs er seine unrechte Sache
fallen läſst, vom Holmgange absteht und dem Gris Buſse
zahlt, ein klarer Beweis, daſs das Christentum gleichwohl
Einfluſs über sein Gemüt gewonnen hatte. In mehreren
Versen Hallfreds zeigt sich auch die Einwirkung westländi-
scher Kultur deutlich durch Fremdwörter, die bei ihm zum
ersten Male im Nordischen vorkommen, z. B. das dem Angelsächsischen entlehnte *harri* „Herr", das dem Romanischen
entlehnte *ólpa* „Mantel", das über England aus dem Latein
ins Nordische gelangte *akkeri* „Anker" u. a. m. In Hallfreds
Erfidrápa auf Olav kommt der Übergang zu einer neuen Zeit
besonders deutlich zum Ausdruck, in der letzten Strophe dieser
Dichtung heiſst es: „Eher werden Erd' und Himmel bersten,

als dafs wieder ein Häuptling so gut wie der tapfere Olav
geboren würde". Das Bild ist, wie man bemerken wird, auf der
einen Seite christlich, aber auf der andern Seite stellt es eine
Nachahmung des Schlusses der berühmten „Hákonarmọl" des
Eyvindr Skáldaspillir dar, dort heifst es:

> „Fessellos wird fahren
> Der Fenriswolf
> Über der Menschen Gemarkung,
> Ehe ein gleichguter König
> Wohnen wird
> An dem öden Ort".

Ein vorzügliches Bild der Zeit selbst ist der Skalde
Hallfred, Christ dem Namen nach, doch Wiking und Heide in
Leben und Taten wie seiner dichterischen Weltanschauung
nach, aber gleichwohl beeinflufst von der höheren Kultur der
Westlande und in den grofsen Augenblicken des Lebens dem
sänftigenden, versöhnenden Einflusse des Christentums unterworfen. Hallfred verkündigt das Absterben des Wikingerzeitalters und den Sieg des Christentums und
des Mittelalters. Sein Berufsgenosse Sighvat ist die
erste mittelalterliche Gestalt in Norwegens Geschichte.
In unserer älteren Geschichte gibt es keine schönere und ansprechendere Gestalt als Sighvat und bei keinem zeigt sich
der veredelnde und bildende Einflufs der Westlande so deutlich wie gerade bei diesem so hervorragend begabten Skalden.
Wie eine Vorbedeutung in dieser Richtung mutet es an, wenn
wir hören, wie ihm die Dichtergabe zu teil geworden sein
soll. Sighvat wurde um das Jahr 997 auf Island geboren
und im südlichen Teil der Insel auf dem Hofe *Apavatn* erzogen; — selbst der Name dieses Hofes, „Affenwasser" weist
ja auf eine Verbindung mit fremden Ländern hin. — Eines
Tages fing Sighvat einen sehr schönen Fisch und ein Norweger, der sich den ganzen Winter über auf dem Hofe aufgehalten hatte, riet ihm den Kopf des Fisches zu verzehren;
„denn im Kopf ist jedes Tieres Weisheit". Sighvat afs nicht
nur den Kopf sondern den ganzen Fisch, sagte sofort einen
Vers darüber her und wurde „ein verständiger Mann" wie es
heifst. Diese Erzählung ist nicht ursprünglich, darüber sind
wir aufgeklärt, auf Island zu Hause, sondern in Irland und

ist gebildet nach der Erzählung von dem irischen Sagenhelden Finn, dem Vater Ossians, der den Mittelpunkt des bekannten Sagenkreises ausmacht. Der junge Finn, der noch unbekannt war und den Namen Deimne trug, kam zum Dichter Finnéces der sieben Jahre lang am Boyneflufs gelebt und acht auf einen wundervollen Lachs gegeben hatte. Denn es war ihm geweissagt worden, dafs, wenn er diesen Lachs finge und verzehrte, er Kunde von allen Dingen erhalten würde. Der Lachs wurde gefangen und Finn — oder richtiger Deimne — bekam den Auftrag ihn für den Dichter zu braten aber mit dem strengen Verbot selbst etwas davon zu essen. Der Knabe tat so, und brachte den gebratenen Lachs zu Finnéces. „Hast du etwas von dem Lachse gegessen, Knabe?" fragte der Dichter, „Nein", antwortete dieser „aber ich verbrannte mir den Daumen und steckte ihn dann in den Mund." Dadurch zeigte es sich, dafs der Knabe und nicht Finnéces vom Schicksal bestimmt war, den Lachs zu verspeisen. Er bekam den Namen Finn (d. h. „der Lichte" oder „der Schöne"), afs den Lachs und wurde kundig aller Dinge; vor allem aber erhielt er die Gabe der Dichtkunst und um seine Tüchtigkeit zu beweisen, machte er auf der Stelle ein Gedicht.*)

Achtzehn Jahre alt, im Jahre 1015, kam Sighvat nach Norwegen. Hier traf er mit Olav dem Heiligen zusammen, dessen Dienstmann und naher Freund er wurde. In die Jahre 1025 bis 1026 fällt Sighvats erste grofse Auslandsreise nach England und Frankreich, wo er sich unter anderem in Rouen, der Hauptstadt der Normandie, aufgehalten hat. In den Jahren 1029—30 unternahm Sighvat seine zweite grofse Reise, eine Pilgerfahrt nach Rom. Der Einflufs westeuropäischer Kultur, der sich bereits in Sighvats ältesten Gedichten findet, kann daher nicht unmittelbarer Einwirkung zugeschrieben werden. Er mufs vielmehr dem Kulturvorrat entstammen, den seine Zeit in Norwegen wie auf Island von den fernen Westlanden in sich aufgenommen hatte. Doch haben seine Auslandsreisen auch eine über die Mafsen grofse Bedeutung für seine Ent-

*) Ursprünglich ist das ein Märchenmotiv, das sich auch in der Sage von Sigurd Fafnisbani wiederfindet, der des Drachen Herz verzehrt und dadurch die Stimme der Vögel verstehen lernt.

wicklung gehabt. Sie gaben ihm Deutschlands und Frankreichs, des Lehnwesens Anschauung von Königsmacht und Staat. Sie liefsen ihn lauschen der zärtlicheren mehr lyrischen Poesie der fremden Länder und machten ihn selbst zu einer Art von wanderndem Troubadour.

Sighvats europäische Bildung zeigt nicht am wenigsten sein Wortschatz. Er braucht nicht allein mehr christliche Ausdrücke als irgend ein Skalde vor ihm, Wörter wie *helvíti* („Hölle“), *messa* („Messe“) und *skrín* („Heiligenschrein“), er rechnet sogar in seinem „Nesjarvísur“[1]) die Zeit nach Palmensonntag (*Palmusunnudagr*). Im Kampfe von Nesjar feierte er, wie er selbst sagt, Ostern mit einem Helme von Poitou bekleidet. Doch auch bei Schilderung des täglichen Lebens braucht er eine Menge von Fremdwörtern. In den Versen auf Olav Haraldssons Wikingerzug nach England nennt er so die englischen Stadtbeamten *portgreifar*, womit er das angelsächsische *portgeréfa* (auch: *Wicgeréfa* etwa: „Burggraf“) wiedergeben will. Er gebraucht ausländische Bezeichnungen für Waffen wie z. B. *peita* „eine Lanze von Poitou.“ In seinen Charakteristiken von Menschen bereichert Sigvat nicht nur die Sprache durch neue Wörter, sondern auch durch neue Gedankenvorstellungen und Bilder. In seiner Gedenkdrápa auf Olav den Heiligen sagt er, dafs es schrecklich für die Bauern bei Stiklastaðir gewesen sein müsse in des Königs „scharfe Löwenaugen“ (*lións hvassar sjónir*) zu sehen. — Das Wort *lión* „Löwe“ stammt aus dem Latein und ist von den romanischen Sprachen oder über das Angelsächsische (*lēo* dat. *lēon*) nach dem Norden gekommen. Des Königs scharfen Blick mit dem des Löwen zu vergleichen ist, das mufs jeder einräumen, eine neue und unnordische Vorstellung. — Ein Wort, das Sigvat oft gebraucht ist *prúðr* „schön, stolz, tapfer.“ In dem schönen kleinen Vers von seinem Ritt durch die Stadt Skara (Västergötland) spricht er so von den schönen Weibern (*prúðar ekkjur*), die neugierig aus den Türen gucken. In der Drapa auf König Olav nennt er diesen *andprúðr* „hochgesinnt, seelenstolz“. — Das Wort *prúðr* ist dem angelsächsischen *prút*

---

[1]) Am Palmsonntag 1015 siegte Olav der Heilige in der Seeschlacht bei Nesjar (zwischen Larvik und Langesundsfjord) über den Jarl Svein.

„stolz" (engl. *proud*) entlehnt. — In der Bedeutung „verjagen, verweisen" gebraucht Sighvat das von dem angelsächsischen *flīeman* geliehene gleichbedeutende *flœma* von König Ethelreds Söhnen, die Knut aus England verbannt hatte. Ein Zeugnis von Sighvats kosmopolitischer Bildung und von der Leichtigkeit, mit der er sich alles Fremde aneignete ist es auch, dafs er nach seiner Fahrt nach Västergötland einige schwedische Wortformen gebraucht. Es gibt auch keinen Skalden, der so wohl in der Geographie Europas bewandert ist wie Sighvat. Nicht nur ist er wohlbekannt mit englischen und schottischen Ortsnamen, von London und Canterbury im Süden bis nach Fife im Norden, auch französische Ortsnamen wie Loire, Poitou, Rouen kennt er. Rom, das Sighvat mit eigenen Augen gesehen hatte, erwähnt er mehrere Male und auf *Mont* (d. h. „Alpen" vom lat. mons „Berg") ist er seines Herrn eingedenk. Selbst der Jordan kommt in einem seiner Gedichte vor.

Noch bemerkenswerter ist es vielleicht, dafs Sighvats Dichtungen von einer neuen Auffassung der Königsmacht zeugen. Er bezeichnet den König mit dem dem Angelsächsischen entnommenen Ausdrucke *harri* „Herr" oder mit dem altfranzösischen *sinnjór*. — Dieses Wort kommt vom lateinischen *senior* „älter" und ist dasselbe wie französisch *seigneur*, italienisch *signore*, und spanisch *señor*. — Sighvat ist auch der erste, der das Wort *keisari* „Kaiser" bei uns verwendet. Er kennt die Stellung des Papstes und weifs, dafs dieser der Nachfolger des Apostels Petrus ist. In einer Drapa auf Knut den Mächtigen heifst es von diesem: „Der Fürst, der immer auf Krieg sann, bekam Lust mit dem Pilgerstab in der Hand zu wallen, er, der vom Kaiser geliebt und dem Papste eng verbunden war." In diesem Vers ist es nicht nur das Wort „Kaiser", das wir beachten müssen, und das Wort „Stab", das hier zum ersten Male in der Bedeutung „Pilgerstab" gebraucht wird. „Dem Papste eng verbunden" drückt Sighvat aus durch „*kluss Petrúsi*." — Hier ist *Petrúsi* Dativ der lateinischen Namensform *Petrus*. Aber *kluss* ist auch lateinisch; es ist die norwegisch gefärbte Form des Wortes *clusus* eigentlich „geschlossen, nahe umschlossen"; dasselbe Wort haben wir im englischen *close*, das auch „nahe, vertraulich" bedeuten kann.

Alle diese Wörter beweisen uns, daſs Sighvat mit den Gedankengängen des Mittelalters wohl vertraut ist. Sein, wie seiner ganzen Zeit Herrscherideal war Karl der Groſse. Von dem Tage an, da Karl in Rom die Kaiserkrone auf das Haupt gesetzt worden war, umgab seinen Namen in den Augen des Volkes ein Strahlenglanz und seine Staatsform wirkte umbildend und befruchtend überall in Europa. Das Wort „König" stammt bei den slavischen Völkern von seinem Namen. Die Nordleute Northumberland setzten auf ihre Münzen das Monogramm *Karolus* als Sinnbild der Königsmacht und bei den Nordleuten in Dublin war „Carolus' Schwert" das Symbol der Herrschergewalt. Sowohl *Carlus* wie *Magnus* waren in den Wikingersiedlungen Irlands schon ˙im 10. Jahrhundert häufig gebrauchte Namen. Der Zufall wollte es, daſs Sighvat dem Sohne Olavs des Heiligen den Namen gab. Der Prinz wurde geboren, als der König schlief, und da niemand ihn zu wecken wagte, und das Kind so schwach war, das es die Nottaufe empfangen muſste, legte der Skalde ihm den Namen Magnus bei. Als der König dies erfuhr, fragte er ihn zornig: „Warum lieſsest du den Knaben Magnus nennen? Der Name ist in unserer Familie nicht gebräuchlich." Sighvat versetzte darauf: „Ich nannte ihn nach König Karlamagnus; ihn kannte ich als den besten Mann auf der Erde."

Die Stellung des Königtums war unter den beiden Olavs eine andere als zuvor geworden. Die Hird war nicht mehr das altgermanische Kriegergefolge, von dem Tacitus redet. — Das Wort *hird* selbst ist, wie oben erwähnt, angelsächsisch und erst in der Wikingerzeit nach Norwegen gekommen. — Unter dem Einflusse der Hofhaltung des Kaisers und der angelsächsischen Könige hat die Hird ihre Beamten und ihre Klasseneinteilung erhalten. — Das unter Einwirkung des mittellateinischen *stabularius* „Stallgraf" gebildete *stallari* kommt zuerst bei Sighvat vor. — Die alten Stammeshäuptlinge, die Herren, waren durch *lendermenn* abgelöst worden und der Einfluſs des Karolingerreiches hatte begonnen sich geltend zu machen. Sighvat, der den König Knut in England besucht und in der Hauptstadt der Normannenherzöge, ja selbst in Rom, dem Sitze des Papstes, geweilt hatte, war sicherlich stärker als irgend ein anderer seiner norwegischen oder isländischen Zeitgenossen von der feudalen Auffassung der Königsmacht und des Staates beeinfluſst. Er nennt den König seinen Lehnsherrn (*lánardróttin*). In der Erfidrápa auf Olav den Heiligen sagt er, daſs Olav das Land 15 Jahre lang regiert habe, bevor er „in diesem Lehen“ (*á því láni*) gefallen sei. Das Wort *lán*, „etwas das einem anvertraut, geliehen ist,“ scheint eine Übersetzung des fremden „Lehen“ zu sein (mhd. *lêhen*). In seinen „Bersǫglisvísur“ („Die freimütigen Weisen“) bezeichnet Sighvat des Königs Bevollmächtige mit dem fremden Ausdruck *konungs greifar.* — Das Wort *greifi* scheint eine Verschmelzung des althochdeutschen *grafo* („Graf“) mit dem angelsächsischen *gerēfa* zu sein, das allerdings, wie oben bemerkt, eine andere Bedeutung hat.

Ich habe erwähnt, daſs sich beim Skalden Kormak ein dichterischer Ausdruck findet, der aus dem Lateinischen zu stammen und von Kormak in Westeuropa aufgegriffen worden zu sein scheint. Dasselbe ist bei Sighvat der Fall, wie ich vermute. In den Bersǫglisvísur sagt er zu Magnus dem Guten: „Des Landes Volk vermeinte auf dieser Erde stehend den Himmel mit den Händen berührt zu haben, als es vernahm, daſs du lebtest und Land fordertest (d. h. das Land das dein Vater besessen).“ Diese Wendung, „den Himmel mit den Händen berühren“ (*taka himin hǫndum*) als eine Bezeichnung für „das Glück mit den Händen greifen“ oder besser „das Unmögliche erreichen“ ist von Sighvat in die Sagaliteratur übergegangen und wird hier mehrfach als Sprichwort angewendet. Aber dieses Sprichwort ist weder in Norwegen noch auf Island daheim; es ist einen langen Weg gewandert, ehe es nach dem Norden gekommen ist. Es stammt aus dem Lateinischen, wo „richtig glücklich sein“ bei Cicero z. B. heiſst „den Himmel mit dem Finger berühren“ (*digito coelum attingere*). Später trifft man den Ausdruck recht häufig im römischen Recht und zwar im Abschnitte von den Testamenten und den sogenannten „unmöglichen Bedingungen“. Von hier ist er wohl in das mittelalterliche Kirchenrecht, das kanonische Recht, übergegangen und so in Westeuropa bekannt geworden, wo einer von Sighvats Zeitgenossen, möglicherweise sogar er selbst ihn kennen gelernt und das Bild in die Skaldendichtung eingeführt hat.

Über das Naturgefühl Sighvats könnte man ein ganzes Kapitel schreiben. Kein anderer Skalde hat eine so innige Liebe zur Natur gehabt wie er. Er läfst, wie wir gehört, „der Liebe kleine huschende Vöglein" zwischen sich und seinem jungen Patenkinde in Garðaríki fliegen. Wenn er fröhlich ist, dünkt es ihn, dafs das ganze Land lacht; wenn er traurig ist, wird die Natur grau und rauh für ihn. Wie er in seinem Lobgedicht auf Olav den Heiligen sagt: „Während Olav lebte, schien es mir, als ob der hohe Felsensaal (d. i. der Himmel) um ganz Norwegen lächelte; aber jetzt (nach Olavs Tod) erscheinen die Höhen mir weniger sanft." Dies schöne Bild ist übrigens nicht von Sighvat selbst erfunden worden. Es findet sich bereits in einer kleinen Strophe, die von Harald Schönhaars Zeit stammen soll. Der Landnámsmann Hallstein Thengilsson kehrt heim nach Island und vernimmt die Kunde, dafs sein Vater Thengil daheim auf dem Hofe Hǫfði gestorben ist. Er dichtet ein kleines Gedicht, das in schöner Weise die Teilnahme des elterlichen Hauses an Leid und Lust zum Ausdruck bringt, die Trauer über den Tod des Vaters und die Freude über des Sohnes Rückkehr in die Heimat.

> „Hǫfði trauert,
> Tot ist Thengil;
> Die Höhen lachen
> Hallstein entgegen."

Schon bei einem römischen Dichter finden wir einen ähnlichen Ausdruck.*) Doch wage ich es nicht hier einen Zusammenhang zu sehen. Noch ein anderes schönes Naturbild bei Sighvat kann erwähnt werden. Er sagt in seinen „Bersǫglisvísor," als er von Olav dem Heiligen spricht: „Den prangenden Wald soll man dicht machen mit niedrigen Büschen" (hroesinn skal með hrísi við þjokkva). Durch dieses Bild, das von den ausgedehnten Wäldern Norwegens genommen ist, will der Skalde ausdrücken, dafs er selbst nur einer der niedrigen Büsche ist, die zwischen den Häuptlingen ausfüllen.

Auch in anderer Hinsicht ist Sighvat merkwürdig. Er ist der erste Isländer, der Sinn für die Eigenart seiner Lands-

---

*) Die Zusammenstellung ist bereits vorgenommen worden von Th. Hjelmqvist „Naturskildringarna i den norröna diktningen", Stockholm 1891, S. 96.

leute hat. In einem Gedicht[1]) über seine Reise nach dem
Jarl Rǫgnvaldr Úlfsson in Skara (1018—1019) redet er von
seinen „schwarzen isländischen Augen" — diese raschen
dunklen Augen scheinen von Verwandtschaft mit Iren oder
Schotten zu sprechen — womit er die Liebe der Frauen gewinnt. Aber Sighvat ist auch der erste Skandinavier im
Norden, der erste der sich zum Ziel setzt Frieden und Zu-
sammenwirken unter den Völkern des Nordens zu fördern.
Sighvat ist durch seine Liebe zur Natur, durch sein humanes
sanftes Gemüt, durch seine europäische Bildung und nicht
minder durch seine Bescheidenheit eine neue Gestalt in unserer
Geschichte. Er zeugt davon, daſs die Wikingerzeit zu Ende
ist, daſs das Mittelalter seinen Anfang genommen hat.

Unsere Vorfahren hatten doch am Schlusse der Wikingerzeit durch die Verbindung mit den Westlanden nicht allein
gröſsere Bildung, höfischere Sitten gelernt und eine neue Auffassung von der Natur, von dem Weibe, ja vom ganzen Leben
erhalten, nein, auch was das Böse betrifft hatte das Ausland
mit seinen gröſseren Städten und seiner gröſseren Verderbnis
umbildend auf die Nordleute gewirkt. Die Angelsachsen in
der Zeit vor der normannischen Eroberung waren in mancher
Beziehung ein verrohtes und entartetes Volk. Bei den Iren
gab es neben der hohen geistigen Kultur viel Wildheit und
Barbarei. Von beiden Völkern haben die Nordleute auch
schlechte Sitten angenommen. Die Erfahrung zeigt ja, daſs
die Menschen sich leichter das Böse als das Gute von ihren
Mitmenschen aneignen können. Für jeden einzelnen, der sich
im Auslande gröſsere Bildung erwarb und gröſsere Artigkeit
und feinere Umgangsformen lernte, sind viele gewesen, die
schlechte Sitten annahmen, fremde Flüche lernten u. a. m.
Nur die selbständigen groſs angelegten Persönlichkeiten
hatten schon am Schlusse der Wikingerzeit vermocht sich den
Geist der Kultur des christlichen Europa anzueignen. Die
groſse Masse sah und lernte mehr von den schlechten Sitten.
Wir wissen ja auch aus unserer eigenen Zeit, wie das erste,
das viele Seeleute, die nach fremden Hafenstädten kommen,
von der fremden Sprache lernen, Flüche und Schimpfwörter

---

[1]) Austrfararvísur.

sind. Sie treffen in den Hafenstädten die Hefe der Bevölkerung. Mit den mehr Gebildeten haben sie keine Gelegenheit zu sprechen. So war es auch in alten Zeiten. Ich kann da ein ganz ergötzliches Beispiel aus der Zeit des Magnus Barfuſs († 1103) anführen. Der norwegische König sollte einige Geiseln an den irischen König Muirchertach senden. Einer der Geiseln behauptete, daſs er wohl bewandert in der irischen Sprache sei und muſste daher im Namen der anderen eine Begrüſsungsrede an den König halten. Seine Rede begann mit folgenden Worten: „Verdammt seist du, o König! (*maledi a rik*), vom lat. *maledicere* „verfluchen" und dem irischen *a righ* „o König!"). Die Erzählung, die sich in den isländischen *Biskupasǫgur* (I, S. 217) findet, ist gewiſs wahr. Aber auch Wörter aus der Skaldenpoesie beweisen, daſs die Nordleute in der Wikingerzeit rasch Scheltwörter aus fremden Sprachen aufnahmen. Bei Kormak kommen so mehrere vor als *dugga* „Kujon, Memme, feiger Hund" vom angelsächsischen *dogca* „Hund" und das gleichbedeutende *kauði*, dasselbe Wort wie das engl. *coward*, das sicherlich vom lat. *cauda* „Schwanz" kommt und bedeutet „jemand, der den Schwanz hangen läſst." Ein anderes Schimpfwort *hlúke* „Schurke" hat Kormak, wie man vermutet, aus dem Irischen übernommen.

Die Wikingerzeit steht für uns Menschen der Neuzeit da als die vielleicht gröſste Kraftentfaltung der nordischen Völker, voll starker tiefer Leidenschaften und sondertümlicher Charaktere. Sie wendet sich an Willen und Phantasie, nicht an das Gefühl. Der Sinn der Menschen jener Zeit scheint uns hart wie der Stahl ihrer Brünnen. Die Verbindung mit den reicheren Kulturen der Westlande, die Fahrten nach Vinland, Miklagard werfen einen eigenen Glanz über jene Zeit, aber wir spüren gleichwohl durch die Verse der Eddalieder, durch die Kenningar der Skalden, wie durch die dunklen Worte der Runensteine den kalten Hauch von den Gletschern des Eismeers. Erst in Sighvats Dichtung fühlen wir das Eis schmelzen und die Kälte vor der frühlingsmilden Kultur einer neuen Zeit schwinden. Durch seine Wallfahrt nach Rom beweist uns Sighvat, daſs er und sein Vaterland von nun an unauflöslich mit jener Welt verknüpft sind, der das Christentum und der Name der Römer ihr Gepräge gegeben haben

Aber die Menschen, wie sie heute leben, sind das Produkt aller vorhergehenden Geschlechter. Was einmal Eigentum der Zeit gewesen ist, geht nicht wieder verloren. Der Eddalieder, der Wikingerzeit vom Glauben an ein eisenhartes unabwendbares Schicksal beherrschte Lebensanschauung, verleiht immer noch den Menschen ihr Gepräge.

Nicht nur im Mittelalter — wir sehen es u. a. auch an den Menschenschilderungen der Sagas und der Volkslieder, — sondern auch in neuerer Zeit bis auf unsere Tage. Es ist kein Zufall, dafs Ibsen und Bjørnson Stoffe aus der Sagazeit in ihren Dramen dichterisch bearbeitet haben. Sie haben sich selbst mit den Menschen dieser Zeit verwandt gefühlt. Besonders in Ibsens Schicksalsdramen können wir, scheint es mir, deutlich die Übereinstimmung mit der Auffassung der Eddalieder und der Geschlechtssaga von Menschen und Schicksal verspüren.

Ornulfs Drápa in „Hærmændene paa Helgeland." („Nordische Heerfahrt") ist nicht nur eine literarische Nachahmung von Egil Skallagrimssons „Sunatorrek" („Der Söhne Verlust"), wohl des grofsartigsten und am tiefsten gefühlten Werkes, das die Skaldenpoesie hervorgebracht hat. Es ist nicht nur in das Drama eingefügt, weil es in die Stimmung hineinpafst. Der Dichter von Ornulfs Drápa mufs selbst dasselbe wie Egil Skallagrimsson gefühlt haben, da er beim Tode des geliebten Sohnes sich in Trotz gegen die Götter auflehnt. Er mufs die Ohnmacht des Menschen dem unbarmherzigen Willen des Schicksals gegenüber gefühlt haben und das wilde Verlangen die Faust im Trotz gegen die hohen Götter zu ballen:

> „Wär' scharf noch mein Schwert,
> Hätt' ich Götterkraft,
> Es träfe die Rache
> Die grausame Norne!"

In den Eddaliedern, in der Skaldendichtung wie in den Sagas ist eine Lebensanschauung erhalten, die für alle Zeiten geltende Wahrheiten enthält. Daher ist auch der Zeitraum ihres Werdens keine tote uns nichts angehende Vorzeit; sie hat uns selbst und unserem eigenen Geschlechte ihr unauslöschliches Gepräge vererbt.